제5판

한국지방자치론

정 일 섭

도서출판 대영문화사

제5판 머리말

이번 제5판은 지방자치법의 전부 개정과 자치경찰의 도입(2021년 7월 1일) 그리고 중앙지방협력회의의 구성 및 운영에 관한 법률(2021년 7월 13일 제정, 2022년 1월 13일 시행) 및 주민조례 발안에 관한 법률(2021년 10월 19일 제정, 2022년 1월 13일 시행)과 최신 통계를 반영하기 위하여 이루어졌다.

1988년 4월 6일 지방자치법이 전부 개정된 지 32년 만에 다시 지방자치법이 전부 개정되었다. 개정 법률안 초안은 2019년 2월 국회에 제출되었지만 계속 계류되다가 2020년 7월 다시 보완 제출되었으며, 우여곡절 끝에 2020년 12월 9일 국회 본회의를 통과하였다. 그후 2021년 1월 12일 정식 공포되었고 부칙 제1조(시행일) "이 법은 공포 후 1년이 경과한 날부터 시행한다."는 규정에 따라 2022년 1월 13일부터 시행하게 되었다.

이번 지방자치법 개정은 시민의식의 성장과 주민 참여 욕구의 증대, 인구 감소로 인한 지역 소멸 위기 등 그간의 행정환경의 변화에 대응하고, 낡은 지방자치 시스템을 변화시키기 위해 추진된 것으로, 주요 내용은 ① 획기적인 주민주권 구현, ② 자치단체 역량 강화 및 자치권 확대, ③ 자율성 경화에 상응하는 책임성과 투명성 제고, ④ 중앙-지방 협력 관계 정립 및 행정능률성 제고 등으로 나눌 수 있다.

지방자치법의 개정에 따른 관련법이 제정되지 않아 불가피하게 이를 반영하지 못한 아쉬움은 크지만 아무쪼록 이 5정판이 지방자치를 공부하는 학생들과 실무자들에게 조금이라도 도움이 되면 기쁘겠다.

2022년 1월

정일섭

초판 머리말

1961년 5·16 군사 쿠데타에 의해 정지되었던 지방자치가 1991년 부활됨에 따라 그동안 지방자치와 관련된 서적들이 많이 출간되었다. 책의 제목도 종전에는 주로 "지방행정론"으로 되어 있던 것들이 "지방자치론"이라는 이름으로 대거 출간되었다. 강의를 하면서 느낀 것은 기존의 교과서들이 나름의 특징은 있지만 내용상의 균형이 부족하다는 것이었다. 그러던 차에 이 책을 쓰게 되었다. 책을 쓰기 전에 몇 가지 원칙을 정했다. "첫째, 쉽게 쓴다. 둘째, 분량을 적게 한다. 셋째, 표와 그림을 많이 활용한다. 넷째, 실제의 사례를 많이 소개한다. 다섯째, 내용상의 균형을 유지한다." 등이었다. 하지만 원고를 마치려니 처음에 정했던 원칙이 잘 지켜지지 못한 아쉬움이 적지 않다.

지방자치에 대한 연구와 강의를 하면서 여러 차례 느끼고 확인할 수 있었던 것은 지방자치란 결국 중앙과 지방 간 파워 게임의 결과로서 존재한다는 것, 세상에 거저 되는 것은 하나도 없다는 것, 우리에게 맞는 지방자치의 모델은 존재하는 것이 아니라 만들어 가야 하는 것이라는 점이다.

늦게 책을 내면서도 부끄러움이 앞선다. 관련 서적을 보면서 느낀 아쉬움을 보완해야겠다는 생각을 했으면서도 이를 충분히 실천하지 못했기 때문이다. 이 책이 나오기까지 학문적으로나 인간적으로 큰 가르침을 주신 장지호 교수님께 먼저 감사드린다. 행동으로 선비의 길을 걷고 계신 교수님의 가르침을 제대로 실천하지 못해 늘 죄송스러운 마음을 갖고 있었다. 이 책의 출간으로 교수님의 소리 없는 질책이 조금이라도 가벼워지길 바랄 뿐이다. 그간의 게으름을 송구스럽게 생각하며 앞으로 더욱 정진하겠다는 다짐을 전해 드리고 싶다. 아울러 그간 많은 가르침을 주신 여러 은사님께도

일일이 거명하지 못한 것을 송구스럽게 생각하며 감사드린다. 그리고 그동안 자식을 위해 아낌없는 뒷바라지를 해 주신 부모님과 가족에게도 감사의 뜻을 전하고 싶다. 아무쪼록 이 책이 지방자치를 공부하는 독자들에게 조금이나마 도움이 되길 바라며, 애정 어린 질책과 조언도 부탁드린다.

2004년 2월

정일섭

차 례

제 2 장 한국의 지방자치

제 3 장 자치권

제 4 장 신중앙집권과 신지방분권

제 5 장 지방자치단체의 기관 구성 형태

제 6 장 지방자치단체의 기관

제 7 장 지방자치단체의 계층과 구역

제 8 장 지방자치단체의 사무배분

제 10 장 지방자치단체와 중앙정부

제 11 장 지방자치와 주민

제 12 장 지방자치와 시민운동

제 13 장 지방자치와 정당

제 14 장 지방재정

제 15 장 지방재정조정 제도

제 16 장 지방자치단체의 수입

제 17 장 지방재정의 현황과 과제

제 18 장 자치경찰

제 19 장 지방자치의 발전 방향

제1장 지방자치의 의의

제 1 절 지방자치의 의의

1. 지방자치의 개념

지방자치(地方自治)란 지방과 자치라는 두 단어가 결합된 것이다. 즉, 지방에서 이루어지는 자치란 의미이다. 여기서 지방(地方)이란 국가의 한 부분으로서 지역을 의미하는 것이고, 자치(自治)란 스스로 '自'에 다스릴 '治'이다. 따라서 "지방자치란 지방(국가의 한 부분)이 자신의 문제를 스스로 처리(판단하고, 결정하고, 책임지는)하는 것"을 의미한다.

자치가 이루어질 수 있는 것은 국민 주권이 인정되기 때문이다. 국민이 국가의 최고 권력인 주권을 가지고 있기 때문에 국가의 모든 사항을 국민이 처리할 수 있는 것이다. 미국의 16대 대통령 링컨(Abraham Lincoln)이 게티즈버그(Gettysburg)에서 한 연설 중 '국민에 의한(by the people)'의 의미가 바로 국민자치를 의미하는 것이고, 이러한 자치가 지방에서 실현되는 것이 바로 지방자치이다.

지방자치의 개념은 매우 다양한데 그 이유는 각국이 자기 나라에서 발전한 자치 형태에 대응한 자치의 개념을 구성하기 때문이다. 지방자치의 개념을 좀 더 구체적으로 정리해 보면 다음과 같다.

지방자치란

1) 주체 - 주민이
2) 목적 - 지역의 발전과 복리 증진을 위해
3) 재원 - 지역에서 조달한 재원에 의해
4) 대상 - 일상생활과 밀접하게 관련된 지역적 사무를
5) 방법 - 스스로 또는 대표자의 선출을 통해 자주적으로 처리하고, 그 결과에 대해 책임을 지는 제도이다.

2. 지방자치의 필요성

지방자치는 지방에서 이루어지는 자치를 의미한다. 즉, 자치의 공간적 토대가 지방이란 의미이다. 국민 주권이 전제된 민주국가에서는 국가 전체의 단위에서도 자치가 이루어진다. 국가의 구성원인 국민은 국민의 대표인 국회의원을 선출하고 이들이 모여 입법부를 구성한다. 입법부는 이름 그대로 법률을 만들고 예산안을 심의 의결한다. 아울러 국민대표기관으로서 행정부에 대한 감시와 견제를 한다. 행정부는 국회에서 만들어진 법률과 예산을 집행한다. 사법부는 국회에서 만들어진 법률을 기초로 위법성 여부에 대한 판단을 한다. 이같이 국가의 모든 것이 주권자인 국민의 의사에 의해 이루어지는 것이다.

여기서 제기되는 의문은 "국가 전체의 단위에서 자치가 이루어진다면 굳이 국가의 한 부분인 지방에서까지 자치를 할 필요가 있느냐?" 하는 것이다. 이는 바로 지방자치의 필요성에 대한 의문이다. 이에 대한 답은 다양하게 제기될 수 있지만 다음과 같이 간략히 정리할 수 있다.

1) 민주성

민주성은 구성원의 의견을 존중하고 반영하는 정도를 말한다고 할 수 있다. 의사결정의 단위가 크면 클수록 구성원의 다양한 의견을 존중하기 어렵다. 하지만 의사결정의 단위가 작아지면 작아질수록 구성원의 의견을 존중하고 반영하기가 용이해진다. 이런 면에서 국가의 한 부분인 지방 단위에서 이루어지는 지방자치는 주민의 의견을 좀 더 존중하고 반영하는 것이 용이해진다.

2) 경제성

규모의 경제라는 측면에서 보면 최소의 비용으로 재화나 서비스를 공급할 수 있는 최적 규모가 있을 수 있다. 이같이 공공 서비스의 경우에도 지역의 규모에 따라 최소의 비용으로 공급할 수 있는 서비스가 있을 수 있는 것이다. 즉, 광역자치단체 단위에서 공급하는 것이 비용을 최소화할 수 있는 공공 서비스가 있는가 하면, 기초자치단체 단위에서 공급하는 것이 비용을 최소화할 수 있는 공공 서비스도 있다. 이같이 자치단체별로 그에 맞는 공공 서비스를 공급한다면 비용을 최소화할 수 있는 것이다.

3) 효과성

효과성은 일반적으로 목표달성도를 의미한다. 공공 서비스의 경우에는 국가가 잘할 수 있는 것이 있는가 하면 지방이 더 잘할 수 있는 것도 있다. 국방이나 외교는 국가가 더 잘할 수 있는 일인가 하면 주민의 일상생활과 밀접한 대중교통 업무는 지방이 더 잘할 수 있는 일이라 할 수 있다. 시민들이 이용하기 가장 편리한 시내버스 노선은 시민들이 가장 잘 알 수 있는 일이기 때문이다. 이같이 지방이 더 잘할 수 있는 일은 지방이 하는 것이 바람직하다.

3. 지방자치와 관련된 용어: 지방자치, 지방정치, 지방행정

지방자치와 관련된 용어로서 지방정치 및 지방행정과의 관계 및 차이를 살펴볼 필요가 있다. 국가 단위에서 볼 때 자치의 개념에는 다음 [그림 1-1]과 같이 입법, 행정, 사법이 다 포함된다고 볼 수 있다. 주권자인 국민이 투표를 통해 입법부의 구성원을 선출하고, 이들이 입법부를 구성해 입법을 하며, 행정은 법치행정의 원리에 따라 법의 내용을 구체화하는 것이고, 사법은 구체적인 사건을 전제로 실정법에 대한 위법성 여부를 판단하는 것이기 때문이다. 따라서 국가 단위의 입법 · 행정 · 사법은 모두 국민자치의 개념에 포함되고, 국민자치의 원리에 따라 이루어진다고 할 수 있다.

그림 1-1 | 국민자치의 개념

그림 1-2 | 지방자치의 개념

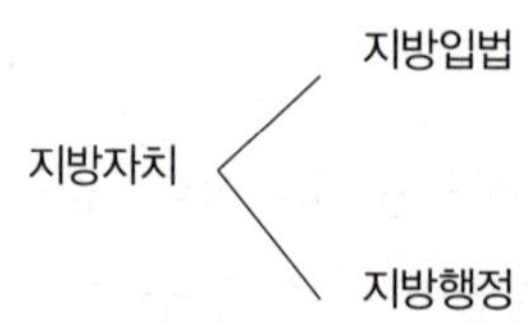

같은 맥락에서 보면 지방 단위의 자치인 지방자치의 개념에도 지방입법, 지방행정, 지방사법이 포함된다고 할 수 있다. 그러나 지방법(자치법)에 대한 위법성 여부를 판단하는 자치법원이 설치되어 있지 않은 우리나라의 현실에 비추어보면 지방사법은 지방자치의 범위에서 제외된다고 보아야 할 것이다. 따라서 지방자치의 개념에는 [그림 1-2]와 같이 지방입법과 지방행정이 포함된다고 보아야 할 것이다.

같은 맥락에서 지방자치단체는 다음 [그림 1-3]과 같이 의결기관과 집행기관을 포함하는 개념이다.

그림 1-3 | **지방자치단체**

지방자치단체
- 지방입법부 – 의결기관(지방의회)
- 지방행정부 – 집행기관

지방자치단체의 명칭

지방자치법 제2조에 따르면, 지방자치단체의 종류를 광역자치단체로 특별시와 광역시 및 도를, 기초자치단체로 시와 군 및 구를 규정하고 있다. 그렇다면 예를 들어 '인천광역시'는 지방자치단체로서 의결기관과 집행기관을 포함하는 것이다. 그런데 현실적으로 의결기관은 대외적으로 인천광역시의회라고 표기하나 집행기관은 '인천광역시'로 표기하고 있으며, 이런 사정은 다른 자치단체도 동일하다. 의결기관을 인천광역시 의회라고 표기한다면 집행기관은 인천광역시 행정부(또는 인천광역시 집행부) 혹은 인천광역시 지방행정부(또는 인천광역시 지방집행부)라고 표기해야 타당하다. 그럼에도 집행기관이 인천광역시로 표기하는 것은 지방의회가 구성되기 전의 지방자치단체 표기 방식을 변경하지 않았기 때문인 것 같다.

정치는 국가 단위에서나 지방 단위에서나 모두 입법부가 주된 무대이고 입법부를 중심으로 이루어지는 현상이다. 또한 정치인은 주권자의 선택에 따라 국가나 지방의 입법부 구성원이 될 수 있고, 주권자의 의견을 정치 과정을 통해 반영하는 것이 그들의 역할이다. 따라서 자치의 범위에는 정치의 개념도 포함되고, 같은 맥락에서 지방자치의 개념에도 지방정치의 개념이 포함된다고 할 수 있다. 따라서 지방자치는 지방정치와 지방행정을 포괄하는 개념이 되는 것이다. 지방행정의 개념에 대해서는 행정이 이루어지는 지역적 범위를 기준으로 지방에서 이루어지는 행정은 행정의 주체가 국가인지 지방자치단체인지를 가리지 않고 모두 지방행정으로 규정하기도 하고, 지방자치단체가 자치사무를 처리하는 것만을 지방행정으로 규정하기도 한다. 그러나 일반적으로는 지방자치단체가 처리하는 행정, 즉 자치사무와 위임사무의 처리를 지방행정으로 규정한다(정세욱, 2001: 51).

4. 지방자치의 3 요소

국가를 구성하는 3 요소가 영토와 주권과 국민이듯이 지방자치의 3 요소도 [그림 1-4]와 같이 지방의 차원에서 영토에 대응하는 구역, 주권에 대응하는 자치권, 국민에 대응하는 주민이다.

그림 1-4 | 지방자치의 3요소

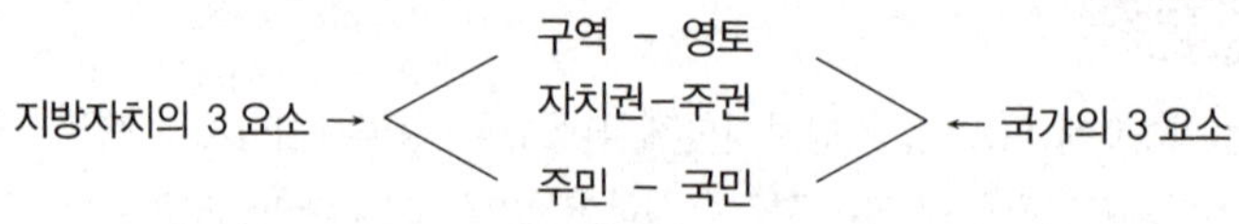

5. 지방자치와 지방관치

지방에서 처리되어야 할 공적 사무를 처리하는 방법은 두 가지 유형이 있다. 국가와는 별개로 독립적인 법인격을 갖는 지방자치단체가 처리하는 지방자치와 중앙정부가 일선기관을 통해 처리하는 지방관치의 두 가지 유형이다. 이 경우 지방자치에 의한 행정을 자치행정, 지방관치에 의한 행정을 관치행정이라고 한다(장지호, 1992: 21-25).

1) 지방자치

① 분권의 형태는 자치적 분권으로 집행권 외에 독립적인 결정권이 주어진다.
② 중앙정부와 지방자치단체 간의 관계는 자기 책임성 아래 주어진 사무를 처리하는 대등한 관계가 원칙이다.
③ 사무의 처리는 지역 주민의 참여와 통제를 통해 이루어진다.
④ 대상이 되는 공적 사무는 자치사무이다.

2) 지방관치

① 분권의 형태는 행정적 분권으로 일선기관은 사무의 집행권만 보유하고 독립적 결정권은 없다.
② 중앙정부와 일선기관 간의 관계는 지시와 명령의 수직적 상하 관계이다.
③ 사무의 처리에 지역 주민의 참여와 통제가 배제된다.
④ 대상이 되는 공적 사무는 국가사무이다.

3) 지방자치와 지방관치의 관계

(1) 상황적 다양성

지방에서 처리되어야 할 공적 사무를 처리하는 방식은 국가나 시대적 상황에 따라 다양하다. 집권적 전통이 강한 나라는 중앙정부의 일선기관에 의해 처리하는 사무가 많고, 분권적 전통이 강한 나라는 지방자치단체가 처리하는 사무가 훨씬 많다.

(2) 상호보완성

어느 나라의 경우든 지방의 공적 사무를 지방자치나 지방관치의 어느 한 가지 방식에 의해서만 처리하는 경우는 없고 두 가지 방식이 모두 이용된다. 그 이유는 지방의 공적 사무에는 전국적 통일이 필요한 사무와 지방의 자주적 판단에 따라 처리하는 것이 바람직한 사무가 공존하기 때문이다. 예를 들어 입영 대상자를 결정하는 기준의 설정과 같은 병무행정은 전국적인 통일을 유지해야 하는 사무로 지방관치의 방식에 의해 처리되어야 할 필요가 큰 사무이다.

기관위임사무

지방자치단체장이 국가의 사무를 처리하는 경우도 있는데 이런 사무를 기관위임사무라고 하고, 이 사무를 처리하는 경우에 지방자치단체장은 중앙정부의 일선기관 지위에 있게 된다.

6. 지방자치의 위기

1) 자치제도의 정신적 기초 상실

교통과 통신의 발달에 따라 국민들의 생활권이 확대되고 인구 이동이 빈번해짐에 따라 지역에 대한 공동체 의식이나 연대감이 희박해졌다.

2) 지방재정의 취약

사회복지비 지출의 증가 등에 따른 재정적 지원 규모의 확대와 자치단체 간의 재정적 불균형 완화를 위한 개입에 따라 중앙정부의 지방자치단체에 대한 개입이 심화되고 있다.

3) 신중앙집권화

사회경제적 변동과 국제적 환경의 변화에 따라 제기되는 새로운 행정적 수요에 따라 나타나는 중앙집권화, 예를 들면 국민적 최저 수준을 확보하기 위한 사회복지 기능의 중앙정부 이관에 따른 신중앙집권화에 따라 지방자치의 범위가 점차 축소되고 있다.

4) 정당의 개입

지역적 특수성을 전제한 지방분권이 정당조직을 통해 약화되고 있다. 정당조직을 통해 지방자치단체장 후보의 선출 과정에서 중앙정당의 영향력 행사는 일반화된 모습이다. 특히 광역단체장 후보의 선출 과정에 중앙정당이 개입하고 있고, 지방의회의 의장 선출 과정에서도 지방의원 공천 과정에 영향력을 행사하는 국회의원이나 당원협의회장의 개입이 나타나고 있다.

제 2 절 주민자치와 단체자치

근대 국가의 지방자치는 주민자치와 단체자치라는 두 요소로 이루어졌다. 주민자치는 지방자치의 본질적 요소이고, 단체자치는 주민자치를 실현하기 위한 형식적·법제적 요소이다. 지방자치는 각국의 역사적·사회적 조건에 따라 구체적 형태가 다르다. 주민자치의 원리는 주로 영국과 미국에서, 단체자치의 원리는 주로 독일과 프랑스 등의 대륙계 국가에서 발전된 것이다(川村仁弘, 1986: 4-5).

주민자치와 단체자치의 의의, 관계 및 차이는 다음과 같이 정리할 수 있다(장지호, 1992: 27-34).

1. 의의

1) 주민자치: 영·미형

주민자치란 지역의 행정을 지역 주민의 참여와 의사에 기초해 그들의 판단과 책임에 의해 처리하는 것을 말한다.

(1) 자치권에 대한 인식

지역공동체의 모든 사항은 주민 스스로가 당연히 처리해야 하고, 이러한 권리는 국가 성립 이전부터 존재했던 것이다.

(2) 지방적 사무의 처리

지방적 사무를 중앙정부에 의하지 않고, 그 지방의 주민에 의해 직접 혹은 대표자의 선출을 통해 자주적으로 처리한다.

2) 단체자치: 대륙형

단체자치는 국가 내부에 일정 지역을 기초로 국가와는 별개로 독립된 단체의 존재를 인정해 지역의 행정을 그 단체가 자신의 권능과 책임 아래 원칙적으로 국가의 간

섭과 감독을 받지 않고 처리하는 것을 말한다.

(1) 자치권에 대한 인식

자치권은 중앙정부의 필요에 따라서 국가에 의해 주어진 권리이다.

(2) 지방적 사무의 처리

국가와 별개의 법인격을 갖는 지방자치단체가 지방적 사무를 자율적으로 처리한다.

2. 양자의 관계: 보완적 관계

1) 주민자치

국가에서 독립된 법인격을 갖는 지방자치단체가 인정되어 구역 내의 행정을 처리한다는 요건이 구비되지 않으면 주민자치가 실현될 수 있는 장(場)이 상실된다.

2) 단체자치

국가와 별개의 법인격을 갖는 지방자치단체의 존립이 인정되었다 할지라도 주민의 참여 없이 지방적 사무가 처리된다면 지방자치가 성립될 수 없다.

3. 주민자치와 단체자치의 차이

1) 자치의 의미

(1) 주민자치

모든 행정사무를 주민 자신이 자주적 처리한다는 정치적 의미의 자치이다.

(2) 단체자치

국가로부터 독립된 법인격 있는 단체의 행정이라는 법률적 의미의 자치이다.

2) 권한 부여 방법

(1) 주민자치 — 영 · 미계: 개별적 지정(specific grant)주의

지방자치단체의 권한의 범위는 법이 지정하는 기능에 한정되어 자치권의 범위가 극히 제약되고 있는 것같이 보인다. 그러나 실제로 행사할 수 있는 자치권의 범위는 넓은데, 그 이유는 다음과 같다.

① 입법통제

통제 목적보다는 권한 부여를 위한 배려이기 때문에 지방자치관계법의 증가는 지방자치단체의 권한 증대를 의미한다.

② 사법통제

의회가 지방자치단체에 권한을 부여한 이상 권한의 집행은 전적으로 지방자치단체의 자주적 판단에 의하고, 월권의 경우에만 법원이 통제할 뿐이다.

(2) 단체자치 — 대륙계: 포괄적 위임(grant of general powers)주의

국가나 다른 단체의 권한 외에 지방자치단체와 관계 있는 사무는 모두 자치단체의 사무이다. 그러나 업무의 범위는 넓어도 주어진 사무를 자주적으로 처리할 수 있는 자치권의 범위는 매우 협소한데, 그 이유는 다음과 같다.

① 중앙정부의 허가 또는 인가 조건

구체적인 결정을 할 때 중앙정부로부터 허가 또는 인가 등을 조건으로 하는 경우가 많다.

② 추상적 · 개괄적인 자치권에 관한 법률 규정

자치권에 관한 법률의 규정이 추상적이고 개괄적이며 행정부의 명령에 위임한 경우가 많아 자치권의 범위는 실질적으로 좁다.

3) 감독 방법

(1) 주민자치 — 영 · 미계

입법적 통제와 사법적 통제가 주된 통제 방식이 되어서 자치권을 강하게 보장한다.

(2) 단체자치 — 대륙계

입법적 · 사법적 통제가 발달하지 못하고 행정부가 허가 · 명령 · 취소 등의 수단을 이용해 지방자치단체에 관여하므로 자치권에 대한 제약이 크다.

4) 권한 배분

(1) 주민자치 — 영 · 미계

법률에 의해 권한이 명시적 · 한시적으로 규정되어 사무를 자주적으로 처리할 수 있는 재량권의 범위가 크고, 중앙과 지방 간에 권한상의 마찰과 중복이 생기지 않는다.

(2) 단체자치 — 대륙계

권한의 한계가 불명확해 권한상의 마찰과 중복이 발생함으로써 자주적으로 사무를 처리할 수 있는 재량권의 범위가 적다.

5) 기관 구성

(1) 주민자치 — 영 · 미계

대체로 의결기관과 집행기관이 통합된 기관통합형을 채택해 지방의회가 입법과 집행을 다 책임진다.

(2) 단체자치 — 대륙계

대체로 의결기관과 집행기관이 분리된 기관분립형을 채택해 지방의회가 입법을, 집행기관이 집행을 책임진다. 집행기관은 지방자치단체의 집행기관의 지위와 국가기관으로서의 지위도 가지나 국가기관으로서의 지위가 더욱 강하다.

6) 국가공무원의 배치

(1) 주민자치 — 영 · 미계

지방공무원의 임명권은 주민 고유의 권리라는 관념에 따라 지방자치단체에 국가공무원을 배치하는 경우가 없다.

(2) 단체자치 — 대륙계

국가공무원이 지방자치단체의 중요 직위에 배치되어 강력한 권한을 행사하고 실질적으로 지방자치단체의 행정을 좌우한다.

4. 양자의 상호 접근

1) 단체자치의 주민자치적 요소의 도입

단체자치는 근세 초기 유럽 대륙의 관료주의적 절대군주제 국가에서 생성 · 발전된 제도로 강력한 중앙집권적 통제 아래 발전되어 왔다. 그러나 중앙정부와 지방자치단체 모두 민주적 성격을 갖게 됨에 따라 양자 간에 동질성을 유지하게 되어 중앙정부가 지방자치단체를 통제할 필요성이 약화되고, 주민 참여의 강화가 요청되어 주민자치적 요소를 도입했다.

2) 주민자치의 단체자치적 요소의 도입

주민자치적 전통이 강한 나라에서도 지방적 사무가 전국적 사무화함에 따라 중앙정부의 지방자치단체에 대한 행정적 통제의 필요성이 강화되었다. 이에 따라 주민자치적 전통이 강한 나라에서도 단체자치적 요소를 도입하게 되었다.

3) 현실적 필요

지방자치가 발전하기 위해서는 주민자치와 단체자치의 두 요소가 요구된다. 완전한 지방자치는 두 요소가 종합되어야 실현될 수 있다. 주민자치는 주민의 참여를 강조하고, 단체자치는 지방자치단체의 중앙정부로부터의 독립을 강조하기 때문이다.

오늘날 지방자치의 두 측면인 주민자치와 단체자치는 특정 국가에 대한 지방자치의 특질을 분석하는 데 유용한 기준이 되고 있다.

제 3 절 지방자치의 양면성

세상의 모든 제도에는 기회비용이 있게 마련이다. 민주주의라는 정치 제도도 현실적으로 최선의 제도이지만 다수의 결정이 항상 바람직한 것이 아닌 것처럼 제도의 도입과 실시에는 병폐가 적지 않다. 풀뿌리 민주주의라고 표현되는 지방자치도 마찬가지이다. 지방자치의 실시에 따라 나타날 수 있는 가능성을 정치적 민주성과 행정적 효율성이라는 두 측면에서 살펴보고자 한다(장지호, 1992: 41-51).

1. 지방자치와 민주성

1) 관계긍정설

(1) 권력의 집중 방지

지방자치는 분권을 전제로 이루어질 수 있는 제도이다. 역사적으로 검증된 바와 같이 권력의 집중은 남용될 가능성이 많은데, 지방자치의 실시는 분권을 통해 집권화된 권력의 횡포를 방지한다.

(2) 정치교육

지방자치는 정치에 참여하는 기회를 제공하고, 지역의 공적 문제에 대한 관심을 제고하는 정치교육을 통해 민주주의를 발전시킨다.

① 정치 참여 기회 제공

지방자치는 지방의원이나 단체장의 선출 외에도 조례 제정, 개정 및 폐지의 청구, 주민투표 등과 같이 주민이 정치에 참여하는 기회를 제공한다.

② 지역의 공적 문제에 대한 관심의 제고

정치 참여의 기회는 주민들로 하여금 지역의 공적 문제에 대한 관심을 제고하고, 이것들에 대해 생각하고 토론하게 하는 계기를 마련한다.

(3) 정치인의 교육과 훈련

정치인은 지방 무대에서 정치에 대한 경험과 기술을 쌓아 점차 중앙정치에 진출할 수 있는 역량을 기른다. 정치인의 입장에서는 정치에 대한 교육과 훈련의 기회를 갖는 것이고, 유권자의 입장에서는 정치인의 능력과 자질을 검증할 수 있는 기회를 갖는다는 의미가 있다.

(4) 쿠데타 방지

지방자치의 실시는 쿠데타를 방지하는 효과가 있다. 쿠데타는 보통 수도(首都)에서 무력을 사용해 일어나는데, 지방자치가 실시되는 상황에서는 국가와는 별개의 지방의회와 집행기관이 존재하므로 수도를 장악했더라도 전국을 장악하기는 어렵기 때문이다.

(5) 민주적 사회 발전

지방자치가 실시되면 각종 선거와 투표 등 정치 참여의 기회가 확대되어 지방에서 사회적인 불만과 요구를 반영시킬 기회가 많아진다. 따라서 지방자치는 급진적인 정치적 변화를 피하고 사회를 점진적이고 민주적으로 변화·발전시키는 데 불가결한 제도이다.

(6) 정당정치의 발전

지방자치의 실시는 정당 활동에 대한 참여의 기회가 확대되고, 그에 대한 보상으로 각종 선거의 후보자가 될 수 있는 기회가 많아진다. 이는 정당의 저변을 확대하고 정당에 대한 관심을 제고함으로써 정당정치의 발전에 기여한다.

(7) 정치적 실험

지방자치는 일정한 지역을 단위로 이루어지므로 지역적으로 다양한 정치적 실험을 할 수 있다. 다른 지역은 그 결과를 참고로 해서 실험 내용을 도입할 수도 있고, 동일한 시행착오를 방지할 수도 있다.

청주시의회의 행정정보공개조례 제정

1991년 지방자치의 부활과 더불어 구성된 청주시의회에서는 "시정에 관한 행정정보 공개에 필요한 사항을 정함으로써 주민의 알 권리를 보장하고 책임행정의 진작을 통해 주민 복지의 증진과 민주적인 시정 발전에 기여함을 목적"으로 행정정보공개조례를 제정했다(한국행정연구원, 1992: 92). 이후 이 영향으로 다른 지역에서도 계속해서 행정정보공개조례를 제정했다.

경기도의 신선한 인사청문회 도입

남경필 경기도지사는 지난해 8월 야당과 연정(聯政)을 추진하면서 6개 산하 공공기관(경기도시공사 · 경기신용보증재단 · 경기문화재단 · 경기중소기업종합지원센터 · 경기개발연구원 · 경기과학기술진흥원)에 대한 인사청문회에 합의했다. 경기도와 도의회는 "망신주기식 인사청문회를 탈피할 것"이라며 사생활 정보가 포함된 도덕성 검증은 비공개로, 정책 검증은 공개로 진행하기로 했다. 이는 도의원은 국회의원과 달리 면책 특권이 없어, 무분별한 폭로전이 됐을 경우 자칫 소송에 휘말릴 수 있다는 점도 고려된 것이다. 이를 통해 작년 말까지 6명의 산하기관장이 모두 임명됐다. 그 과정에서 2명의 후보자가 낙마했다(조선일보, 2015. 2. 16).

지방자치와 민주주주의에 대한 견해

Alexis de Tocqueville:

Town meetings are to liberty what primary schools are to science: they bring it within the people's reach, they teach men how to use and how to enjoy it.

James Bryce:

… the best school of democracy, and the best guarantee for its success, is the practice of local self-government.

2) 관계부정설

(1) 정치적 갈등의 심화

선거를 통해 지방자치단체장과 지방의원을 선출하는 과정과 선출된 후 이들의 활동을 통해 지역 내에서 정치적 대립과 갈등이 심화될 소지가 있다.

지방의회 다수당이 단체장 소속 정당과 다른 26곳(기초 + 광역단체)

지난 6 · 4지방선거로 구성된 지방의회가 여소야대(단체장 소속 정당이 소수당)인 지역이 26곳에 이르는 것으로 나타났다. 본지가 지난 1일 출범한 지방의회 의석(광역의원 2,898명, 기초의원 789명) 분포를 분석한 결과 전체 226개 기초의회 가운데 서울 중구, 부산 북구, 대전 대덕구 등 22곳은 단체장 소속 정당과 의회 다수당이 달랐다. 광역의회는 경기, 강원, 충남, 충북 등 4곳이 도지사 소속 정당과 의회 다수당이 엇갈렸다. 여소야대로 의회가 구성될 경우 견제와 균형이 작동할 수 있지만, 다수당이 횡포를 부릴 경우 자칫 단체장이 식물 상태에 빠질 수 있다. 현행 지방자치법을 보면, 의회가 제정한 의안이나 조례안이 법령상 미비하다고 판단해 단체장이 재의(再議)를 요구해도 출석 의원의 2/3 이상 찬성이 있으면 이를 무시하고 안을 확정할 수 있다. 또 의회가 출석 의원 2/3 이상 찬성으로 주민투표를 청구할 수도 있다. 하남 · 동두천시와 증평군처럼 의회의 2/3 이상을 차지한 야당 의원들이 집단행동에 나설 경우 단체장은 사실상 무력화될 수 있는 것이다(조선일보, 2014. 7. 15).

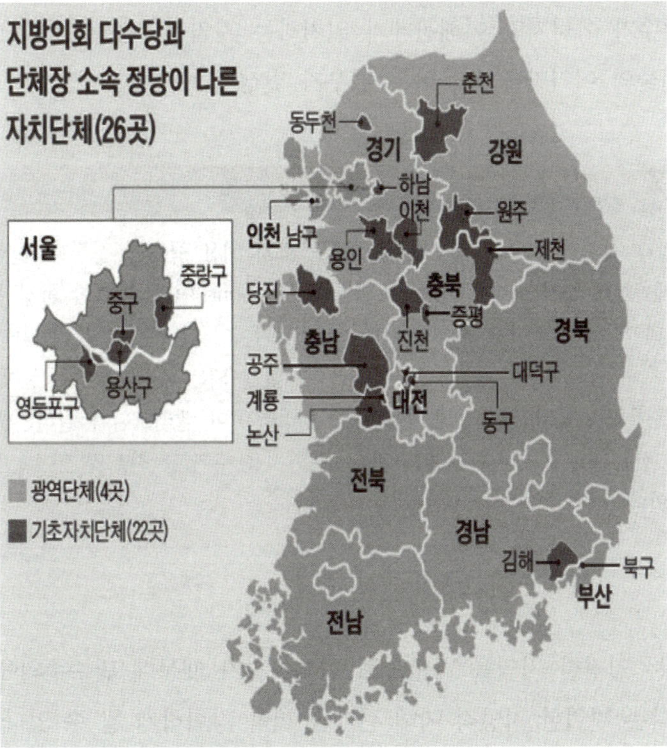

(2) 소극적인 관심과 참여

지방자치가 실시되면 정치에 대한 참여 기회가 확대된다. 그러나 참여 기회의 확대와 참여가 확대되는 것은 별개이다. 특히 자생적 민주주의의 전통이 취약한 국가의 경우는 지방자치의 실시에 따라 참여 기회가 확대되어도 실질적 참여가 확대되지 못하고 민주주의의 발전에도 기여하지 못할 가능성이 높다.

(3) 지역 엘리트의 전횡 가능성

지방자치가 성공적으로 운영되기 위해서는 지역 문제에 대한 주민들의 적극적인 관심과 참여가 필요한데 주민의 참여가 저조하면 소수의 지역 엘리트에 의해 지역의 문제가 결정되고 처리될 가능성이 높다.

(4) 지역적 다수의 횡포 가능성

지방자치는 일정한 지역을 단위로 지방의 문제를 처리하는 제도이다. 따라서 전국적으로는 다수가 아니지만 이해관계가 일치하는 지역적 다수가 소수의 권익을 무시하면서 자신들의 이익만을 추구하는 경우가 발생할 수 있다.

백인 동네에 흑인 이사 못 오게 … 미국 '교묘한 차별'

지방자치가 철저한 미국에서는 각 동네별로 토지 이용 규정을 결정할 수 있게 돼 있다. 대표적인 게 '최소 대지 제한 규정(large lot requirement)'이다. 쾌적한 환경 유지를 명분으로 신규 주택 건축 시 적어도 얼마 크기 이상의 땅이어야 한다는 규정을 만들어 놨다. 이 최소 면적을 크게 잡으면 사실상 싼 집은 지을 수 없게 되는 것이다. 이런 눈에 보이지 않는 보호막 때문에 빈민들의 접근이 불가능한 대표적인 곳이 캘리포니아 실리콘밸리 지역이다. 실리콘밸리 한복판에 위치한 애셔튼의 경우 집을 지을 수 있는 최소 면적이 1에이커(4,100여 m^2)로 돼 있다(중앙일보, 2014. 9. 1).

(5) 지역이기주의

지방자치는 일정한 지역을 기반으로 이루어지기 때문에 민주주의에 대한 인식을 강화하기보다는 편협한 지방적 이해 관계를 더욱 강화하게 될 수 있다(장지호, 1992: 48).

(6) 정치적 부패의 가능성

정당이 지방의원이나 단체장 후보에 대한 공천권을 행사하기 때문에 이 과정에서 비리가 발생할 가능성이 있다.

시의원, 6·4 지방선거 공천헌금 3,000만 원 요구받아

전직 시의원 A씨는 "6·4 지방선거 공천 과정에서 동료 시의원이 실세 국회의원의 부인으로부터 공천헌금 3,000만 원을 요구받았다는 얘기를 당사자로부터 들었다"며 "이 의원은 돈을 주지 않았다가 공천 과정에서 어려움을 겪었다. 서울이 이런데 특정 정당에 공천을 받으면 당선이 사실상 확정되는 영·호남은 어떻겠는가"라고 말했다. 실제로 지난 4일 노종석 전남도의원은 6월 지방선거에서 당비 대납 혐의로 1심에서 의원직 상실형을 선고받았다. 광주지법은 노 의원이 새정치민주연합 전남도지사 후보 경선을 앞두고 이낙연 후보를 지원하기 위해 당원들 당비를 대신 낸 혐의가 사실로 인정된다며 징역 8월에 집행유예 1년을 선고했다. A씨는 "2012년 국회의원 선거를 앞두고 지구당 주요 당직자가 시·구의원들을 모아 지역당에 매달 500만 원 정도를 납부해 달라는 요구를 했다. 1인당 200만 원 정도를 내야 했는데 당시 형편으론 도저히 할 수가 없었다"고 말했다(중앙일보, 2014. 7. 14).

전국 지방자치단체 산하기관이 보은 인사 및 지방 관피아들의 자리로

전국 지방자치단체 산하기관이 보은 인사 및 지방 관피아들의 자리로 채워지고 있다. 지자체 산하기관 인사에 대한 단체장들의 권한 남용을 견제할 수단이 없다는 지적이 제기된다. 9일 안전행정부에 따르면 전국 17개 광역지자체의 투자·출연기관 등 산하기관은 270여 곳에 달한다. 연간 예산 규모가 24조 원에 달하는 서울시는 서울메트로, SH공사 등 17개의 산하기관을 거느리고 있다.

반면 예산 규모가 서울시의 3분의 1에도 못 미치는 대구시(6조 원)의 경우 산하기관 숫자는 29개로, 전국 지자체 중 가장 많다. 3조 원의 예산에 불과한 강원도의 산하기관도 25곳에 달한다. 전국 226곳 기초지자체를 포함하면 산하기관은 1,000여 곳에 달할 것으로 추산된다. 이들 산하기관장의 임명 권한은 해당 지역 단체장이 갖고 있다. 지방의회의 동의를 거치지 않아도 된다(한국경제, 2014. 6. 10).

2. 지방자치와 효율성

지방자치의 실시는 정치적 민주성의 측면뿐 아니라 행정적 효율성에도 영향을 미치는 바 이에 대한 견해를 정리하면 다음과 같다(김병준, 2001: 18-25).

1) 관계긍정설

(1) 행정 수요에 민감한 대응

지방자치는 지역적 문제를 지방에서 자주적으로 처리하는 제도이다. 따라서 지방자치가 실시됨에 따라 지역적 특성에 따라 제기되는 다양한 행정 수요에 민감하게 대응할 수 있다.

(2) 지역 문제의 신속한 처리

지방자치의 실시 전에는 지역적 문제의 처리 과정에 중앙정부가 개입했으나 지방자치가 실시됨에 따라 지역적 문제가 지역에서 자주적으로 판단하고 처리할 수 있게 되어 신속한 처리가 가능해졌다.

(3) 정확한 정보의 전달

관선 체제에서는 인사권자의 책임 추궁을 우려해 지방의 불리한 정보와 자료가 전달 과정에서 왜곡될 가능성이 있다. 그러나 민선 체제에서는 인사권자를 의식해 지역의 정보와 자료를 왜곡할 필요가 없게 된다.

(4) 종합행정의 가능

중앙정부가 지역적 사무를 직접 또는 일선기관을 통해 처리하는 경우 지역에서의 조정과 통합이 어려울 것이다. 그러나 지역적 사무를 지방자치단체에서 처리하는 경우 지역 문제에 대한 조정과 통합이 용이해진다.

(5) 주민 참여를 통한 책임성과 능률성 향상

지방자치가 실시되면 주민 참여의 기회가 증가할 뿐 아니라 참여도 용이해진다. 주민들 가까이 지방자치단체가 있고 여기서 일상생활과 직결되는 문제가 처리되기 때문이다. 따라서 주민 참여를 통한 지방행정에 대한 감시와 통제로 행정에 대한 책임성과 능률성이 향상될 수 있다.

(6) 행정상의 실험 가능

지방자치는 일정한 지역을 단위로 실시되므로 지역을 단위로 독자적인 사업을 추진할 수가 있다. 그리고 이러한 실험의 결과는 성공이나 실패 어떤 경우든 다른 지역에 참고가 되어 모범적인 사례로 도입되거나 동일한 시행착오를 예방한다는 의미가 있다.

F1 대회에 1조 쏟아붓고 위약금까지 물게 된 전남道

전라남도가 주도하고 있는 국제자동차경주대회(F1) 조직위원회가 작년과 올해 이 대회를 열지 못한 데 따른 위약금(違約金)으로 최대 1억 달러(1,100억 원)를 물어내야 할 처지에 놓였다. F1 대회 주관사인 영국의 포뮬러 원 매니지먼트는 F1 대회 조직위원회가 대회를 개최하지 못한 것은 계약 위반이라며 위약금을 물어내라고 조직위원회에 통보했다고 한다.

F1은 박준영 전 전남지사가 유치해 2010년부터 2013년까지 네 번 치렀다. 그러나 매년 수백억 원씩 개최권료를 지급하면서도 관람객이 많지 않아 4년간 쌓인 대회 운영 적자(赤字)만 1,902억 원에 달했다. 여기에 경주장 건설비용 4,285억 원과 기타 비용까지 합치면 투입 예산이 총 1조 원에 이를 것으로 추정된다. 전남도는 적자가 쌓이자 2014년에 이어 올해도 대회를 열지 않기로 했다. F1 조직위원회는 당초 이 대회를 2016년까지 치르기로 대회 주관사와 계약한 상태라 내년 대회 무산에 대한 위약금도 추가로 물어내야 할 처지다(조선일보, 2015. 2. 11).

강원도 인제군의 출산보조금

강원도 인제군은 의회의 제안에 따라 농어축산 전업 가정의 임산부에게 보조금을 지급하고 있다. 인제군은 1997년부터 출산보조금을 지급하고 있는데 첫해에는 1인당 10만 원씩 35명을 지원했고, 주민의 호응이 좋자 1998년에는 20만 원씩 모두 40명에게 지원했다. 지방재정상의 제약으로 농어축산업 가정에 한정했다(한겨레 21, 1999. 3. 11: 62). 2003년도에도 농어가 50 가정에 지원할 예정이다(인제군, 주요 시책).

인천광역시의 출산장려 보육료 지급

인천광역시는 전국의 지방자치단체 중에서 처음으로 2004년부터 3명 이상의 자녀를 둔 가정에서 셋째나 넷째 등을 놀이방, 어린이집 등에 보낼 경우 만 5세까지 1인당 매달 24만 3,000원(2003년 기준)의 출산장려 보육료를 지급한다. 보육료는 보건복지부가 정한 법정 아동보육료 지급 기준에 따른 것으로 매년 물가상승률을 감안해 조정된다(동아일보, 2003. 11. 12).

(7) 지방자치단체 간의 경쟁 유발

지방자치는 일정한 지역을 단위로 시행되므로 지역 간의 비교와 평가가 가능하다. 따라서 주민은 물론이고 주민의 평가를 중시하는 단체장이나 의원의 입장에서도 다른 지역보다 좋은 평가를 받기 위해 노력하지 않을 수 없게 된다.

2) 관계부정설

(1) 능률적 행정의 장애

지방자치는 지역 문제의 해결 과정에서 지방의회의 의결을 거쳐야 하는 등 주민의 의견과 입장이 존중된다는 의미가 있다. 그러나 이러한 민주적 의사 결정 과정이 능률적 행정에는 장애가 될 수 있다.

(2) 광역행정의 장애

자치단체의 관할 구역을 넘어서 발생하는 광역적 문제의 해결은 관계되는 자치단체가 공동으로 참여해서 해결해야 한다. 이 경우 각 자치단체가 자신의 입장이나 이익을 지나치게 중시함으로써 광역적 문제의 해결이 지연될 수 있다.

화성 광역 장례시설 "외지인 돈 더 내라" 안양 · 군포시 반발

2014년 9월 23일 화성시에 따르면 당초 화성 · 평택 · 의왕 · 안산 · 시흥 · 부천 · 과천 · 광명 · 안양 · 군포시는 비용을 분담해 화장장을 비롯한 공동 장례시설을 짓기로 했다. 장례시설을 받아들이는 마을에는 발전기금 등 300억 원을 지원하기로 했다. 당근을 제시하자 화성시 6개 마을이 나섰고, 최종적으로 매송면 숙곡1리로 결정됐다. 이곳 그린벨트 내 36만여m^2

에 장사시설을 짓기로 정부 승인까지 받았다.

그다음에 문제가 생겼다. 화장장과 장례시설을 세우는 데는 부지 규모가 충분했으나 자연장지까지 충분히 확보하기에는 부족했다. 이에 화성시는 "화장장 등은 10개 시가 비용을 공동 분담하되, 자연장지는 화성시가 전액 부담하겠다"고 나섰다. 대신 자연장을 할 때 화성시민에겐 싼 값을, 다른 지역민에겐 비싼 값을 받겠다고 했다. 화성시는 "관내 주민에겐 110만 원, 관외 지역 주민에겐 165만 원을 받고 있는 용인시의 사례를 참고로 하겠다"는 입장이다(중앙일보, 2014. 9. 24).

(3) 균등행정의 장애

국가적으로 일정한 수준을 유지해야 할 필요가 있는 행정 서비스가 자치단체 단위로 공급된다면, 자치단체 간의 재정력 격차로 인해 균등한 행정이 이루어지기 어려울 수 있다.

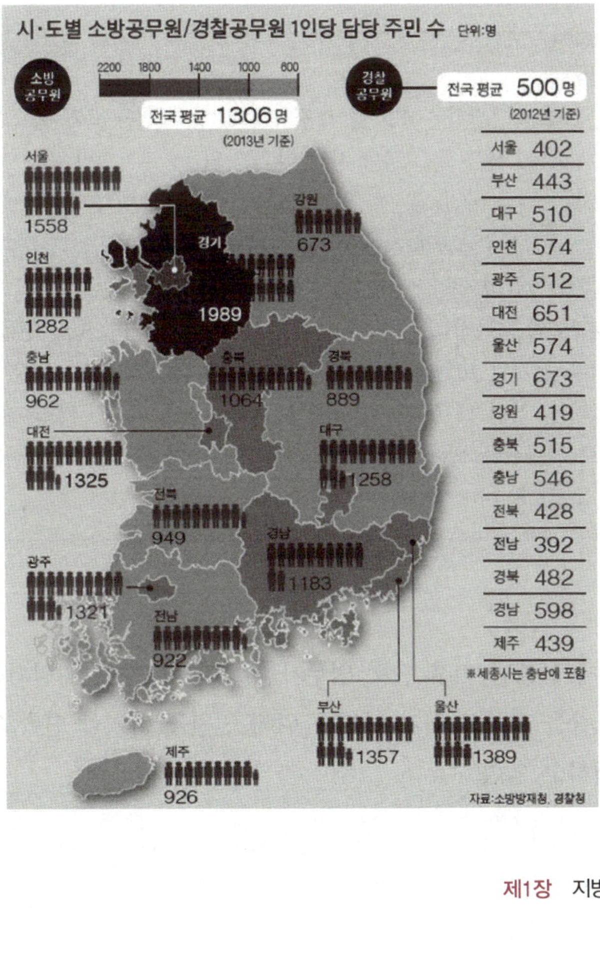

소방관 1인당 주민 수 … 경기 1,989명, 강원 673명

인력 부족은 소방 조직의 고질적 애로다. 전국 소방공무원은 모두 3만 9,519명. 경찰공무원 정원 10만 2,386명의 절반도 채 안 된다. 소방관 1인당 담당하는 국민이 한국은 1,300명에 달한다. 반면 미국과 일본은 각각 912명, 799명이다. 또 근무 방식이 3교대로 전환되면서 업무 부담이 가중됐다. 이에 따라 3교대 근무를 자체적으로 연기하고 2교대 근무를 지속하고 있는 일선 소방서도 많다.

지역별 격차도 크다. "화재 출동 골든타임 준수율이 지역별로 격차가 크다"는 본지 보도(5월 28일자 14면)에 이어 시·도별 소방 서비스 격차도 심각한 수준인 것으로 드러났다. 각 지자체 재정 상황에 따라 들쭉날쭉하다는 것이다. 이는 본지가 시·도별 소방 인력 배치 현황을 소방방재청에서 입수해 분석한 결과다. 이에 따르면, 소방관 1인이 담당하는 주민 수는 경기도가 최대로 1,989명인 반면, 강원도는 673명으로 최소였다. 약 세 배 가까이 차이가 났다. 경찰관 1인당 담당 주민 수는 400~600명 사이로 시·도별 격차가 크지 않다(중앙일보, 2014. 6. 25).

재난지원금의 격차

포천 주민은 72만 원, 단양은 4만 원 … 지자체 1인당 지원금 극과 극

경기 포천시 주민은 작년 초 코로나 사태 이후 지원금으로 1인당 평균 72만 6,600원을 받았다. 포천시 재난지원금 60만 원, 경기도 지원금 10만 원 등이다. 정부 재난지원금 외에 추가로 받은 금액인데, 전국 229개 시·군·구 가운데 가장 많다.

충북 보은·괴산·음성·단양 주민은 군(郡)에서 지급한 지원금은 없고, 충청북도가 소상공인 등 일부 피해 업종에 지급한 지원금 등으로 1인당 평균 4만 3,500원을 받았다. 포천 주민과 17배 차이다. 본지가 18일 윤창현 국민의힘 의원실을 통해 행정안전부로부터 입수한 자료를 분석한 결과다. 작년 1월부터 지난 6월 11일까지 전국 광역·기초자치단체가 중앙정부 지원금과 별개로 지급한 코로나 지원금은 총 8조 5,000억 원에 달하는데, 지자체 간 차이가 컸다(조선일보, 2021. 8. 19).

(4) 규제행정의 약화

민선단체장 체제 출범 이후 단속 업무가 기초자치단체에 위임되면서 단체장이 지역 상인들과 마찰을 피하고 인기 관리를 위해 민원을 야기할 단속 업무를 소홀히 하는 문제가 발생하고 있다.

허술한 환경오염 단속 실태

감사원이 2001년 시·군·구 각 여섯 곳을 표본 조사한 결과 자치단체의 환경오염 단속은 날이 갈수록 실효성이 떨어지는 것으로 나타났다. 지난 5년간 자치단체의 폐수 배출 위반 업소 적발률은 평균 7.8%로 같은 기간 환경부 중앙단속반의 적발률 16.2%의 절반 수준에 그쳤다. 특히 민선 2기(1998~2000)의 적발률은 6.6%로 민선 1기(1995~1997)의 평균 적발률 9.9%보다도 떨어졌다. 감사원은 폐수 배출 업소의 수가 지난 5년간 2.3배 증가했지만 점검 인원은 업소 한 곳당 1995년 2.53명에서 2000년에는 1.15명으로 오히려 줄어 실질적인 단속이 이루어지지 않았기 때문으로 분석했다(한겨레신문, 2001. 8. 23).

(5) 지역이기주의의 확산

지방자치는 일정한 지역을 단위로 지역적인 문제를 해결하는 제도로 항상 지역의 입장과 이익을 우선하게 된다. 그런 결과로 국가 전체적인 입장이나 이익보다는 지역적 이익을 중시하는 지역이기주의가 확산될 가능성이 있다.

(6) 지방의 행정적·재정적 능력의 부족

지방자치의 실시에 따라 종래 중앙정부가 처리하던 문제를 지방에서 처리할 때 필요한 적정한 인력이나 재원이 뒷받침되지 못하면 오히려 행정적 비효율이 발생할 수 있다.

(7) 선심성 행정

자치단체장이나 지방의원이 선거를 통해 선출되기 때문에 유권자들의 표를 의식해 선심성 행정의 가능성이 높아질 수 있다.

예산 500억 들여 선심성 수당 뿌려

기초연금 재정을 마련하기 어렵다고 지자체들이 아우성이지만, 일부 시·군·구에서는 예전부터 지급해 온 장수 수당 등을 여전히 주고 있어 기초연금과 중복되는 것 아니냐는 지적이 나오고 있다. 노인들의 생활 안정을 위해 기초(노령)연금이 2008년 도입됐지만 장수 수당·효도 수당·효행 장려금·장수 축하금 등을 지급하는 지자체는 2006년 65곳에서 작년에 112곳으로 오히려 배 가까이 늘어났다. 전체 227개 시 · 군 · 구의 절반가량으로, 예산도 500억 원에 달한다(조선일보, 2015. 1. 6).

장수 · 효도 수당 지급하는 지자체

구분	장수 · 효도 수당(매월 지급)
서울	1곳(동대문구)
부산	2곳(중구 · 기장군)
대구	없음
인천	1곳(옹진군)
광주	1곳(남구)
대전	없음
울산	3곳(남 · 북구 · 울주군)
세종	1곳(세종)
경기	24곳(성남 · 부천 · 용인 · 안산 · 안양 · 화성 · 광명 · 김포 · 오산 · 하남 · 여주 · 양평 · 과천 · 고양 · 의정부 · 파주 · 포천 · 동두천 · 연천 · 수원 · 이천 · 양주 · 군포 · 구리)
강원	18곳(춘천 · 원주 · 강릉 · 동해 · 태백 · 속초 · 삼척 · 홍천 · 횡성 · 영월 · 평창 · 정선 · 철원 · 화천 · 양구 · 고성 · 양양 · 인제)
충북	7곳(청주 · 청원 · 보은 · 영동 · 옥천 · 단양 · 제천)
충남	12곳(부여 · 천안 · 보령 · 아산 · 서천 · 당진 · 금산 · 홍성 · 공주 · 서산 · 청양 · 계룡)
전북	6곳(정읍 · 남원 · 완주 · 진안 · 장수 · 임실)
전남	19곳(여수 · 순천 · 나주 · 광양 · 강진 · 해남 · 영암 · 무안 · 영광 · 장성 · 완도 · 진도 · 담양 · 곡성 · 구례 · 고흥 · 보성 · 화순 · 장흥)
경북	1곳(영주)
경남	14곳(창원 · 의령 · 사천 · 양산 · 함안 · 고성 · 산청 · 함양 · 거창 · 함천 · 창녕 · 진주 · 남해 · 하동)
제주	1곳(제주도)

자료: 보건복지부, 각 지자체(2014년 현황)

3. 결론

세상의 모든 제도는 불가피하게 양면성과 기회비용이 있게 마련이다. 따라서 우리는 지방자치의 실시에 따른 부정적 가능성을 최소화하고, 긍정적 가능성이 최대화되도록 노력할 필요가 있다. 특히 우리나라의 지방자치가 자생적으로 발전한 역사적 산물이기보다는 외부에서 도입한 것이기 때문에 더욱 그러하다. 국민 주권이 전제가 된 민주국가에서 지역의 문제를 지역에 거주하는 주민의 참여에 의해 자주적으로 해결하는 것은 민주주의의 당연한 내용이다. 따라서 지방자치가 지역 발전에 기여하고 주민의 복지 증진에 기여하기 위해서는 주민들이 지역 문제에 대해 적극적인 관심을 가지고 주체적으로 참여해야 한다.

지방자치에 대한 평가

"지방자치제 도입으로 지역 발전이 이뤄지고 지역에 맞는 정책이 개발됐지만, 재정 악화라는 부작용이 나타나고 있다." 조선일보와 미디어리서치가 실시한 '지방자치 20년 여론조사'에서 우리 국민은 이렇게 생각하는 것으로 나타났다.

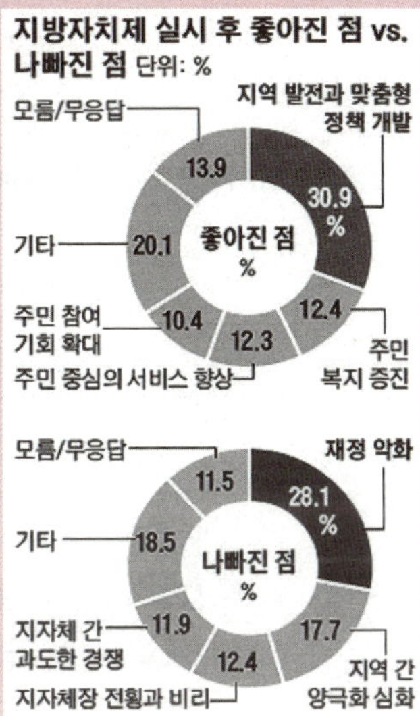

조사에서 '지방자치제 실시 후 가장 좋아진 점'을 묻는 항목에 전체 응답자의 30.9%는 '지역 발전과 지역에 맞는 정책 개발'을 선택했다. 이어 △주민 복지 증진(12.4%), △주민 중심의 행정 서비스 향상(12.3%), △주민 참여 기회 확대(10.4%), △지방자치단체 간 경쟁을 통한 지역 경쟁력 강화(8.3%), △중앙정부의 과도한 간섭 배제(7.5%), △지방공무원의 비리 감소(3.7%) 등의 순(順)이었다.

'가장 나빠진 점'에 대한 물음에는 응답자 28.1%가 '전시행정과 선심 정책 등으로 재정이 악화됐다'를 선택했다. 재정 악화에 대한 걱정은 이념 성향이 '진보'인 응답자(23.5%)보다 '보수'인 응답자(32.0%)가 더 컸다. 그 외에 나빠진 점으로는 △지역 간 격차와 양극화 심화(17.7%), △지방자치단체장의 권한 집중으로 인한 전횡과 비리(12.4%), △지방자치단체 간 과도한 경쟁(11.9%), △지역이기주의 심화(10.3%), △중앙정부의 통제 약화(4.8%), △토호 세력의 득세(3.4%) 등이 뒤를 이었다. 재정 악화에 대한 우려가 특히 큰 도시는 인천과 서울이었다. 인천시의 채무는 2012년 말 기준 2조 8,021억 원으로 시민 1인당 약 100만 원씩 빚을 지고 있는 상태이고, 서울시 역시 17조 원의 채무를 갖고 있다(조선일보, 2014. 1. 30).

제2장 | 한국의 지방자치

제 1 절 헌법과 지방자치

1. 헌법의 지방자치 규정

우리 헌법은 제8장에 지방자치에 대한 별도의 장을 마련하고 제117조와 제118조에서 규정하고 있다. 헌법 제117조 ①에는 "지방자치단체는 주민의 복리에 관한 사무를 처리하고 재산을 관리하며, 법령의 범위 안에서 자치에 관한 규정을 제정할 수 있다."고 규정하고 있다. 이 규정은 지방자치 제도가 헌법적 차원에서 보장하고 있는 제도임을 의미한다. 이 규정은 자치권을 구체적으로 규정하고 있는데 여기서 "주민의 복리에 관한 사무"란 자치사무를 의미하고, "자치에 관한 규정의 제정"은 자치입법을 의미한다. 헌법 제117조 ②에는 "지방자치단체의 종류는 법률로 정한다."고 규정하고 있으며, 이에 따라 지방자치법 제2조는 지방자치단체의 종류를 규정하고 있다. 헌법 제118조는 지방자치 제도에 대한 실질적 보장을 위해 ①에서 '지방의회'의 설치를 규정하고, ②에서는 "지방의회의 조직, 의원선거와 지방자치단체장의 선임 방법, 기타 지방자치단체의 조직과 운영에 관한 사항은 법률로 정한다."고 규정하고 있다.

2. 지방자치에 대한 헌법적 보장의 내용

1) 자치입법권의 보장

자치입법권에 대해서는 헌법 제117조 ①에 "지방자치단체는 …… 법령의 범위 안에서 자치에 관한 규정을 제정할 수 있다."라고 규정함으로써 "법령의 범위 안에서"라는 제약 규정이 현재까지도 유지되고 있다(김홍대, 1999: 10-11).

이는 자치입법권을 인정하더라도 지방자치단체는 국가를 구성하는 한 부분이므로 국법 질서의 유지를 위해 상위의 법률이나 명령의 범위를 위반하지 않도록 한 것으로 볼 수 있다.

2) 자치조직권의 보장

헌법 제117조 ②에는 "지방자치단체의 종류는 법률로 정한다."고 규정하고 있으며, 헌법 제118조는 지방자치 제도에 대한 실질적 보장을 위해 ①에서 '지방의회'의 설치를 규정하고, ②에서는 "지방의회의 조직, 의원선거와 지방자치단체장의 선임 방법, 기타 지방자치단체의 조직과 운영에 관한 사항은 법률로 정한다."고 규정함으로써 자치조직권을 보장하고 있다.

3) 자치행정권의 보장

현행 헌법의 자치행정권에 대한 규정은 1962년 5차 개헌 당시의 규정 내용을 계속 유지해 헌법 제117조 ①에는 "지방자치단체는 주민의 복리에 관한 사무를 처리하고……"라고 규정하고 있다. 1962년 이전의 헌법 규정들은 지방자치단체의 사무 처리에 대해 "법령의 범위 안에서"라는 제약이 있었다. 즉, 지방자치단체의 사무처리권을 인정하되 "법령의 범위 안에서"라는 제약이 있었으나 1962년의 제5차 개정(제3공화국 헌법)에서 이 제약 규정이 삭제되었다.

이는 지방자치단체의 고유사무는 법령상의 제약 없이 지방자치단체가 자주적으로 처리할 수 있도록 보장한다는 의미가 있다.

4) 자치재정권의 보장

재산관리에 대해서도 1962년 이전의 헌법 규정은 "법령의 범위 안에서"라는 제약이 있었으나 이에 대해서도 1962년 헌법 개정에서 이 제약 규정을 삭제했다. 따라서 현행 헌법은 "법령의 범위 안에서"라는 제약 없이 헌법 제117조 ①에 "……재산을 관리하며……"라고 규정함으로써 지방자치단체의 자치재정권을 보장하고 있다.

3. 지방자치에 대한 헌법적 보장의 의의

지방자치에 관한 사항을 헌법에서 규정한 의의는 다음과 같다(최창호, 2001: 134-135).

① 지방자치는 국가의 일반 행정과는 다른 특별한 '정치적 제도'로서 채택되고 있음을 보여준다.

② 지방자치가 우리나라에서 '헌법적 사항'으로 인정받고, '국가의 기본 질서'의 일부분으로서 보장받고 있음을 보여준다.

③ 지방에 '자치권'이 주어지고 있음을 명백히 보여준다.

④ 지방자치단체를 공법상 독립성이 보장되는 '행위 주체'임을 인정하고 있다.

제 2 절 한국의 지방자치

우리나라 지방자치의 경험을 간략히 살펴보면 다음과 같다(한국지방행정연구원, 1999: 46-62).

1. 지방자치법의 제정(1949. 7. 4 공포)

1) 지방자치단체의 종류와 성격 및 계층적 구조

지방자치단체를 서울특별시와 도, 그리고 시 · 읍 · 면의 두 종류로 하고, 그 성격은 도와 서울특별시는 정부의 직할하에 두며, 시 · 읍 · 면은 도의 관할 구역 내에 두도록 규정했다(제2조). 자치 계층구조는 서울특별시는 단층제(單層制), 시 · 읍 · 면은 중층제(重層制)로 되어 있으나 읍 · 면은 군이 있으므로 실제는 3층제(三層制)의 형태를 가지게 되었다.

2) 권한과 기능의 부여 방법

개괄주의에 의해 권한을 부여했고 고유사무, 단체위임사무 및 기관위임사무를 구분했지만 도와 시 · 읍 · 면 간의 권한 배분상의 구분은 명확하지 않았다.

3) 지방자치단체의 기관 구성 방법

권력분립주의 원칙에 따라 의결기관과 집행기관을 분리시키고 집행기관을 단독제로 했다. 서울특별시장과 도지사는 대통령이 임명하고, 시 · 읍 · 면장은 각기 지방의회에서 무기명 투표로 선거하도록 했다.

4) 지방자치단체에 대한 국가의 감독

기관위임사무를 제외하고는 법령의 명문이 있는 경우에 법정의 방법에 의한 감독만 허용했다. 원칙적으로 사후의 교정적 감독과 합법성 감독만 허용하고 합목적성에 대한 감독은 인정하지 않았다.

5) 지방자치단체의 하부 조직

하부조직으로 도에는 군을 두고, 서울특별시와 인구 50만 명 이상의 시에는 구를 두며, 시 · 읍 · 면에는 동과 리를 두도록 했다. 군수와 구청장은 국가공무원으로 임명하고, 동 · 리장은 주민이 선출하게 했다.

6) 주민의 행정 참여와 통제 방법

주민발안, 주민투표와 같은 직접민주적인 참여 제도를 인정하지 않았으나, 조례 또는 지방자치단체장의 명령이나 처분이 위법하다고 인정될 때에는 일정 수 이상의 주민이 직접 감독 관청이나 대법원에 이의 신청이나 제소할 수 있는 민중출소 제도를 채택했다.

7) 지방공무원 제도

도와 특별시에는 대통령령이 정하는 바에 따라 국가공무원을 배치하고, 시·읍·면에는 지방공무원만 두게 함으로써 지방자치단체의 인사권을 완전히 보장했다.

2. 1949. 12. 15의 지방자치법 개정

처음 제정된 지방자치법은 부칙 제1조의 규정에 따라 1949년 8월 15일부터 실시하도록 되어 있었으나, 정부 수립 이후 행정 체제의 미비와 치안 상태의 불안정을 이유로 지방의회 의원선거는 무기한 연기되었다. 제1차 개정의 이유는 졸속 제정된 자치법의 모순과 법제의 미비, 누락 등을 시정·보완하기 위한 것이었다.

1) 조례와 규칙제정권의 범위 확대

도와 서울특별시의 조례나 규칙에는 법률의 특별한 위임이 있는 경우에 한해서 벌칙 부과 규정을 제정할 수 있었으나 법률에 특별한 규정이 없는 한 벌칙을 제정할 수 있도록 했다.

2) 지방의원 정원 산출 방법의 개정

시의원을 제외한 도와 서울특별시, 읍·면의회 의원 정수의 산출 방법을 개정했다.

3) 지방의원의 제명 규정 신설

지방의원의 제명은 재적 의원 3분의 2 이상의 찬성이 있어야 한다는 규정을 신설했다.

4) 선거구·투표구 획정 방법의 개정

도와 서울특별시의 선거구는 행정구역인 시·군·구의 구역으로 하되, 인구 30만 명 이상의 시는 2 이상의 선거구로 나눌 수 있도록 했고, 시·읍·면의 선거구는 인구, 지리 관계 등을 참작해서 도의 규칙으로 정하도록 했다. 투표구는 국회의원 선거법에 따라 획정하도록 했다.

5) 대통령의 지방선거 연기 또는 정지 규정 신설

대통령은 천재지변, 기타 비상 사태로 인해 선거를 실시하기 곤란하다고 인정할 때에는 지방자치단체의 전부 또는 일부의 선거를 연기 또는 정지할 수 있다는 규정을 신설했다.

6) 시·읍·면장에 대한 탄핵소추

도지사는 시·읍·면장이 법령에 위반되는 행위를 했을 때에는 법이 정하는 바에 따라 탄핵재판소에 소추를 할 수 있다는 규정을 신설했다.

3. 1952년 지방선거

지방자치법이 제정된 후에도 이승만 정부는 치안 상태의 불안을 이유로 지방선거를 실시하지 않았다. 그런데 이승만 정부는 1952년 전쟁의 와중에 피난지인 임시수도 부산에서 지방선거의 실시를 선언했다. 그 이유는 국회의 간선으로 대통령이 된 이승만이 2대 대통령선거를 앞두고 국회와의 관계에 비추어 간선제를 통해서는 재집권이 불가능했고, 직선제 개헌도 불가능했기 때문에 직선제 개헌을 추진할 원외 세력이 필요했기 때문이다(손봉숙, 1991: 75). 1952년 실시된 지방선거의 개요는 아래와 같다(한국지방행정연구원, 1999: 216-219).

1) 제1대 시·읍·면 의회 의원선거(1952. 4. 25)

1952년 4월 25일에 실시된 제1차 시·읍·면의회 의원선거에서는 총 7,536,304명의 선거인 중 91%에 해당하는 6,836,734명이 투표에 참가해 다음 〈표 2-1〉과 같이 17개 시의 시의원 378명, 72개 읍의 읍의원 1,115명 그리고 1,308개 면의 면의회 의원 16,052명을 선출했다. 1952년 시·읍·면의회 의원선거에서 여당 의석 점유율은 약

표 2-1 지방의회 의원선거(1952년)

(단위: 명, %)

도명	시·읍·면								도		
	시		읍		면		당선 의원 계	투표율 (%)			
	선거구	당선 의원	선거구	당선 의원	선거구	당선 의원			의원 정수	입후보자 수	투표율 (%)
경기	17	48	20	105	306	1,376	1,529	88	–	–	–
충북	5	20	22	78	368	1,227	1,325	93	28	63	86
충남	6	22	33	165	482	2,001	2,188	89	46	128	78
전북	14	61	18	91	477	1,976	2,128	91	32	86	83
전남	19	83	40	166	692	2,823	3,072	94	59	129	86
경북	16	69	36	189	680	2,938	3,196	91	61	166	80
경남	18	75	39	206	660	2,736	3,017	90	60	195	78
강원	–	–	27	92	247	812	904	91	–	–	–
제주	–	–	3	22	18	163	185	89	20	54	85
계	95	378	238	1,114	3,930	16,052	17,544	91	306	824	81

자료: 대한지방행정협회(1966: 455, 464).

25%였으며, 무투표 당선율은 19%를 차지했다.

선거의 특징은 첫째, 선거인 수가 전체의 42%에 불과한데 그 이유는 전쟁으로 인한 인구의 유동과 군 복무자 수로 인한 것으로 볼 수 있다. 둘째, 투표율은 매우 높이 나타났는데 시(80%)보다 읍(88%)이, 읍보다 면(93%)이 높게 나타났다. 셋째, 당선자 수는 무소속이 절대 다수를 점했고, 다음이 집권당이었으며, 국민회, 한청, 노청 등의 친여 세력을 제외하면 야당인 민국당 의원의 수는 미미했다.

2) 제1대 도의원선거(1952. 5. 10)

서울특별시와 경기도, 강원도, 전라북도 일부 지역(남원, 완주, 순창, 정읍)을 제외한 7개 도에서 총 6,358,383명의 유권자 중 81%인 5,165,226명이 투표해 〈표 2-1〉과 같이 306명의 도의원을 선출했다. 투표율은 시의원선거와 유사했고, 당선자는 집권당인 자유당이 다수 진출(48%)해서 정당 색채가 읍·면선거(25.3%)보다 강하게 나타났다.

4. 1956. 2. 13의 지방자치법 개정

지방자치법의 개정 동기는 지방의회의 구성과 더불어 지방행정상의 비능률과 모순이 제기되어 지방의회의 권한을 제한하자는 논의가 집중되었기 때문이다.

1) 시 · 읍 · 면장의 직선제

지방자치의 실시 초기에는 지방의회의 무기명 투표로 단체장을 선출했으나 개정법에서는 시 · 읍 · 면장을 당해 시 · 읍 · 면의 선거권자가 하도록 개정했다.

2) 자치단체장에 대한 불신임 의결 제도 폐지

지방의회에 자치단체장에 대한 불신임 의결권을 부여하고, 자치단체장에게 의회해산권을 부여하는 것은 양자 간의 분쟁을 조장해 지방행정의 안정을 저해하므로 이를 폐지했다.

3) 지방의원과 시 · 읍 · 면장의 임기 단축

지방의원과 시 · 읍 · 면장의 임기를 4년에서 3년으로 단축했다. 그러나 부칙에서는 재임 중인 지방의원 또는 시 · 읍 · 면장으로서 1956년 8월 15일 시행하는 선거일 전에 임기가 만료되는 자는 당해 선거일까지 재임한다고 규정했다. 이에 대해서는 대통령선거를 3개월 앞둔 시기에 취해진 정치적 계략이라는 비판도 제기되었다(대한지방행정협회, 1966: 467).

4) 지방의회 의원 정수의 감축

지방의원 정수가 과다해 의원의 질적 저하, 의사 진행의 부진, 의회비 증가 등의 폐단이 있었으므로 각급 의회 의원 수를 10% 정도 감축했다.

5) 회의 소집 제도와 개선

종래 회의 소집권은 의장만이 가지고 있었고 이에 대한 제한이 없어서 빈번한 회의 소집으로 집행기관의 부자유가 많았다. 따라서 회의를 정기회와 임시회로 구분해 매년 6월 1일과 12월 1일 연 2회 소집하되 도와 서울특별시는 개회 7일 전, 시·읍·면은 개회 5일 전에 공고하도록 했다. 지방의회 의장은 자치단체장이나 의원 정수 3분의 1 이상의 요구가 있을 때에는 임시회를 소집하도록 했다.

6) 회의 일수의 제한

정기회의 경우 도·서울특별시와 시는 30일, 읍·면에서는 15일 이내로 하고, 임시회는 10일 이내로 규정했으며, 회의 총 일수는 1년을 통해 도와 서울특별시 및 시는 90일로, 읍·면은 50일 이내로 제한했다.

7) 선거구제의 개정

선거구는 민의원 선거구를 분할하되 인구와 현지 관계를 참작해 내무부령으로 정하게 했다. 이에 대해서는 국회의원들이 자신의 선거 기반을 방어하기 위한 방편이란 비난도 제기되었다(대한지방행정협회, 1966: 467).

5. 1956. 7. 8의 지방자치법 개정

1956년 실시된 대통령선거에서 이승만은 강력한 야당 후보였던 신익희가 선거 10일 전 사망한 상황에서도 55.6%의 지지를 받았는데, 이는 1952년 72%의 지지율에 비해 20%나 낮아진 것이다. 부통령 후보였던 이기붕은 야당 후보인 장면에게 근소한 차이로 패했다(중앙선거관리위원회, 1973: 477-480).

선거 결과에 영향을 받은 이승만 정부는 또다시 지방자치법 개정을 추진했다. 개정의 주요 쟁점은 1956년 2월 13일 개정된 부칙에 관한 것이다. 부칙의 내용은 늦어도 1956년 8월 15일까지 선거를 실시하되 그때까지 임기가 이미 만료된 자는 선거일까지 임기를 유지하고, 만료되지 않은 경우는 선거일 전까지 만료된 것으로 보고 총선거를 일괄적으로 시행한다는 것이다. 그런데 이를 다시 고쳐 선거일 전 임기 만료자는 임기가 종료된 것으로 보되, 임기가 남아 있는 사람들은 법정 임기까지 임기를 인정해 주고 차기 선거에서 제외하자는 것이었다. 개정 법률안은 야당 측이 총퇴장한 가운데 통과되었다.

1) 도의원 정원 설정 기준의 수정

지방자치법의 개정(1956. 2. 13)에서 정부안은 도의원 정수의 3분의 1을 감축시키려 했으나 민의원에서는 도의원 수를 당해 도에서 선출되는 민의원 수의 배수로 해서 통과시켰다.

1956년 7월의 개정에서는 인구 50만 명까지는 20인으로 하되, 50만 명을 넘을 때는 이를 넘는 매 7만 명까지는 1인을 증원하도록 하고, 예외적으로 제주도에서는 15인으로 한정했다.

2) 도와 서울특별시 의원 선거구 획정 기준 변경

시 · 군 · 구의 구역을 분할하되 인구와 지리 관계를 참작해 내무부령으로 정하도록 했다.

3) 지방의원과 시 · 읍 · 면장의 기득권 인정

1956년 2월의 지방자치법 개정에서 지방의원과 시 · 읍 · 면장의 임기를 4년에서 3년으로 단축해 재임 중인 시 · 읍 · 면장은 임기가 만료되지 않았음에도 지위를 상실하게 되어 1956년 7월 개정에서 1956년 2월 개정 전에 당선된 시 · 읍 · 면장은 종래의 임기인 4년을 그대로 유지하도록 했다.

6. 제2대 지방의원 및 제1대 지방자치단체장선거

1956년 8월 8일 제2대 시 · 읍 · 면 의원선거 및 제1대 시 · 읍 · 면장선거가, 같은 해 8월 13일 제2대 도의원선거 및 제1대 서울특별시 의원선거가 실시되었다. 시 · 읍 · 면장이 주민의 직접선거로 선출됨에 따라 지방의원의 무리한 청탁에 응하지 않아도 불신임 결의가 발의될 수 없어서 임기 동안 소신껏 지방행정을 수행할 수 있게 되었다. 그러나 재선을 위한 인기 위주의 사업에 치중하고 파행적인 재정 운영으로 지방재정이 더욱 악화되었으며, 공무원 인사에서도 정실인사가 자행되었다(정세욱, 2001: 97). 선거 결과는 다음 〈표 2-2〉와 같다.

표 2-2 지방의회 의원선거 결과(1956년)

(단위: 명, %)

도명	시·읍·면					도와 서울특별시		
	시·읍·면 수	선거구 수	당선자 수	후보자 수	시의 투표율(%)	선거구 수 (당선자 수)	후보자 수	투표율 (%)
서울	-	-	-	-	-	47	280	75.0
경기	195	517	2,245	3,276	77.0	45	169	84.0
충북	107	380	1,231	1,813	87.0	30	86	89.0
충남	171	506	2,001	3,187	76.7	45	114	87.0
전북	166	498	1,926	3,465	86.0	44	141	90.0
전남	235	716	2,747	4,651	86.0	58	197	89.0
경북	248	727	2,891	4,833	77.0	61	180	81.0
경남	237	715	2,746	4,482	76.0	67	229	84.0
강원	86	342	1,003	1,546	87.0	25	72	90.0
제주	13	50	164	271	88.9	15	32	90.0
계	1,481	4,451	16,954	27,524	79.5	437	1,490	86.0

자료: 중앙선거관리위원회(1973: 792-800)에서 재작성.

1) 지방의원선거 결과

제2대 시·읍·면 의원선거는 전국의 26시·76읍·1,379면 중에서 1952년 제1대 시·읍·면 의원선거에서 제외되었던 전북의 8개 면과, 임기 중 의회 해산으로 다시 시·읍·면 의원선거를 실시한 1시와 1읍 및 13개 면은 기득권 인정으로 제외되었기 때문에 25시·75읍·1,385면에서 실시되었다. 지방의원선거 결과는 〈표 2-2〉와 같다. 서울특별시 의원선거는 처음 실시되었고, 경쟁률은 약 6:1로 전국 평균인 3.4 : 1보다 높았으나 투표율은 전국에서 가장 낮은 75%로 나타났다.

2) 지방자치단체장선거 결과

시·읍·면장선거는 기득권을 인정받은 지역을 제외한 6시·30읍·544면에서 먼저 실시되었고, 선거 결과는 다음 〈표 2-3〉과 같다.

표 2-3 지방자치단체장선거 결과(1956년)

(단위: 명, %)

구분 도명	시장				읍장			면장		
	시 수	선거를 실시한 시 (당선자 수)	후보자 수	투표율 (%)	읍 수	선거를 실시한 읍 수 (당선자 수)	후보자 수	면 수	선거를 실시한 면 수 (당선자 수)	후보자 수
경기	2	–	–	–	8	4	14	185	106	323
충북	2	2	8	87.3	5	3	8	100	42	132
충남	1	–	–	–	11	5	21	161	81	275
전북	3	2	10	85.7	8	2	6	166	43	168
전남	4	1	3	85.0	13	4	14	221	42	145
경북	4	–	–	–	13	5	17	233	98	318
경남	6	–	–	–	11	3	12	224	68	273
강원	3	1	3	92.0	4	3	7	89	59	149
제주	1	–	–	–	3	1	3	10	5	14
계	26	6	24	86.6	76	30	102	1,389	544	1,797

자료: 대한지방행정협회(1966: 524–529)에서 재작성.

7. 1958. 12. 26의 지방자치법 개정

여당인 자유당은 1958년 12월 24일 장기 집권을 의한 정치적 의도로 시 · 읍 · 면장 직선제를 임명제로 바꾸는 내용을 주요 골자로 하는 지방자치법 개정안을 소위 2 · 4 파동을 겪으면서 가결해 직선제는 채택된 지 2년 반 만에 폐지되고 말았다. 시 · 읍 · 면장을 여당 인물로 임명함으로써 대통령선거(1960. 3. 15)에 대비해 관권선거로 정권을 연장하려 했던 것이다.

그러나 이 개정법에 의한 지방선거는 선거를 5개월 앞두고 일어난 4 · 19혁명으로 인해 실시되지 못했다(한국지방행정연구원, 1999: 52–53).

1) 시 · 읍 · 면장 임명제와 불신임제 채택

장에 대한 불신임 의결은 재적 의원 3분의 2 이상의 출석과 출석 의원 3분의 2 이상의 찬성이 있어야 하며, 불신임 의결이 있을 때에는 도지사 또는 서울특별시장은 내무부 장관의, 시 · 읍 · 면장은 도지사의 허가를 받아 15일 이내에 의회를 해산할 수 있도록 했다. 불신임 의결 후 의회를 해산하지 않거나 해산 후 처음 소집된 의회에서 다시 불신임을 받았을 경우 자치단체장은 당연히 해직되도록 했다.

2) 법정 회의 일수 초과 시의 감독

지방의회가 법정 회의 일수를 초과할 때에는 도와 서울특별시는 내무부 장관이, 시는 도지사가, 읍 · 면은 군수가 폐회를 명할 수 있도록 했다.

3) 폐회 중 위원회 개최 제도 폐지

위원회 제도는 폐회 중 의회의 권한 일부를 위임해 심의 또는 의결하게 함으로써 의회 운영을 원만히 하고자 한 것인데, 위원회가 상설화되어 시간 낭비와 경비 증가의 폐단을 이유로 폐회 중에는 위원회를 개최할 수 없도록 했다.

4) 지방의원의 임기 연장

의회 운영의 능률을 향상하고 선거 경비를 절감한다는 명분으로 지방의원의 임기를 3년에서 다시 4년으로 연장했다.

5) 동 · 리장의 임명제

주민이 직접선거로 선출하던 동 · 리장을 시 · 읍 · 면장이 임명하도록 했다.

6) 의장단의 불신임 제도 폐지

의장 또는 부의장이 법령에 위배되거나 정당한 이유 없이 직무를 집행하지 않을 때에는 의원 정수 4분의 1 이상의 동의를 얻어 불신임 의결을 제안하도록 한 것을 폐지했다.

7) 동 · 리장의 하부조직 개편

동 · 리의 하부조직인 통과 반을 방(坊)으로 개칭하고 방에는 방장(坊長)을 두었다.

8. 1960. 11. 1의 지방자치법 개정

이승만 정권하에서 네 차례 개정된 지방자치법은 제2공화국 출범에 따라 1960년 11월 1일 다시 개정 공포되었다(한국지방행정연구원, 1999: 53-54). 개정된 지방자치법은 민주화에 부응해 너무 이상에 치우쳐 현실을 무시했다는 평가도 있으나 1961년의 5·16 군사 쿠데타로 인해 단명(短命)에 그치고 말았다.

1) 지방의원 정수의 조정

인구 비례에 도의원의 경우 민의원 선거구마다 2인(단, 제주도는 6인), 서울특별시 의원은 민의원 선거구마다 3인으로 재조정했다.

2) 선거권자 및 피선거권자 연령 조정

선거권자 연령을 만 21세부터 20세로, 피선거권자의 연령은 지방의원 및 시·읍·면장은 만 25세 이상, 도지사·서울특별시장은 만 30세 이상으로 조정했다.

3) 단체장 직선제 도입

지방자치단체장의 선출 방법을 임명제에서 직선제로 개정하고 임기를 4년으로 규정했다. 임기 2년의 동·리장도 직접선거로 선출하게 했다.

4) 지방의원선거에 연기명제 도입

지방의원선거에서 의원 정수 내 연기명제를 채택했다.

5) 서울특별시장 선거에 기명제 도입

유권자가 후보자 이름을 한자 또는 한글로 직접 기재하는 기명제를 채택했다.

6) 공명선거 제도의 도입 강화

공명선거를 위해 부재자 선거 제도의 도입, 선거운동 기간의 단축, 도지사·서울특별시장의 선거운동 제한과 공영제 등을 도입했다.

7) 의장과 부의장에 대한 불신임제 채택

지방의회 의장과 부의장에 대한 불신임제를 폭넓게 채택했다.

9. 제3대 지방의원 및 제2대 지방자치단체장선거

2공화국의 출범에 따른 지방자치법의 개정과 지방자치법이 준용하고 있는 국회의원선거 제도가 대폭 개정됨에 따라 지방의원 및 단체장선거는 1960년 12월 각각 실시되었다.

〈표 2-4〉와 〈표 2-5〉와 같이 지방의회 의원선거(제3대) 및 제2대 시·읍·면장선거(제2대)에 이어 제1대 서울특별시장과 도지사선거가 실시되어 주민 직선에 의해 기관 구성을 완료하게 됨으로써 한국 지방자치사에 새로운 전기가 마련되었다.

표 2-4 지방의회 의원선거 결과(1960년)

(단위: 명, %)

구분 / 시·도명	시		읍		면		시·읍·면 투표율(%)	도·서울특별시	
	당선자 수	투표율(%)	당선자 수	투표율(%)	당선자 수	투표율(%)		당선자 수	투표율(%)
서울	–	–	–	–	–	–	–	54	46.2
경기	35	58.1	117	63.4	2,091	74.2	70.2	46	62.9
충북	30	70.1	66	76.3	1,130	83.0	81.0	26	72.8
충남	18	56.4	157	73.5	1,841	81.1	77.9	48	68.8
전북	48	67.3	92	80.1	1,762	86.5	83.0	48	71.8
전남	52	70.0	170	85.6	2,511	88.5	85.5	66	74.1
경북	69	62.8	174	80.0	2,581	84.4	80.0	73	67.3
경남	106	58.1	159	82.6	2,473	87.6	76.5	80	68.3
강원	45	73.7	78	71.6	880	79.9	77.6	28	75.9
제주	15	82.5	42	84.6	107	88.2	85.9	18	84.3
계	420	62.6	1,055	77.5	15,376	83.7	78.9	487	67.4

자료: 중앙선거관리위원회(1973: 804, 805, 807, 810, 813)에서 재작성.

1) 지방의원선거 결과

지방의원선거 결과를 보면 〈표 2-4〉와 같이 투표율은 면 지역이 가장 높고, 그다음이 읍 지역이며, 시 지역이 가장 낮은 것으로 나타났다. 특히 광역의원의 경우는 서울특별시의 투표율이 1956년 선거(75.0%, 전국 평균 86.0%)의 경우와 같이 46.2%로 가장 낮게 나타났다.

2) 지방자치단체장선거 결과

지방자치단체장선거 결과는 〈표 2-5〉와 같이 광역단체장 투표율이 가장 낮은 38.8%이고, 시장(54.6%) · 읍장(72.7%) · 면장(81.6%) 순으로 높게 나타난 점이 특이하다. 광역의원선거의 경우 서울특별시의 투표율이 전국에서 가장 낮게 나타났으나 단체장의 경우는 다른 지역과 비교해 별 다른 차이는 없는 것으로 나타났다.

표 2-5 지방자치단체장선거 결과(1960년)

(단위: 명, %)

구분 시·도명	시장		읍장		면장		시·읍·면 투표율(%)	도·서울특별시				
	당선자 수	투표율(%)	당선자 수	투표율(%)	당선자 수	투표율(%)		입후보자 수	정당별 당선자			투표율(%)
									민주당	신민당	무소속	
서울	–	–	–	–	–	–	–	15	1	–	–	36.4
경기	2	52.6	9	63.1	184	74.6	69.7	9	1	–	–	32.8
충북	2	65.3	5	75.2	99	81.3	78.9	5	1	–	–	44.5
충남	1	45.2	12	74.4	160	81.8	77.7	5	–	1	–	39.8
전북	3	58.9	8	72.5	164	83.7	79.2	7	1	–	–	42.7
전남	4	58.1	13	77.0	218	83.0	78.8	9	–	1	–	44.2
경북	4	52.7	13	72.2	227	81.5	74.3	14	1	–	–	35.8
경남	6	51.6	13	74.0	220	84.5	71.9	8	–	1	–	33.2
강원	3	66.6	6	70.4	77	79.5	76.0	6	1	–	–	47.8
제주	1	75.5	3	81.2	10	81.7	80.1	5	–	–	1	62.2
계	26	54.6	82	72.7	1,359	81.6	75.4	83	6	3	1	38.8

자료: 중앙선거관리위원회(1973: 816–817, 819–820, 825–826)에서 재작성.

10. 제3, 4공화국과 지방자치

1) 5 · 16 쿠데타와 지방자치

(1) 지방의회의 해산

1961년 5 · 16 군사 쿠데타가 발발한 당일 군사혁명위원회는 포고 제4호로 전국의 지방의회를 해산시켰다.

(2) 상급기관장의 승인에 의한 집행

1961년 5월 22일 국가재건최고회의는 포고 제8호로 읍 · 면은 군수의, 시는 도지사의, 서울특별시와 도는 내무부 장관의 승인을 얻어 집행하도록 했다.

(3) 지방자치단체장의 임명

1961년 6월 6일에는 국가재건최고회의령 제42호와 국가재건비상조치법 제20조에 의해 도지사, 서울특별시장 및 인구 15만 이상 시장은 국가재건최고회의의 승인을 얻어 내각이 임명하고, 기타 지방자치단체장은 도지사가 임명하도록 했다.

(4) 지방자치에 관한 임시조치법(1961. 9. 1)

① 군자치제로 전환

기초자치단체는 종래의 읍 · 면 자치에서 군자치제(郡自治制)로 전환했고, 읍 · 면은 군의 하급행정기관으로 하며, 지방자치단체장은 국가공무원으로 임명했다.

② 지방의회의 의결 사항

지방의회의 의결 사항에 대해 당해 도와 서울특별시는 내무부 장관의, 시와 군에서는 도지사의 승인을 얻어 집행하도록 했다.

③ 지방자치단체장의 임명제

지방자치단체장을 임명제로 하고 국가공무원으로 충원했다.

2) 제3공화국과 지방자치

제3공화국 헌법에서는 헌법 부칙 제7조 ③에 "이 헌법에 의한 최초의 지방의회의 구성 시기에 관하여는 법률로 정한다."고 규정했으나 지방의회의 구성 시기에 관한 법이 제정되지 않아 지방의회는 구성되지 못했다.

3) 제4공화국과 지방자치

1972년 12월 27일 개정된 제4공화국 헌법은 부칙 제10조에 "이 헌법에 의한 지방의회는 조국 통일이 이루어질 때까지 구성하지 아니한다."고 규정함으로써 지방자치의 시행은 제3공화국 헌법 부칙의 규정보다 더욱 불확실하게 되었다.

11. 제5공화국 헌법과 지방자치

제5공화국 헌법은 지방자치의 시행 시기에 대해 헌법 부칙 10조에 "이 헌법에 의한 지방의회는 지방자치단체의 재정자립도를 감안하여 순차적으로 구성하되, 그 구성 시기는 법률로 정한다."고 규정했다.

이 헌법 규정이 함축하는 의미는 두 가지로 다음과 같다. 첫째는 지방자치의 실시 여부를 결정하는 헌법적 기준을 지방자치단체의 재정력으로 정한 것이고, 둘째는 지방자치의 실시 시기를 재정자립도에 따라 순차적으로 하도록 정했다는 점이다. 그러나 제5공화국에서도 지방의회의 구성 시기에 대한 법률을 정하지 못했다.

12. 제6공화국과 지방자치

1) 1988. 4. 6의 지방자치법 개정

1988년 2월 출범한 제6공화국에서 1988년 4월 6일 전문 개정된 지방자치법이 공포되었는데, 주요 내용은 다음과 같다.

(1) 지방자치단체의 종류

지방자치단체를 광역자치단체(특별시, 광역시, 도)와 기초자치단체(시·군 및 자치구)의 2종으로 대별했다. 특히 특별시와 직할시의 구를 자치단체의 종류에 포함시켰다.

(2) 지방자치단체의 사무

지방자치단체의 사무 범위를 포괄적 수권 방식으로 하되 예시주의를 채택했고, 지방자치단체의 종류별로 사무배분 기준을 정했다. 다만 자치구의 자치권 범위는 시·군과 다르게 할 수 있도록 했다.

(3) 지방의원 및 단체장의 임기

지방의원 및 단체장의 임기는 4년으로 했다.

(4) 지방자치단체장의 선출

지방자치단체장은 선거에 의해 선출하되, 따로 법률로 정할 때까지는 정부에서 임명하기로 했다.

(5) 재의요구권 및 선결처분권의 부여

지방자치단체장에게 지방의회 의결 사항에 대한 재의요구권과 선결처분권을 부여했다.

(6) 지방의회의 행정사무조사권 신설

지방의회의 행정사무감사권을 삭제하고 행정사무조사권을 신설했다.

(7) 행정협의회의 구성

지방자치단체는 상호 관련된 사무의 일부를 공동으로 처리하기 위해 행정협의회를 구성할 수 있게 했고, 협의 사항 조정 등에 관한 규정을 두었다.

(8) 서울특별시에 대한 특례

서울특별시에 대해서는 법률이 정하는 바에 의해 지위, 조직 및 운영에 관한 특례를 부여할 수 있게 했다.

(9) 시정 명령과 취소 · 정지권

지방자치단체장의 명령이나 처분이 법령에 위반되거나 현저히 부당해 공익을 해할 경우 시 · 도에 대해서는 주무부 장관이, 시 · 군 및 자치구에 대해서는 시 · 도지사가 각각 시정을 명하고, 이를 이행하지 않을 때에는 취소 · 정지할 수 있도록 했다.

2) 1989. 12. 30의 지방자치법 개정

1988년 4월의 개정 법률에 따르면 시 · 군 · 자치구의회 의원선거는 법 시행일부터 1년 이내인 1989년 5월 30일까지 실시하고, 시 · 군 · 자치구의회가 구성된 날로부터 2년 이내에 시 · 도의회를 구성하게 되어 있었다(부칙 제2조). 그러나 1988년 4월 26일 실시된 제13대 국회의원선거 결과 정치 구도가 여소야대로 바뀌자 야 3당은 중앙집권적인 지방자치법으로는 지방자치를 실시할 수 없다고 했다. 이에 따라 1988년 12월에 야 3당은 각각 독자적인 지방자치법 개정법률안을 국회에 제출해 1989년 3월 9일 야 3당 합의로 지방자치법 개정법률안이 국회를 통과했다. 그러나 노태우 대통령의 거부권 행사로 지방자치법 개정은 무산되었다. 이어 1989년 12월 19일에는 4당의 합의로 개정 법률이 국회를 통과했고 12월 30일 공포되었다. 주요 내용은 다음과 같다.

(1) 지방의원의 겸직 금지 범위 확대

지방의원의 겸직 금지 범위에 농 · 수 · 축협 외에 농지개량조합, 산림조합, 엽연초생산협동조합, 인삼협동조합 등 4개 조합의 임직원도 포함시켰다.

(2) 지방자치단체장과 부단체장의 선임

지방자치단체장의 주민 직선을 명문화했고, 당해 시 · 도지사가 추천한 자를 시 · 도의 부단체장으로 임명하도록 했다.

(3) 행정사무감사권의 부여

지방의회에 행정사무조사권 및 행정사무감사권을 부여했다.

(4) 지방의원과 단체장선거 기한

지방의회 의원선거는 1990년 6월 30일 이내, 지방자치단체장선거는 1991년 6월 30

일 이내에 실시하도록 규정했다.

(5) 지방의원의 의안 발의

지방의원의 의안 발의는 그 정족수를 재적 의원 5분의 1 이상 또는 10인 이상의 연서로 규정해 복수로 가능하도록 했다.

3) 1990. 12. 31의 지방자치법 개정

지방자치법이 개정된 후에는 지방의회의원선거법의 제정이 지연되면서 법정 시한인 1990년 6월 30일 이전의 의원선거가 불가능해졌다. 특히 쟁점이 된 것은 정당추천제의 허용 여부에 대한 것이었다. 여당인 민자당이 정당추천제를 도입하면 지역 대결 구도를 심화시킨다는 것이 표면적 이유였으나 실제 이유는 거대 여당에 대한 반발 심리로 호남 지역은 물론 서울 등 대도시 지역에서도 야당이 득세해 차기 대통령선거에 불리할 것이라는 정략적 판단에 의한 것이었다. 이에 반해 야당인 평민당은 정당 추천이 배제되면 대부분 지역에서 친여당 인사가 당선되어 야당의 지지 기반을 확보하기 어렵다는 정치적 이유에서 정당추천제의 채택을 강력히 주장했다. 결국에는 여·야가 지방의원선거법을 1990년 3월에 개최된 임시국회에서 처리하지 않기로 합의해 6월 30일 이내의 지방의원선거는 무산되고 말았다. 그 후 1990년 12월 정기 국회에서 여·야 간에 극적인 타협이 이루어져 지방자치법 개정법률안이 국회에서 통과되었다. 주요 내용은 다음과 같다.

(1) 지방의원 및 단체장선거

지방의회 의원선거는 1991년 6월 30일 이내, 지방자치단체장선거는 1992년 6월 30일 이내에 실시하도록 규정했다.

(2) 지방의원의 겸직 금지 범위 조정 축소

지방의원의 겸직 금지 범위에서 농업협동조합 등 7개 조합의 조합장과 그 상근·임직원으로 겸직 금지 범위를 축소했다.

4) 1991. 5. 23의 지방자치법 개정

헌법재판소의 위헌 결정(1991. 3. 11)에 따라 지방의원의 겸직이 금지되는 범위에서 농업협동조합, 수산업협동조합, 축산업협동조합, 산림조합, 엽연초생산협동조합, 인삼협동조합의 비상근 조합장을 삭제해 겸직 금지 대상에서 제외했다.

5) 지방의원선거

1961년 5·16 군사 쿠데타로 인해 지방자치가 중단된 지 30년 만에 지방자치가 부활되어 기초의원선거(1991. 3. 26)와 광역의원선거(1991. 6. 20)가 실시되었다.

(1) 지방의원선거 결과

1991년의 지방선거는 30여년 간의 지방자치 공백기를 보낸 후 제9차 개정 지방자치법과 지방의회의원선거법에 근거해 실시된 선거로서 1991년 3월 26일 260개 시·군·자치구에서 기초의회 의원선거를 실시했고, 같은 해 6월 20일 5개 직할시와 9개 도에서 광역의회 의원선거가 실시되었다.

① 기초의회 의원선거 결과

등록 후보자 10,159명 중 당선자는 〈표 2-6〉과 같이 총 4,303명으로 무투표 당선인이 614명, 투표 실시 당선인이 3,689명이었다. 의원 정수가 4,304명에서 한 명이 부족한 것은 경북 구미시 선주동에서 후보자 2명이 모두 사퇴해 당선자가 없었기 때문이다.

표 2-6 지방의회 의원선거 결과(1991년)

(단위: 명, %)

구분 / 시·도명	자치구·시·군				특별시·광역시·도			
	선거구 수	의원 정수 (당선자 수)	선거인 수	투표율 (%)	선거구 수	의원 정수 (당선자 수)	선거인 수	투표율 (%)
서울	494	778	7,202,903	42.3	132	132	7,212,887	52.4
부산	222	303	2,513,245	49.7	51	51	2,519,619	57.7
대구	141	182	1,431,789	44.4	28	28	1,439,609	53.0
인천	106	153	1,217,001	42.6	27	27	1,243,072	53.9
광주	92	110	704,790	50.8	23	23	712,477	55.5

대전	76	91	661,953	49.1	23	23	671,919	59.4
경기	409	526	3,984,615	52.2	114	117	3,958,349	55.4
강원	223	240	1,020,833	68.7	54	54	1,016,647	68.5
충북	158	173	890,907	64.9	38	38	892,420	65.7
충남	206	223	1,227,338	67.3	53	55	1,180,314	68.9
전북	367	280	1,306,100	65.2	52	52	1,304,059	63.5
전남	325	337	1,531,081	69.4	73	73	1,522,590	65.5
경북	380	404(403)*	1,909,081	70.2	82	87	1,804,859	68.7
경남	420	453	2,387,727	64.5	85	89	2,319,521	64.8
제주	43	51	312,217	70.1	15	17	284,682	74.7
계	3,562	4,304(4,303)	28,301,58	55.0	850	866	28,083,024	58.9

주: *경상북도 구미시 선주동 선거구(1인 선출구)는 등록된 후보자(2명)가 모두 사퇴해 당선자가 없었음.
자료: 중앙선거관리위원회(1991a, b).

② 광역의회 의원선거 결과

등록 후보자 2,885명 중 당선자는 〈표 2-6〉과 같이 무투표 당선 16명(1.8%)을 포함해 총 866명(98.2%)이 당선되었다. 정당별로는 민주자유당 소속 의원이 564명(65.1%), 신민당이 165명(19.1%)이고, 무소속 당선자는 115명(13.3%)이었다(한국지방행정연구원, 1999: 230).

(2) 지방의원선거에 대한 평가

지방의원선거에 대한 평가는 다음과 같다(한국지방행정연구원, 1999: 229-230).

① 낮은 투표율

투표율은 1988년 4월 26일 실시된 13대 총선거 투표율(75.8%)에 비해 기초의원선거는 55.0%, 광역의원선거는 58.9%로 대체로 낮게 나타났다.

② 정당 참여

기초의원선거에서는 정당추천제를 배제했지만 실질적으로는 정당이 선거에 깊숙이 관여했다.

③ 무투표 당선 비율

기초의회는 전체 당선자 10,159명 중 무투표 당선자가 614명(14.27%)으로 나타났다.

④ 여성 의원의 비율

여성 의원의 구성비는 기초와 광역 모두 0.9%에 불과했다. 기초의원의 경우 전체 당선자 40명 중 22명이 서울에서 당선되었다.

⑤ 여당의 압승

광역의원은 전체 당선자 866명 중 민주자유당 소속 의원이 564명(65.1%), 신민당 165명(19.1%)으로 여당이 압도적으로 승리했다.

6) 1991. 12. 31의 지방자치법 개정

(1) 지방의원의 체포 · 구금과 여비

지방의원을 체포 · 구금할 때에는 영장의 사본을 첨부해 의장에게 통지해야 하며, 회기 중 회의에 출석할 때에는 여비를 지급한다.

(2) 서류 제출 요구권과 절차

지방의회의 안건과 관련한 서류 제출 요구권 및 절차를 규정하고 있다.

(3) 회기 일수의 조정과 예산안 제출 및 의결 기한

정기회 집회일을 조정하고 시 · 도 정기회 회기 일수를 30일에서 35일로 연장했으며, 예산안 제출 및 의결 기한을 시 · 도는 회계연도 개시 15일(종전 10일)까지, 시 · 군 · 자치구는 회계연도 개시 10일(종전 5일)까지 의결하는 것으로 조정했다.

(4) 기초의회의 상임위원회 설치

대통령령으로 의원 정수 15인 이상의 시 · 군 · 자치구의회에 상임위원회 설치를 허용했다.

(5) 위원회 개회 요구 범위

지방의회 폐회 중 위원회 개회 요구 범위는 본회의의 의결이 있거나 의장이 필요하다고 인정한 경우, 재적 의원 3분의 1 이상의 요구 또는 지방자치단체장이 요구한 때로 확대했다.

(6) 지방의회 사무기구의 명칭

시·도는 사무처로 시·군·자치구는 사무국 또는 사무과로 조정했다.

13. 문민정부와 지방자치

1) 1994. 3. 16의 지방자치법 개정

개정된 지방자치법의 요지는 다음과 같다.

(1) 도농복합시의 설치

도농 통합 형태의 시 설치 근거를 마련하고 도시화된 조직에는 동(洞), 기타 지역에는 읍·면을 두도록 했다.

(2) 주민투표 제도의 도입

지방자치단체의 폐치·분합, 주민에게 과도한 부담을 주거나 중요한 영향을 미치는 사안에 대한 주민투표 제도를 도입했다.

(3) 과태료 부과 권한 인정

조례 위반 행위에 대해 벌칙 위임 사항을 삭제하고 1천만 원 이하의 과태료만을 부과할 수 있게 되었다.

(4) 의정활동비 지급 근거

지방의원의 명예직 원칙은 유지하되 의정 자료 수집·연구 및 그 보조 활동을 위한 의정활동비를 매월 지급할 수 있는 근거를 마련했다.

(5) 시·도의회의 국정감사권 대행

지방자치단체 및 그 장이 위임받아 처리하는 국가사무와 시·도의 사무에 대해 국회와 시·도의회가 직접 감사하기로 한 사무를 제외하고는 각각 당해 지방의회가 그 감사를 행할 수 있도록 하고, 이 경우 국회와 시·도의회는 필요한 경우 당해 지방의회의 감사 결과를 요구할 수 있도록 했다(지방자치법 제36조 ③).

(6) 부단체장의 임명

특별시 · 광역시 · 도의 부단체장은 정무직 또는 일반직 국가공무원으로 보하며, 대통령령으로 정하는 바에 따라 2인을 둘 수 있으며, 이 경우 1인은 정무직 또는 별정직 지방공무원으로 보하도록 했다.

(7) 읍 · 면 · 동장의 일반직화

읍 · 면 · 동장을 별정직 지방공무원에서 일반직 지방공무원으로 전환했다.

(8) 분쟁조정위원회의 설치

지방자치단체 간의 분쟁을 조정하기 위해 내무부 및 시 · 도에 분쟁조정위원회를 설치하고, 그 구성 및 운영은 대통령령에 위임했다.

(9) 직무이행명령과 행정대집행 등

지방자치단체장이 의무에 속하는 위임사무의 이행을 명백히 해태하는 경우에는 기간을 정해 서면으로 이행을 명령할 수 있고, 이행하지 않을 때는 대집행하거나 행정상 · 재정상 필요한 조치를 할 수 있다.

2) 1994. 12. 20의 지방자치법 개정

(1) 직할시의 명칭 변경

지방자치 시대를 맞이해 직할시의 명칭을 광역시로 변경했다.

(2) 도농 통합 형태의 광역시·통합시의 행정구역에 특례

광역시의 관할 구역 안에 자치구 외에 군의 설치를 허용하고, 통합시의 구에 동(洞) 외에 읍 · 면의 설치를 허용했다.

(3) 지방자치단체장의 연임 제한

지방자치단체장의 계속 재임을 3기로 제한했다.

(4) 지방자치단체장의 겸직 제한

지방의원의 경우와 같이 농·수·축협 등 각종 조합의 중앙회와 연합회의 임·직원과 기타 법률이 겸임할 수 없도록 정하는 직을 추가·보완했다.

(5) 직속기관 설치 요건 완화

지방자치단체가 직속기관을 조례로 설치하는 경우 대통령령이 정하는 바에 따르도록 직속기관 설치 요건을 완화하는 특례를 두었다.

3) 1995. 1. 5의 지방자치법 개정

지방자치단체에 근무하는 국가공무원을 임명할 때 단체장의 의견을 들어 임명하도록 했던 것을 단체장에게 제청권을 부여하도록 개정했다.

4) 제1회 동시지방선거(1995. 6. 27)

1995년 6월 27일 실시된 지방선거는 지방의원 및 자치단체장선거를 동시에 실시했고, 투표율은 약 68.4%로 대체로 낮게 나타났다.

(1) 기초자치단체장 및 의회의원 선거 결과

기초단체장 당선자는 다음 〈표 2-7〉과 같이 230명을 선출한 선거에서 민주당 84명(36.5%), 민자당 70명(30.4%), 지민련 23명(10.4%), 무소속 53명(23.1%)로 나타나서 무소속 후보의 비율이 높게 나타났다.

지역별 당선 분포를 보면, 지역 분할 구도를 분명히 나타내고 있어서 경인 지역과 호남 지역은 민주당, 충청 지역은 자민련, 영남과 강원 지역은 민자당과 무소속의 비율이 높게 나타났다. 정당 추천이 배제된 기초의원은 총 4,541명 선출에 11,970명이 등록해 2.6 : 1의 경쟁률을 나타내어 1991년 선거의 2.4 : 1보다 약간 높게 나타났다. 당선자의 직업별 분포를 보면 농업, 상공업 등 자영업이 대부분이었으며, 특히 건설업이 336명으로 7.4%를 차지했다. 여성은 전체의 1.6%로 낮은 비율을 나타냈다(한국지방행정연구원, 1999: 231-233).

표 2-7 기초자치단체의 장 및 의회의원선거 결과(1995년)

(단위: 명, %)

구분 / 시·도명	기초자치단체장					자치구·시·군의원	
	민자	민주	자민련	무소속	당선자 수	선거구 수	당선자 수
서울	2	23			25	526	806
부산	14			2	16	239	320
대구	2		1	5	8	159	203
인천	5	5			10	146	206
광주		5			5	101	125
대전		1	4		5	84	107
경기	13	11		7	31	464	599
강원	9	1	1	7	18	227	245
충북	4	2	2	3	11	163	180
충남			15		15	209	223
전북		13		1	14	270	283
전남		22		2	24	326	343
경북	8	1		14	23	374	399
경남	10			11	21	419	451
제주	3			1	4	43	51
합계	70 (30.4)	84 (36.5)	23 (10.0)	53 (23.1)	230 (100.0)	3,750	4,541

자료: 중앙선거관리위원회(1995).

(2) 광역의회 의원선거 결과

광역의원 후보자 등록 결과 정당 추천이 허용된 지역구 의원의 경우 2.8 : 1의 경쟁률을 보여, 1991년의 3.1 : 1보다 약간 낮게 나타났다. 선거 결과는 다음 〈표 2-8〉과 같이 지역구의 경우 민주자유당 286명(32.7%), 민주당 352명(40.2%), 자민련 86명(9.8%), 무소속 151명(17.3%)이고, 비례대표는 민주자유당 49명(51.6%), 민주당 38명(40%), 자민련 8명(8.4%)으로 나타났다. 직업별 분포는 지역구는 정치인 25.8%, 농업 12.9%, 상업 13.9%, 건설업 7.1%이나, 비례대표는 전체 95명 중 39명(41.1%)이 정치인 출신이다. 성별로 보면 지역구는 98.5%가 남자이나 비례대표는 총 95명 중 42명(44.2%)이 여자로 나타났다(한국지방행정연구원, 1999: 232).

표 2-8 광역의회 의원선거 결과(1995년)

(단위: 명, %)

시·도	민자	민주	자민련	무소속	정원	시·도	민자	민주	자민련	무소속	정원
서울	11	122			133	충북	12	10	4	10	36
부산	50			5	55	충남	3	2	49	1	55
대구	8		7	22	37	전북		49		3	52
인천	13	18		1	32	전남	1	62		5	68
광주		23			23	경북	50	1	2	31	84
대전			23		23	경남	52			33	85
경기	52	57		14	123	제주	7	2		8	17
강원	27	6	1	18	52	합계	286 (32.7)	352 (40.2)	86 (9.8)	151 (17.3)	875* (100.0)

주: * 비례대표 95명 제외.
자료: 중앙선거관리위원회(1995).

(3) 광역자치단체장선거 결과

광역단체장선거의 경쟁률은 15개 지역에 56명이 출마해 3.7 : 1의 경쟁률을 나타냈다. 선거 결과는 기초단체장의 경우와 같이 뚜렷한 지역 분할 구도를 나타내서 〈표 2-9〉와 같이 민자당은 경기·인천·부산·경북·경남에서, 민주당은 서울·광주·전남·전북에서, 자민련은 강원·대전·충남·충북에서 당선되었다. 당선자의 직업

표 2-9 광역자치단체장선거 결과(1995년)

시·도	민자	민주	자민련	무소속	시·도	민자	민주	자민련	무소속
서울		1			충북			1	
부산	1				충남			1	
대구				1	전북		1		
인천	1				전남		1		
광주		1			경북	1			
대전			1		경남	1			
경기	1				제주				1
강원			1		합계	5	4	4	2

자료: 중앙선거관리위원회(1995).

별 분포는 당선자 15명 중 10명이 정치인 출신으로 절대 다수를 차지했다(한국지방행정연구원, 1999: 234).

5) 1995. 8. 4의 지방자치법 개정

인구 15만 이상인 군으로서 그 군 내에 인구 2만 이상의 도시 형태를 갖춘 지역이 2개 이상 있고, 그 지역들의 인구의 합이 5만 이상인 경우도 도농 복합 형태의 시를 설치할 수 있도록 설치 기준을 완화했다.

14. 국민의 정부와 지방자치

1) 제2회 동시지방선거(1998. 6. 4)

(1) 기초자치단체장 및 의회의원선거 결과

기초단체장선거의 경쟁률은 2.91 : 1로 1995년(4.1 : 1)보다 약간 낮게 나타났고, 단독 출마 선거구는 23개로 약 10%에 달했다. 특히 현직 단체장 230명 중 194명(84.3%)

표 2-10 기초단체장(정당별) 및 의회의원선거 결과(1998년)

(단위: 명, %)

시·도명	당선인 수		장의 정당별 당선인 수										의원 당선인 수	
	인원	%	한나라당		새정치국민회의		자민련		국민신당		무소속		선거구 수	당선인 수
계	232(23)	100.0	74(7)	31.9	84(13)	36.2	29(2)	12.5	1	0.4	44(1)	19.0	3,467	3,489(2)
서울	25(2)	100.0	5	20.0	19(2)	76.0	1	4.0					520	520
부산	16	100.0	11	68.8							5	31.2	222	224(2)
대구	8	100.0	7	87.5							1	12.5	146	146
인천	10(2)	100.0			9(2)	90.0	1	10.0					135	135
광주	5(3)	100.0			5(3)	100.0							81	81
대전	5	100.0			1		4	80.0					75	75
울산	5	100.0	3	60.0							2	40.0	59	59
경기	31(1)	100.0	6	19.4	20(1)	64.5	2	6.4			3	9.7	462	466

강원	18	100.0	13	72.2	1	5.6	2	11.1			2	11.1	187	195
충북	11(1)	100.0			2	18.2	6(1)	54.5			3	27.3	146	146
충남	15(1)	100.0					11	73.3	1	6.7	3(1)	20.0	206	206
전북	14(1)	100.0			9(1)	64.3					5	35.7	248	249
전남	22(4)	100.0			15(4)	68.2					7	31.8	295	295
경북	23(5)	100.0	14(4)	60.9	1	4.3	2(1)	8.7			6	26.1	337	342
경남	20(3)	100.0	14(3)	70.0							6	30.0	309	309
제주	4	100.0	1	25.0	2	50.0					1	25.0	39	41

주: 1) ( ) 안은 후보자가 1인인 지방자치단체 수이며 전체에 포함됨.
2) 후보자 없는 선거구(부산 금정구 부곡 제1동 선거구)는 당선인 수에서 제외.
자료: 중앙선거관리위원회(1998: 30).

이 출마했고, 무소속 출마는 34.1%로 1995년(54.2%)보다 매우 낮아진 것이 특징이었다. 총 194명의 현직 후보 중 148명(76.3%)이 당선되어 현직 단체장의 재선율이 높게 나타났다. 정당별 당선 현황은 앞의 〈표 2-10〉과 같이 한나라당 74명, 국민회의 84명, 자민련 29명, 국민신당 1명, 무소속 44명으로 나타났다.

기초의원선거의 경쟁률은 평균 2.2 : 1로 1995년(2.6 : 1)보다 약간 낮게 나타났고 출마 후보자가 없어서 의원이 선출되지 못한 곳도 있었다. 무투표로 당선이 확정된 선거구도 총 684개로 전체의 20%나 되었다. 현직 의원 중 2,805명(61.8%)이 재출마해 전체 후보의 36.3%를 차지했고, 이들 중 1,570명(56%)이 당선되었다. 여성은 전체의 1.6%로 여전히 낮은 비율을 나타냈다(한국지방행정연구원, 1999: 239-240).

(2) 광역자치단체장 및 의회의원선거 결과

광역단체장선거의 결과는 다음 〈표 2-11〉과 같이 한나라당은 12개 지역에 후보자를 공천해 6개 지역에서, 국민회의와 자민련은 연합 공천으로 국민회의 6개 지역, 자민련 4개 지역에서 당선되었다. 무소속 후보가 한 명도 없다는 점이 1995년 선거와 비교된다. 현직 단체장은 11명의 후보 중 충북과 제주를 제외한 9명이 재선에 성공했다. 광역의원선거는 단체장선거와 같이 정당별 지역 분할 구도를 나타내서 국민회의는 수도권과 호남 및 제주 등 7개 시도의회에서, 한나라당은 부산을 비롯한 영남 지역과 강원에서, 자민련은 충청 지역에서 압도적인 의석을 점유했다.

표 2-11 광역단체장 및 지역구 의회의원선거 결과: 정당별(1998년)

(단위: 명, %)

시·도명	당선인 수			정당별 당선인 수										
	지사	의원	%	한나라당			새정치국민회의			자민련			무소속	
계	16	616(49)	100.0	6	224(12)	36.4	6(2)	271(25)	44.0	4	82(6)	13.3	39(6)	100.0
서울	1	94	100.0		15	15.9	1	78	83.0		1	1.1		
부산	1	44(2)	100.0	1	43(2)	97.7					1	2.3		
대구	1	26	100.0	1	26	100.0								
인천	1	26(1)	100.0		4	15.4		20(1)	76.9	1	1	3.9	1	3.9
광주	1	14	100.0				1	14	100.0					
대전	1	14	100.0							1	14	100.0		
울산	1	14	100.0	1	9	64.3							5	35.7
경기	1	88(4)	100.0		18	20.5	1	61(4)	69.3		9	10.2		
강원	1	42(2)	100.0	1	21(1)	50.0		12	28.6		3	7.1	6(1)	14.3
충북	1	24(1)	100.0					3	12.5	1	17(1)	70.8	4	16.7
충남	1	32(4)	100.0					1	3.1	1	30(4)	93.8	1	3.1
전북	1(1)	34(10)	100.0				1(1)	32(10)	94.1			2.0	2	5.9
전남	1(1)	50(9)	100.0				1(1)	42(9)	84.0		1	9.3	7	14.0
경북	1	54(7)	100.0	1	44(3)	81.5					5(1)		5(3)	9.3
경남	1	46(7)	100.0	1	41(5)	89.1							5(2)	10.9
제주	1	14(2)	100.0		3(1)	21.4	1	8(1)	57.2				3	21.4

주: ( ) 안은 무투표 선거구의 당선인 수 또는 단독 입후보자 수.
자료: 중앙선거관리위원회(1998).

2) 1999. 8. 31의 지방자치법 개정

(1) 조례 제정 및 개폐 청구

20세 이상의 지방자치단체의 주민은 주민 총수의 20분의 1의 범위 안에서 대통령령이 정하는 주민 수 이상의 연서로 당해 지방자치단체장에게 조례 제정 및 개폐를 청구할 수 있도록 했다(지방자치법 제13조의 3).

(2) 주민감사 청구

20세 이상 지방자치단체 주민은 주민 총수의 50분의 1의 범위 안에서 조례가 정하는 주민 수 이상의 연서로 당해 지방자치단체와 그 장의 권한에 속하는 사무의 처리가 법령에 위반되거나 공익을 현저히 해한다고 인정되는 경우에는 감사를 청구할 수 있도록 했다(지방자치법 제13조의 4).

(3) 지방자치단체장의 권한 대행

지방자치단체장의 궐위, 공소 제기된 후 구금 상태에 있거나 의료기관에 60일 이상 계속하여 입원한 경우 및 당해 지방자치단체장 선거에 입후보한 경우에는 부단체장이 권한을 대행한다(지방자치법 제101조의 2).

(4) 지방자치단체 분쟁조정위원회의 기능 강화

지방자치단체 분쟁조정위원회의 기능을 심의 기구에서 의결 기구로 강화하고, 분쟁이 공익을 현저히 저해해 조속한 조정이 요청되는 경우 행정자치부 장관 또는 시·도지사가 당사자의 신청이 없어도 조정할 수 있는 근거를 마련했다(지방자치법 제140조).

(5) 지방자치단체장 등의 협의체

지방자치단체장 또는 지방의회의 의장은 상호간의 교류와 협력을 증진하고, 공동의 문제를 협의하기 위해 전국적 협의체를 설립할 수 있도록 하고, 협의체를 설립한 때에는 행정자치부 장관에게 신고하도록 하며, 이들 협의체는 지방자치에 직접 영향을 미치는 법령 등에 관해 정부에 의견을 제출할 수 있도록 했다(지방자치법 제154조의 2).

3) 2000. 1. 12의 지방자치법 개정

인구 규모가 크고 지역적 특수성을 지니는 광역시 및 도의 방대한 행정 업무를 효율적으로 수행할 수 있는 행정 체제를 확립하기 위해 광역시의 부시장 및 도의 부지사 정수를 인구가 800만 이상인 경우에는 3인까지 둘 수 있도록 하고, 3인 이상 두는 시·도에는 그중 1인으로 하여금 특정 지역의 사무를 관장하게 할 수 있도록 했다(지방자치법 제101조 ①의 2, ⑥).

4) 2002. 3. 25의 지방자치법 개정

부단체장의 권한 대행 사유를 확대해 금고 이상의 형의 선고를 받고 그 형이 확정되지 않은 경우도 포함했다(지방자치법 제101조의 2의 ①).

5) 제3회 동시지방선거(2002. 6. 13)

(1) 기초의원 및 단체장선거

기초의원선거의 경쟁률은 〈표 2-12〉와 같이 평균 3.2 : 1로 1998년(2.2 : 1)이나 1995년(2.6 : 1)에 비해 높게 나타났다. 경기도가 3.9 : 1로 가장 높고, 제주도는 1.5 : 1로 전국에서 가장 낮은 경쟁률을 나타냈다. 기초자치단체장은 여전히 지역 분할 구도를 벗어나지 못했고, 국민의 정부에 대한 평가가 선거에 반영되어 민주당(새천년민주당)이 한나라당의 3분의 1 정도에 불과한 당선자를 배출했다. 전국 232개 자치단체 중 한나라당 후보가 140곳에서 당선되었고, 민주당은 44곳, 기타 정당과 무소속은 30곳, 자민련은 16곳, 민노당은 2곳에서 당선되었다. 기초자치단체이긴 하지만 민노당에서 2곳의 당선자를 냈다는 것이 선거 사상 커다란 특징이었다.

표 2-12 정당별 자치구 · 시 · 군의 장 및 의회의원선거 결과(2002년)

구분 / 시 · 도명	선거구 수 (지방자치 단체 수)	정당별 등록 후보자 수당선인 수						경쟁률	자치구 · 시 · 군 의회의원 선거	
		계	한나라당	민주당	자민련	민주 노동당	기타 정당 무소속		등록 후보자 수	당선인 수
계	232	750(232)	190(140)	155(44)	51(16)	12(2)	342(30)	3.2:1	8,373	3,485
서울	25	74(25)	25(22)	25(3)	4	1	19	3.0:1	1,305	513
부산	16	36(16)	16(3)	1	1	1	17(3)	2.3:1	420	215
대구	8	23(8)	8(8)	2			13	2.9:1	310	140
인천	10	27(10)	10(8)	10(2)		1	6	2.7:1	312	131
광주	5	13(5)	1	5(4)			7(1)	2.6:1	187	84
대전	5	15(5)	5	3	5(5)		2	3.0:1	177	75
울산	5	16(5)	5(3)	2		4(2)	5	3.2:1	125	59
경기	31	121(31)	31(24)	30(4)	12(1)	3	45(2)	3.9:1	1,228	500
강원	18	63(18)	16(15)	17(2)	4		26	3.5:1	491	190

충북	11	42(11)	10(5)	8(1)	7(3)		17(2)	3.8:1	377	150
충남	15	55(15)	14(4)	8(2)	15(7)		18(2)	3.7:1	513	209
전북	14	52(14)		14(9)	2		36(5)	3.7:1	638	237
전남	22	72(22)	5	22(16)	1		44(6)	3.3:1	739	291
경북	23	73(23)	23(21)	2		1	47(2)	3.2:1	787	339
경남	20	62(20)	20(16)	3		1	38(4)	3.1:1	679	314
제주	4	6(4)	1(1)	3(1)			2(2)	1.5:1	85	38

주: 1) 기타 정당의 등록후보자 수는 민주국민당 4명, 한국미래연합 10명, 노년권익보호당 1명, 녹색평화당 1명이며, 무소속 후보자는 326명임.
2) 기타 정당은 당선인이 없으며, 무소속 당선인은 30명임.
자료: 중앙선거관리위원회(2002).

(2) 광역의회 의원선거

광역의원선거의 경쟁률은 〈표 2-13〉과 같이 전국 평균 2.5 : 1로 광주(3.8 : 1)를 제외하고는 지역별로 큰 차이가 없게 나타났다. 정당별 당선자 분포를 보면 한나라당이 압도적 다수인 431명을 당선시켜 전체 의석(609명)의 70.77%에 달했다.

그리고 민주당은 121명(19.87%), 자민련은 29명(4.76%), 기타 정당 및 무소속은 26명, 민노당은 2명의 순으로 당선자를 배출해 지역 분할 구도는 여전하게 나타났다.

표 2-13 정당별 지역구·시·도의회 의원선거 결과(2002년)

구분 / 시·도명	선거구 수 (의원 정수)	정당별 등록 후보자 수·당선인 수						경쟁률
		계	한나라당	민주당	자민련	민주노동당	기타 정당 무소속	
계	609	1,531(609)	540(431)	409(121)	64(29)	67(2)	451(26)	2.5:1
서울	92	230(92)	92(82)	92(10)		20	26	2.5:1
부산	40	90(40)	40(40)	8	2	4	36	2.3:1
대구	24	58(24)	24(24)	4	1	1	28	2.4:1
인천	26	68(26)	25(23)	26(2)	1	3	13(1)	2.6:1
광주	16	60(16)	16	16(16)	4	5	19	3.8:1
대전	16	44(16)	16(8)	9	16(8)	1	2	2.8:1
울산	16	34(16)	15(13)	2		11(2)	6(1)	2.1:1
경기	94	230(94)	90(84)	91(7)	3	10	36(3)	2.4:1
강원	39	103(39)	37(31)	32(6)	1	2	31(2)	2.6:1

충북	24	62(24)	21(19)	11(1)	10(2)	1	19(2)	2.6:1
충남	32	77(32)	29(7)	10(3)	24(19)		14(3)	2.4:1
전북	32	99(32)	5	32(27)	1	2	59(5)	3.1:1
전남	46	122(46)	21	45(44)		1	55(2)	2.7:1
경북	51	115(51)	50(47)	10	1	3	51(4)	2.3:1
경남	45	100(45)	45(44)	5		2	48(1)	2.2:1
제주	16	39(16)	14(9)	16(5)		1	8(2)	2.4:1

주: 1) 기타 정당의 등록후보자 수는 민주국민당 3명, 한국미래연합 8명, 노년권익보호당 1명, 녹색평화당 1명, 민주공화당 1명, 사회당 6명이며, 무소속 후보자는 431명임.
2) 기타 정당은 당선인이 없으며, 무소속 당선인은 26명임.
자료: 중앙선거관리위원회(2002).

(3) 광역단체장선거

광역단체장선거는 〈표 2-14〉와 같이 종전 선거와 같은 지역 분할 구도를 나타냈고, 한나라당 후보가 전국 16곳 중 11곳에서 당선되어 압도적으로 많은 당선자를 배출했다. 특히 자민련은 충남에서만 당선자를 배출했을 뿐이고 대전과 충북에서도 한나라당 후보가 당선되었다. 자민련이 1998년 선거에서 충청권 3곳과 인천에서 당선자를 배출한 것에 비해 현저히 적은 수이다. 민주당도 1998년 선거에서는 전신인 새정치국민회의가 전국 6곳에서 당선자를 배출했으나 2002년에는 호남 지역과 제주도에서만 당선자를 배출했다.

표 2-14 정당별 시·도지사선거 결과(2002년)

구분 / 시·도명	선거구 수 (지방자치단체 수)	정당별 등록 후보자 수·당선인 수						경쟁률
		계	한나라당	민주당	자민련	민주노동당	기타 정당 무소속	
계	16	55(16)	16(11)	10(4)	3(1)	7	19	3.4:1
서울	1	6(1)	1(1)	1		1	3	6:1
부산	1	3(1)	1(1)	1		1		3:1
대구	1	2(1)	1(1)				1	2:1
인천	1	5(1)	1(1)	1		1	2	5:1
광주	1	6(1)	1	1(1)		1	3	6:1
대전	1	4(1)	1(1)		1		2	4:1

울산	1	3(1)	1(1)			1	1	3:1
경기	1	3(1)	1(1)	1		1		3:1
강원	1	2(1)	1(1)	1				2:1
충북	1	3(1)	1(1)		1		1	3:1
충남	1	2(1)	1		1(1)			2:1
전북	1	3(1)	1	1(1)			1	3:1
전남	1	5(1)	1	1(1)			3	5:1
경북	1	2(1)	1(1)				1	2:1
경남	1	3(1)	1(1)	1		1		3:1
제주	1	3(1)	1	1(1)			1	3:1

주: 1) ( ) 밖은 등록후보자 수, ( ) 안은 당선인 수.

2) 기타 정당의 등록후보자 수는 민주국민당 1명, 녹색평화당 2명, 사회당 3명, 무소속 후보자는 13명임.

자료: 중앙선거관리위원회(2002).

15. 참여정부와 지방자치

1) 2003. 7. 18의 지방자치법 개정

국가의 정책으로 인해 도시가 형성되고, 도의 출장소가 설치된 지역으로서 그 지역의 인구가 3만 이상이고, 인구 15만 이상의 도농 복합 형태의 시의 일부인 지역은 도농 복합 형태의 시를 설치할 수 있도록 했다(지방자치법 제7조 ②의 4). 또한 지방의회 의원을 명예직으로 한 규정을 삭제하고, 시・도의회 의원에 한해 의정 자료의 수집・연구를 위한 보조 활동 비용을 지급하도록 한 규정을 삭제했다(지방자치법 제32조의 ①).

2) 2004. 1. 29의 지방자치법 개정

행정 기능의 확대, 행정 수요의 다변화 등으로 대도시 행정 체제가 요구되므로 인구 50만 이상의 대도시에 대해서는 그 특성을 고려하기 위해 다음 내용을 신설했다.

서울특별시와 광역시를 제외한 인구 50만 이상 대도시의 행정, 재정 운영 및 국가의 지도・감독에 있어서는 그 특성을 고려하여 관계 법률이 정하는 바에 의해 특례를 둘 수 있다(지방자치법 제161조의 2).

3) 2004. 1. 29의 주민투표법 제정

주민투표란 지방자치단체의 중요 사항에 대해 주민이 직접 결정할 수 있는 제도로서 1994년 지방자치법 개정에서 도입되었다. 그러나 주민투표 실시를 위한 구체적 내용을 담은 법이 제정되지 않아서 주민투표가 실질적으로 시행될 수 없었다. 그러다 2003년 12월 29일 국회에서 주민투표법이 의결되었고, 2004년 1월 29일부터 시행되었다.

4) 2005. 1. 27의 지방자치법 개정

(1) 조례의 제정 및 개폐 청구 대상

조례의 제정 및 개폐청구권이 도입되었으나 실제 운영에서는 법률에 명시적 규정이 없다는 이유로 상위법을 위반하는 내용의 청구가 행해지고 조례 제정이 이루어졌다. 따라서 조례의 상위법 적합성을 법률에 명시하기 위해 '법령을 위반하는 사항'은 조례의 제정 및 개폐 청구의 대상이 될 수 없도록 했다(지방자치법 제13조의 3 제1항 제1호 신설).

(2) 주민감사청구 제도의 개선

주민감사청구의 요건이 너무 엄격해 주민감사청구를 위해 연서(連署)가 필요한 주민 수를 종전의 20세 이상 주민 총수의 50분의 1의 범위 안에서 당해 지방자치단체의 조례로 정하도록 했던 것을 시·도는 500명, 50만 이상의 대도시는 300명, 그 밖의 시·군·구는 200명을 초과하지 않는 범위 안에서 조례로 정하도록 했다(지방자치법 제13조의 4 제1항).

(3) 주민감사청구 대상의 제한

주민은 감사청구의 대상이 되는 당해 사무의 처리가 있었던 날 또는 종료된 날부터 2년을 경과한 때에는 감사를 청구할 수 없도록 했다(지방자치법 제13조의 4 제2항).

(4) 주민소송 제도의 도입

주민의 직접 참여에 의해 지방행정의 공정성과 투명성을 강화하기 위해 주민소송 제도를 도입했다. 공금의 지출에 관한 사항, 재산의 취득·관리·처분에 관한 사항, 당해 지방자치단체를 당사자로 하는 매매·임차·도급, 그 밖의 계약의 체결·이행에 관한 사항 또는 지방세·사용료·수수료·과태료 등 공금의 부과·징수의 해태(懈怠)에 관한 사항을 감사 청구한 주민은 감사 결과 등에 불복이 있는 경우에는 감사 청구한 사항과 관련 있는 위법한 행위나 해태 사실에 대해 당해 지방자치단체장을 상대방으로 주민소송을 제기할 수 있다(지방자치법 제13조의 5 신설).

판결에 의해 손해배상청구권 또는 부당이득반환청구권이 확정되면 그 확정 판결에 의해 결정된 금액의 지불을 청구하고 해당 당사자가 이에 불응한 때에는 손해배상·부당이득 반환의 청구를 목적으로 하는 소송을 제기하도록 했다(지방자치법 제13조의 6 신설).

(5) 지방의회 회기 운영의 자율성 확대

지방의회 운영의 자율성을 확대하기 위해 지방의회 정기회 및 임시회 회기 제한 규정을 삭제해 지방의회가 연간 총 회의 일수 범위 안에서 정기회 및 임시회의 회기를 자율적으로 조정할 수 있도록 했다(지방자치법 제41조 제2항 삭제).

(6) 위법한 지방의회의 의결에 대한 통제의 강화

주무부 장관 또는 시·도지사가 지방의회의 의결이 법령에 위반되었음을 이유로 지방자치단체장에게 재의 요구를 지시했음에도 불구하고 이에 불응한 경우와 재의 요구 지시를 받기 전에 법령에 위반된 조례안을 공포한 경우에는 주무부 장관 또는 시·도지사가 대법원에 직접 제소 및 집행정지 결정을 신청할 수 있도록 했다(지방자치법 제159조 제7항 신설). 이는 국법 질서와 자치 법규 간의 조화를 도모하기 위한 것이다.

5) 2005. 3. 24의 지방자치법 개정

(1) 자치구가 아닌 구, 읍·면·동의 명칭과 구역의 변경

명칭의 변경은 행정자치부 장관의 승인을 받고 구역의 변경은 시·도지사의 승인을 받아 당해 지방자치단체의 조례로 정하도록 했었다. 그러나 기초자치단체의 자율성을 확대하기 위해 자치구가 아닌 구, 읍·면·동의 명칭과 구역의 변경은 시·도지사의 승인 없이 당해 지방자치단체의 조례로 정하고 그 결과를 시·도지사에게 보고하도록 했다(지방자치법 제4조 제3항).

(2) 사무소의 소재지

사무소 소재지를 변경하거나 새로 설정하는 경우에 시·도는 행정자치부 장관과 미리 협의를 거치고, 시·군 및 자치구는 시·도지사와 미리 협의를 거친 후 당해 자치단체의 조례로 정하며, 자치구가 아닌 구와 읍·면·동에서는 그 시·군 및 자치구의 조례로 정하도록 했었다. 그러나 자치단체의 자율성을 확대하기 위해 행정자치부 장관이나 시·도지사와 협의를 거칠 필요 없이 당해 지방자치단체의 조례로 정하도록 했다(지방자치법 제6조 제1항).

(3) 행정기구

지방자치단체의 행정사무를 분장하기 위해 필요한 행정기구를 두되 시·도는 대통령령이 정하는 범위 안에서 당해 지방자치단체의 조례로 정하고, 시·군 및 자치구에서는 대통령령이 정하는 기준에 따라 시·도지사의 승인을 얻어 당해 지방자치단체의 조례로 정하도록 했었다. 그러나 기초자치단체의 자율성을 확대하기 위해 시·군 및 자치구도 시·도의 경우와 같이 대통령령이 정하는 범위 안에서 당해 지방자치단체의 조례로 정하도록 했다(지방자치법 제102조 제1항).

6) 2005. 8. 4의 지방자치법 개정

(1) 회기수당의 전환

지방의원에게 매월 일정액의 수당을 지급해 전문성을 가지고 의정 활동에 전념할 수 있는 기틀을 마련하기 위해 회기 중의 활동을 지원하기 위한 회기수당을 지방의회 의원의 직무 활동에 대해 지급하는 월정수당으로 전환했다(지방자치법 제32조 제1항 제3호).

(2) 의정비 심의위원회의 신설

의정비의 지급 기준을 대통령령이 정하는 범위 안에서 당해 자치단체의 조례로 정하도록 했었다. 그러나 의정비심의위원회를 신설해 대통령령이 정하는 바에 따라 의정비심의위원회에서 결정하는 범위 안에서 당해 지방자치단체의 조례로 정하도록 했다(지방자치법 제32조 제2항).

(3) 지방자치단체장의 권한 대행

지방자치단체장이 그 직을 가지고 당해 지방자치단체장 선거에 입후보하는 경우에는 후보자 등록을 한 날부터 선거일까지 부단체장이 권한 대행을 하도록 했으나 이를 예비후보자 또는 후보자로 등록한 날부터로 확대해 좀 더 공정한 선거가 실시될 수 있도록 했다(지방자치법 제101조의 2 제2항).

(4) 지방채의 발행

지방자치단체장은 행정자치부 장관의 승인을 받은 범위 안에서 지방의회의 의결을 받아 지방채를 발행할 수 있었다. 그러나 지방자치단체의 자율적이고 탄력적인 재정 운영을 위해 지방채의 발행 주체에 지방자치단체조합을 추가하고 따로 법률이 정하는 바에 따라 지방채를 발행할 수 있게 했다(지방자치법 제115조 제1항). 이에 따라 지방재정법은 제11조 제2항에서 지방자치단체가 지방채를 발행하고자 하는 경우에는 재정 상황 및 채무 규모 등을 고려해 대통령령이 정하는 지방채 발행한도액의 범위 안에서 지방의회의 의결을 얻어야 한다고 규정하고 있다.

(5) 채무 부담의 원인이 되는 행위

지방자치단체장이 세입·세출 외의 부담이 될 채무 부담의 원인이 되는 행위를 하고자 할 때는 미리 지방의회의 의결을 얻어야 한다고 규정되어 있었다. 그러나 이를 지방자치단체장은 따로 법률이 정하는 바에 따라 지방자치단체의 채무 부담의 원인이 될 계약의 체결, 그 밖의 행위를 할 수 있다고 개정했다. 그리고 지방재정법에서는 다음과 같이 규정하고 있다.

지방재정법 제44조(채무부담행위) ①에서 지방자치단체의 장은 다음 각 호의 어느 하나에 해당하는 것을 제외하고 지방자치단체의 채무 부담의 원인이 될 계약의 체결 그 밖의 행위를 하고자 할 때에는 미리 예산으로 지방의회의 의결을 얻어야 한다. 이 경우 지방재정법 제11조 제2항의 규정에 의한 지방채 발행한도액을 산정할 때 채무부담행위에 의한 채무가 포함되어야 한다.

1. 법령 또는 조례에 의한 것
2. 세출예산 · 명시이월비 또는 계속비 총액의 범위 안의 것

② 제1항의 규정에 의하여 채무 부담이 되는 행위를 한 때에는 상환하는 회계연도 세출예산에 반드시 계상하여야 한다.

③ 제1항의 규정에 의한 채무부담행위의 경우에는 당해 회계연도와 다음 회계연도에 걸쳐 지출하여야 할 지출원인행위를 할 수 있다.

7) 2005. 8. 4의 공직선거법 개정

(1) 선거 연령의 조정과 외국인에 대한 지방선거권 부여

선거권 연령을 19세로 하향 조정하고, 출입국관리 법령에 따라 영주(永住)의 체류자격 취득일 후 3년이 경과한 19세 이상의 외국인에게 체류지역의 지방자치단체 선거의 선거권을 부여했다.

(2) 기초의원의 정당 추천

정당은 기초의원에 대해서도 소속 당원을 후보자로 추천할 수 있게 했다.

8) 2006. 1. 11의 지방자치법 개정

(1) 제주특별자치도의 설치

고도의 자치권을 부여해 실질적인 지방자치를 실현하기 위해 제주도를 폐지하고, 제주특별자치도를 설치할 수 있도록 지방자치단체의 종류에 특별자치도를 신설했다(지방자치법 제2조 제1항 제1호).

(2) 청구권자의 연령 조정

「공직선거법」의 개정에 따라 주민이 지방자치단체 장에게 청구하는 조례의 제정 · 개폐 및 감사 청구권자의 연령도 이에 맞추어 종전의 20세에서 19세로 조정했다(지방

자치법 제13조의 3 제1항 · 제2항 · 제8항 및 제13조의 4 제1항 · 제8항 · 제9항).

(3) 조례의 제정 및 개폐 요건의 완화

조례의 제정 및 개폐를 청구하기 위해 필요한 연서 주민 수를 시 · 도는 19세 이상 주민 총수의 100분의 1 이상 70분의 1 이하, 시 · 군 · 구는 50분의 1 이상 20분의 1 이하의 범위 안에서 당해 지방자치단체의 조례로 정하도록 함으로써 그 청구 요건을 완화했다(제13조의 3 제1항).

(4) 조례의 제 · 개정 및 폐지안의 제출

조례의 제정 및 개폐 청구 시 청구인 대표자가 제 · 개정 및 폐지안을 작성해 제출하도록 하고, 청구를 각하할 경우 청구인에게 소명 기회를 부여했다(제13조의 3 제2항 및 제7항).

(5) 특별자치도지사의 추가

지방자치단체의 장으로 특별자치도지사를 추가하기 위해 "도에 도지사"를, "도와 특별자치도에 도지사"로 했다(지방자치법 제85조).

(6) 특별자치도의 부지사 추가

지방자치단체의 부단체장으로 특별자치도의 부단체장을 추가하기 위해 "도의 부지사"를 "도와 특별자치도의 부지사"로 했다(제101조 제1항 · 제2항).

(7) 읍 · 면 · 동의 행정기구 설치 시 시·도지사의 승인 폐지

종전에는 자치구 아닌 구와 읍 · 면 · 동에 소관 행정사무를 분장하기 위해 행정기구를 설치하는 경우 시 · 도지사의 승인을 얻도록 했으나, 지방자치단체의 조직 운영의 자율성 확대를 위해 이러한 절차를 폐지했다(제111조).

(8) 전국적 통일이 필요한 수수료에 대한 기준 제시

국가가 지방자치단체 또는 그 기관에 위임한 사무 및 자치사무의 수수료 중 전국적으로 통일이 필요한 수수료에 관해서는 대통령령이 정하는 기준에 따라 조례로 정하도록 했다(제130조 제1항 단서 신설).

(9) 자치단체 연합체 설립 근거

지방에 관한 정책 결정 과정에 지방대표의 참여 기회를 확대하기 위해 시・도지사, 시・도의회의 의장, 시장・군수・자치구의 구청장 및 시・군・자치구의회의 장으로 구성되는 4종의 전국적 협의체가 모두 참가하는 지방자치단체 연합체를 설립할 수 있는 근거를 마련했다(제154조의 2 제2항 신설).

9) 2006. 2. 21의 지방자치법 개정

「제주특별자치도 설치 및 국제자유도시 조성을 위한 특별법」이 2006년 2월 21일 제정됨에 따라 자치경찰제의 도입을 위한 법적 근거를 마련하기 위해 지방자치 제140조 제1항의 "소방기관"을 "자치경찰기관(제주특별자치도에 한한다)・소방기관"으로 개정했다.

10) 2006. 4. 28의 지방자치법 개정

① 의원의 윤리강령 및 실천규범을 제정했다(지방자치법 제34조의 3의 제1, 2항 신설).

② 총선거 후 처음으로 실시되는 임시회의 소집을 "지방자치단체의 장"에서 "지방의회 사무처장・사무국장・사무과장"으로 변경했다(지방자치법 제39조 제1항).

③ 연간 회의 총일수와 회기는 조례로 정하도록 했다(지방자치법 제41조 제3항).

④ 윤리특별위원회를 설치할 수 있는 규정을 신설했다(지방자치법 제50조의 2).

⑤ 위원회를 지원하기 위해 전문위원에 관한 규정을 신설했다(지방자치법 제51조의 2).

⑥ 지방자치단체장은 사무직원 중 별정직・기능직・계약직 공무원에 대한 인사권을 지방의회의 사무처장, 사무국장, 사무과장에게 위임하도록 했다(지방자치법 제83조 제2항 단서).

11) 2006. 5. 24의 지방자치법 개정

주민소환에 관한 법률(2006. 5. 24 제정)이 제정됨에 따라 지방자치단체의 장 및 지방의회 의원(비례대표 지방의회 의원은 제외)을 소환할 수 있는 주민의 권리로 주민소환 제도에 대한 규정을 신설했다(지방자치법 제132조의8).

12) 제4회 동시지방선거(2006. 5. 31)

2006년 5월 31일 실시된 제4회 동시 지방선거는 2003년 출범한 참여정부에 대한 중간평가적 성격이 나타난 선거로 그 결과는 〈표 2-15〉와 같다.

표 2-15 정당별 당선인 수

(단위: 명)

구분		계	열린우리당	한나라당	민주당	민주노동당	국민중심당	무소속
합계		3,872	701	2,346	378	81	89	277
시·도지사		16	1	12	2			1
기초단체장		230	19	155	20		7	29
시·도 의원	지역구	655	33	519	71	5	13	14
	비례대표	78	19	38	9	10	2	
구·시 군의원	지역구	2,513	543	1,401	233	52	56	228
	비례대표	375	86	221	43	14	11	

자료: 중앙선거관리위원회(2006: 269).

13) 2006. 12. 20의 지방자치법 개정

2007년 1월 1일부터 시행되는 지방교육자치에 관한 법률의 개정에 따라 지방자치법이 개정되었다. 이에 따라 지방의원이 교육위원을 겸직할 수 있게 됨에 따라 지방자치법 제33조(겸직 등 금지) 1항 2호에서 교육위원회 교육위원을 삭제했고, 제88조(겸임 등의 제한) 1항 1호에서도 교육위원회의 교육위원을 삭제했다.

14) 2007. 5. 11의 지방자치법 개정

법치국가의 법 문장은 일반 국민이 쉽게 읽고 이해해서 잘 지킬 수 있도록 해야 함은 물론이고 국민의 올바른 언어생활을 위한 본보기가 되어야 하는데, 우리의 법 문장에는 용어 등이 어려워 이해하기 힘든 경우가 많고 문장 구조도 어문(語文) 규범에 맞지 않아 국민의 일상적인 언어생활과 거리가 있다는 지적이 많았다. 이에 따라 법적 간결성·함축성과 조화를 이루는 범위에서, 법 문장의 표기를 한글화하고 어려운 용어를 쉬운 우리말로 풀어쓰며 복잡한 문장은 체계를 정리해 쉽고 간결하게 다듬었다.

15) 2007. 5. 17의 지방자치법 개정

가족관계의 등록 등에 관한 법률이 2008년 1월 1일부터 시행됨에 따라 지방자치법 제9조 제2항 제1호 차목 중 "호적"을 "가족관계등록"으로 개정했다.

16. 이명박 정부와 지방자치

1) 2008. 2. 29의 지방자치법 개정

정부조직법의 개정에 따라 지방자치법상의 행정자치부 장관을 행정안전부 장관으로, 행정자치부를 행정안전부로 개정했다.

2) 2009. 4. 1의 지방자치법 개정

(1) 지방자치단체의 경미한 명칭 변경 방법의 완화

지방자치단체의 관할 구역 경계 변경과 한자 명칭의 변경은 대통령령으로 정할 수 있게 했다(지방자치법 제4조 제1항).

(2) 신규 토지의 귀속 절차의 제도화

매립지와 지적공부에 누락된 토지에 대한 지적 등록 과정에서 자치단체 간 분쟁이 자주 발생함에 따라, 그 지역이 속할 지방자치단체를 매립 관청이나 관련 지방자치단체 등의 신청에 따라 행정안전부 장관이 중앙분쟁조정위원회의 심의를 거쳐 결정하도록 했다(지방자치법 제4조 제3항).

(3) 행정면의 도입

인구가 과소한 면이 증가함에 따라 인력과 예산의 절감이 가능하도록 지방자치단체의 조례가 정하는 바에 따라 2개 이상의 면을 하나의 행정면으로 통합해 운영할 수 있도록 했다(지방자치법 제4조의 2 제3항).

(4) 거주 외국인, 재외국민의 주민참여권 확대

국내 거주 재외국민 중 국내거소신고인명부에 등재된 자와 19세 이상의 외국인으로서 영주 체류 자격을 취득하고 3년이 경과한 자로 해당 지방자치단체의 외국인 등록대장에 등재된 자에게도 조례의 제정과 개폐청구권을 부여했다(지방자치법 제15조의 제1항).

(5) 지방의원의 겸직 금지 및 영리행위 제한 강화

지방의원의 유급화 취지에 따라 성실한 의정활동을 보장하고 부당한 영향력 행사를 금지하기 위해 지방의원의 겸직 금지 및 영리행위 제한을 강화할 필요가 있었다. 이에 의해 정당원이 될 수 있는 공무원, 새마을금고, 신용협동조합의 임직원 등의 겸직을 금지하고, 정당 가입이 가능한 교원은 임기 중 휴직하며, 지방의원은 겸직 시 일정 기간 내에 의장에게 서면으로 신고하도록 했다. 또한 의장은 지방의회 의원이 다른 직을 겸하는 것이 청렴 의무와 품위 유지 규정에 위반된다고 인정될 때에는 그 겸직한 직을 사임할 것을 권고할 수 있도록 했다(지방자치법 제35조).

(6) 지방공무원으로 보하는 부단체장의 임용 자격 확대

지방공무원으로 보하는 시 · 도의 부단체장 임용 자격이 별정직으로 되어 있어 특정 분야의 유능한 전문가 영입에 한계가 있고, 책임 있는 업무 수행이 곤란한 문제가 있었다. 이에 따라 지방공무원으로 보하는 부단체장의 신분을 현행 정무직 또는 별정직에서 일반직 지방공무원을 추가해 시 · 도의 특성에 맞는 적합한 전문가 영입의 가능성을 확대했다(지방자치법 제110조 제2항).

(7) 지방자치단체의 유사 중복 자문위원회의 통합 운영 근거 도입

지방자치단체에 유사 · 중복 기능을 수행하거나 불필요한 위원회가 많아 정비할 필요가 있었다. 이에 따라 자문기관의 설치 근거를 법률에 명시하고, 유사 · 중복 기능을 수행하는 자문기관이 법령에 근거를 둔 경우에도 조례로 통합해 설치 · 운영할 수 있도록 했다(지방자치법 제116조의 2).

3) 제5회 동시지방선거(2010. 6. 2)

2010년 6월 2일 실시된 지방선거는 2008년 출범한 이명박 정부에 대한 중간평가적 성격이 나타난 선거로 투표율은 54.5%로 제4회 동시지방선거의 51.6%보다 2.9% 높게 나타났다. 제5회 지방선거는 지방의원선거(비례대표 포함) 및 지방자치단체장선거와 교육의원 · 교육감선거를 함께 실시해 사상 초유로 8개 선거를 동시에 실시했다. 정당별 당선인 수는 〈표 2-16〉과 같다.

표 2-16 정당별 당선인 수

(단위: 명)

구분		계	한나라당	민주당	자유선진당	민주노동당	창조한국당	진보신당	국민중심연합	국민참여당	미래연합	친박연합	무소속
합계		3,893	1,623	1,484	172	142	1	25	3	29	13	22	477
시 · 도지사		16	6	7	1	–	–	–	–	–	–	–	2
기초단체장		228	82	92	13	3	–	–	1	–	1	–	36
시 · 도 의원	지역구	680	252	328	38	18	–	3	–	3	1	1	36
	비례대표	81	36	32	3	6	–	–	–	2	–	2	–
구 · 시 군의원	지역구	2,512	1,087	871	95	90	1	22	2	17	10	12	305
	비례대표	376	160	154	22	25	–	–	–	7	1	7	–

자료: 중앙선거관리위원회(2010: 267).

4) 2010. 6. 8의 지방자치법 개정

헌법재판소에서 2009. 5. 28 지방자치단체 자치사무에 대해 사전 · 포괄적으로 감사를 실시하는 것은 감사 개시 요건을 충족하지 못해 지방자치권을 침해하는 것이라고 결정한 바에 따라 지방자치법을 개정했다.

① 행정안전부 장관, 시 · 도지사가 지방자치단체 자치사무에 대해 감사를 실시하기 전에 법령 위반행위 등을 확인해 감사를 실시하도록 감사 실시 요건을 강화했다(제171조 제2항).

② 지방자치단체에 대한 중복 감사와 수감 부담 문제를 해결하기 위해 중복 감사 금지를 의무화하고, 주무부 장관이 지방자치단체에 대해 감사를 실시하는 때에는 공

동으로 실시하도록 하며, 이를 위해 필요한 감사 절차·방법 등에 관한 사항은 대통령령으로 정해 운영하도록 했다(제171조의2 신설).

5) 2011. 5. 30의 지방자치법 개정

① 정부의 직할로 설치하는 광역 지방자치단체의 종류에 '특별자치시'를 추가했다(제2조, 제3조, 제5조, 제93조, 제110조, 제174조, 제175조).

② 지방자치단체의 장이 금고 이상의 형을 선고받은 경우 직무를 정지하고 부단체장이 권한을 대행하도록 한 내용을 삭제했다(제111조 제1항 제3호 삭제).

6) 2011. 7. 14의 지방자치법 개정

① 지방의회는 주민청구조례안을 의결하기 전에 청구인의 대표자를 회의에 참석시켜 그 청구 취지를 들을 수 있도록 했다(제15조의2 신설).

② 행정사무감사의 기간을 시·도의 경우에는 현행 10일에서 14일로, 시·군·구의 경우에는 현행 7일에서 9일로 각각 연장했다(제41조 제1항).

③ 위원회는 본회의의 의결이 있거나 의장 또는 위원장이 필요하다고 인정할 때, 재적 위원 3분의 1 이상의 요구가 있을 때 개회하도록 했다(제61조).

④ 의원이 조례안을 발의하는 때에는 발의 의원과 찬성 의원을 구분하되, 해당 조례안의 제명의 부제로 발의 의원의 성명을 기재하도록 했다(제66조 제4항).

⑤ 지방자치단체의 장이 예산 또는 기금상의 조치를 수반하는 의안을 발의할 경우에는 그 의안의 시행에 수반될 것으로 예상되는 비용에 대한 추계서와 이에 상응하는 재원 조달 방안에 관한 자료를 의안에 첨부하도록 했다(제66조의3 신설).

⑥ 지방자치단체의 장 등의 협의체가 정부에 의견을 제출하는 경우 관계 중앙행정기관의 장은 2개월 이내에 타당성을 검토해 그 결과를 통보하도록 했다(제165조).

7) 2012. 3. 21의 지방자치법 개정

사용료·수수료 또는 분담금의 징수에 관한 사항은 조례로 정한다. 다만, 국가가 지방자치단체나 그 기관에 위임한 사무와 자치사무의 수수료 중 전국적으로 통일할 필요가 있는 수수료에 관한 사항은 다른 법령의 규정에도 불구하고 대통령령으로 정하는 표준 금액으로 징수하되 지방자치단체가 다른 금액으로 징수하고자 하는 경우에는 표준 금액의 100분의 50의 범위에서 조례로 가감 조정해 징수할 수 있다(제139조 제1항).

17. 박근혜 정부와 지방자치

1) 2014. 1. 21의 지방자치법 개정

① 국가는 다음 각 호의 어느 하나에 해당하는 기관의 신설 · 확장 · 이전 · 운영과 관련된 비용을 지방자치단체에 부담시켜서는 아니 된다(제122조 제3항 신설).

② 국가는 제3항의 기관의 신설, 확장, 이전하는 위치를 선정할 경우 지방자치단체의 재정적 부담을 조건으로 하거나 입지 적합성의 선정 항목으로 이용해서는 아니 된다(제122조 제4항 신설).

2) 2014. 5. 28의 지방재정법 개정

(1) 지방재정 제도의 연구 · 개발 대상의 추가 · 보완(제4조 제7호 신설)

지방재정 제도의 연구 · 개발 대상에 성인지 예결산 등 성인지적 운용 및 분석 방안을 추가했다.

(2) 성과 중심의 지방재정 운용관리 체계 구축(제5조, 제44조의2 제1항 제8호, 제51조 제1항 제4호)

예산의 성과계획서와 성과보고서를 작성해 예산안 및 결산서를 제출할 때 함께 제출하도록 하고, 주요 재정사업을 평가해 그 결과를 재정 운용에 반영할 수 있도록 하는 등 성과관리 체계를 구축했다.

(3) 목적세의 특별회계 운영 및 존속 기한 도입(제9조)

① 목적세는 다른 법률에 특별한 규정이 있는 경우를 제외하고는 특별회계로 설치 · 운영하고, 법률에 따라 의무적으로 설치 · 운용되는 특별회계 외에는 지방자치단체가 특별회계를 설치하려면 5년 이내의 범위에서 존속 기한을 조례에 명시하도록

했다.

② 지방자치단체의 장이 법률에 따라 의무적으로 설치되는 특별회계 외에 특별회계를 신설하거나 그 존속 기한을 연장하려면 조례안을 입법예고하기 전에 지방재정계획심의위원회의 심의를 거치도록 했다.

(4) 지방채의 발행 대상 및 발행 제한 명확화(제11조, 제11조의2 신설)

① 지방재정투자사업과 그 직접 수반 경비의 충당, 재해 예방 및 복구사업, 예측할 수 없었던 세입 결함의 보전 및 지방채 차환을 위한 자금 조달의 목적으로만 지방채를 발행할 수 있도록 했다.

② 「지방재정법」 외에 현재 지방채 발행 근거가 있는 「지방공기업법」, 「도시철도법」 등 21개의 법률 외에는 지방채를 발행할 수 없도록 했다.

(5) 국고보조사업의 이력 관리(제27조의5 신설)

안전행정부 장관이 지방자치단체 국고보조사업의 신청 및 수행 상황을 점검하고 사업별 이력을 관리하도록 하며, 지방자치단체의 장과 중앙관서의 장은 안전행정부 장관이 정하는 분류 체계에 따라 안전행정부 장관이 정하는 정보시스템을 통해 안전행정부 장관에게 국고보조사업에 관한 보고 또는 통보를 하도록 했다.

(6) 지방재정영향평가제도 도입(제27조의6 신설)

① 지방자치단체의 장은 대규모의 지방재정 부담이 소요되는 행사 · 축제, 공모사업 등의 신청 전에 지방재정에 미치는 영향을 평가해 지방재정투자심사위원회의 심사를 거치도록 했다.

② 중앙관서의 장은 지방자치단체의 재정 부담을 수반하는 법령 제 · 개정 등 추진과 관련해 안전행정부 장관과 협의하거나 안전행정부 장관의 의견을 들을 때에는 지방재정에 미치는 영향을 평가해 그 결과를 안전행정부 장관에게 제출하도록 했다.

(7) 조정교부금 제도 개선(제29조, 제29조의2 및 제29조의3 신설)

① 광역지방자치단체가 재정력 격차를 완화하기 위해 기초지방자치단체에 교부하는 재정보전금과 조정교부금의 명칭을 조정교부금으로 통일했다.

② 「지방자치법」에서 규정하던 자치구 간 조정교부금을 「지방재정법」에서 함께 규율하도록 했다.

③ 조정교부금은 일반교부금과 특별교부금으로 구분해 운영하며, 특별교부금은 보조사업재원으로 활용할 수 없도록 했다.

(8) 지방보조금의 관리[제2장의2(제32조의 2부터 제32조의 10까지) 신설]

① 지방자치단체의 장이 지방보조금 예산을 편성할 때, 지방보조금 관련 조례안을 의회에 제출할 때 등의 경우에는 지방보조금심의위원회의 심의를 거치도록 하고, 지방보조금의 교부는 원칙적으로 공모 절차에 따르도록 했다.

② 지방보조사업자가 보조사업의 내용을 변경하는 등의 경우에는 지방자치단체의 장의 승인을 받도록 하고, 지방자치단체의 장은 지방보조사업자가 법령 등에 따라 지방보조사업을 수행하지 아니하면 필요한 명령을 하고, 그 명령에 위반하면 지방보조사업을 일시 정지시킬 수 있도록 했다.

③ 지방자치단체의 장은 지방보조사업에 대해 매년 성과평가를 실시하고, 3년마다 지방보조사업의 유지 필요성을 평가해 그 결과에 따라 필요한 조치를 하도록 했다.

④ 지방보조사업자가 보조금을 다른 용도에 사용하는 등의 경우에는 교부 결정을 취소할 수 있도록 하고, 지방보조사업을 완료한 후에도 지방자치단체의 장의 승인 없이는 중요 재산을 보조금의 교부 목적 외의 용도로 사용하거나 양도 · 대여 또는 담보로 제공할 수 없도록 했다.

(9) 중기지방재정계획 운영의 강화(제33조)

① 분야별 재원배분계획, 의무지출과 재량지출의 전망, 지역통합재정 통계, 통합재정 수지, 투자심사와 지방채 발행 대상사업 등 중기지방재정계획에 포함되어야 할 중요 사항을 명확하게 규정했다.

② 중기지방재정계획의 실효성을 강화하기 위해 중기지방재정계획에 반영되지 아니한 사업은 원칙적으로 투자심사나 지방채 발행 대상이 될 수 없도록 하되, 중기지방재정계획을 수립할 때에 반영하지 못할 불가피한 사유가 있는 경우에는 예외로 했다.

(10) 투자심사 대상 확대 및 타당성 조사기관 일원화(제37조)

투자심사 대상에 채무부담행위, 보증채무부담행위, 예산 외 의무 부담을 추가하고, 대규모 사업에 대한 타당성 조사는 안전행정부 장관이 정해 고시하는 전문기관에서 수행하도록 일원화했다.

(11) 주민참여예산 제도의 실효성 제고(제39조 제2항)

지방자치단체의 장이 예산 편성 과정에 참여한 주민의 의견을 수렴해 그 의견서를 지방의회에 제출하는 예산안에 첨부하도록 했다.

(12) 예비비 제도 운영의 개선(제43조)

예비비(豫備費)를 일반회계 예산 총액의 100분의 1 범위 내에서 예산에 계상하도록 하고, 지방의회 예산안 심의 결과 폐지되거나 감액된 지출 항목에 대해서는 예비비를 사용할 수 없도록 하며, 예비비는 결산과 별도로 지방의회 승인을 받도록 했다.

(13) 결산서의 작성 방법 등 개선(제51조)

지방자치단체의 장은 결산개요, 세입 · 세출결산, 재무제표, 성과보고서가 포함된 결산서를 작성하고, 지방의회에 결산 승인을 요청한 날부터 5일 이내에 안전행정부 장관에게 제출하도록 했다.

(14) 지역통합재정 통계의 작성(제59조)

지방자치단체의 장은 회계연도마다 예산서와 결산서를 기준으로 지역통합재정통계를 작성하도록 하고, 작성 방법 · 기준 등은 안전행정부 장관과 교육부 장관이 협의해 정하도록 했다.

(15) 지방재정 운용 상황 공시 항목의 확대 및 통합공시 근거의 신설(제60조, 제60조의2 신설)

지역통합재정 통계, 지방공기업 경영정보, 투자심사사업, 지방보조금 관리 현황, 성인지 예산서 등 주민 관심도가 높은 항목을 공시 항목에 추가하는 한편, 안전행정부 장관이 그 공시를 종합해 지방자치단체 전체에 대한 통합공시를 할 수 있도록 했다.

(16) 지방재정 건전성 관리(제87조의3 신설)

지방자치단체 재정 위험의 관리 기준을 복식부기에 의한 부채로 전환하고, 관리의 범위도 지방공기업, 지방자치단체 출자·출연기관의 부채뿐만 아니라 보증 등에 따른 우발부채까지 확대해 계획적으로 관리하도록 했다.

3) 제6회 동시지방선거(2014. 6. 4)

2014년 6월 4일 실시된 지방선거는 투표율이 56.8%로 제5회 지방선거의 투표율 54.5%보다 2.3% 높게 나타났다. 투표 결과는 〈표 2-17〉과 같이 대체로 집권 새누리당이 우세한 결과를 나타냈다. 이는 박근혜 정부가 출범한 지 1년여밖에 지나지 않아 중간평가적 성격이 크게 나타나지 않은 결과라고 할 수 있다.

표 2-17 정당별 당선인 수(제6회 동시지방선거 2014. 6. 4)

(단위: 명)

구분		계	새누리당	새정치민주연합	통합진보당	정의당	겨레자유평화통일당	공화당	국제녹색당	노동당	녹색당	새정치당	한나라당	무소속
합계		3,930	1,954	1,595	37	11	–	–	–	–	–	–	–	348
시·도지사		17	8	9	–	–	–	–	–	–	–	–	–	–
기초단체장		226	117	80	–	–	–	–	–	–	–	–	–	29
시·도 의원	지역구	705	375	309	–	–	–	–	–	–	–	–	–	20
	비례대표	84	41	40	3	–	–	–	–	–	–	–	–	–
구·시 군의원	지역구	2,519	1,206	989	31	10	–	–	–	–	–	–	–	277
	비례대표	379	207	168	3	1	–	–	–	–	–	–	–	–

자료: 중앙선거관리위원회(2014: 308).

18. 문재인 정부와 지방자치

1) 제7회 동시지방선거(2018. 6. 13)

2018년 6월 13일 실시된 지방선거는 투표율이 60.2%로 제6회 지방선거의 투표율 56.85보다 3.35% 높게 나타났다. 투표율이 높아진 원인은 사전투표율이 제6회 지방선거(11.5%)보다 제7회 지방선거(20.1%)가 높았던 것이 주요 요인이라고 할 수 있다. 투표 결과는 〈표 2-18〉과 같이 더불어민주당의 압승으로 나타났다. 이는 박근혜 대통령이 탄핵으로 물러나고, 2017년 5월 9일 대통령선거에서 더불어 민주당의 문재인 후보가 당선된 연장선에서 나타난 결과라 할 수 있다.

표 2-18 정당별 당선인 수(제7회 동시지방선거 2018. 6. 13)

(단위: 명)

구분		계	더불어 민주당	자유 한국당	바른 미래당	민주 평화당	정의당	민중당	무소속
계		4,015	2,455	1,201	26	57	37	11	228
시·도지사		17	14	2	–	–	–	–	1
구·시·군의 장		226	151	53	–	5	–	–	17
시·도 의원	지역구	737	605	113	1	1	1	–	16
	비례대표	87	47	24	4	2	10	–	–
구·시·군 의원	지역구	2,541	1,400	876	19	46	17	11	172
	비례대표	385	238	133	2	3	9	–	–
교육감		17	–	–	–	–	–	–	17
교육의원		5	–	–	–	–	–	–	5

자료: 중앙선거관리위원회(2018: 197).

2) 지방자치법 전부개정안(법률 제17893호, 공포 2021. 1. 12, 시행 2022. 1. 13)

지방의회 역량 강화와 책임성 확보, 지방자치단체 행정 효율성 강화 등 획기적 자치분권 확대를 내용으로 하는 「지방자치법 전부개정법률안」이 12월 9일(목)에 국회 본회의에서 의결되었다. 이번 지방자치법 전부 개정은 민선 지방자치를 본격적으로 실시하는 기반이 된 1988년 전부개정 이후 32년 만에 이루어낸 성과로서, 시민의식의 성장과 주민 참여 욕구의 증대, 인구 감소로 인한 지역 소멸 위기 등 그간의 행정환경 변화에 대응하고, 낡은 지방자치 시스템을 새롭게 변화시키기 위해 추진된 것이다.

민선지방자치 출범 이후 변화된 지방행정 환경을 반영해 새로운 시대에 걸맞은 주민 중심의 지방자치를 구현하고 지방자치단체의 자율성 강화와 이에 따른 투명성 및 책임성을 확보하기 위해 지방자치단체의 기관 구성을 다양화할 수 있는 근거를 마련하고, 지방자치단체에 대해 주민에 대한 정보공개 의무를 부여하며, 주민의 감사청구제도를 개선하고, 중앙지방협력회의의 설치 근거를 마련하며, 특별지방자치단체의 설치 · 운영에 관한 법적 근거를 마련하고, 관할 구역 경계조정 제도를 개선하는 한편, 주민의 조례에 대한 제정과 개정 · 폐지 청구에 관한 사항을 현행 법률에서 분리해 별도의 법률로 제정하기로 함에 따라 관련 규정을 정비하는 등 그 내용을 반영해 「지방자치법」을 전부 개정하는 것이다.

일제는 유화책(宥和策)으로 전국 부(府) · 읍(邑) · 면(面)마다 '협의회'

일제는 일종의 유화책(宥和策)으로 '민의의 창달'을 표방하며 1920년부터 전국 부(府) · 읍(邑) · 면(面)마다 '협의회'를 두고 의원 선거에 조선인도 입후보하거나 투표하게 했다(1923년 11월 18일자). 하지만, 그 실상은 참정권과는 거리가 멀었다. 우선 '협의회'라는 기관 자체가 정책 결정권이 없는 자문기관에 지나지 않았다. 투표권도 '부세(府稅)를 5원(약 10만 원) 이상 납부하는 25세 이상 남자'에게만 부여했다(1923년 1월 14일자). 즉, 기득권층에만 투표권을 준 제한선거였다. 1920년의 경우, 약 30만의 경성 인구 중 유권자는 조선인 · 일본인 합쳐 4,771명이었고, 1923년엔 약 7,500인에 불과했다(1923년 1월 14일자).

허울뿐인 선거였지만 운동은 치열했다. 1920년 첫 선거 때부터 일본인들이 '료리상(料理床)이나 기타 수완' 혹은 '금전의 세력'으로 유권자들을 매수하는 부정행위를 했다가 경찰에 연행되는 등 '살풍경'이 빚어졌다(1923년 11월 18일자). 이후에도 3년마다 선거철이면 선거 부정 기사가 사회면에 빠지지 않았다.

선거운동은 투표 당일에도 허용됐다. 한 달간 계속된 운동이 그날 절정에 이르렀다. "(투표장인) 남대문소학교 문 압헤는 1천 5백여 명가량의 유권자들이 사열 오열로 늘어서서"(1926년 11월 21일자) 차례를 기다렸으며 "수천여 대의 인력거와 수백여 대의 자동차들이 유권자를 선거장으로" 실어 날랐다(1926년 11월 22일자). 일제로서는 선거를 실시했음을 과시하려고 요란하게 판을 벌이게 한 듯하다.

그러나 선거에서 조선인 후보자들의 성적은 좋지 못했다. 1926년엔 경성부협의회 의원 당선자 30인 중 일본인이 18인을 차지하는 등 전국 8개 부 중 7곳에서 일본인이 다수를 차지했다. 조선일보 사설은 "조선인의 참패"라며 "이 형세를 만회할 방도는 어대 잇는가? 우리는 모든 방면에 잇서서 적극적으로 투쟁해 나가지 아니하면 아니될 것"이라고 했다(1926년 11월 22일자)(조선일보, 2012. 9. 24).

제3장 자치권

제1절 자치권의 의의

자치권이란 지방자치단체가 소관사무를 자율적으로 처리할 수 있는 포괄적 권리와 능력을 말한다. 자치권은 자치입법권, 자치행정권 및 자치사법권으로 나누고, 자치행정권은 다시 자치조직권, 좁은 의미의 자치행정권, 자치재정권 및 자치계획권으로 나눌 수 있다.

제2절 자치권의 근거

1. 고유권설

지방자치단체가 국가의 부분이라 할지라도 자치권은 지방자치단체에 고유한 것이라는 입장이다(장지호, 1992: 35).

1) 자연법 사상

프랑스혁명 당시 대표적 이론가인 투레(Jacques Guillaume Thouret, 1746-1794)는 지방자치단체는 국가권(모든 국민의 공통된 이익과 필요에 따라 행사되어야 할 능력과 권력)과 구별되는 지방의 이익 및 특성에 따라 행사되어야 할 능력과 권력으로 지방권을 제창했다.

프랑스혁명의 소산인 시민의 권리선언에 영향을 받아 개인이 국가 권력이 침해할 수 없는 천부적 기본권을 갖는 것과 같이 지방자치단체에 고유한 지방권도 국가 권력이 침해할 수 없다는 것이다.

2) 역사적 실태설

지방자치단체라는 역사적 실체는 국가의 형성보다 그 기원이 훨씬 오래되었고, 국가의 원조나 개입에 의해 발생한 것은 아니다. 지방자치단체는 국가로부터 권리를 받은 것이 아니라 오히려 국가가 그 권리를 지방자치단체로부터 인수했다는 것이다.

고유권설은 국가의 통제는 원칙상 배제하고 지방자치단체의 독립성을 중시하며, 국가의 존립과 발전을 저해하는 범위에서만 지방자치단체에 대한 국가의 통제가 허용된다는 것이다.

2. 전래권설

지방자치단체는 법률의 창조물이며, 자치권은 국가로부터 수탁 · 전래된 권리이다. 모든 권한은 국가에 속하는 것이나 국가가 특히 필요하다고 생각하는 권한을 지방자치단체가 국가를 대신해 행사하는 것을 승인 · 허용한 것이다. 지방자치단체는 국가로부터 허용된 권한을 행사하는 것이기 때문에 필연적으로 국가로부터 엄격한 통제를 받게 된다. 국가가 자기의 필요에 따라 지방 제도를 개혁하더라도 지방자치의 본질에 위반되는 것은 아니다(장지호, 1992: 37-38).

3. 제도적 보장설

지방자치단체의 자치권은 국가에 의해 승인된 지방자치단체의 권리라 할지라도 헌법에 의해 제도적으로 보장되고 있는 권리라는 것이다. 제도적 보장설은 독일 정치학자 슈미트(Carl Schmitt, 1888-1985)에 의해 확립되었는데 전래권설과 유사하지만 역사적·전통적으로 확립된 일정한 공법상의 제도를 헌법에 보장함으로써 입법에 의해 변경하지 못하도록 한다는 데 특징이 있다(星野光南, 1982: 23-26).

따라서 지방자치를 법률로 파기할 수 없으며, 지방자치단체를 법률로 해지·해산하는 것도 원칙적으로 헌법 위반이 된다. 제도적 보장설은 오늘날의 다수설이다.

도시헌장(Municipal Charter) 제도

1. 의의

도시헌장은 도시정부의 주요 사항을 규정한 도시의 헌법에 해당하는 것으로 자치단체가 되고자 하는 도시가 주의회에 청원해 얻을 수 있다. 이같이 미국에서는 자치단체에 대한 권한 부여 방식으로 도시헌장 제도를 활용하고 있다. 따라서 도시정부는 주의회가 제정해 주는 헌장에 의해 조직된 법인체로서 주정부의 창조물이다.

2. 도시헌장의 주요 내용

① 자치단체의 구역과 경계에 관한 내용
② 도시정부의 구조와 기구에 관한 내용
③ 공무원의 신분·임용·선발 및 인사관리에 관한 내용
④ 조세·예산·회계·구매·재산평가·출납관리 등과 절차에 관한 내용
⑤ 헌장의 개정과 보완에 관한 내용
⑥ 주민발안·주민투표·주민소환·지역계획·도시정비·공공시설 등에 관한 내용

3. 도시헌장의 유형

① 자치헌장 제도(Home Rule Charters System)

시민들에 의해 구성된 헌장제정위원회가 도시정부의 구조와 구성 방식을 결정한 후 주의회의 승인을 받는 제도이다. 가장 자치적이고 민주적인 제도이기는 하나 주의 법과 자치헌장 간의 중복과 충돌의 문제가 발생할 여지가 있어서 양자 간의 사무배분의 문제가 제기될 수 있다.

② 개별헌장 제도(Special-Act Charters System)

주의회가 각 도시에 대해 개별적인 헌장을 제정해서 도시정부의 조직과 활동을 규제하는 제도이다. 주의회가 도시의 특성에 맞는 헌장을 제정해 줄 수 있다는 장점은 있으나 현실적으로 주의회의 업무량이 과중해지고 도시정부가 주의회에 예속될 수 있다는 문제이다.

③ 일반헌장 제도(General-Act Charters System)

주의회가 일반적으로 적용되는 단일의 헌장에 의해 동일한 권한과 기능을 부여하는 제도로서, 도시의 특성을 고려하지 않는다는 문제가 있다.

④ 분류헌장 제도(Classified General-Act Charters System)

주의회가 도시를 인구 규모, 지역 규모, 행정 수요, 산업적 특성 등 지역적 특성에 따라 몇 개의 유형으로 분류하고 이에 따라 헌장을 제정해 주는 제도이나 타당한 분류 기준을 개발하기가 어렵다는 문제가 있다.

⑤ 선택헌장 제도(Optional General-Act Charters System)

주의회가 제정해 둔 복수의 표준헌장 중 도시정부가 원하는 것을 선택하게 하는 제도로서, 개별헌장 제도와 일반헌장 제도의 중간 형태이나 각 도시의 특성을 충분히 반영하기 어렵다는 문제가 있다(Adrain & Fine, 1991: 84-87).

제 3 절 자치권의 특성

자치권은 다음과 같은 특성을 갖는다(최창호, 2001: 243).

1. 종속성

지방자치단체의 자치권은 국가 주권 아래의 권한이며 그 범위는 국법에 의해 정해진다. 국가와 지방자치단체 간의 권한 배분도 국가에 의해 정해지며, 권한의 행사도 국가로부터 일정한 감독과 통제를 받는다.

2. 자주성

지방자치단체의 자치권은 시간적 · 공간적 상황에 따라 다양하지만 국가로부터 어느 정도의 독립성을 갖는다.

3. 포괄성

지방자치단체의 자치권은 원칙적으로 해당 지방자치단체의 관할 구역 안에 있는 모든 주민과 물건에 포괄적으로 행사된다.

제 4 절 자치권의 내용

1. 자치입법권

1) 자치입법권의 의의

자치입법권은 지방자치단체가 스스로 법규를 제정할 수 있는 권리를 의미한다. 자치입법권의 근거로 헌법 제117조 제1항에서 "지방자치단체는…… 법령의 범위 안에서 자치에 관한 규정을 제정할 수 있다."고 규정하고 있다. 지방자치법에는 조례에 대해서는 "지방자치단체는 법령의 범위 안에서 그 사무에 관하여 조례를 정할 수 있다."(지방자치법 제28조)고 규정하고, 규칙에 대해서는 "지방자치단체장은 법령, 조례가 위임한 범위 안에서 그 사무에 관하여 규칙을 정할 수 있다."(지방자치법 제29조)고 규정하고 있다.

2) 조례제정권

(1) 조례의 의의

조례는 지방자치단체가 법령의 범위 안에서 그 권한에 속하는 사무에 대해 지방의회의 의결로써 제정하는 규범이다(지방자치법 제28조, 제47조①의1).

(2) 조례제정권의 범위

가. 법령의 범위

가) "법령의 범위 안"의 의미

조례의 제정은 헌법(제117조 제1항)이나 지방자치법(제28조)에 의해 법령의 범위 안에서 제정할 수 있다. 여기서 "법령의 범위 안"에서는 "법령의 위임에 의해"와 "법령에 위반되지 않는 범위 안"으로 두 가지 해석이 가능하다. 그러나 이는 청주시의회가 제정한 행정정보공개조례에 대한 대법원의 판결(대법원 1992. 6. 23 선고 92추17 판결: 청주시장은 청주시의회가 제정한 행정정보공개조례가 법률에 조례제정권이 위임되지 않은 조례라는 이유로 무효라고 재의를 요구했고, 의회가 재의결하자 청주시장은 대법원에 제소했다. 이에 대해 대법원은 "주민의 권리를 제한하거나 의무를 부과하는 조례라고 단정할 수 없어 그 제정에 있어서 반드시 법률의 개별적 위임이 따로 필요한 것은 아니다"라고 판결했다)에 따라 정리되었다. 즉, 대법원의 판결에 의해 "법령의 범위 안"은 "법령에 위반되지 않는 범위 안"으로 해석하는 것이 타당하게 되었고, 자치입법권이 지나치게 축소되는 상황도 피할 수 있게 되었다. 일본 지방자치법에서는 "법령에 위반되지 않는 한도 내에서 조례를 제정할 수 있다."고 규정하고 있다(일본 지방자치법 제14조 제1항). 따라서 우리나라 지방자치법의 "법령의 범위 안"은 "법령에 위반되지 않는 범위 안"으로 개정될 필요가 있다.

나) 조례제정권과 명령

"법령의 범위 안"이라 할 때 법령은 법률과 명령을 의미한다. 이때 "법률의 범위 안"에 대해서는 앞에서 설명했으나 "명령의 범위 안"에서 조례제정권의 범위가 한정되는 것에 대해 문제가 제기될 수 있다. 행정입법인 명령에 의해 조례 제정의 범위가 제한된다는 것은 행정부에 의해 자치입법권이 제한된다는 문제점이 제기될 수 있다(김병준, 2001: 123). 하지만 전국적으로 적용되는 명령의 범위를 넘어서는 조례 제정이 허용될 수는 없을 것이다. 따라서 조례가 "명령의 범위 안에서" 제정되어야 하는 것은 불가피하다. 다만 자치입법권의 확대를 위해 조례 제정의 범위를 제한하는 명령의 제정을 억제할 필요는 있을 것이다. 예를 들어 지방자치법 제40조 ②의 "제1항 각 호에 규정된 비용은 대통령령으로 정하는 기준을 고려하여 해당 지방자치단체의정비심의위원회에서 결정하는 금액 이내에서 지방자치단체의 조례로 정한다."는 규정에서 "대통령령으로 정하는 기준을 고려하여"라는 부분을 지방자치법 개정을 통해 삭제하는 것과 같은 방법이다.

개정된 지방자치법 제28조(조례) ②에서 "조례로 정하도록 위임한 사항은 그 법령의 하위 법령에서 그 위임의 내용과 범위를 제한하거나 직접 규정할 수 없다."는 규정을 신설해 조례 제정의 범위를 확대하고 있다.

나. 법률 유보의 한계

지방자치단체는 법령의 범위 안에서 조례를 정할 수 있다. 다만, 주민의 권리 제한 또는 의무 부과에 관한 사항이나 벌칙을 정할 때에는 법률의 위임이 있어야 한다(지방자치법 제28조 ①).

가) 권리 제한과 의무 부과

이에 대해 헌법 제117조 제1항에 "법령의 범위 안에서" 조례를 정할 수 있다고 규정하고 있으므로 하위법인 지방자치법에서 "법률의 위임"을 요구한 규정은 위헌이라는 견해와 헌법상의 규정은 지방자치권의 본질적 보장을 규정한 것이므로 합헌이라는 주장이 있다(최창호, 2001: 248). 그러나 지방자치단체가 조례를 정할 수 있는 권능이 헌법적 보장에 근거를 두고 있으므로 자치권의 범위에 속하는 사항인 한 조례에 의해 주민의 권리와 의무에 관한 법규를 제정하는 데에는 법률의 위임을 요하지 않아야 할 것이다. 일본의 경우도 지방자치단체가 의무의 부과나 권리를 제한하는 경우에는 법령에 특별히 정한 경우를 제외하고는 조례로 정하지 않으면 안 되도록 규정하고 있다(일본 지방자치법 제14조 2). 즉, 의무 부과나 권리 제한은 법령에 특별히 정한 경우 외에는, 규칙이 아니라 조례로써 정하도록 규정하고 있을 뿐 법률의 위임을 요구하지 않는다는 점이다.

나) 벌칙 제정

지방자치법은 벌칙에 대한 조례 제정에 대해서도 법률의 위임을 요구하고 있다. 1994년 3월 개정 전 지방자치법 제20조에는 "시 · 도는 당해 자치단체의 조례로써 3월 이하의 징역, 금고 또는 10만 원 이하의 벌금, 구류 또는 50만 원 이하의 과태료의 벌칙을 제정할 수 있다."고 규정되어 있었다. 그러나 1994년 3월 이 규정이 죄형법정주의에 위반한다는 이유로 삭제하고 지방자치법 27조 1항에 "지방자치단체는 조례로써 조례 위반 행위에 대하여 1천만 원 이하의 과태료를 정할 수 있다." 고 규정했다(지방자치법 제34조). 그러나 자치권의 범위에 속하는 사항인 한 법령에 특별히 정한 경우를 제외하고는 조례로 벌칙을 정할 수 있다고 해야 할 것이다. 일본의 경우도 법령에 특별히 정한 경우를 제외하고는 조례에 위반한 사람에 대해 2년 이하의 징역 혹은 금고, 100만 엔 이하의 벌금, 구류, 과료 또는 몰수의 형 또는 5만 엔 이하의 과태료를 과하는 취지의 조례를 제정할 수 있다(일본 지방자치법 제14조 3).

다. 상급 자치단체의 조례나 규칙의 범위

시·군 및 자치구의 조례나 규칙은 시·도의 조례나 규칙에 위반해서는 안 된다(지방자치법 제30조). 기초자치단체의 조례가 상급 자치단체의 조례와 규칙에 위반해서는 안 된다는 의미는 지방자치단체의 조례 제정이 법령의 범위 안에서 이루어져야 함과 같은 취지라고 볼 수 있다.

라. 소관사무의 범위

조례는 그 권한에 속하는 사무, 즉 소관사무에 대해 정하는 규범이다. 따라서 조례 제정권의 범위는 소관사무의 범위에 한정된다. 그런데 소관사무의 범위에 대해 "지방자치단체는 그 관할 구역 안의 자치사무와 법령에 의하여 지방자치단체에 속하는 사무를 처리한다."(지방자치법 제13조 ①)고 규정하고 있다. 따라서 자치사무(고유사무)와 단체위임사무(법령에 의해 지방자치단체에 속하는 사무)가 조례로 규정할 수 있는 사항이 된다. 그러나 지방자치단체장이 중앙정부의 일선기관의 지위에서 처리하는 기관위임사무에 대해서는 조례를 제정할 수 없다.

지방자치법 제13조 제2항에서는 6개 분야 57개 종류의 소관사무를 예시하고 있으나, 단서 조항으로 "다만 법률에 이와 다른 규정이 있는 경우에는 그러하지 아니하다."고 규정하고 있다. 따라서 개별적인 법률에서 지방자치법과 다른 규정을 하고 있다면 조례 규정 사항이 달라질 수 있는 것이다. 또한 지방자치단체는 국가사무(지방자치법 제15조)에 대해 조례를 제정할 수 없고, 지방자치단체의 종류별 사무배분 기준(지방자치법 제14조)에 따라 조례를 제정해야 한다.

조례제정권의 확대

지방자치분권 및 지방행정 체제 개편에 관한 특별법 제14조 ①은 국가는 지방자치단체의 자치입법권을 강화하기 위해 조례 제정 범위가 확대되도록 하는 등 필요한 조치를 해야 한다고 규정하고 있다.

3) 규칙제정권

(1) 규칙의 의의

지방자치단체장이 법령 또는 조례가 위임한 범위 안에서 그 권한에 속하는 사무에 관해 정하는 규범이다(지방자치법 제29조).

(2) 규칙제정권의 범위

가. 소관사무의 범위

지방자치단체장은 권한에 속하는 모든 사무에 대해 규칙을 제정할 수 있다. 권한에 속하는 사무는 고유사무와 단체위임사무는 물론 기관위임사무도 포함된다. 기관위임사무에서 기관의 의미는 집행기관이다. 기관위임사무는 지방자치단체 전체가 아닌 집행기관에 위임된 사무이다. 따라서 기관위임사무는 지방의회의 조례로는 제정할 수 없고 반드시 규칙으로만 정해야 한다.

나. 조례 규정 지정 사항 및 의회 전속 사항 제외

자치단체의 사무로서 법령에 의해 조례 규정 대상으로 지정된 사항과 의회의 전속 권한 사항을 제외한 기타의 모든 사항에 대해서는 규칙을 정할 수 있다.

다. 조례의 위임 사항과 실시에 필요한 사항

조례가 규칙에 위임한 사항과 조례의 실시를 위해 필요한 사항에 대해 규칙을 정할 수 있다.

라. 법령과 조례의 범위

지방자치단체장은 법령 또는 조례가 위임한 범위 안에서 규칙을 정해야 한다(지방자치법 제29조).

마. 상위 조례나 규칙의 범위

시 · 군 및 자치구의 규칙은 시 · 도의 조례나 규칙에 위반해서는 안 된다(지방자치법 제30조).

바. 벌칙 규정 금지

벌칙은 조례로만 가능하고 그것도 법률의 위임이 있는 경우에 한한다(지방자치법 제28조). 따라서 규칙으로는 벌칙을 정할 수 없다.

사. 감독기관의 취소와 정지

규칙이 위법하거나 현저히 부당하다고 인정될 때 감독기관은 시정을 명하고, 그 기간 내에 이행하지 않은 경우는 취소하거나 정지할 수 있다(지방자치법 제188조 ①).

4) 조례와 규칙의 효력

(1) 규정 유형이 명확한 경우

조례나 규칙으로 규정되어야 할 사항이 명확히 구분되어 있는 경우에 규정대로 정해지지 않은 조례나 규칙은 무효가 된다.

(2) 규정 유형이 불명확한 경우

조례나 규칙 어느 유형이든 무방하다.

(3) 효력의 우열

조례와 규칙의 내용이 상호 모순되거나, 조례가 세부 사항을 규칙으로 정하도록 위임한 경우에는 조례의 효력이 우월하다.

(4) 효력의 범위

조례와 규칙의 효력은 원칙적으로 당해 지방자치단체의 관할 구역에 한정되고, 구역 안에서는 모든 사람과 사물에 대해 효력이 미친다. 다만 구역 밖에 거주하는 지방자치단체 공무원과 구역 밖에 설치된 시설에 대한 조례나 규칙은 관할 구역 밖에도 효력이 미친다고 보아야 할 것이다.

조례와 규칙은 일반 법령과 같이 공포 · 시행되어 폐지될 때까지 효력이 있다. 그러나 주민의 권리에 대한 침해나 규제와 무관하고, 주민에게 이익을 주는 조례나 규칙은 소급효를 인정해도 무방할 것이다.

2. 자치행정권

1) 자치조직권

(1) 의의

자치조직권은 지방자치단체가 자기 사무를 처리하는 데 필요한 조직을 자주적으로 정할 수 있는 권리를 의미하며 넓은 의미의 자치행정권에 포함된다. 우리나라 지방자치단체의 자치조직권에는 많은 제약이 가해지고 있다. 조직에 관한 조례를 정하더라도 지방자치단체의 자주적인 판단에 의하는 것이 아니라 법령이 정한 바에 의하거나, 감독기관의 승인을 얻거나, 협의를 거치도록 한 경우가 많기 때문이다. 이러한 제약이 가해지는 이유는 지방자치단체도 국가행정 조직의 일부로서 전국적인 통일을 유지해야 할 필요가 있다는 점 때문이다. 그러나 근본적인 요인은 집권화의 요구가 강하고 분권화의 의지가 약하기 때문일 것이다.

(2) 범위

자치조직권은 대통령령인 「지방자치단체의 행정기구와 정원기준 등에 관한 규정」에 따라 광범위하게 제한받고 있다. 자치조직권의 범위를 알아볼 수 있는 주요 사항을 살펴보면 다음과 같다.

가. 조례 사항

가) 조례만으로 규정할 수 있는 사항

(가) 리(里)의 명칭과 구역을 변경하거나 리를 폐지하거나 설치하거나 나누거나 합칠 때(지방자치법 제7조의 ②)

(나) 행정동과 리(里)의 설치(지방자치법 제7조의 ④)

(다) 행정동과 리의 하부조직 설치(지방자치법 제7조의 ⑤,⑥)

(라) 지방의회 위원회의 설치 및 운영(지방자치법 제64조 ①)

(마) 의회 사무처 등의 설치(지방자치법 제102조 ①,②)

(바) 자치구가 아닌 구와 읍·면·동의 명칭과 구역의 변경(지방자치법 제7조 ①)

(사) 사무소의 소재지(지방자치법 제9조 ①)

(아) 정무부지사와 정무부시장의 자격 기준(지방자치법 제123조 ②)

(자) 자치구가 아닌 구와 읍·면·동에 그 소관 행정사무를 분장하기 위하여 필요한 행정기구의 설치(지방자치법 제134조).

나) 대통령령이 정하는 바에 의해 조례로 정하는 사항

(가) 행정기구의 설치(지방자치법 제125조 ②)

(나) 지방자치단체의 공무원 정원(지방자치법 제125조 ②)

(다) 직속기관·사업소 및 출장소의 설치(지방자치법 제126, 127, 128조)

기준인건비 제도의 도입

앞으로 지방자치단체의 정원관리 등 자율성이 확대돼 탄력적인 인력 운영이 가능해질 전망이다. 안전행정부는 2014년 2월 26일 기준인건비제 도입을 주요 내용으로 하는 「지방자치단체의 행정기구 및 정원기준 등에 관한 규정」 개정령안이 25일 국무회의를 통과했다고 밝혔다. 이에 따라 각 지자체들은 자율적으로 정원을 운영할 수 있게 된다. 기존 총정원관리는 폐지된다.

이어 지자체가 복지, 안전 및 지역별 특수한 행정 수요에 탄력적으로 대응할 수 있도록 인건비의 추가 자율 범위를 1~3%까지 허용하고, 이 자율 범위는 지자체별 재정 여건에 따라 결정하도록 했다. 그동안은 총액인건비제에 따라 지자체의 총정원과 인건비 총액한도를 이중으로 관리하는 바람에 자율적 조직 운영에 제약이 따랐다. 이 같은 자율성 확대와 함께 책임성과 전문성 강화도 동시 진행된다. 안행부는 지자체의 조직 운영에 대한 자율적 통제장치 확보를 위해 자체적인 조직분석 및 진단을 강화한다는 계획이다. 지자체에서 요청하는 경우에는 안행부가 조직 컨설팅 등 분석 및 진단에 필요한 지원을 할 수 있도록 했다.

또 지자체장은 조직 운영에 대한 정보를 인터넷 홈페이지 등에 의무적으로 공개해야 한다. 안행부 장관은 다른 지자체와의 비교·분석이 가능하도록 지방 조직 정보를 종합해 공개할 수 있게 된다. 이경옥 안전행정부 제2차관은 "기준인건비제 도입은 지자체가 주민을 위해 제대로 일할 수 있는 환경을 만들어주기 위한 것"이라며 "앞으로도 지방자치가 활성화될 수 있도록 조직 자율권을 점차적으로 확대해 나갈 계획"이라고 말했다(뉴시스, 2014. 2. 26).

(라) 의회 사무직원의 정원(지방자치법 제103조 ①)

다) 감독기관의 승인을 얻어 조례로 정하는 사항

자치구가 아닌 구와 읍·면·동을 폐지하거나 설치하거나 나누거나 합칠 때에는 행정안전부 장관의 승인을 얻어 당해 지방자치단체의 조례로 제정한다(지방자치법 제7조 ①).

라) 법령 또는 조례로 정하는 사항

지방자치단체가 소관사무의 일부를 독립하여 수행할 필요가 있는 때에는 법령 또는 당해 지방자치단체의 조례가 정하는 바에 따라 합의제 행정기관을 설치할 수 있다(지방자치법 제129조).

나. 조례 또는 규칙 사항

가) 사무의 위임과 위탁

지방자치단체장은 조례 또는 규칙이 정하는 바에 의해 권한에 속하는 사무의 일부를 보조기관, 소속행정기관 또는 하부행정기관에 위임할 수 있고(지방자치법 제117조 ①), 관할 지방자치단체나 공공단체 또는 그 기관(사무소·출장소 포함)에 위임 또는 위탁할 수 있다(지방자치법 제117조 ②). 또한 지방자치단체장은 조례 또는 규칙이 정하는 바에 의해 그 권한에 속하는 사무 중 주민의 권리·의무와 직접 관련되지 아니하는 사무를 법인·단체 또는 그 기관이나 개인에게 위탁할 수 있다(지방자치법 제117조 ③).

나) 직원에 대한 임면권 등

지방자치단체장은 소속 직원(지방의회의 사무직원은 제외)을 법령과 조례·규칙이 정하는 바에 의해 그 임면·교육훈련·복무·징계 등에 관한 사항을 처리한다(지방자치법 제118조).

다. 지방의회의 의결과 감독기관의 승인

2 이상의 자치단체가 사무를 공동으로 처리할 필요가 있을 때에는 규약을 정해 당해 지방의회의 의결을 거쳐 시·도는 행정안전부 장관의, 시·군 및 자치구는 시·도지사의 승인을 얻어 지방자치단체조합을 설립할 수 있다(지방자치법 제176조).

라. 지방의회의 의견 청취

지방자치단체를 폐지하거나 설치하거나 나누거나 합칠 때 또는 그 명칭이나 구역을 변경할 때에는 관계 지방의회의 의견을 들어야 한다(지방자치법 제5조 ③).

2) 자치행정권

(1) 의의

지방자치단체가 자기 사무를 원칙적으로 국가의 관여를 받음이 없이 자주적으로 처리할 수 있는 권리를 의미한다. 자치행정권에 대해 헌법에는 "지방자치단체는 주민의 복리에 관한 사무를 처리하고"(헌법 제117조 ①)라고 규정했다. 지방자치법에는 "지방자치단체는 관할 구역의 자치사무와 법령에 의하여 지방자치단체에 속하는 사무를 처리한다."(지방자치법 제13조 ①)고 규정하고, "지방자치단체장은 당해 지방자치단체의 사무와 법령에 의하여 위임된 사무를 관리하고 집행한다."(지방자치법 제116조)고 규정하고 있다.

(2) 범위

가. 사무 처리의 기준이나 절차에 대한 구체적 규정

지방자치법, 지방공무원법, 주민등록법, 국민기초생활보장법과 같은 개별법이나 시행령 등에 사무 처리의 기준이나 절차에 대해 구체적으로 규정한 경우가 있다.

나. 지방자치단체의 사무에 대한 지도

중앙행정기관의 장 또는 시 · 도지사는 지방자치단체의 사무에 관해 조언, 권고, 지도할 수 있으며, 이를 위해 필요한 때에는 지방자치단체에 대해 자료의 제출을 요구할 수 있다(지방자치법 제184조 ①).

다. 위법 · 부당한 명령이나 처분에 대한 시정 명령과 취소 · 정지권

지방자치단체의 사무에 관한 자치단체장의 명령이나 처분이 법령에 위반되거나 현저히 부당해 공익을 해한다고 인정될 때에는 시 · 도에 대해서는 주무부 장관이, 시 · 군 및 자치구에 대해서는 시 · 도지사가 기간을 정해 서면으로 시정을 명하고 그 기간 내에 이행하지 않을 때에는 취소하거나 정지할 수 있다. 이 경우 자치사무에 관한 명령이나 처분에 있어서는 법령에 위반하는 것에 한한다. 지방자치단체장은 자치사무에 관한 명령이나 처분의 취소 또는 정지에 대해 이의가 있을 때에는 그 취소 또는 정지처분을 통보받은 날로부터 15일 이내에 소송을 제기할 수 있다(지방자치법 제188조). 그런데 이 규정의 문제점은 법령 위반 여부에 대한 판단을 법원 아닌 주무부 장관이나 시·도지사가 한다는 점과 주무부 장관 혹은 시·도지사가 법원에 제소해 자신이 원하는 취소·정지를 구하는 것이 아니라, 취소·정지 처분에 대해 이의가 있는 지방자치단체장이 대법원에 소송을 제기하도록 한 점이다.

라. 자치사무에 대한 감사권

행정안전부 장관 또는 시·도지사는 지방자치단체의 자치사무에 관해 보고를 받거나 서류·장부 또는 회계를 감사할 수 있다. 이 경우 감사는 법령 위반 사항에 한해 실시한다(지방자치법 제190조 ①).

2009년 5월 28일 헌법재판소는 지방자치단체 자치사무에 대해 사전·포괄적으로 감사를 실시하는 것은 감사 개시 요건을 충족하지 못해 지방자치권을 침해하는 것이라고 결정한 바에 따라 지방자치법을 개정했다.

행정안전부 장관, 시·도지사가 지방자치단체 자치사무에 대해 감사를 실시하기 전에 법령 위반행위 등을 확인해 감사를 실시하도록 감사 실시 요건을 강화했다(제190조 ②). 또한 지방자치단체에 대한 중복 감사와 수감(受監) 부담 문제를 해결하기 위해 중복 감사 금지를 의무화하고, 주무부 장관이 지방자치단체에 대해 감사를 실시하는 때에는 공동으로 실시하도록 하며, 이를 위해 필요한 감사 절차·방법 등에 관한 사항은 대통령령으로 정해 운영하도록 했다(제191조 ②③).

마. 사무와 재산의 한계 및 승계의 지정

지방자치단체의 구역 변경이나 폐치·분합 시 지역에 의해 지방자치단체의 사무 및 재산을 구분하기 곤란한 때에는 시·도에서는 행정안전부 장관이, 시·군 및 자치구에서는 시·도지사가 사무와 재산의 한계 및 승계할 지방자치단체를 지정한다(지방자치법 제8조 ②).

3) 자치재정권

(1) 의의

지방자치단체가 자기 사무를 수행하는 데 필요한 경비를 자주적으로 조달하고 관리하는 권리를 의미한다. 자치재정권에 대해 헌법 제117조 ①은 "지방자치단체는……재산을 관리하며……"라고 규정했고, 지방자치법에는 "지방자치단체는 법률이 정하는 바에 의하여 지방세를 부과·징수할 수 있다."고 규정하고, 사용료·수수료·분담금에 대해서도 징수할 수 있는 근거를 규정하고 있다(지방자치법 제152~156조).

(2) 범위

가. 조세법률주의의 제약

지방자치단체는 법률로 정하는 바에 의해 지방세를 부과·징수할 수 있다(지방자치법 제152조). 따라서 지방자치단체가 스스로 세목을 개발하고 결정한 세율에 따라 지방세를 부과하는 것은 불가능하다.

중앙정부의 재산세 개편안과 자치단체의 반발

최근 발표된 중앙정부의 재산세 개편안에 대해 자치단체들이 반발하자, 중앙정부는 **기초단체장**에게 주어진 과표결정권을 장기적으로 중앙정부로 이관하고 세율 조정권을 대폭 축소(50%에서 10~30%로)하겠다는 방침을 밝혔다. 이에 대해 기초자치단체들은 지방분권에 역행하는 처사라고 반발하고 있다(조선일보, 2003. 12. 10).

시장·군수의 세율 조정 권한 제한

위와 같이 기초단체장이 중앙정부가 기초단체장의 세율 조정권을 대폭 축소하겠다는 방침에 반발하자 아래와 같이 세율 조정의 사유를 명시해 지방세법 제188조(세율)를 2006년 9월 1일 개정했다(지방세법 개정으로 현재는 제111조).

지방세법 제111조 ③ 지방자치단체의 장은 **특별한 재정 수요나 재해 등의 발생으로** 재산세의 세율 조정이 불가피하다고 인정되는 경우 조례로 정하는 바에 따라 제1항의 표준 세율의 100분의 50의 범위에서 가감할 수 있다. 다만, 가감한 세율은 해당 연도에만 적용한다.

지방세법상 지방자치단체장의 세율 조정권

지방세법에 따르면 지방자치단체장은 조례로 정하는 바에 따라 표준 세율의 100분의 50의 범위에서 가감할 수 있는 조정권을 가지고 있다. 취득세(지방세법 제14조), 등록면허세(지방세법 제28조 ⑥), 주민세 균등분(지방세법 제78조 ②), 주민세 재산분(지방세법 제81조 ②), 주민세 종업원분(지방세법 제84조의3 ③), 거주자의 종합소득・퇴직소득에 대한 지방소득세(지방세법 제92조 ②), 거주자의 양도소득에 대한 지방소득세(지방세법 제103조의3 ④), 내국법인의 각 사업 연도의 소득에 대한 지방소득세(지방세법 제103조의20 ②), 토지・건축물・주택에 대한 재산세(지방세법 제111조 ③), 자동차 소유에 대한 자동차세(지방세법 제127조 ③), 자동차 주행에 대한 자동차세(지방세법 제136조 ②), 지역자원시설세(지방세법 제146조 ⑤), 지방교육세(지방세법 제151조 ②).

나. 지방채의 발행과 행정안전부 장관의 승인

지방자치단체의 자율적이고 탄력적인 재정 운영을 위해 지방채의 발행 주체에 지방자치단체조합을 추가하고, 따로 법률이 정하는 바에 따라 지방채를 발행할 수 있게 했다(지방자치법 제139 ①). 종전에는 지방자치단체장이 행정안전부 장관의 승인을 받은 범위 안에서 지방의회의 의결을 받아 지방채를 발행할 수 있었다. 이에 비해 개정 지방재정법은 제11조 제2항에서 지방자치단체가 지방채를 발행하고자 하는 경우에는 재정 상황 및 채무 규모 등을 고려해 대통령령이 정하는 지방채 발행한도액의 범위 안에서 지방의회의 의결을 얻어야 한다고 규정하고 있다. 다만, 지방채 발행한도액의 범위 안이라도 외채를 발행하는 경우에는 지방의회의 의결을 거치기 전에 행정안전부 장관의 승인을 얻어야 한다. 그러나 행정안전부 장관의 승인을 받은 경우에는 지방의회의 의결을 얻어 제2항의 규정에 의한 지방채 발행한도액의 범위를 초과해 지방채를 발행할 수 있다(지방재정법 제11조 ③).

지방자치단체조합의 장은 그 조합의 투자사업과 긴급한 재난복구 등을 위한 경비를 조달할 필요가 있을 때 또는 투자사업이나 재난복구사업을 지원할 목적으로 지방자치단체에 대부할 필요가 있을 때에는 지방채를 발행할 수 있다. 이 경우 행정안전부 장관의 승인을 얻은 범위 안에서 조합의 구성원인 각 지방자치단체의 지방의회의 의결을 얻어야 한다(지방재정법 제11조 ④).

다. 지방재정법과 시행령의 규정

행정안전부는 당초 계획대로 2005년도부터 지방자치단체 예산편성 기본지침을 폐지해 지방자치단체의 재정적 자율성을 확대했다. 그러나 지방재정법 제38조(지방자치단체 재정운영 업무편람 등) 제2항에서 지방재정의 건전한 운용과 지방자치단체 간 재정 운용의 균형을 확보하기 위해 필요한 회계연도별 지방자치단체 예산편성 기준은 행정안전부령으로 정한다고 규정하고 있다. 또한 훈령 형식으로 지방자치단체 예산편성 운영기준을 정하고 있다.

4) 자치계획권

(1) 의의

지방자치단체가 그 사무를 수행하기 위해 구속력 있는 계획을 자주적으로 수립하고, 지방자치단체와 관련되는 상위 계획에 참여하는 권리를 말한다(최창호, 2001: 262).

(2) 범위

시 · 도지사는 광역도시계획을 수립 또는 변경하는 때에는 국토교통부 장관의 승인을 얻어야 한다(국토의 계획 및 이용에 관한 법률 제16조 ①). 특별시장 ·광역시장·특별자치시장 특별자치도지사는 도시 · 군기본계획을 수립하거나 변경하려면 관계 행정기관의 장(국토교통부 장관을 포함한다)과 협의한 후 지방도시계획위원회의 심의를 거쳐야 한다(국토의 계획 및 이용에 관한 법률 제22조 ①).

3. 자치사법권

영국에서는 치안판사(justice of the peace)가 19세기 중엽에 이르기까지 지방행정에서 주동적인 역할을 했다. 따라서 지방자치가 처음에는 치안판사의 활동에서 시작되었다고 볼 수 있다(장지호, 1992: 59-64). 오늘날에도 지방자치단체가 자치 법규 위반자에게 사법적 규제를 하는 자치법원(municipal court)이 설치된 경우가 있다(Adrian & Fine, 1991: 368-369). 그러나 오늘날 영 · 미를 제외한 대부분의 국가에서 자치사법권이 자치권에 포함된 경우는 거의 없다.

제4장 신중앙집권과 신지방분권

제 1 절 집권과 분권

1. 의의

집권이란 권력이나 의사결정권이 상급조직이나 조직의 상층부에 집중된 상태를 의미한다. 따라서 집권과 분권은 중앙정부와 지방자치단체, 중앙정부와 중앙정부의 일선기관, 그리고 단일 조직의 상층부와 하층부 간에 파악할 수 있는 개념이다. 또한 집권과 분권은 상대적인 개념으로 완전한 집권이나 완전한 분권은 존재하지 않는다. 왜냐하면 모든 권한이 중앙정부에 집중되었다면 지방자치단체는 존재할 수 없기 때문이다. 따라서 현실적인 조직은 완전한 집권과 완전한 분권 사이의 어느 지점에 존재하게 된다.

2. 집권과 분권의 장점과 단점

집권과 분권의 장점과 단점은 상대적이다.

1) 조정의 가능성

집권은 권력이 집중되어 있으므로 집중된 권력을 통해 조정이 용이하다. 분권의 경우는 권력이 분산되어 있으므로 분산된 권력 간의 조정이 어렵게 된다.

2) 의사 결정과 조직의 실정

집권화된 조직의 경우는 조직의 전반적인 상황이나 사정을 고려해 의사 결정이 이루어질 수 있지만 하부조직의 사정은 무시되기 쉽다.

3) 위기의 극복

위기를 극복하기 위해서는 정보와 자원의 동원이 용이하고 신속한 결정과 강력한 추진력을 확보할 수 있는 집권이 용이하다.

4) 상급자의 부담

상급자나 상급기관을 일상적 업무 부담으로부터 해방시키고 새로운 계획이나 사업의 구상에 집중시키기 위해서는 분권이 용이하다.

5) 관리자의 양성

관리자를 양성하기 위해서는 하부 조직에 권한을 분산시켜 중요한 업무 처리의 경험을 확대하는 것이 필요하므로 분권이 용이하다.

6) 사기의 제고

하급자나 하부조직 구성원의 사기를 제고하기 위해서는 분권이 책임 있는 업무 처리의 기회를 확대할 수 있다.

3. 중앙집권과 지방분권

중앙집권과 지방분권은 중앙정부와 지방자치단체 간의 권한 배분 상태에 따른 것으로 중앙집권은 의사결정권이나 자원배분권을 중앙정부에 집중시키는 것을 의미하고, 지방분권은 지방자치단체에 분산시키는 것을 의미한다.

제 2 절 신중앙집권

1. 신중앙집권의 의의

사회경제적 환경의 변화에 따라 지방분권 체제를 조정한 결과로 등장한 중앙집권을 절대군주 국가에서의 중앙집권과 구별해 신중앙집권(new centralization)이라 한다.

절대군주 국가의 중앙집권은 권력적・관료적・지배적인 것인데 비해, 신중앙집권은 협력적, 지식・기술적, 지도적인 것임을 특질로 한다(정세욱, 2001: 32).

2. 신중앙집권의 원인

지방분권 체제가 사회경제적 환경의 변화에 따라 중앙정부로 권한과 기능이 집중하는 원인으로는 다음과 같은 것을 들 수 있다.

1) 과학・기술의 발달

과학・기술의 발달은 행정 분야에도 새로운 기술이 도입되어 중앙정부는 각종 행정통계의 집중관리와 행정 능력이 급격히 향상되었다. 이로 인해 지방자치단체의 사무를 중앙정부가 처리하는 것이 좀 더 능률적이게 되어 신중앙집권화가 나타났다.

2) 경제권과 생활권의 확대

과학·기술의 발달은 경제권과 생활권도 확대시켜 특정 지역의 문제가 전국적인 문제로 확대되었다. 그 결과로 인해 특정 지역의 문제를 지방자치단체가 아니라 중앙정부가 처리하는 것이 좀 더 효과적이 되어 신중앙집권화가 나타났다.

3) 국제 정세의 불안

국제 정세의 불안은 이를 효과적으로 대처하기 위한 강력한 중앙정부를 필요로 하므로 신중앙집권화가 나타났다.

3. 신중앙집권에 대한 평가

신중앙집권화에 대해서는 다음과 같은 두 측면의 평가가 이루어질 수 있다(장지호, 1992: 331-333).

1) 긍정적 측면

중앙정부의 지방자치단체에 대한 관여는 자치단체가 자주적으로 처리하기 어려운 문제를 공동 해결자로서 또는 문제 해결에 필요한 지식과 기술을 제공해 주는 기술원조자로서 관여함에 따라 능률적이고 효과적인 사무 처리가 가능해진다.

2) 부정적 측면

신중앙집권화는 결과적으로 자치권의 범위를 축소해 지방자치를 형식화하며, 중앙정부와 지방자치단체는 상호 협력의 관계에서 상하의 계층제적 관계로 전락할 가능성이 있다.

4. 신중앙집권의 한계

① 신중앙집권화로 인해 자치권이 지나치게 축소되어 지방자치가 형식화되어서는

안 된다.

② 중앙통제는 권력적 · 지배적인 방식이 아니라 지방자치단체가 보유하지 못한 지식과 기술을 지원하고 정보를 제공해 행정 능력을 향상시키는 방식이 되어야 한다.

③ 지방적 사무가 전국적 이해관계를 갖는다고 해도 지방의 특수성은 존중되어야 한다.

제 3 절 신지방분권

사회경제적 환경의 변화에 따라 신중앙집권화가 불가피한 현상이라 할지라도 부정적 측면은 극복되지 않으면 안 된다. 이러한 맥락에서 제기되는 것이 신지방분권론이다(成田賴明, 1976: 37-38). 신지방분권론에서 주장하는 내용은 다음과 같다(장지호, 1992: 333-335).

1. 자치단체 관련 국가정책에 대한 참가, 공동 결정, 의견진술권의 인정

독일에서는 지방자치단체의 이해에 관련되는 연방 및 주의 입법과 정책 결정에 지방자치단체연맹의 참여, 지방자치단체 개편에 대한 주민 의견 진술권의 보장, 광역계획 결정에 자치단체의 참가, 연방의 재정계획 회의 및 경기대책회의에 자치단체 대표자의 참가 등을 인정하고 있다.

2. 국가의 자치단체 규제를 위한 법과 계획 결정 시 원칙만 규정

국가가 자치단체를 규제하기 위한 법과 계획의 결정에는 원칙만 정하고, 자치단체는 원칙의 범위 안에서 구체적 실정에 맞게 결정해서 집행하도록 함으로써 자치단체의 책임성이 지켜지도록 한다.

3. 국가의 관여는 지식적 관여 위주

국가의 관여는 기준 설정 · 조언 · 정보 제공 · 재정 원조 등 지식적 관여 위주로 하고 권력적 관여는 배제되어야 한다.

4. 지방자치단체의 자구 노력

지방자치단체 스스로 자치단체 상호 간의 협력 체제 확보, 조직의 합리화, 공무원의 능력 발전 등 행정적 · 재정적 능력 향상을 위한 자구(自救) 노력을 시도해야 한다.

5. 지방자치단체 간의 연합조직의 결성 및 활동

자치단체의 국정에 대한 발언권 강화를 위해 자치단체 간의 자주적인 연합조직을 결성하고, 활동을 통해 지방자치에 대한 위협에 대처해야 한다.

2006년 1월 11일의 지방자치법 개정에서는 기초단체장과 기초의회의 의장, 광역단체장과 광역의회의 의장 등으로 구성되는 4종의 전국적 협의체가 모두 참가하는 지방자치단체 연합체를 설립할 수 있는 근거를 마련했다(지방자치법 제182조 ②).

신지방분권의 목적은 중앙집권과 지방분권의 장점을 동시에 달성하고자 하는 데 있다. 신지방분권에서 국가와 지방자치단체는 지배-복종의 관계가 아니라 병립적 협력의 관계가 된다. 과거의 지방분권은 시민의 자유를 억압했던 국가 권력을 억제하고 극복하는 데만 존재 의의가 있었으나, 신지방분권은 국가와 지방자치단체가 공동 목표를 향해 기능을 분담하면서 협력하는 데 그 특징이 있다. 따라서 능률적 중앙집권과 민주적 지방분권이 공존할 수 있는 행정 체제의 개발이 필요하다.

제 4 절 21세기와 지방분권

1. 21세기의 환경 변화

21세기 지식정보 사회의 변화된 정치 환경은 국가 운영의 패러다임을 통치(統治, government)에서 협치(協治, governance)로, 관(官)에서 민(民)으로, 중앙에서 지방으로, 소외에서 참여로의 전환을 요구하고 있다. 또한 세계화로 인해 지방이 직접 국제적 관계를 유지·발전시킬 수 있게 되었고, 지역경쟁력 강화를 위해 노력하지 않으면 안 되게 되었다(정부혁신지방분권위원회, 2003a: 1).

2. 외국의 지방분권 추진 동향

21세기에 들어서서 선진 외국에서는 지방분권을 적극적으로 추진하고 있으며, 그 내용은 다음과 같다.

1) 일본

1993년 6월 양원이 지방분권 추진의 결의를 채택하고, 같은 해 10월에는 제3차 임시행정개혁추진심의회가 지방분권의 입법화에 대한 답신을 제출했다. 1994년 9월에는 지방 6단체가 지방분권의 추진에 관한 의견을 제출했고, 같은 해 12월에는 정부가 지방분권 추진의 대강 방침을 각의에서 결정했다. 1995년 5월에는 지방분권추진법이 5년의 시한으로 제정·공포되어 같은 해 7월에는 지방분권추진위원회가 발족되었다. 이 위원회는 1998년 11월까지 5차에 걸친 권고안을 제출했고, 1999년 3월에 정부에서 지방분권 추진 일괄법이 각의에서 결정되었으며, 이 법은 같은 해 7월 성립·공포되어 2000년 4월부터 시행되었다. 2001년 7월에는 지방분권추진위원회의 최종 보고에 따라 지방분권개혁추진회의가 3년 시한으로 발족되었다(老川祥一, 2002: 7-8).

2) 영국

경제 재건의 명분하에 추진되었던 보수당의 중앙집권화 노력은 노동당의 등장으로 지방분권으로 전환되었다. 노동당 정부의 지방분권 개혁은 노동당 정부가 유럽평의회(Council of Europe)의 '지방정부헌장'에 서명함으로써 분권 의지를 명확히 했다. 지방정부헌장의 서명으로 영국의 분권개혁은 유럽연합(EU)의 틀 속에서 진행되었다고 할 수 있다. 유럽연합이 천명한 '보충성의 원리'를 토대로 노동당의 지방분권 개혁은 정치적 분권, 지방정부 구조 개편, 주민 참여의 확대라는 특징을 갖는다(김순은, 2001: 103). 2000년 들어 제정된 「지방정부법(Local Government Act 2000)」에 따라 주민들은 지방자치단체의 네 가지 기관 구성 형태를 채택할 수 있게 되었다. 네 가지 형태는 종래의 기관통합형(의회-위원회형)에 직선 시장과 내각형(A Directly Elected Mayor With a Cabinet), 내각과 내각지도자형(A Cabinet With a Cabinet Leader), 그리고 직선 시장과 관리자형(A Directly Elected Mayor and Council Manager)이다. 최근 확산되고 있는 지방정부의 기관 구성 형태에 대한 개혁은 전통적인 지방의회 중심의 기관통합형 체제에 기관대립형 요소를 가미하는 것으로 표출되고 있다. 2000년 5월 런던은 기관대립형을 채택하고 집행부를 이끌 시장을 직접선거로 선출했다(이종수, 2001: 88-90).

3) 프랑스

1981년 대통령에 당선된 미테랑(François Mitterand)은 기존의 지방통치 체제가 지배 엘리트의 구조화와 영속화를 가져오는 것이어서 이를 개혁하지 못하면 자신의 사회주의 이념도 실현시키기 어렵다고 생각했다. 이런 맥락에서 1982년 3월 2일 획기적인 지방자치법이 발효되었는데, 이 법의 핵심 내용은 지방자치단체에 대한 국가의 사전감독권을 사후통제권으로 변경, 도 및 지역 수준의 자치단체에 대한 독자적인 행정집행기구의 신설, 개별적 심사로 배분되던 각종 국가 보조금을 포괄적 배분으로 변경한 것 등이 핵심적 내용이다(임도빈, 2002: 292). 그리고 2003년에는 헌법 제1조에 분권국가임을 명시해 지방분권에 대한 의지를 분명히 했다.

3. 참여정부의 지방분권

1) 지방분권의 추진 방향

우리나라는 그동안 중앙집권의 폐해가 심해서 국가경쟁력의 강화를 위해서도 기능의 적정한 분담을 위한 지방분권이 요구되는 상황이다. 참여정부는 출범과 함께 분권형 선진 국가의 건설을 목표로 지방분권 추진 로드맵을 작성해 지방분권을 추진한 바 있다. 지방분권의 추진 기본 방향과 추진 과제는 다음과 같다(정부혁신지방분권위원회, 2003b: 10-11).

(1) 중앙-지방정부 간 권한 재배분

① 지방분권 추진 기반 강화

② 중앙 권한의 획기적 지방 이양

③ 지방교육자치 제도 개선

④ 지방자치경찰 제도 도입

⑤ 특별지방행정기관 정비

(2) 획기적 재정 분권의 추진

① 지방재정력 확충 및 불균형 완화

② 지방세정 제도 개선

③ 지방재정의 자율성 강화

④ 지방재정 운영의 투명성 · 건전성 확보

(3) 지방정부의 자치행정 역량 강화

① 지방자치권 강화

② 지방정부 내부혁신 및 공무원 역량 강화

(4) 지방의정 활성화 및 선거 제도 개선

① 지방의정 활성화

② 지방선거 제도 개선

(5) 지방정부의 책임성 강화

① 지방정부에 대한 민주적 통제 체계 확립

② 지방정부에 대한 평가 제도 개선

(6) 시민사회 활성화

① 다양한 주민참정 제도 도입

② 시민사회 활성화 기반 강화

(7) 협력적 정부 간 관계 정립

① 중앙-지방정부 간 협력 체제 강화

② 지방정부 간 협력 체제 강화

③ 정부 간 분쟁 조정 기능 강화

> **지방분권추진위원회**
>
> 지방분권 추진 과제의 종합적·체계적 추진 사항을 심의하기 위해 대통령 소속하에 지방분권 추진을 위한 위원회를 두고, 동 위원회로 하여금 지방분권 실천계획의 추진 상황을 평가해 대통령에게 보고하도록 했다(지방분권특별법 제17조, 제21조①).

2) 지방분권 추진 방향에 대한 평가

(1) 시간적 제약

일본의 경우 지방분권의 추진 일정을 보면 1993년 양원에서 지방분권 추진 결의를 채택한 이후 2001년 7월 지방분권추진위원회의 최종 보고에 기초해 지방분권개혁추진회의가 3년 시한으로 조직되었고, 2003년 6월에는 "삼위일체의 개혁에 대한 의견"을 제출해 지방분권을 지속적으로 추진하고 있다. 영국의 경우도 1997년 노동당 집권 이후 신지방민주주의에 입각해 지방분권이 추진된 이래 지방분권을 지속적으로 추진하고 있다. 프랑스의 경우도 1981년 미테랑 대통령의 당선 이래 1982년 지방자치법을 개정해 국가의 권한을 감소시키고 자치권을 증대시키기 위한 노력을 계속하고 있다.

이에 비해 참여정부의 지방분권 추진 로드맵은 대통령의 임기 중에 주요 과제에 대한 법제화 및 시행은 물론 평가 및 보완까지 마치는 것으로 되어 있어 졸속적인 지방분권의 우려가 크다. 과거의 많은 정책적 실패가 대통령의 임기 중 모든 것을 이루려는 데 있었다는 것을 생각하면 성급한 지방분권의 추진은 재고되어야 할 것이다.

(2) 선분권 후보완 원칙

참여정부의 지방분권 추진 로드맵에 따르면 지방분권의 추진 원칙으로 선분권 후보완의 원칙, 보충성의 원칙 및 포괄성의 원칙을 제시하고 있다. 이 중 보충성의 원칙이나 포괄성의 원칙은 지방자치의 취지에 비추어 타당한 원칙이라 할 수 있다. 그러나 선분권 후보완의 원칙은 과감한 분권의 의지를 표명한 것인지는 몰라도 무모하기 짝이 없는 원칙이라 하지 않을 수 없다. 지방분권이란 장기적인 국정 운영이라는 차원에서 접근해야 할 일로, 충분한 시간을 갖고 협의하고 숙고해야 할 과제이다. 그럼에도 분권을 먼저 하고 후에 나타난 문제점을 보완한다는 것을 원칙으로 제시했다는 것은 무책임하다고 하지 않을 수 없다.

(3) 분권의 기준 결여

지방분권은 그 자체가 목적이 아니다. 공공 기능의 적정한 분담이라는 차원에서 접근해야 할 과제이다. 기능의 적정한 분담이라는 것은 정치 이념이나 국가 발전의 정도에 따라 다른 것이기 때문에 절대적인 기준이나 원칙이 있을 수 없으며, 원칙이나 기준 또한 고정 불변의 것은 아니다. 따라서 지방분권의 추진에 앞서 선행되어야 할 과제는 우리나라가 지향해야 할 정치적 이념이나 국가적 상황에 맞는 지방분권의 기준을 제시하는 일이다. 지방분권은 우리 상황에 적합한 분권의 기준이나 원칙이 제시된 후에 추진되어야 할 과제이다. 그럼에도 이러한 원칙과 기준이 없이 선분권 후보완이라는 원칙 아래 지방분권이 추진된다는 것은 위험하기 짝이 없다.

3) 지방분권의 추진 결과

2007년 12월 기준 지방분권의 수준은 국가 전체적으로 61.2%로 참여정부 출범 전인 2002년 말 56.3% 대비 4.9% 상승한 것으로 나타났다. 분야별로 보면 조직인사 분야는 78.8%로 분권화 수준이 가장 높고, 사무배분 분야는 49.4%, 재정 분야는 49.7%로 나타났다.

조직인사 분야는 2002년 말 75.1%에서 2007년 말 78.8%로 3.7% 상승했다. 전체 공무원 중 지방공무원 비율의 경우 교육 · 치안 분야의 국가공무원 증원과 사회복지 · 소방 등 지방공무원 증원이 상쇄되고 특별지방행정기관 이관이 실현되지 못해 큰 변화는 없었다. 시 · 도의 지역경제국장, 기획관 등 52명이 지방직으로 전환되어 지자체에 소속된 국가직 공무원의 비율이 감소하고, 2007년 총액인건비제 시행으로 별정직 정원 및 직급별 정원 책정 승인권이 폐지되어 국가 승인 없이 설치되는 조직 비율이 증가한데 기인한 것이다.

사무배분 분야는 2002년 말 46.7%에서 2007년 말 49.4%로 2.7% 상승한 것으로 나타났다. 이는 기관위임사무 정비 등 국가 · 지방 간 사무배분 체계 개선의 근본적인 변화는 없었으나, 참여정부 이후 949건의 국가사무를 지방사무로 이양하는 등 부분적인 성과에 기인한 것으로 분석되었다.

재정 분야는 2002년 말 38.3%에서 2007년 말 49.7%로 11.4% 대폭 상승했다. 이는 지자체에 대한 이전재원의 40% 수준인 국고보조금 정비와 분권교부세 신설, 국고보조금과 지방양여금 폐지에 따른 균형발전특별회계 신설 및 지방교부세 법정률 상향 조정 등에 따라 지자체 가용재원은 2002년 78조 원에서 2007년에는 111조 원으로 양적으로 대폭 증가했고, 지방재정의 자율성 측면에서도 지방교부세, 지방교육교부금, 균특회계 비율의 증가와 지방채 총액발행한도제 도입에 따라 2002년 60%인 자율재원 비중이 2007년에는 80%로 대폭 확대되었기 때문인 것으로 분석되었다(정부혁신지방분권위원회, 2008: 226-227).

4. 이명박 정부의 지방분권 추진

1) 지방분권의 추진

2008년 6월 1일 시행된 「지방분권 촉진에 관한 특별법」(한시법: 2013. 5. 31)에 따라 종전 '정부혁신 · 지방분권위원회'(2008. 6. 1 폐지)의 분권 기능과 '지방이양추진위원회'(2008. 9. 1 폐지)의 중앙 권한 지방 이양 기능을 통합한 기구로서 지방분권촉진위원회가 2013년 5월까지 한시적으로 운영되었다. 2010년 10월 1일에는 지방행정 체제 개편에 관한 특별법이 시행되어 지방행정 체제개편 추진위원회가 2013년 5월까지 한시적으로 운영되었다.

2) 지방분권 촉진위원회

(1) 기능

위원회는 다음 각 호의 사항을 심의 · 의결한다.

① 지방분권의 기본 방향 설정 및 추진계획의 수립에 관한 사항

② 제10조부터 제16조까지의 규정에 따른 지방분권 추진 과제의 추진에 관한 사항

③ 지방분권 추진 일정의 세부적 계획 수립 및 시행 방안에 관한 사항

④ 가부터 나까지 규정된 사항의 점검 및 평가에 관한 사항

⑤ 그 밖에 위원장이 부의하는 사항

(2) 추진 과제

2009년 2월 6일 제2차 지방분권촉진위원회에서는 다음 〈표 4-1〉과 같이 4개 분야 총 20개 세부 과제로 구성된 지방분권 추진 과제를 확정했다. 위원회에서는 분권 과제 중 중앙행정 권한의 지방 이양, 특별지방행정기관의 정비, 지방재정 확충 분야 등은 선도적 실행 과제로 선정해 추진하기로 했다.

3) 지방행정 체제개편 추진위원회

2010년 10월 1일에는 지방행정 체제 개편에 관한 특별법이 시행되었고, 이 법에 포함된 지방행정 체제 개편의 기본 방향(제3조)와 지방행정 체제개편 추진위원회의 기능(제6조)은 다음과 같다.

(1) 지방행정 체제 개편의 기본 방향

지방행정 체제 개편은 주민의 편익 증진, 국가 및 지방의 경쟁력 강화를 위해 다음 각 호의 사항이 반영되도록 추진해야 한다.

표 4-1 지방분권 추진 과제

분야	분권 과제	담당 부서
권한 및 기능 재배분	사무 구분 체계 개선	행정안전부(선거의회과)
	중앙행정 권한의 지방 이양	행정안전부(관계기관)
	특별지방행정기관 기능 조정	행정안전부(조직기획과)
	교육자치 제도 개선	교육과학기술부(학교선진화과)
	자치경찰 제도 도입	행정안전부(자치경찰제추진단)
지방재정 확충	국세와 지방세의 합리적 조정	행정안전부(지방세정책과)
	지방교부 제도 개선	행정안전부(교부세과)
	지방재정의 투명성·건전성 제고	행정안전부(회계공기업과)
자치 역량 강화	자치입법권 확대	행정안전부(선거의회과)
	지방의회의 전문성·자율성 강화	행정안전부(선거의회과)
	주민직접참여 제도 보완	행정안전부(선거의회과)
	지방선거 제도 개선	행정안전부(선거의회과)
	지방자치단체 평가 기준 마련 및 진단·평가	행정안전부(지방성과관리과)
	지방자치행정 체제 정비	행정안전부(자치제도과)
협력 및 공감대 확산	정부 및 지방자치단체 간 협력 체제 강화	행정안전부(자치행정과)
	분쟁 조정 기능 강화	행정안전부(자치행정과)
	특별지방자치단체 제도 도입·활용	행정안전부(자치제도과)
	지방공무원 인사 교류 확대 및 교육훈련 제도 개선	행정안전부(자치행정과)
	자원봉사 활동 장려·지원	행정안전부(민간협력과)
	지방분권 홍보 및 공감대 확대	행정안전부(관계 기관)

① 지방자치 및 지방행정계층의 적정화

② 주민생활 편익 증진을 위한 자치구역의 조정

③ 지방자치단체의 규모와 자치 역량에 부합하는 역할과 기능의 부여

④ 주거 단위의 근린자치 활성화

(2) 지방행정 체제개편 추진위원회의 기능

지방행정 체제개편 추진위원회는 다음 각 호의 사항을 심의·의결한다.

① 지방행정 체제 개편의 기본계획 및 추진계획 수립에 관한 사항

② 지방자치단체 통합을 위한 기준·통합 방안·조정에 관한 사항

③ 국가와 지방자치단체 간, 시 · 도와 시 · 군 · 구 간의 사무 및 재원 배분에 관한 사항
④ 통합 지방자치단체에 대한 국가의 지원 및 특례에 관한 사항
⑤ 교육자치, 자치경찰, 특별지방행정기관 사무의 이양 등 자치사무 정비에 관한 사항
⑥ 지방행정 체제 개편 관련 지방자치단체 및 주민의 의견 수렴에 관한 사항
⑦ 읍 · 면 · 동의 주민자치기구의 설치, 기능 및 운영에 관한 사항
⑧ 그 밖에 지방행정 체제 개편의 추진을 위해 필요하다고 위원장이 인정하는 사항

5. 박근혜 정부의 지방분권 추진

1) 지방분권의 추진

2013년 5월 28일 종전의 「지방분권 촉진에 관한 특별법」과 「지방행정 체제 개편에 관한 특별법」은 폐지되고 두 법의 내용을 통합한 「지방분권과 지방행정 체제 개편에 관한 특별법」이 제정되었다. 이 법에 따른 지방분권 및 지방행정 체제 개편을 추진하기 위해 법 시행일로부터 5년간 대통령 소속으로 지방자치발전위원회를 두기로 했다.

2) 지방자치발전위원회

지방분권 및 지방행정 체제 개편을 추진하기 위해 대통령 소속으로 지방자치발전위원회를 두었고, 그 기능은 다음 각 호의 사항을 심의 · 의결하는 것이다.

① 지방자치발전 종합계획 및 연도별 시행계획 수립에 관한 사항
② 제11조부터 제17조까지의 규정에 따른 과제의 추진에 관한 사항
③ 제1호 및 제2호에 규정된 사항의 점검 및 평가에 관한 사항
④ 지방자치단체 통합을 위한 기준 · 통합 방안 · 조정에 관한 사항
⑤ 통합 지방자치단체에 대한 국가의 지원 및 특례에 관한 사항
⑥ 지방행정 체제 개편 관련 지방자치단체 및 주민 의견 수렴에 관한 사항
⑦ 읍 · 면 · 동의 주민자치기구의 설치, 기능 및 운영에 관한 사항

⑧ 제8조에 따른 중앙행정기관의 장의 법령 제정 또는 개정 시 의견 제출에 관한 사항

⑨ 그 밖에 지방분권 및 지방행정 체제 개편 등 지방자치 발전을 위해 필요하다고 위원장이 인정하는 사항

3) 지방자치발전 종합계획의 수립

지방분권 및 지방행정 체제 개편에 관한 특별법 제5조 ①에 따르면 지방자치발전위원회는 지방분권 및 지방행정 체제 개편을 효과적으로 추진하기 위해 관계 중앙행정기관의 장과 협의하고 지방자치단체의 의견을 수렴해 지방자치발전 종합계획을 수립해야 한다. 이에 따라 지방자치발전위원회는 2014년 11월 24일 지방자치발전 종합계획을 의결하고, 2014년 12월 2일에는 국무회의에서 심의 · 의결했다. 그 요지는 다음과 같다.

(1) 추진 목표 및 과제

비전	성숙한 지방자치, 행복한 지역 주민
목표	주민 편익 증진, 행정효율 제고, 지방경쟁력 강화

정책 과제

1 강력한 지방분권 기조 확립과 실천
① 자치사무와 국가사무의 구분 체계 정비
② 중앙 권한 및 사무의 지방 이양
③ 특별지방행정기관 정비
④ 국가와 지방자치단체의 협력 체제 정립

2 자치기반 확충 및 자율과 책임성 강화
① 지방재정 확충 및 건전성 강화
② 지방선거 제도 개선
③ 지방의회 활성화 및 책임성 제고
④ 지방자치단체 평가제도 개선
⑤ 지방자치단체 간 행정협력 체제 정립

3 주민 중심 생활자치 · 근린자치 실현
① 자치경찰 제도 도입
② 교육자치와 지방자치 연계 · 통합 노력
③ 읍 · 면 · 동 주민자치회 도입
④ 지방자치단체 간 관할 구역 경계 조정 제도 개선
⑤ 주민직접참여 제도 강화
⑥ 지방자치단체 소규모 읍 · 면 · 동 통합

4 미래 지향적 지방행정 체제 구축
① 특별 · 광역시 자치구 · 군의 지위 및 기능 개편
② 대도시 특례 제도 개선
③ 지방자치단체 기관 구성 형태 다양화
④ 도의 지위 및 기능 재정립
⑤ 시 · 군 · 구 통합 및 통합 지자체 특례 발굴

(2) 추진전략

파급 효과가 큰 핵심 과제 선정, 선택과 집중을 통한 단계별 시행

① 8개 핵심 과제

• 지방자치의 근본 틀을 개선해 지자체가 자율성과 핵심 역량을 발휘토록 함으로써 국민들에게 직접적인 파급 효과가 큰 과제

① 자치사무와 국가사무의 구분 체계 정비	② 중앙 권한 및 사무의 지방 이양
③ 지방재정 확충 및 건전성 강화	④ 교육자치와 지방자치 연계·통합 노력
⑤ 자치경찰 제도 도입	⑥ 대도시 특례 제도 개선
⑦ 특별·광역시 자치구·군의 지위 및 기능 개편	⑧ 읍·면·동 주민자치회 도입

② 10개 일반 과제

• 지방자치 발전을 위해 관련 제도를 새롭게 정비할 필요가 있는 과제

① 지방의회 활성화 및 책임성 제고	② 지방선거 제도 개선
③ 특별지방행정기관 정비	④ 국가와 지방자치단체의 협력 체제 정립
⑤ 지방자치단체 간 행정 협력 체제 정립	⑥ 지방자치단체 평가 제도 개선
⑦ 지방자치단체 소규모 읍·면·동 통합	⑧ 주민직접참여 제도 강화
⑨ 지방자치단체 간 관할 구역 경계 조정 제도 개선	⑩ 시·군·구 통합 및 통합 지자체 특례 발굴

③ 2개 미래 발전 과제

• 중·장기적 관점에서 국민적 합의를 거쳐 반드시 추진할 필요가 있는 미래 지향적 행정 체제 발전 과제

① 지방자치단체 기관 구성 형태 다양화	② 도의 지위 및 기능 재정립

자료: http://www.clad.go.kr/section/content/content.html?PID=planaim, 2015. 2. 4.

6. 문재인 정부의 지방분권 추진

1) 지방분권의 추진

2018년 3월 20일 「지방분권과 지방행정 체제 개편에 관한 특별법」이 「지방자치분권과 지방행정 체제 개편에 관한 특별법」으로 개정되고 강력한 자치분권 추진을 위해 새로운 자치분권 추진 체계인 자치분권위원회를 대통령 소속으로 신설하고, 자치분권위원회에 일반국민과 지역단체의 참여를 강화했다.

2) 자치분권 종합계획의 수립 근거

「지방자치분권과 지방행정 체제 개편에 관한 특별법」 제5조에 따라 자치분권위원회는 자치분권 및 지방행정 체제 개편을 효과적으로 추진하기 위해 관계 중앙행정기관의 장과 협의하고 지방자치단체의 의견을 수렴해 자치분권 종합계획을 수립해야 한다.

3) 경과

- 자치분권 로드맵 초안, 대통령 보고(2017. 10. 26, 제2회 시 · 도지사 간담회)
- 자치분권 종합계획 마련을 위한 의견 수렴(2017. 11.~2018. 3)
  - 권역별 현장토론회(4회) 개최(충청권 · 호남권 · 수도권 · 영남권)
  - 지방자치단체, 지방 4대 협의체, 관계 중앙부처 등 의견 수렴
  - 일반국민 온라인 의견 수렴(자치분권 홈페이지 · SNS 등 활용)
- 자치분권 로드맵 수립 추진 현황, 대통령 보고(2018. 2. 1, 제3회 시 · 도지사 간담회)
- 자치분권위원회 심의 · 의결(2018. 4~2018. 8)
  - 3개 분과위별 소관 과제 심의 후 본위원회 심의 · 의결
  - 종합계획(안)에 대해 관계 부처 및 全 지자체 의견 수렴을 거쳐 자치분권위원회 최종 의결(2018. 8. 24)

4) 추진과제 구성(6대 전략 33개 과제)

추진전략	과제명
1. 주민주권 구현	① 주민 참여권 보장 ② 숙의 기반의 주민 참여 방식 도입 ③ 주민자치회 대표성 제고 및 활성화 ④ 조례 제·개정의 주민직접발안 제도 도입 ⑤ 주민소환 및 주민감사청구 요건의 합리적 완화 ⑥ 주민투표 청구 대상 확대 ⑦ 주민참여예산 제도 확대
2. 중앙 권한의 획기적인 지방 이양	① 중앙-자치단체 간 사무 재배분 ② 중앙 권한의 기능 중심 포괄 이양 ③ 자치분권 법령 사전협의제 도입 ④ 특별지방행정기관 정비 ⑤ 대도시 특례 확대 ⑥ 광역 단위 자치경찰제 도입 ⑦ 교육자치 강화 및 지방자치와의 연계·협력 활성화
3. 재정분권의 강력한 추진	① 국세·지방세 구조 개선 ② 지방세입 확충 기반 강화 ③ 고향사랑 기부제 도입 ④ 국고보조사업 개편 ⑤ 지방교부세 형평 기능 강화 ⑥ 지역상생발전기금 확대 및 합리적 개편
4. 중앙-지방 및 자치단체 간의 협력 강화	① 중앙-지방 협력기구 설치·운영 ② 자치단체 간 협력 활성화 지원 ③ 제주·세종형 자치분권 모델 구현
5. 자치단체의 자율성과 책임성 확대	① 지방의회 인사권 독립 및 의정활동 정보 공개 ② 자치조직권 강화 및 책임성 확보 ③ 지방인사제도 자율성 및 투명성 확보 ④ 지방공무원 전문성 강화 ⑤ 지방재정 운영의 자율성 제고 ⑥ 지방재정정보 공개 및 접근성 확대 ⑦ 자치분권형 평가 체계 구축 ⑧ 자치단체 형태 다양화
6. 지방행정 체계 개편과 지방선거제도 개선	① 지방행정 체제 개편 방안 모색 ② 지방선거 제도 개선 방안 모색

자료: 대통령 소속 자치분권위원회(2021), 「2021년 자치분권시행계획」.

제5장 지방자치단체의 기관 구성 형태

제 1 절 지방자치단체의 의의

일정한 구역을 기초로 그 구역 내의 모든 주민을 구성원으로 삼아 중앙정부로부터 어느 정도 독립된 일정한 자치권을 갖는 단체를 의미한다. 지방자치단체는 의결기관과 집행기관을 포괄하는 개념이다.

제 2 절 지방자치단체의 종류

지방자치단체의 종류는 수행하고자 하는 목적이 특정한지의 여부에 따라 크게 보통지방자치단체와 특별지방자치단체로 나눌 수 있다.

1. 보통지방자치단체

보통지방자치단체는 지방의 일반적인 공공사무를 처리하기 위한 목적으로 존재한다. 우리나라 지방자치법 제2조(지방자치단체의 종류) 1항에 따르면 지방자치단체는 대별해 특별시, 광역시, 특별자치시, 도 및 특별자치도와 시와 군 및 구의 2종으로 하고 있다. 여기서 특별시, 광역시, 특별자치시, 도 및 특별자치도는 광역자치단체이고, 시와 군 및 구는 기초자치단체이다. 광역자치단체는 중앙정부와 기초자치단체의 중간에 있다고 해서 중간자치단체라고도 한다. 지방자치단체인 구는 특별시와 광역시의 관할 구역 안의 구에 한하며, 이를 특별시나 광역시가 아닌 인구 50만 이상의 시에 둘 수 있는 구와 구별하기 위해 자치구라고 한다.

2. 특별지방자치단체

지방자치법 제2조 제1항의 지방자치단체 외에 특정한 목적을 수행하기 위하여 필요하면 특별지방자치단체를 설치할 수 있다(지방자치법 제2조 ③). 미국과 프랑스의 특별구(special district)가 대표적인 특별지방자치단체이다. 일본은 특별지방공공단체로서 특별구, 지방공공단체의 조합, 재산구 등을 두고 있다(일본 지방자치법 제1조3의 3항).

우리나라는 2021년 1월 12일 지방자치법 전부개정에 따라 제12장에 특별지방자치단체에 대한 내용을 신설했다. 이에 따르면 2개 이상의 지방자치단체가 공동으로 특정한 목적을 위해 광역적으로 사무를 처리할 필요가 있을 때에는 특별지방자치단체를 설치할 수 있다. 이 경우 특별지방자치단체를 구성하는 지방자치단체(이하 “구성 지방자치단체”라 한다)는 상호 협의에 따른 규약을 정해 구성 지방자치단체의 지방의회 의결을 거쳐 행정안전부 장관의 승인을 받도록 했으며, 특별지방자치단체는 법인으로 했다(지방자치법 제199조).

특별지방자치단체의 구역은 구성 지방자치단체의 구역을 합한 것으로 하며. 다만, 특별지방자치단체의 사무가 구성 지방자치단체 구역의 일부에만 관계되는 등 특별한 사정이 있을 때에는 해당 지방자치단체 구역의 일부만을 구역으로 할 수 있다(지방자치법 제201조). 특별지방자치단체의 의회는 규약으로 정하는 바에 따라 구성 지방자치단체의 의회 의원으로 구성한다(지방자치법 제204조). 특별지방자치단체의 장은 규약으로 정하는 바에 따라 특별지방자치단체의 의회에서 선출한다(지방자치법 제205조).

특별지방자치단체의 장은 소관사무를 처리하기 위한 기본계획을 수립해 특별지방자치단체 의회의 의결을 받아야 하고, 변경하는 경우에도 또한 같다(지방자치법 제203조). 그리고 특별지방자치단체의 운영 및 사무 처리에 필요한 경비는 구성 지방자치단체의 인구, 사무 처리의 수혜 범위 등을 고려해 규약으로 정하는 바에 따라 구성 지방자치단체가 분담한다(지방자치법 제206조 ①).

제 3 절 지방자치단체의 기관 구성 형태

지방자치단체는 지역적 문제에 대해 자주적으로 의사 결정을 하고 결정된 내용에 대해 집행을 한다. 지방자치단체의 기관 구성 형태는 의결기관과 집행기관이 하나의 기관으로 통합되었느냐 아니면 개별적으로 분리되었느냐에 따라 기관통합형과 기관분립형으로 나누고, 이 두 형태가 절충된 것을 절충형이라고 한다. 기관통합형은 국가의 정부 형태와 비교해 보면 내각책임제와 유사하고 기관분립형은 대통령 중심제와 유사한 형태이다. 지방자치단체의 기관 구성 형태는 각국의 역사적 전통에 따라 매우 다양하므로 여기서는 대표적인 몇 가지 유형에 대해서만 살펴보고자 한다.

1. 기관통합형

1) 의의

국가의 정부 형태 중 내각책임제와 유사한 형태로, 의결 기능과 집행 기능을 분리하지 않고 의회에 귀속시키는 형태의 지방자치단체를 의미한다. 따라서 지방의회의 의장이 지방자치단체장으로서의 역할을 수행하나 실질적인 집행권을 행사하는 집행부의 수장이라기보다는 자치단체를 의례적으로 대표하는 상징적인 존재인 경우가 대부분이다.

2) 유형

(1) 영국의 의회-위원회형(council-committee form)

의원들은 전체의회(Full Council) · 위원회(Committees) · 소위원회(Subcommittees) 등을 통해 의결 기능과 집행 기능을 동시에 수행한다. 실질적인 행정 집행은 수석행정관(Chief Executive)이 담당한다. 수석행정관은 자치단체의 공무원을 지휘하고, 자치단체의 운영 관리에 대한 책임을 진다. 의장은 전체회의를 주재하고 공식적으로 자치단체를 대내외적으로 대표하나 의전적 · 상징적 역할만 수행한다. 대부분의 의원은 적어도 2개의 위원회에 소속되고, 위원회는 정당 간의 균형을 이루도록 구성한다([그림 5-1] 참조).

그림 5-1 | 영국의 의회형

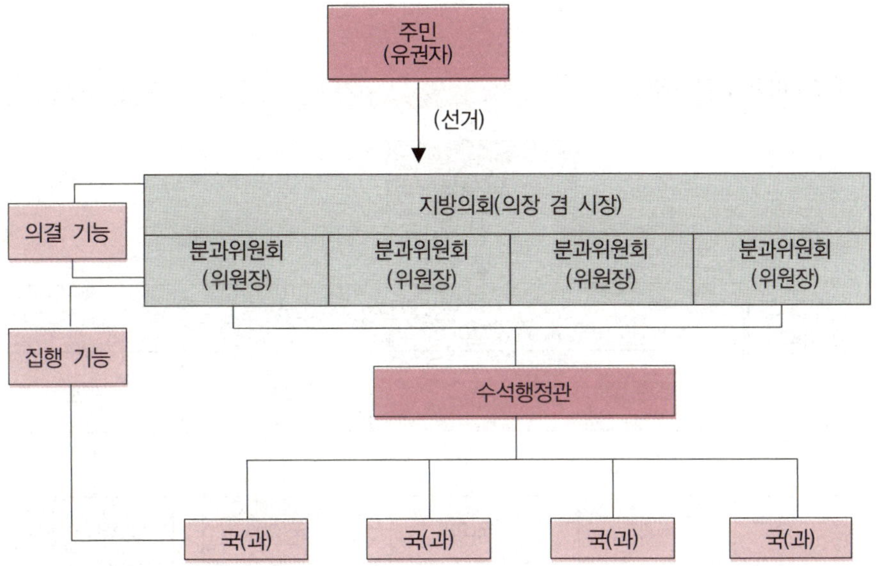

1998년부터는 DETR(Department of Environment, Transport and the Regions)의 권고에 따라 지방행정의 책임성·투명성 및 자치단체의 역할 제고를 위한 개혁의 일환으로 직선시장과 내각형(A Directly Elected Mayor With a Cabinet), 내각과 내각지도자형(A Cabinet With a Cabinet Leader), 직선시장과 관리자형(A Directly Elected Mayor and Council Manager) 중에서 자치단체가 자율적으로 선택할 수 있도록 했다(행정자치부, 2000a: 33-46).

(2) 미국의 위원회형(commission form)

주민에 의해 선출된 위원(elected commissioners)으로 구성되는 합의제 위원회가 의결기관과 집행기관의 기능을 수행하는 형태이다(([그림 5-2] 참조). 단체장은 위원 중에서 호선하고 위원회를 대외적으로 대표하는 의례적 기능만을 수행한다. 위원회형은 1900년 텍사스주 갤버스턴(Galveston)에서 처음 채택되었다(Shafritz, 1988: 112). 이 유형은 기관대립형의 갈등과 무책임, 정당정치의 폐해를 시정하기 위한 목적으로 등장했다. 그러나 리더십의 부재와 갈등, 산업화에 따른 문제를 해결하는 데 필요한 신속성과 전문성이 부족해 이러한 형태를 채택한 자치단체의 수는 점차 감소하게 되었다. 위원회형은 인구 5만 이하의 소규모 자치단체에서 주로 채택하고 있는 형태이다.

그림 5-2 | 미국의 위원회형

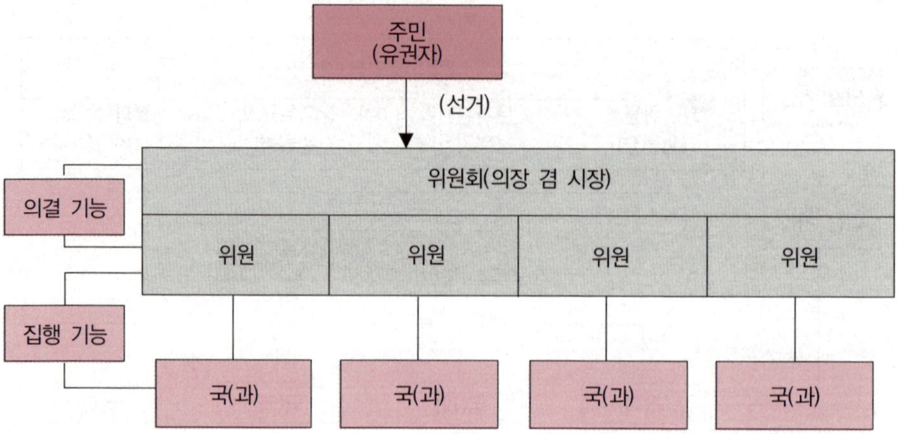

(3) 프랑스의 의회 · 시장형(conseil-maire form)

지역(région), 도(départment), 시읍면(commune)의 의회는 주민 직선에 의해 선출된 의원들로 구성되며, 의원들은 의장 겸 단체장을 선출한다(([그림 5-3] 참조). 이러한 기관 구성은 프랑스의 모든 자치단체에 적용된다. 다만 주민의 규모, 의원 수, 행정조직 등 주로 규모 면에서 차이가 있을 뿐이다(임도빈, 2002: 304-305). 이 유형은 독일의 일부 지역에서도 채택하고 있으며, 단체장은 의원 임기 동안 의원의 신분과 지위를 계속 유지한다.

그림 5-3 | **프랑스의 의회 · 시장형**

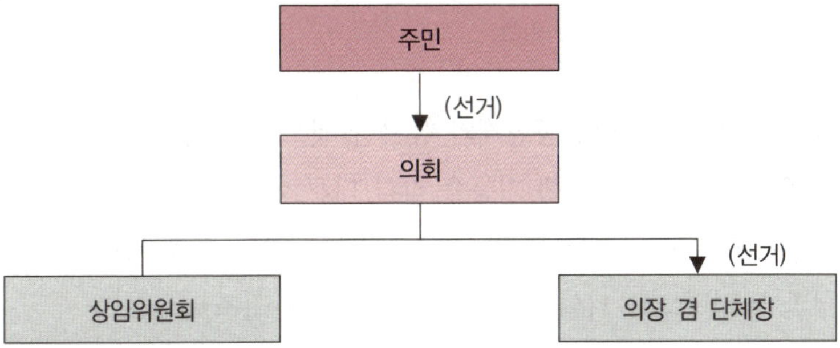

3) 평가

(1) 장점

① 지방행정에 대한 권한과 책임이 주민대표기관인 의회에 집중되어 민주정치와 책임정치의 구현에 적합하다.

② 의결기관과 집행기관 간의 대립이나 반목의 여지가 없으므로 지방행정의 안정성과 능률성 확보가 용이하다.

③ 집행기관이 주민 직선에 의한 다수의 의원으로 구성되므로 주민의 의사가 좀 더 충실히 반영될 수 있다.

④ 정책 결정과 집행 간의 관계가 긴밀해 정책 효과의 극대화가 가능하다.

(2) 단점

① 지방행정을 총괄적으로 조정할 단일의 지도자가 없으므로 행정의 종합성과 통일성 유지가 곤란하다.

② 의결기관과 집행기관이 분리되지 않아 견제와 균형의 원리가 적용될 수 없으며, 권력이 남용될 우려가 있다.

③ 의회가 집행 기능도 수행하므로 지방행정에 정치적 요소가 개입될 여지가 있으며, 지방행정의 전문성이 결여될 가능성이 있다.

2. 기관분립형(기관대립형, 기관분리형)

1) 의의

국가의 정부 형태 중 대통령 중심제와 유사한 것으로 권력분립주의 원칙에 입각해 지방자치단체의 의결 기능과 집행 기능을 각각 다른 기관에 분담시켜 기관 간에 견제와 균형이 이루어지도록 한 형태를 말한다. 기관분립형은 집행기관의 선임 방법에 따라서 선거형과 임명형으로 나눌 수 있다([그림 5-4] 참조).

그림 5-4 | 기관분립형의 원리

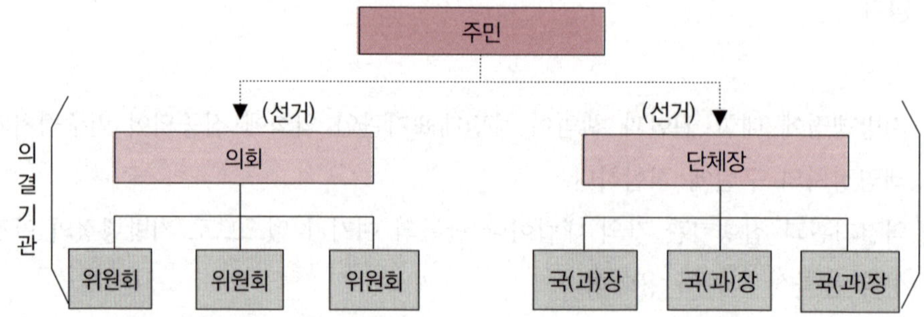

2) 유형

(1) 집행기관 직선형

가. 미국의 시장-의회형(mayor-council form)

미국 대부분의 시가 채택하고 있으며, 주민이 직접 선출한 시장과 의결기관인 지방의회를 분립시킨 형태이다. 의결기관과 집행기관의 구성 방법, 상호 관계 및 권한 등에 따라 약시장형과 강시장형으로 나눈다(행정자치부, 2000b: 26-27).

가) 약시장형(weak mayor form)

(가) 의의

이 유형은 의회우월주의에 입각해 의회 우위형이라고도 한다. 집행기관인 시장보다 의결기관인 의회에 우월한 권능을 인정하는 형태로 집행권에 대한 깊은 불신을 전제로 한다([그림 5-5] 참조).

(나) 특징

① 시장과 의회 의원을 주민이 직접 선출하되, 시장이 의회 의장을 겸한다.

② 시장은 명목상 시를 대표하며, 의회 의결에 대해 거부권이 없다.

그림 5-5 | 미국의 약시장형(의회 우위형)

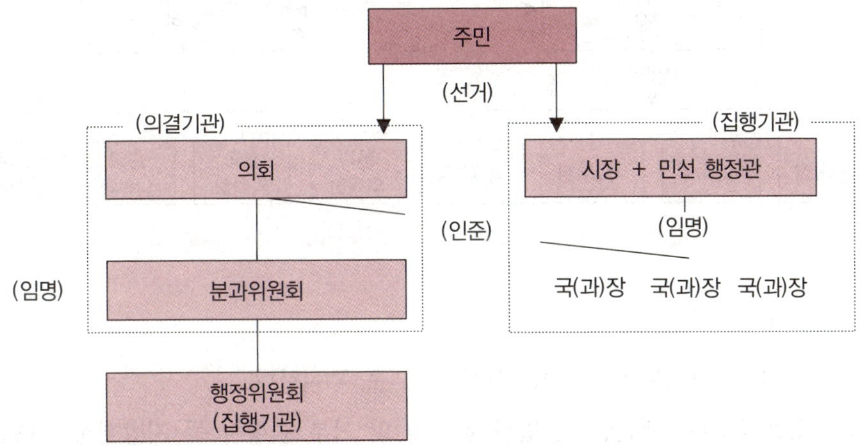

③ 의회는 의결 기능과 집행 기능을 가지고 주요 공무원을 임명하며, 행정권에 대해 감독한다.

④ 시장은 행정적 권한이 거의 없고, 약간명의 지방공무원만 임명(시의회의 인준 필요)한다.

⑤ 재무관(treasurer), 검사(attorney, 재산평가관(assessor) 등 주요 공무원 등이 선거로 선출되고, 독립 부서의 장으로서 역할을 수행한다.

⑥ 주로 소도시에서 많이 채택한다.

나) 강시장형(strong mayor form)

(가) 의의

시장이 행정 전반에 대해 강력한 권한을 가지고 시를 대표하는 의례적 기능도 담당하는 유형으로, 1880년대 약시장제에 대응해 대도시에서 채택하고 있다([그림 5-6] 참조).

그림 5-6 | 강시장형 (시장 우위형)

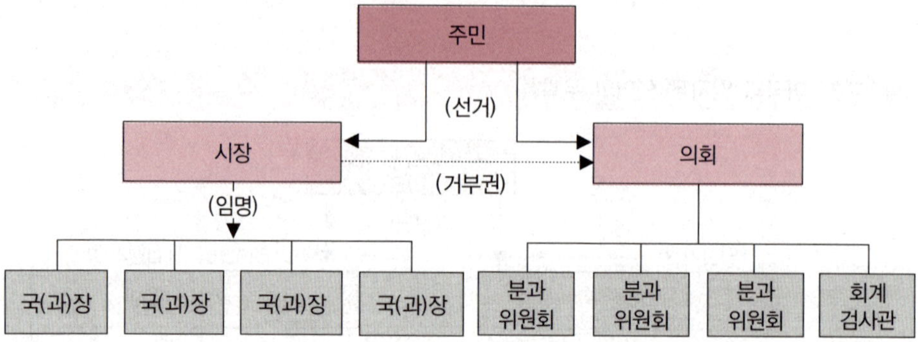

(나) 특징

① 시장에게 폭넓은 인사권 및 정책발의권을 부여한다.

② 시장은 의회에 예산안 및 법률안 제출 및 거부권 행사 등 지방행정에 대한 책임과 통제권을 행사한다.

③ 의회는 법안의 제정, 예산안 의결 등 정책 결정에 대한 책임을 진다.

④ 선출직 공직자의 수가 약시장형에 비해 상대적으로 적다.

다) 강시장-수석행정관형(strong mayor-chief administrative officer form)

(가) 의의

시장의 지휘 감독을 받으면서 행정적으로 시장을 보좌하는 수석행정관을 두는 형태이다. 이 유형은 정치적 능력과 행정적 능력을 모두 갖춘 인물을 시장으로 선출하기 어려운 현실적 제약 아래 현대 행정의 전문성에 대한 요구를 충족시키기 위해 등장한 유형이다. 미국의 대도시(New York, Philadelphia, Boston, Los Angeles, San Francisco)에서 채택하고 있다([그림 5-7] 참조).

그림 5-7 | 강시장-수석행정관형

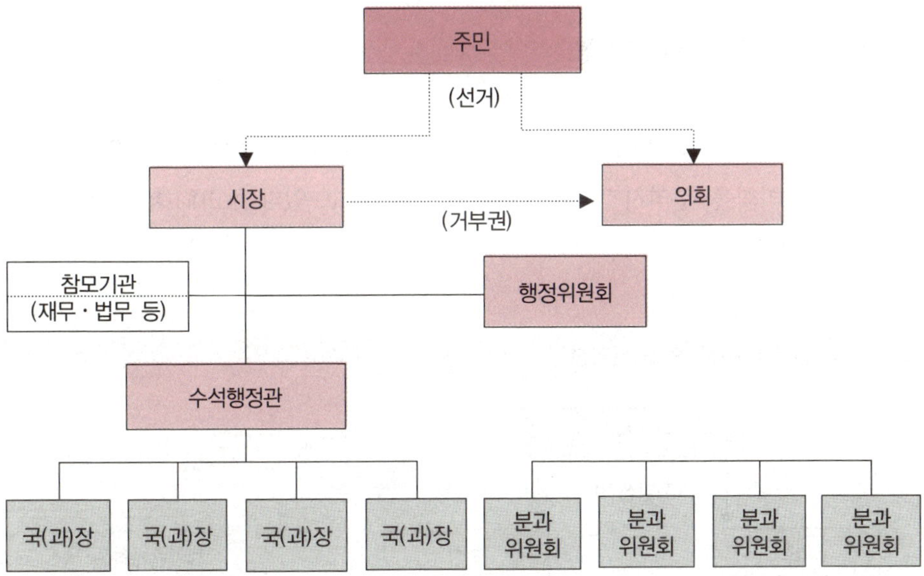

(나) 특징

① 수석행정관은 행정에 대한 전문적 지식과 경험을 가진 인물 중에서 임명된다.

② 수석행정관의 명칭은 지역별로 상이하다.

Boston — Director of Administrative Services

Los Angeles — City Administrative Officer

Louisville — City Consultant-Administrator

New York, San Francisco — City Administrator

Philadelphia — Managing Director

③ 시장은 수석행정관을 임명하나 해임하기 위해서는 주민소환 투표나 의회 의원 3분의 2 이상의 찬성이 있어야 한다.

④ 수석행정관의 권한은 지역에 따라 다양하나 다음의 세 유형이 있다.

- 시장의 승인을 받아 각 부서 책임자의 임명과 해임
- 부서의 업무에 대한 지휘와 감독
- 시장의 보고서를 준비하고 자문

나. 일본의 수장-의회 분리형

가) 의의

국가의 통치구조는 의원내각제이지만 주민 직선에 의해 단체장과 의원을 선출하고, 단체장과 의회를 분리시킨 기관대립형을 채택하고 있다(原田尙彦, 2003: 85-87, [그림 5-8] 참조).

그림 5-8 | 일본의 수장-의회 분리형

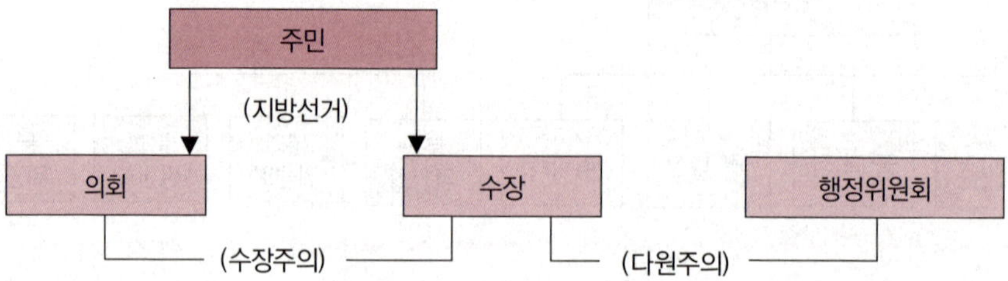

나) 특징

(가) 수장주의

국가의 통치구조에 비유한다면 대통령제를 채택해 주민 직선의 자치단체장과 의회가 주민에게 직접 책임을 진다. 의회가 자치단체장에 대해 불신임 의결권을 갖고 단체장은 의회해산권을 갖는다는 면에서 순수한 대통령제의 형태는 아니다.

(나) 다원주의

자치단체의 사무 중 정치적 중립을 확보하고 공정한 판단을 요하는 사무를 처리하기 위해 자치단체장으로부터 독립된 행정위원회(교육위원회, 선거관리위원회, 인사위원회, 공안위원회, 감사위원회, 수용위원회 등)를 설치・운영한다.

(다) 획일주의

지방자치단체의 조직은 법률에 획일적으로 정해져 있어서 자치조직권이 인정되지 않는다. 따라서 사회적 기반이나 인구 규모의 차이에 따른 특성을 반영할 수 없다.

(라) 단체장 인사에 대한 지방의회의 동의권

부지사 및 부시・정・촌장은 지방자치단체장이 의회의 동의를 얻어 선임한다(일본 지방자치법 제162조).

다. 평가

가) 장점

① 주민 직선에 의해 지방의원과 집행기관을 선출하므로 행정에 대한 효과적 통제가 이루어진다.

② 단체장의 임기가 보장되므로 주민의 지지를 바탕으로 지방행정을 안정적이고 강력하게 수행할 수 있다. 일본의 경우 불신임 제도가 있으나 1995년 이후의 불신임 의결은 5건에 불과하다(老川祥一, 2002: 51).

③ 의결기관과 집행기관을 분리・독립시킴으로써 견제와 균형의 원리에 따라 일방의 독주나 횡포를 방지할 수 있다.

나) 단점

① 의회와 단체장 간의 갈등이나 대립이 심화되면 지방행정이 지연되거나 마비될 우려가 있다. 특히 단체장의 소속 정당이 의회의 다수 의석을 확보하지 못한 경우는 이런 현상이 더욱 심화될 수 있다.

② 단체장을 주민이 직접 선거하는 경우는 행정에 대한 전문적 지식을 가지고 있는 사람보다는 정치적 성향이 강한 인물이 당선될 가능성이 높다.

③ 단체장이 당선에 대한 보상으로 정실인사를 단행할 우려가 있다.

(2) 중앙정부의 집행기관 임명형

가. 의의

중앙정부가 자치단체장을 임명하는 유형으로 1982년 지방자치 제도 개혁 이전 프랑스의 도(département)와 1991년 지방의회만 구성되고 1995년 민선단체장 선거가 실시되기 이전의 우리나라가 이 유형에 해당된다. 중앙정부가 집행기관을 임명한다는 것은 자치권이라는 면에서 본다면 지방자치가 실시된다고 할 수 없는 상황이라고 할 수 있다(조창현, 1995: 172).

나. 특징

① 도지사는 내무부 장관의 추천에 의해 대통령이 임명한다.

② 도지사는 자치단체인 도의 대표자인 동시에 도의 영역 안에서 국가의 대표자이다.

③ 도의회의 권한은 집행기관에 비해 열악한 지위에 있다.

그림 5-9 | 집행기관 임명형

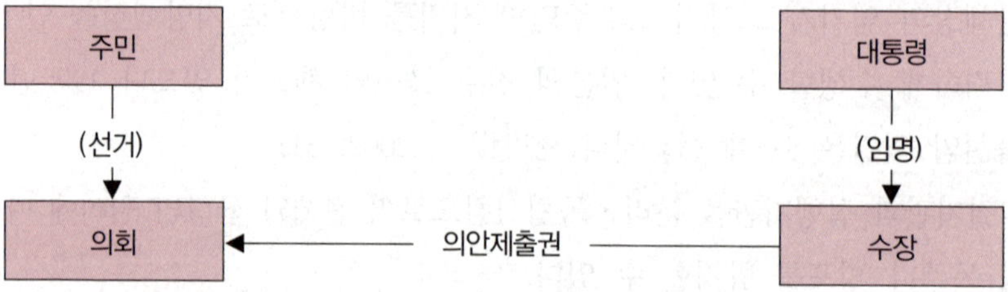

다. 평가

가) 장점

① 행정에 대한 전문가를 임명해 행정의 능률성과 전문성을 향상시킬 수 있다.

② 자치단체장이 선거를 의식해 선심성 사업이나 인기 위주의 사업을 할 우려가 적다.

③ 중앙정부와의 원활한 협조를 통해 행정의 일관성 확보가 용이하다.

나) 단점

① 기관의 자기 선임의 원칙에 위배된다.

② 단체장이 주민의 의견보다 중앙정부의 입장을 우선시할 우려가 있다.

③ 중앙정부의 편의와 입장에 따라 지방의 문제가 결정되고 처리될 우려가 크다.

(3) 지방의회에 의한 집행기관 임명형(council manager form)

가. 의의

미국에서 지방의회가 행정에 대한 풍부한 경험과 전문지식을 갖는 전문행정인(city manager)을 임명하고 행정에 대한 일체의 책임을 담당하는 유형이다. 이를 채택한 자치단체는 1914년도 이후 증가 추세이며, 인구 25만 이하의 중소도시와 중산층 및 지역 동질성이 높은 지역에서 선호하고 있다(행정자치부, 2000b: 28).

나. 특징

① 의회는 전문행정인을 임면하는 등 자치행정의 주체가 된다.

② 전문행정인은 의회가 정해 주는 범위 내에서 구체적인 정책 결정과 집행을 담당하고 그 결과에 대해 책임을 진다.

③ 전문행정인은 예산편성권, 의회에 대한 권고권, 행정부서장에 대한 임면권 등을 갖는 등 실질적인 행정의 총책임자이다.

④ 시장은 자치단체의 대표로서 의례적인 역할만 수행한다. 주민 직선의 경우도 있으나 일반적으로 의원 중에서 선출한다.

다. 평가

가) 장점

① 전문행정인을 행정에 대한 책임자로 임명해 행정 능률을 향상시킬 수 있다.

② 정치적 압력을 배제하고 소신 행정을 수행할 수 있다.

나) 단점

① 전문행정인은 정치적 지지 기반이 취약해 강력한 행정을 수행하기 어렵다.

② 의례적인 시장과 전문행정인 간에 갈등이 발생할 소지가 있다.

3. 절충형(의회-집행위원회형)

1) 의의

이 유형은 의결기관과 집행기관을 분립시킨다는 점에서 기관분립형의 요소를 갖추고 있으나, 서로 대립시키지 않고 기관통합형의 요소도 갖추고 있어서 절충형이라고 한다. 절충형은 의회-집행위원회형(council executive committee form)이라고도 불리며, 네덜란드 · 벨기에 · 스웨덴 · 덴마크 등에서 채택하고 있다(김학로, 1994: 141-142, [그림 5-10] 참조).

그림 5-10 | 절충형

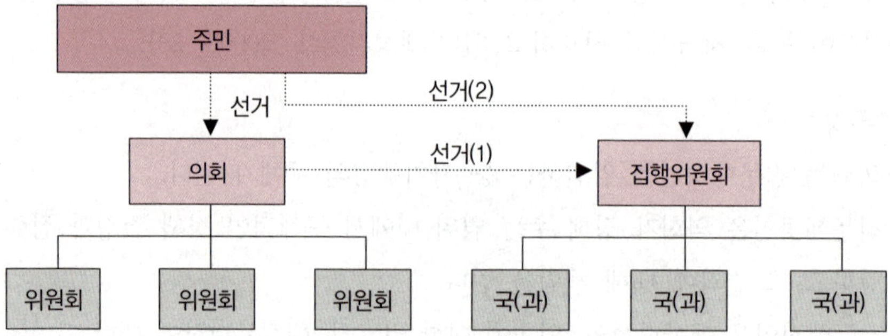

2) 특징

① 의결기관과 집행기관을 분리시키면서도 집행기관을 합의제로 운영한다는 점에서 기관분립형과 구별된다.

② 집행위원회가 의회를 모체로 하면서도 독립된 집행 기능을 수행한다는 점에서 기관통합형과 구별된다.

3) 평가

(1) 장점

① 의결기관과 집행기관 간의 원만한 협조를 확보할 수 있다.

② 집행기관이 합의제로 운영되므로 주민 의견이 좀 더 충실히 반영될 수 있다.
③ 집행기관이 합의제로 운영되므로 행정이 좀 더 신중하게 이루어질 수 있다.

(2) 단점
① 합의제이므로 행정 책임의 소재가 불명확할 수 있다.
② 합의제이므로 행정의 신속성이 저해될 수 있다.
③ 주민 직선이나 의회 간선에 의해 위원이 선출되므로 행정에 대한 전문성이 부족할 수 있다.

4. 주민총회형

1) 의의

직접민주제의 원리를 현실적으로 적용한 유형이다. 자치단체의 유권자 전원으로 구성되는 주민총회(popular assemblée, folk moot)가 자치단체의 최고 의사결정 기관으로 자치단체의 기본 정책 예산, 인사 문제 등을 직접 결정하며 집행하는 것이다.

일본의 정촌총회(町村總會), 미국의 town meeting, 스위스의 Gemeindeversammlung(assemblée communale) 등이 그 예가 된다. 특히 스위스는 전형적인 직접민주제 국가로서 농촌 지역 기초자치단체의 9할에 주민총회가 구성되어 있다(최창호, 2001: 457-458).

2) 평가

(1) 장점
주민 의견이 지방행정에 직접 반영될 수 있어서 주민 본위의 행정이 이루어질 수 있다.

(2) 단점
소규모 자치단체가 아니면 실질적으로 도입될 수 없는 유형이다.

5. 우리나라의 기관 구성 형태

1) 의의

우리나라의 지방자치단체는 1949년 지방자치법이 처음 제정된 이래로 기관분립형을 채택하고 있다. 물론 1961년 5·16 군사 쿠데타로 인해 지방자치가 정지된 이후 1995년 동시선거가 실시될 때까지는 지방자치법과는 달리 지방자치단체장이 중앙정부에 의해 임명되었다.

개정된 지방자치법에 따르면, 지방자치단체의 의회(이하 "지방의회"라 한다)와 집행기관에 관한 이 법의 규정에도 불구하고 따로 법률로 정하는 바에 따라 지방자치단체의 장의 선임 방법을 포함한 지방자치단체의 기관 구성 형태를 달리할 수 있다(지방자치법 제4조 ①). 그리고 이에 따라 지방의회와 집행기관의 구성을 달리하려는 경우에는 「주민투표법」에 따른 주민투표를 거쳐야 한다(지방자치법 제4조 ②). 지방자치법에 규정된 우리나라 지방자치단체의 기관 구성 형태의 특징은 다음과 같다.

2) 특징

(1) 기관분립형

우리나라 지방자치단체의 기관 구성 형태는 국가의 통치구조인 대통령제와 유사한 기관분립형을 채택하고 있다. 기관분립형 중에도 집행기관을 주민이 직접 선출하므로 집행기관 직선의 기관분립형이라 할 수 있다.

(2) 다양화

지방자치법의 개정(2022. 1. 13. 시행)에 따라 지방자치단체의 의회(이하 "지방의회"라 한다)와 집행기관에 관한 이 법의 규정에도 불구하고 따로 법률로 정하는 바에 따라 지방자치단체의 장의 선임 방법을 포함한 지방자치단체의 기관 구성 형태를 달리 할 수 있다(지방자치법 제4조 ①).

(3) 집행기관 우위

의결기관보다는 집행기관의 권한이 우월하므로 집행기관 우위의 기관분립형이라고 할 수 있다.

3) 집행기관 우위의 요인

(1) 총괄권

지방자치단체의 장은 지방자치단체를 대표하고, 그 사무를 총괄한다(지방자치법 제114조).

(2) 지방의회의 의결에 대한 재의요구권

지방자치단체장은 지방의회의 의결이 월권 또는 법령에 위반되거나 공익을 현저히 해한다고 인정되는 때에는 그 의결 사항을 이송받은 날로부터 20일 이내에 이유를 붙여 재의를 요구할 수 있다(지방자치법 제120조 ①). 재의 요구가 집행기관을 우위에 있게 한다고 보는 이유는 다수의 의원으로 구성된 의회의 의결에 대해 단체장 개인이 재의를 요구할 수 있다는 것뿐만 아니라 법령 위반 여부가 법원의 판결이 아니라 단체장의 판단에 따른다는 데 있다. 또한 재의 요구에 대해서는 통상적인 의결 정족수보다 많은 재적 의원 과반수의 출석과 출석 의원 3분의 2 이상의 찬성에 의해 의결된 경우만 확정될 수 있기 때문이다(지방자치법 제120조 ②).

(3) 예산상 집행 불가능한 의결의 재의요구권

지방자치단체장은 지방의회의 의결이 예산상 집행할 수 없는 경비가 포함되어 있다고 인정되는 때에는 그 의결 사항을 이송받은 날로부터 20일 이내에 이유를 붙여 재의를 요구할 수 있다(지방자치법 제121조 ①). 또한 지방의회가 법령에 의해 지방자치단체가 의무적으로 부담해야 할 경비나 비상재해로 인한 시설의 응급 복구를 위해 필요한 경비를 삭감하는 의결을 한 때도 재의를 요구할 수 있다(지방자치법 제121조 ②).

(4) 선결처분권

지방자치단체장은 지방의회가 성립되지 아니한 때(의원의 구속 등의 사유로 의결 정족수에 미달하게 된 때)와 지방의회의 의결 사항 중 주민의 생명과 재산 보호를 위해 긴급하게 필요한 사항으로서 지방의회를 소집할 시간적 여유가 없거나 지방의회에서 의결이 지체되어 의결되지 않은 때에는 선결처분할 수 있다(지방자치법 제122조 ①).

여기서 선결처분(先決處分)이란 의회의 의결이 필요한 사항에 대해 의결에 앞서서 처분을 한다는 것을 의미한다. 이 규정이 단체장의 권한을 우위에 있게 하는 이유는 '긴급하게 필요한 사항'이라든지 '시간적 여유'와 같은 추상적인 불확정 개념으로 규정한 경우는 자의적인 해석이 가능해 남용의 소지가 있기 때문이다. 물론 선결처분은 지방의회에 보고해 승인(지방자치법 제122조 ②)을 받도록 하고 있으나 처분이 이루어진 후에는 사후에 승인을 받지 못해 효력을 상실한다고 하더라도 그것의 완전한 회복은 불가능한 경우가 많기 때문이다.

(5) 인사권

가. 광역자치단체의 부단체장 임명

특별시, 광역시, 도의 부단체장은 국가공무원과 지방공무원의 두 유형이 있다.

가) 정무직 또는 일반직 국가공무원

국가공무원으로 보하는 부단체장은 행정부시장(특별시, 광역시) 또는 행정부지사(도)라고 하며, 특별시는 정무직 국가공무원으로, 광역시·특별자치시·도와 특별자치도의 경우에는 「국가공무원법」 제2조의2에 따라 고위공무원단에 속하는 일반직 공무원으로 보하되, 그 직무 등급(「국가공무원법」 제23조에 따라 행정안전부 장관이 배정하는 직무 등급을 말한다)은 행정안전부령으로 정한다(지방자치법시행령 제73조 ②). 〈개정2008. 2. 29, 2014. 11. 19, 2017. 7. 26〉 이들에 대해서는 시·도지사의 제청으로 행정안전부 장관을 거쳐 대통령이 임명한다(지방자치법 제123조 ③). 이 경우 부단체장의 임명은 실질적으로 행정안전부와 협의해 이루어지지만 지방의회의 개입 여지는 거의 없다.

이에 비해 일본은 지방자치단체장이 의회의 동의를 얻어 부지사 및 부시·정·촌장을 선임한다(일본 지방자치법 제162조). 주민대표기관인 지방의회가 부단체장 임명에 개입할 여지가 없는 것은 그만큼 의회의 권한을 약화시키고 다른 한편으로는 단체장의 권한을 강화하는 것이라고 할 수 있다.

나) 정무직 또는 별정직 지방공무원

지방공무원으로 보하는 부단체장은 정무부시장(특별시, 광역시) 또는 정무부지사(도)라고 하며, 특별시는 정무직 지방공무원으로, 광역시와 도와 특별자치도의 경우에는 별정직 1급 상당 지방공무원 또는 지방관리관으로 보한다(지방자치법 시행령 제73조 ③). 〈개정 2009. 8. 13, 2012. 6. 29〉 이 경우 자격 기준은 당해 지방자치단체의 조례로 정하도록 하고 있다(지방자치법 제123조 ②). 따라서 지방의회는 자격 기준에 대해 조례 제정을 통해 관여할 수 있다.

그러나 앞에서 지적한 일본의 경우와 같이 지방의회의 동의를 받도록 하고 있지는 않다. 따라서 정무부시장이나 정무부지사의 경우는 행정부시장이나 행정부지사의 경우와는 달리 행정자치부나 지방의회의 개입 없이 실질적으로 자치단체장의 판단에 따라 임명된다.

부단체장의 업무와 명칭

지방자치법 시행령 제73조(부시장·부지사 등의 수와 직급 등) ④ 행정부시장·행정부지사는 시·도의 사무를 총괄하고 소속 공무원을 감독하며, 정무부시장·정무부지사는 해당 시·도지사를 보좌하여 정책과 기획의 수립에 참여하고 그 밖의 정무적 업무를 수행한다. 다만, 시·도의 정무부시장·정무부지사는 해당 시·도의 **조례로 정하는 바에 따라 행정부시장·행정부지사의 업무를 분담하여 수행할 수 있다.**〈개정 2009. 8. 13, 2012. 6. 29, 2014. 6. 3〉

⑤ 제4항 단서에 따라 행정부시장·행정부지사의 업무를 분담하여 수행하는 **정무부시장·정무부지사에 대한 명칭은 조례로 정한다.**〈신설 2009. 8. 13〉

나. 기초자치단체의 부단체장 임명

시의 부시장, 군의 부군수, 자치구의 부구청장은 일반직 지방공무원으로 보하되 직급은 대통령령(지방자치법 시행령 제73조 ⑦ 〈개정 2014. 12. 23 : 인구 10만 미만 지방 서기관, 인구 10만 이상 50만 미만: 지방 부이사관, 인구 50만 이상: 지방 이사관)으로 정하며, 당해 시장·군수·구청장이 임명한다(지방자치법 제123조 ④). 인구 100만 이상의 대도시의 부시장 중 1명은 일반직 지방공무원 다른 1명은 지방 이사관,

별정직 2급 상당 지방공무원 또는 지방임기제 공무원으로 보한다(지방자치법 시행령 제73조 ⑨). 〈신설 2010. 11. 2, 2013. 11. 20, 2019. 3. 12〉

그러나 기초자치단체의 부단체장 임명의 경우 기초자치단체장의 독자적 판단에 따른다기보다는 실질적으로는 광역자치단체와 협의해 이루어지는 것이 보통이다. 기초자치단체의 경우는 부단체장 임명 시에 지방의회의 동의를 받도록 하고 있지도 않을 뿐더러 자격 기준에 대해 조례로 정한다는 규정도 없다. 따라서 기초자치단체의 경우는 지방의회가 부단체장 임명에 개입할 여지는 광역자치단체의 경우에 비해 더욱 적다.

(6) 주민투표 실시권

지방자치단체장이 직권에 의해 주민투표를 실시하고자 하는 때에는 그 지방의회 재적 의원 과반수의 출석과 출석 의원 과반수의 동의를 얻어야 한다(주민투표법 제9조 ⑥). 그러나 지방의회가 주민투표 실시를 청구할 때에는 재적 의원 과반수의 출석과 출석 의원 3분의 2 이상의 찬성으로 그 지방자치단체장에게 주민투표의 실시를 청구할 수 있다(주민투표법 제9조 ⑤).

제6장 지방자치단체의 기관

지방자치단체는 의결기관과 집행기관으로 구성되어 있다. 여기서는 의결기관과 집행기관에 대해 먼저 살펴본 후 양자 간의 관계에 대해 알아보고자 한다.

제 1 절 의결기관(지방의회)

1. 지방의회의 의의

민주국가에서 주권자가 정치에 참여하는 방법은 두 가지가 있다. 즉, 주권자가 직접 참여하는 직접민주제와 대표자를 통해 간접적으로 참여하는 간접민주제이다.

민주주의의 이상적인 실현 방식은 직접민주제이다. 그러나 인구가 증가함에 따라 주권자가 정치에 직접 참여한다는 것이 현실적으로 불가능하게 되어 불가피하게 대표자를 선출하게 되었다. 이같이 주권자가 선거를 통해 선출한 대표가 모여서 중요한 의사를 결정하고 집행을 감시하는 기관이 의회이다. 의회는 국가 단위에 설치된 국회와 지방에 설치된 지방의회가 있다. 지방의회에 대해 우리나라 헌법은 "지방자치단체에 의회를 두되, 그 조직 · 권한 · 운영에 관한 사항은 법률로 정한다."(헌법 제118조)고 규정하고 있다.

2. 지방의회의 권한

지방의회의 권한 강화

지방자치분권 및 지방행정 체제 개편에 관한 특별법 제14조 ②는 국가 및 지방자치단체는 지방자치단체의 주요 정책 사항에 관한 지방의회의 심의 · 의결권을 확대하는 등 지방의회의 권한을 강화하도록 노력해야 한다고 규정하고 있다.

1) 의결권

지방의회의 의결 사항은 다음의 네 가지 유형으로 나누어 볼 수 있다.

(1) 지방자치법 제47조 ①

가. 조례의 제정 · 개정 및 폐지

나. 예산의 심의 · 확정

다. 결산의 승인

라. 법령에 규정된 것을 제외한 사용료 · 수수료 · 분담금 · 지방세 또는 가입금의 부과와 징수

마. 기금의 설치 · 운영

바. 대통령령으로 정하는 중요 재산의 취득 · 처분

사. 대통령령으로 정하는 공공시설의 설치 · 처분

아. 법령과 조례에 규정된 것을 제외한 예산외 의무 부담이나 권리의 포기

자. 청원의 수리와 처리

차. 외국 지방자치단체와의 교류 협력에 관한 사항

카. 그 밖에 법령에 의해 그 권한에 속하는 사항

(2) 지방자치법 제47조 ②

지방자치단체는 지방자치법 제47조 ①에 제시된 사항 외에 조례가 정하는 바에 따라 지방의회에서 의결해야 할 사항을 따로 정할 수 있다.

(3) 지방자치법 제47조 외의 의결 사항

지방자치법 제47조에 제시된 것 외에 지방자치법에서 지방의회의 의결을 받도록 규정한 대표적인 예는 다음과 같다.

가. 보증채무 부담행위(지방자치법 제139조 ③)

지방자치단체의 장은 공익을 위해 필요하다고 인정하는 경우에는 미리 지방의회의 의결을 얻어 보증채무 부담행위를 할 수 있다.

나. 계속비의 지출(지방자치법 제143조)

지방자치단체의 장은 한 회계연도를 넘어 계속해서 경비를 지출할 필요가 있을 때에는 그 총액과 연도별 금액을 정해 계속비로써 지방의회의 의결을 얻어야 한다.

(4) 다른 법에 규정된 사항

다른 법에 지방의회의 의결을 받도록 규정된 대표적인 예는 다음과 같다.

가. 천재 등으로 인한 지방세의 감면(지방세특례제한법 제4조의 ④)

지방자치단체의 장은 천재 · 지변, 기타 대통령령이 정하는 특수한 사유가 있어 지방세의 감면이 필요하다고 인정되는 자에 대해서는 당해 지방자치단체 의회의 의결을 얻어 지방세를 감면할 수 있다.

나. 지방자치단체의 출자(지방재정법 제18조 ③)

지방자치단체는 법령의 규정에 의해 출자할 수 있도록 정해진 단체, 지방공기업법에 의한 지방공사 · 지방공단 또는 지방자치단체를 회원으로 하는 공익법인에 대해 출자를 하고자 할 때에는 당해 지방의회의 의결을 얻어야 한다.

다. 지방자치단체장의 직권에 의한 주민투표 실시에 대한 동의권(주민투표법 제9조 ⑥)

지방자치단체장이 직권에 의해 주민투표를 실시하고자 하는 때에는 그 지방의회 재적 의원 과반수의 출석과 출석 의원 과반수의 동의를 얻어야 한다.

라. 지방채의 발행(지방재정법 제11조 ②, ③, ④)

지방자치단체가 지방채를 발행하고자 하는 경우에는 재정 상황 및 채무 규모 등을 고려해 대통령령이 정하는 지방채 발행한도액의 범위 안에서 지방의회의 의결을 얻어야 한다(지방재정법 제11조 ②).

지방자치단체의 장은 제2항의 규정에 불구하고 행정안전부 장관의 승인을 얻은 범위 안에서 지방의회의 의결을 얻어 제2항의 규정에 의한 지방채 발행한도액의 범위를 초과해 지방채를 발행할 수 있다(지방재정법 제11조 ③).

지방자치법 제159조의 규정에 의한 지방자치단체조합의 장은 그 조합의 항구적 이익이 되거나 긴급한 재난복구 등의 필요가 있는 때 또는 지방자치단체에 대부할 필요가 있는 때에는 지방채를 발행할 수 있다. 이 경우 행정안전부 장관의 승인을 얻은 범위 안에서 조합의 구성원인 각 지방자치단체의 지방의회의 의결을 얻어야 한다(지방재정법 제11조 ④).

마. 채무 부담의 원인이 되는 행위(지방재정법 제44조 ①)

지방자치단체의 장은 지방자치단체의 채무 부담의 원인이 될 계약의 체결, 그 밖의 행위를 하고자 할 때에는 미리 예산으로 지방의회의 의결을 얻어야 한다(단, 1. 법령 또는 조례에 의한 것과 2. 세출예산 · 명시이월비 또는 계속비 총액의 범위 안의 것은 제외).

이 경우 지방재정법 제11조 제2항의 규정에 의한 지방채 발행한도액의 산정에 있어서 채무부담행위에 의한 채무가 포함되어야 한다.

2) 집행기관에 대한 감시권

지방의회의 중요한 기능 중의 하나가 집행기관에 대한 감시이다. 집행기관에 대한 감시를 위해 지방의회에 주어진 권리는 다음과 같다.

(1) 행정사무 감사 및 조사권

지방의회는 매년 1회 당해 지방자치단체의 사무에 대해 시·도에 있어서는 10일, 시·군 및 자치구에 있어서는 7일의 각 범위 내에서 감사를 실시하고, 지방자치단체의 사무 중 특정 사안에 관해 본회의 의결로 본회의 또는 위원회로 하여금 조사하게 할 수 있다(지방자치법 제49조 ①).

(2) 출석, 보고 및 질문 응답 요구권

지방자치단체의 장 또는 관계 공무원은 지방의회나 그 위원회에 출석해 행정사무의 처리 상황을 보고하거나 의견을 진술하고 질문에 응답할 수 있다. 지방자치단체의 장 또는 관계 공무원은 지방의회나 그 위원회의 요구가 있는 때에는 출석·답변해야 한다. 다만, 특별한 사유가 있는 경우에 지방자치단체의 장은 관계 공무원으로 하여금 출석 답변하게 할 수 있다(지방자치법 제51조 ①, ②).

3) 의견 표명권

(1) 지방자치단체를 폐치·분합, 명칭 또는 구역 변경

지방자치단체를 폐지하거나 설치하거나 나누거나 합칠 때 또는 그 명칭이나 구역을 변경할 때에는 관계 지방자치단체 의회의 의견을 들어야 한다(지방자치법 제5조 ③).

(2) 국가정책에 관한 주민투표

중앙행정기관의 장은 국가 정책의 수립에 관해 필요하다고 인정하는 때에는 관계 지방자치단체장에게 주민투표의 실시를 요구할 수 있다. 이때 그 지방의회의 의견을 들어야 한다(주민투표법 제8조 ①, ②).

그 밖에 법령에 규정되지 않은 경우에도 지방의회는 주민대표기관으로서 대외적으로 의견을 표명할 수 있다.

4) 주민투표 청구권

지방의회는 재적 의원 과반수 출석과 출석 의원 3분의 2 이상의 찬성으로 그 지방자치단체의 장에게 주민투표의 실시를 청구할 수 있다(주민투표법 제9조 ⑤).

5) 자율권

(1) 내부 조직권

지방의회는 내부 조직권에 의해 의원 중에서 시·도의 경우 의장 1인과 부의장 2인을, 시·군 및 자치구의 경우 의장과 부의장 각 1인을 무기명 투표로 선거해야 한다(지방자치법 제57조 ①). 또한 의장 또는 부의장이 모두 사고가 있을 때에는 임시의장을 선출(지방자치법 제60조)하고 궐위된 때에는 보궐선거를 실시해 그 후임을 선출한다(지방자치법 제61조 ①). 지방의회는 조례가 정하는 바에 따라 위원회를 둘 수 있고, 위원회는 소관 의안과 청원 등을 심사·처리하는 상임위원회와 특정한 안건을 일시적으로 심사·처리하기 위한 특별위원회의 2종으로 한다(지방자치법 제64조).

(2) 의회규칙 제정권

지방의회는 회의 기타 내부 운영에 관해 이 법에 정한 것을 제외하고 필요한 사항을 규칙으로 정할 수 있다(지방자치법 제52조).

(3) 의원 신분의 사직·자격심사 및 징계권

지방의회는 그 의결로 소속 의원의 사직을 허가할 수 있으며, 폐회 중에는 의장이 이를 허가할 수 있다(지방자치법 제89조). 지방의회의 의원이 다른 의원의 자격에 대해 이의가 있을 때에는 재적 의원 4분의 1 이상의 연서(連署)로 의장에게 자격심사를 청구할 수 있다(지방자치법 제91조 ①). 이때 지방의원의 자격 상실은 재적 의원 3분의 2 이상의 찬성이 있어야 한다(지방자치법 제92조 ①). 지방의회는 지방의원이 지방자치법 또는 회의규칙에 위배되는 행위를 한 때에는 의결로써 징계할 수 있다(지방자치법 제98조).

(4) 의장·부의장 불신임 의결권

지방의회는 의장 또는 부의장이 법령을 위반하거나, 정당한 이유 없이 그 직무를 수행하지 않은 때에는 불신임 의결을 할 수 있고, 불신임 의결이 된 의장 또는 부의장은 그 직에서 해임된다(지방자치법 제62조 ①).

(5) 회의의 질서 유지권

지방의원이 지방자치법 또는 회의규칙에 위배해 회의장의 질서를 문란하게 한 경우 의장 또는 위원장은 경고 또는 제지하거나 그 발언의 취소를 명할 수 있다(지방자치법 제94조). 의장은 회의장 안의 질서를 방해하는 방청인의 퇴장을 명할 수 있으며, 필요한 때에는 경찰관서에 인도할 수 있다. 방청석이 소란할 때에는 모든 방청인을 퇴장시킬 수 있다(지방자치법 제97조).

(6) 사무직원에 대한 인사권

지방의회의 의장은 지방의회 사무직원을 지휘·감독하고 법령과 조례·의회규칙으로 정하는 바에 따라 그 임면·교육·훈련·복무·징계 등에 관한 사항을 처리한다(지방자치법 제103조 ②).

6) 의원의 정책지원 전문인력 선임권

지방의회 의원의 의정활동을 지원하기 위해 지방의회 의원 정수의 2분의 1 범위에서 해당 지방자치단체의 조례로 정하는 바에 따라 지방의회에 정책지원 전문인력을 둘 수 있다. 정책지원 전문인력은 지방공무원으로 보하며, 직급·직무 및 임용절차 등 운영에 필요한 사항은 대통령령으로 정한다(지방자치법 제41조).

이에 대해 부칙 제6조(정책지원 전문인력 도입 규모에 관한 특례)에 따라 지방의회에 정책지원 전문인력을 두는 경우 그 규모는 2022년 12월 31일까지는 지방의회 의원 정수의 4분의 1 범위에서, 2023년 12월 31일까지는 지방의회 의원 정수의 2분의 1 범위에서 연차적으로 도입한다.

제 2 절 집행기관

1. 의의

지방자치단체는 의결기관과 집행기관으로 구성되어 있다. 의결기관은 글자 그대로 지방자치단체의 제반 의사를 결정하는 기관이고, 집행기관은 의결기관이 결정한 내용을 지방자치단체의 존립 목적의 실현을 위해 구체화하는 기관이다. 지방자치법에는 집행기관으로 지방자치단체장, 보조기관, 소속행정기관, 하부행정기관, 교육과학 및 체육에 관한 기관 등을 규정하고 있다.

2. 지방자치단체장

1) 지위

지방자치단체장은 외부에 대해 그 지방자치단체를 대표하고, 그 지방자치단체의 사무를 집행하는 최고책임자로서의 지위에 있다. 또한 지방자치단체장은 법령에 다른 규정이 없는 한 지방자치단체에서 시행하는 국가사무를 처리하는 국가의 지방행정기관으로서의 지위에 있다.

지방자치단체에는 광역자치단체인 서울특별시에 특별시장, 광역시에 광역시장, 특별자치시에 특별자치시장, 도와 특별자치도에는 도지사를 두고, 기초자치단체인 시에 시장, 군에 군수, 자치구에는 구청장을 둔다(지방자치법 제106조). 지방자치단체장은 주민의 보통·평등·직접·비밀선거에 의해 선출(지방자치법 제107조)되며, 임기는 4년으로 계속 재임은 3기에 한한다(지방자치법 제108조).

2) 권한

(1) 총괄 대표권

지방자치단체장은 당해 지방자치단체를 대표하고, 그 사무를 총괄(總括)한다(지방자치법 제114조). 대표한다는 의미는 자치단체장의 행위가 지방자치단체의 행위로 효력을 발생한다는 것을 의미한다. 사무를 총괄한다는 의미는 지방자치단체의 사무를 총체적으로 관할한다는 것을 말한다.

(2) 사무의 관리 및 집행권

지방자치단체장은 당해 지방자치단체의 사무와 법령에 의해 그 지방자치단체장에게 위임된 행정사무를 관리하고 집행한다(지방자치법 제116조). 시·도와 시·군 및 자치구에서 시행하는 국가사무는 시 · 도지사와 시장 · 군수 및 자치구의 구청장에게 위임해 수행하는 것을 원칙으로 한다. 다만, 법령에 다른 규정이 있는 경우에는 그러하지 아니하다(지방자치법 제115조).

(3) 지휘 및 감독권

지방자치단체장은 소속행정기관을 지휘 감독하고, 관할 지방자치단체를 지도 · 감독한다. 광역자치단체장은 기초자치단체의 사무에 대해 조언 · 권고 · 지도할 수 있고, 이를 위해 필요한 때에는 자료의 제출을 요구할 수 있다(지방자치법 제184조 ①).

또한 광역자치단체장은 기초자치단체장의 명령 또는 처분이 법령에 위반되거나 현저히 부당해 공익을 해한다고 인정될 때(자치사무는 법령에 위반하는 것에 한정)에는 기간을 정해 서면으로 시정을 명하고 그 기간 내에 이행하지 않을 때에는 취소 및 정지할 수 있다(지방자치법 제188조 ①).

광역자치단체장은 기초자치단체의 자치사무에 관해 보고를 받거나, 서류 · 장부 또는 회계를 감사(법령 위반 사항에 한정)할 수 있고(지방자치법 제190조), 기초자치단체장이 위임받아 처리하는 광역자치단체 사무에 대한 지도 · 감독권을 갖는다(지방자치법 제185조 ②).

(4) 소속 직원에 대한 권한

지방자치단체장은 소속 직원을 지휘 감독하고 법령과 조례규칙이 정하는 바에 의해 그 임면 · 교육 · 훈련 · 복무징계 등에 관한 사항을 처리한다(지방자치법 제118조).

(5) 지방의회에 대한 권한

지방자치단체장은 지방의회에 조례안과 예산안을 제출하고, 기타 지방의회의 의결사항에 대한 제안권을 갖는다(지방자치법 제76조 ①, 142조). 또한 지방자치단체장은 의회 임시회의 소집 또는 소집요구권(지방자치법 제54조③)과 의회가 의결한 조례안의 공포권(지방자치법 제32조 ②), 지방의회에서 의결한 의안에 대한 재의 요구 및 제소권(지방자치법 제32조 ③, 120조 ①, ③ 121조 ①, 192조 ①)과 특정한 경우 특정 사안에 대한 선결처분권을 갖는다(지방자치법 제122조).

(6) 규칙제정권

지방자치단체장은 법령 또는 조례가 위임한 범위 안에서 그 권한에 속하는 사무에 관해 규칙을 제정할 수 있다(지방자치법 제29조). 규칙제정권의 범위는 자치사무나 단체위임사무 외에 단체장에게 위임된 기관위임사무도 그 범위에 포함된다.

(7) 주민투표 실시권

지방자치단체장은 중앙행정기관장의 요구, 주민 또는 지방의회의 청구나 직권에 의해 주민투표를 실시할 수 있다(주민투표법 제8, 9조).

(8) 사무의 위임 · 위탁권

지방자치단체장은 조례 또는 규칙이 정하는 바에 의해 그 권한에 속하는 사무의 일부를 보조기관, 소속 행정기관 또는 하부행정기관에 위임할 수 있고, 관할 지방자치단체나 공공단체 또는 그 기관(사무소 · 출장소를 포함한다)에 위임 또는 위탁할 수 있다. 지방자치단체장은 조례 또는 규칙이 정하는 바에 의해 그 권한에 속하는 사무 중 조사 · 검사 · 검정 · 관리 업무 등 주민의 권리 · 의무와 직접 관련되지 아니하는 사무를 법인 · 단체 또는 그 기관이나 개인에게 위탁할 수 있다(지방자치법 제117조).

3. 보조기관

보조기관은 지방자치단체장의 의사 결정 및 표시를 보조하는 기능을 담당하며 광역자치단체인 시 · 도에는 정무 및 행정부시장과 부지사를 두고 있고, 기초자치단체인 시 · 군 · 자치구에는 부시장, 부군수, 부구청장을 둔다(지방자치법 제123조).

부단체장은 당해 지방자치단체장을 보좌해 사무를 총괄하고, 소속 공무원을 지휘 · 감독한다(지방자치법 제123조 ⑤). 지방자치단체장이 궐위 또는 공소 제기된 후 구금 상태에 있거나, 의료법에 의한 의료기관에 60일 이상 계속하여 입원한 경우에는 부단체장이 그 권한을 대행한다(지방자치법 제124조 ①).

4. 소속행정기관

1) 직속기관

지방자치단체는 그 소관 사무의 범위 안에서 필요한 때에는 대통령령 또는 대통령령이 정하는 바에 의해 당해 지방자치단체의 조례로 자치경찰기관(제주특별자치도에 한한다) · 소방기관, 교육훈련기관 · 보건진료기관 · 시험연구기관 및 중소기업 지도기관 등을 직속기관으로 설치할 수 있다(지방자치법 제126조).

2) 사업소

지방자치단체는 특정 업무를 효율적으로 수행하기 위해 필요한 때에는 대통령령이 정하는 바에 의해 당해 지방자치단체의 조례로 사업소를 설치할 수 있다(지방자치법 제127조).

3) 출장소

지방자치단체는 원격지 주민의 편의와 특정 지역의 개발 촉진을 위해 필요한 때에는 대통령령이 정하는 바에 의해 당해 지방자치단체의 조례로 출장소를 설치할 수 있다(지방자치법 제128조).

4) 합의제 행정기관

지방자치단체는 그 소관 사무의 일부를 독립해 수행할 필요가 있는 때에는 법령 또는 당해 지방자치단체의 조례가 정하는 바에 의해 합의제 행정기관을 설치할 수 있다(지방자치법 제129조 ①). 지방자치단체에 두는 합의제 행정기관의 대표적인 예는 지방공무원법에 의한 인사위원회와 지방공무원 소청심사위원회이다.

5) 자문기관의 설치 등

지방자치단체는 소관 사무의 범위에서 법령이나 그 지방자치단체의 조례로 정하는 바에 따라 자문기관(소관 사무에 대한 자문에 응하거나 협의, 심의 등을 목적으로 하는 심의회, 위원회 등을 말한다)을 설치·운영할 수 있다(지방자치법 제130조 ①).

5. 하부행정기관

하부행정기관은 지방자치단체장의 지휘와 감독 아래 지방자치단체의 사무를 지역적으로 분담·처리하는 기관을 말하며, 자치구가 아닌 구와 읍·면·동이 이에 해당한다. 자치구가 아닌 구의 구청장은 시장의, 읍장·면장은 시장 또는 군수의, 동장은 시장(구가 없는 시의 시장을 말한다) 또는 구청장(자치구의 구청장을 포함한다)의 지휘·감독을 받아 소관 국가사무 및 지방자치단체의 사무를 맡아 처리하고 소속 직원을 지휘·감독한다(지방자치법 제133조).

6. 교육·과학 및 체육에 관한 기관

지방자치단체의 교육·과학 및 체육에 관한 사무를 분장하게 하기 위해 별도의 기관을 둔다(지방자치법 제135조). 시·도의 교육·학예에 관한 사무의 집행기관으로 시·도에 교육감을 둔다(지방교육자치에 관한 법률 제18조 ①).

제 3 절 지방의회와 집행기관의 관계

지방의회와 집행기관 간의 관계는 앞에서 설명한 바와 같이 집행기관 우위의 기관분립 형태이다. 구체적인 내용은 앞에서 설명했으므로 여기서는 간략히 설명하고자 한다.

지방의회에 비해 집행기관이 우위에 있게 되는 주요 요인은 재의요구권과 제소권 및 선결처분권이 있기 때문이다. 이 중 행정안전부 장관이나 시·도지사의 요구에 의한 재의 요구나 제소는 집행기관이 지방의회에 비해 우위에 있다는 것을 나타내기보다는 양자 간의 관계를 설명해 주는 요소이다.

1. 재의요구권

지방자치단체장은 다음의 경우에 지방의회의 의결에 대해 재의결을 요구할 수 있다.

1) 조례안에 대한 재의 요구

지방자치단체장은 지방의회의 의결을 거쳐 이송받은 조례안에 대해 이의가 있을 때에는 지방의회로 환부하고 재의를 요구할 수 있다. 이 경우 지방자치단체장은 조례안의 일부에 대해 또는 조례안을 수정해 재의를 요구할 수 없다(지방자치법 제32조 ③). 재의 요구에 따라 지방의회가 재의에 부쳐 재적 의원 과반수의 출석과 출석 의원 3분의 2 이상의 찬성으로 전과 같은 의결을 하면 그 조례안은 조례로써 확정된다(지방자치법 제32조 ④).

혁신학교 조례, "상위법 위배… 본회의 통과해도 바로 再議 요구할 것"

문 교육감은 8일 본지 전화 인터뷰에서 "「초중등교육법 시행령」에서 학교의 설립·지정·취소는 교육감의 고유 권한으로 규정하고 있는데, 혁신학교만 예외적으로 손도 못 대게 하는 조례안을 인정할 수는 없다"며 "12일 시의회 본회의에서 조례안이 통과한다 하더라도 교육청은 바로 재의를 요구할 것"이라고 밝혔다. 이럴 경우 시의회는 다음 달 27일 열리는 본회의에서 혁신학교 조례안을 다시 표결에 부치게 된다. 여기서도 통과되면 서울시교육청은 혁신학교 조례에 대해 대법원에 '무효 확인 소송'을 제기한다는 계획이다(조선일보, 2013. 7. 9).

2) 의결에 대한 재의 요구

지방자치단체장은 지방의회의 의결이 월권 또는 법령에 위반되거나 공익을 현저히 해한다고 인정되는 때에는 이유를 붙여 재의를 요구할 수 있다(지방자치법 제120조 ①).

3) 예산상 집행할 수 없는 경비 의결에 대한 재의 요구

지방자치단체장은 지방의회의 의결에 예산상 집행할 수 없는 경비가 포함되어 있다고 인정되는 때와 지방의회가 법령에 의해 지방자치단체가 의무적으로 부담해야 할 경비 및 비상재해로 인한 시설의 응급 복구를 위해 필요한 경비를 삭감한 경우에는 재의를 요구할 수 있다(지방자치법 제121조 ①).

2. 재의결 사항에 대한 제소권과 집행정지 결정 신청권

지방자치단체장은 재의결 사항이 법령에 위반된다고 판단되는 때에는 재의결된 날로부터 20일 이내에 대법원에 소(訴)를 제기할 수 있고, 필요하다고 인정되는 때에는 그 의결의 집행을 정지하게 하는 집행정지 결정을 신청할 수 있다(지방자치법 제192조 ④).

「부상 소방공무원 위로금 조례」에 대한 무효 확인 소송

재난 현장에서 부상한 소방공무원에게 위로금을 주는 인천시의 조례는 무효라는 대법원의 판결이 나왔다. 대법원 3부(주심 신영철 대법관)는 인천시가 인천시의회를 상대로 낸 '인천시 공사상 소방공무원 지원에 관한 조례안 재의결 무효 확인소송'에서 원고 승소 판결했다고 2012년 6월 1일 밝혔다.

재판부는 "이 조례는 지방자치단체가 개인에 대한 기부 · 보조 · 출연과 그 밖의 공금 지출을 할 수 없도록 한 지방자치법 제17조를 위반했고 단서 조항인 '예외적으로 허용되는 경우'에도 해당하지 않는다"고 판단했다. 재판부는 또 "공상 소방공무원 중 선발된 자에 대해 위로금을 지급하고 계급별로 차등을 두는 것은 법령에서 정하지 않은 명목의 금전을 변형된 보수로 지급하는 것과 같다"며 "지방공무원법 제44조에도 반한다"고 덧붙였다(인천신문, 2012. 6. 4).

대법원 "지방의회 유급보좌관 조례 무효"

지방의회 의원에게 보좌직원을 둘 수 있도록 하는 것은 입법 사항이므로, 이러한 내용을 정한 조례는 무효라는 대법원 판결이 나왔다. 대법원 특별 2부(주심 신영철 대법관)는 지난달 27일 서울시가 서울시 의회를 상대로 낸 조례안 재의결 무효확인 소송(2012추91)에서 원고 승소 판결했다. 재판부는 판결문에서 "지방의회 의원에 대해 입법활동을 지원하기 위해 보좌직원을 두는 것은 지방의회 의원의 신분과 지위, 그 처우에 관한 현행 법령상의 제도에 중대한 변경을 초래하는 것으로 이는 개별 지방의회의 조례로 규정할 사항이 아니라 국회의 법률로 규정해야 할 입법 사항"이라고 밝혔다(인터넷 법률신문, 2013. 1. 7).

3. 선결처분권

지방자치단체장은 지방의회가 성립되지 아니한 때와 지방의회의 의결 사항 중 주민의 생명과 재산 보호를 위해 긴급하게 필요한 사항으로서 지방의회를 소집할 시간적 여유가 없거나 지방의회에서 의결이 지체되어 의결되지 아니한 때에는 선결처분할 수 있다. 선결처분은 지체없이 지방의회에 보고하여 승인을 얻어야 하며, 승인을 얻지 못한 때에는 그 때부터 효력을 상실한다(지방자치법 제122조).

선결처분은 의회의 의결을 거쳐야 할 사항에 대해 의회가 성립하지 않아 의결을 거칠 수 없거나 긴급한 사정이 있을 때 지방자치단체장이 의회의 의결을 거치지 않고 스스로의 판단과 책임 아래 먼저 처분을 행하는 것을 말한다.

지방자치단체장이 주민의 생명과 재산 보호를 위해 긴급한 필요가 있는 경우 등에 행사하는 선결처분권은 헌법 제76조 ①의 규정에 의한 대통령의 긴급 재정경제처분·명령권, 긴급명령권과 유사한 제도라고 할 수 있으며, 지방자치단체장과 지방의회의 조정을 도모하는 한편, 긴급한 처리를 요하는 경우에 신속하게 대처할 수 있도록 함으로써 지방행정의 정체(停滯)를 미연에 방지하는 것을 주된 목적으로 한다(김홍대, 1999: 294).

제 7 장 지방자치단체의 계층과 구역

지방자치에서 계층과 구역은 상대적인 관계에 있다. 그 이유는 계층의 수가 많으면 구역은 좁아질 수 있지만 계층의 수가 적으면 구역은 넓어질 수밖에 없기 때문이다.

또한 계층은 자치단체 간의 기능 배분과도 불가분의 관계에 있다. 그 이유는 구역의 크기에 따라 계층의 수가 결정되고 계층에 따라 수행하기에 적합한 기능이 있을 수 있기 때문이다.

제 1 절 계층

1. 의의

계층이란 지방자치단체와 중앙정부 간의 연결 구조를 말한다. 지방자치단체는 중앙정부와 계층적 관계를 이루게 되는데, 그 형태는 중앙정부와 직접 연결되는 단층제(單層制)와 중간에 또 다른 지방자치단체가 존재하는 중층제(重層制) 내지는 다층제

(多層制)가 있다.

2. 계층의 성격

1) 지방자치단체는 중앙정부와 계층적 관계

지방자치단체는 국가의 한 부분으로 존재하므로 중앙정부와 계층적 관계에 있다.

2) 계층제는 상대적 성격

지방자치단체의 계층구조를 단층제와 다층제 중 어느 것이 적합한가의 문제는 정치·경제·사회·문화적인 상황, 사무의 종류, 자치권의 정도와 범위, 자치단체의 규모에 따라 상대적인 성격을 갖는다.

3) 자치계층과 행정계층

계층구조에는 자치권이 있는 자치단체 간의 자치계층과 수직적 지휘·감독 관계를 갖는 행정계층이 있다.

3. 종류

지방자치단체는 일정한 구역과 주민을 구성 요소로 한다. 지방자치단체의 계층구조에 대해 관할 구역 안에 지방자치단체가 하나만 존재하는 경우를 단층제(single-tier system)라 하고, 관할 구역 안에 다른 지방자치단체가 존재하는 경우를 다층제(multi-tier system)라고 한다. 다층제의 경우 하위 계층의 자치단체를 기초자치단체(basic unit of local government)라고 하고, 상위 계층의 자치단체를 광역자치단체(wide area unit of local government) 또는 중간자치단체(intermediary unit of local government)라고 한다.

단층제와 다층제 간의 상대적인 장·단점은 다음과 같다.

1) 단층제

지방자치단체의 관할 구역 안에 지방자치단체가 하나만 존재해 지역적 사무를 처리하는 제일선 지방자치단체가 중앙정부와 직접 연결되는 계층구조를 의미한다.

(1) 장점

가. 신속한 행정의 용이

이중행정과 감독으로 인한 행정 지연 및 낭비를 방지할 수 있다.

나. 행정 책임의 명확화

중앙정부와 하나의 지방자치단체만 존재하므로 행정 책임이 명확해진다.

다. 지역의 특성 존중

관할 구역 안에 하나의 지방자치단체만이 존재하므로 지역의 특성이 존중된다.

(2) 단점

가. 대규모 사업의 수행 곤란

자치단체의 능력을 초과하는 대규모 사업이나 광역행정의 수행이 곤란하다.

나. 자치단체 간 분쟁 조정의 곤란

자치단체 간에 분쟁이 발생한 경우 조정할 수 있는 적절한 기관이 부족하다.

다. 중앙집권화의 가능성

광역적 사무를 중앙정부가 처리함에 따라 중앙집권화의 우려가 있다.

라. 중앙정부의 관리 제약

국토가 넓고 인구가 많은 나라의 경우는 중앙정부가 직접 관계해야 할 자치단체의 수가 많아서 관리상의 어려움이 크다.

2) 다층제

기초자치단체와 중앙정부 사이에 또 다른 층을 이루는 자치단체가 존재하는 계층

구조를 의미한다.

(1) 장점

가. 대규모 사업의 수행 용이

기초자치단체가 수행하기 곤란한 대규모 사업과 광역적 사무는 중간자치단체가 용이하게 수행할 수 있다.

나. 자치단체 간의 분쟁 조정 용이

기초자치단체 간에 분쟁이 발생한 경우 중간자치단체가 우선적으로 조정할 수 있다.

다. 중앙정부의 과도한 확장 방지

광역적 사무를 중간자치단체가 처리해 중앙정부의 과도한 확장을 방지할 수 있다.

라. 기초자치단체의 능력 보완

기초자치단체의 부족한 능력을 중간자치단체가 해결할 수 있다.

마. 기초자치단체에 대한 감독의 용이

기초자치단체의 수가 많은 경우 중간자치단체에 의해 감독이 용이하다.

바. 기초자치단체 간의 협력 및 중앙정부와 의사소통의 원활화

중간자치단체가 기초자치단체 간의 협력을 촉진시킬 수 있고, 중앙정부에 대한 기초자치단체의 의사소통을 지원해 줄 수 있다.

(2) 단점

가. 행정의 중첩으로 인한 낭비와 지연

동일한 주민과 구역을 대상으로 하는 두 단체 간에 명확한 기능 배분이 이루어지지 않으면 행정의 중첩으로 인한 낭비와 지연이 발생할 수 있다.

나. 행정 책임의 불명확

두 자치단체 간에 기능 배분이 불명확한 경우 행정 책임이 불명확해진다.

다. 중앙과 기초 간 의사소통 왜곡

중간자치단체에 의해 중앙정부와 기초자치단체 간의 의사소통이 왜곡될 수 있다.

라. 지역 특성의 경시 가능성

중간자치단체의 관할 구역이 도시 지역과 농촌 지역을 포함하는 경우 어느 한 지역의 특성이 경시될 수 있다.

4. 우리나라 계층구조의 변화

정부 수립 이후 우리나라 지방 계층구조의 변화는 〈표 7-1〉과 같다.

1) 건국 초기부터 1961년 지방자치에 관한 임시조치법 공포 전

서울특별시는 단층제이고 그 외 지역은 도와 시·읍·면의 2층제로 이중적 자치계층 구조로 되어 있었다. 그러나 행정계층은 서울특별시(서울특별시-구-동)와 도(도-시·군-읍·면) 모두 3층제를 유지했다.

표 7-1 우리나라 지방 계층구조의 변화

시기	지방행정 계층구조		
	상층	중층	하층
1949년 이후	[특별시] [도]	[시], 군, 구	[읍·면] 동
1961년 이후	[특별시], [도]	[시], [군], 구	읍·면·동
1963년 이후*	[특별시], [직할시], [도]	[시], [군], 구	읍·면·동
1988년 이후	[특별시], [직할시], [도]	[시], [군], [자치구], 구	읍·면·동
1995년 이후	[특별시], [광역시], [도]	[시], [군], [자치구], 구	읍·면·동
2006년 이후	[특별시], [광역시], [도], [특별자치도]	[시], [군], [자치구], 행정시, 구	읍·면·동
2012년 이후	[특별시], [광역시], [특별자치시], [도], [특별자치도]	[시], [군], [자치구], 행정시, 구	읍·면·동

주: 1963. 부산이 직할시로 개편, [ ]: 자치단체.
자료: 1999년 이전은 한국지방행정연구원(1999: 88-99).

2) 1961년 지방자치에 관한 임시조치법

1961년 9월 지방자치에 관한 임시조치법이 제정됨에 따라 종래 기초자치단체였던 읍·면이 자치단체의 지위를 상실하고 군이 지방자치단체의 지위를 갖게 되었다. 이에 따라 도의 경우 도와 시·군의 2층제 자치계층이 되었다. 그 외 지역은 변동이 없고 읍·면은 군의 하급행정기관으로 전환되어 행정계층은 종전과 같은 3층제를 유지했다.

3) 직할시의 설치

1963년 1월 1일 법률 제1173호로 부산시가 직할시가 된 이래 인구의 증가 등에 따라 대구, 인천(1981. 7. 1), 광주(1986. 11. 1), 대전(1989. 1. 1)이 직할시가 되었고, 이어 울산(1997. 7. 15)이 광역시가 되었다(한국지방행정연구원, 1999: 101). 이에 따라 특별시와 광역시는 자치구가 설치되기 전까지는 단층제를, 그 외 지역은 2층제를 유지했다.

4) 자치구의 설치

1988년 4월 특별시와 직할시의 구를 자치구로 개편해 지방자치단체가 되었다. 이에 따라 특별시와 직할시(1995년 광역시로 변경) 등 대도시도 2층제의 자치계층이 되었다.

5) 특별자치도의 설치

2005년 12월 30일 제주도를 폐지하고 제주특별자치도를 설치할 수 있도록 지방자치단체의 종류에 특별자치도를 신설한 지방자치법 개정법률안이 국회 본회의에서 의결되었다.

6) 특별자치시의 설치

2010년 12월 27일 세종특별자치시 설치 등에 관한 특별법이 제정되고, 2012년 7월 1일부터 시행되었다. 이에 따라 충청남도의 연기군이 폐지되고 세종특별자치시가 설치되었다.

5. 우리나라 계층구조의 문제점

우리나라 현행 지방자치단체의 계층구조는 [그림 7-1]과 같다.

그림 7-1 | 우리나라 지방자치단체의 계층구조

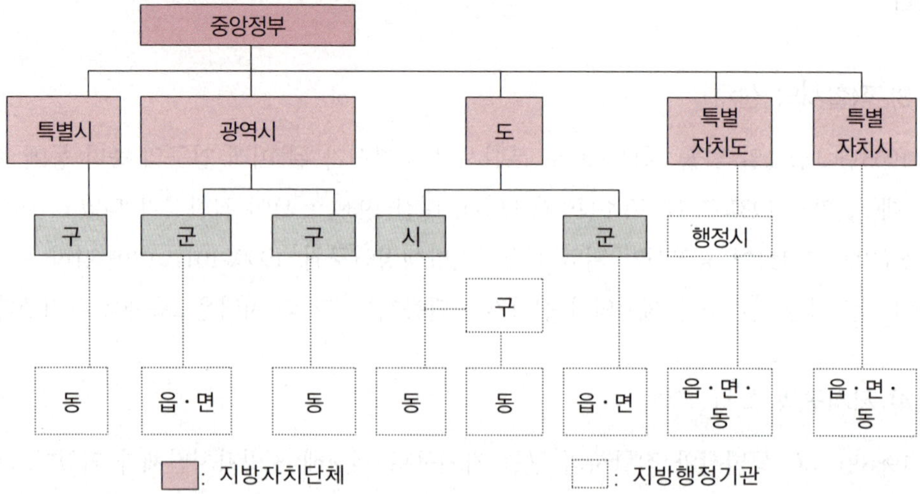

1) 계층 수의 과다

지방자치단체 간의 계층은 대체로 2층이나 행정계층은 3층(특별시 · 광역시 · 도 · 특별자치도-시 · 군 · 자치구 · 행정시-읍 · 면 · 동) 내지 4층(도-시-구-동)을 이루고 있어서 기능상의 중복으로 인한 책임 회피, 마찰, 행정 낭비 등이 초래되고 있다.

2) 계층 간 상하 관계의 엄격성

중앙정부와 지방자치단체 간의 관계는 수직적 상하의 관계에 있다. 이는 지방자치법을 비롯한 법령을 통해 지방자치단체의 자치권에 대해 많은 제약을 가하고 있기 때문이다. 구체적인 내용은 자치권의 범위에서 살펴보았으므로 여기서는 설명을 생략하고자 한다. 광역자치단체와 기초자치단체 간에도 수직적 상하 관계가 유지되고 있다.

3) 광역행정상의 제약

대도시행정은 도시 전체를 하나의 단위로 수행될 필요가 있음에도 불구하고 자치구제가 실시됨에 따라 대도시의 전체적 행정 수행에 제약이 가해지고 있다.

6. 계층 조정의 문제

계층 조정은 지방의원 및 단체장의 신분 상실, 공무원 수의 감소, 관리 감독 주체의 변화에 따른 민간 부문의 이해 득실, 지방정치의 구도 변화 등 이해관계로 인해 계층 조정은 매우 복잡하고 곤란한 문제이다. 따라서 주민들의 합의를 전제로 신중하게 처리되어야 할 문제이다.

계층 조정의 예

영국 런던은 1963년 구(舊) 런던 지역의 12개 자치구와 외곽의 20개 자치구, 그리고 특별자치구(City of London)를 합쳐 광역런던의회(Greater London Council)를 탄생시켜 2층제 자치계층 구조가 되었다. 표면적인 이유는 도시정부의 광역사무를 원활히 처리한다는 것이었지만 실질적인 이유는 사회주의 세력을 약화시키려는 데 있었다. 즉, 사회주의자들에 의해 장악되고 있는 구 런던을 보수 중산층이 많은 외곽 지역과 통합해 사회주의자들이 도시정부를 장악하지 못하게 할 목적이 있었던 것이다. 그런데 1981년 선거에서 노동당이 92개 의석 중 48석을 차지해 광역런던의회가 사회주의 정책을 추진하자 대처 수상의 보수주의적 재정·경제정책과 대립하게 되었다. 이에 따라 보수당 정부는 1986년 행정의 효율화를 명분으로 광역런던의회를 폐지해 자치계층은 단층제가 되었다. 이후 2000년 5월까지 런던 지역에는 도시 전체를 관할하는 광역자치단체가 존재하지 않았다. 이로 인해 국제적 규모의 초거대도시의 문제를 전체적으로 조망할 정책담당자가 존재하지 않는다는 점이 가장 큰 문제로 나타났다. 그리하여 2000년 5월 런던광역정부(Greater London Authority)를 설치하고 다시 2층제로 복귀했다(이종수, 2001: 90-99).

시 승격 달갑잖다 … 여주읍 주민들 왜

여주군은 지방자치법에 정해진 시 설치 기준인 인구, 도시 산업종사자 비율, 재정자립도 등 3대 조건을 갖췄다. 우선 인구 5만 명 이상의 도시 형태를 갖춘 지역이 있어야 하는데 도시 지역인 여주읍 인구가 5만 4,144명으로 이 기준을 넘는다. 군 전체 인구는 10만 9,000여 명이다. 도시 산업종사자 가구 비율이 전체의 71%로 하한선(45%)을 넘는다. 재정자립도는 37.9%로 전국 군 지역 평균(17%)의 배가 넘는다.

지표상으로는 시 승격이 문제될 게 없다. 관건은 여론이다. 그러나 도시 지역인 여주읍 주민들의 반대가 거세다. 시로 승격되면 도시 지역은 동(洞)이 설치돼 지금까지 누려온 농촌 지역의 혜택을 포기해야 하기 때문이다.

가장 큰 피해자는 수험생과 학부모다. 동 지역은 농어촌 수험생 특례 혜택이 사라진다. 동 지역 고등학교 수업료와 입학금도 오른다. 학생 1인당 연간 37만 원이 늘어난다. 연간 115만 원 정도의 농어민 자녀 학자금과 농어촌교사 특별근무수당(월 11만 원)도 받지 못한다. 주민세와 사업자의 면허세 · 국민건강보험료 등도 오른다(중앙일보, 2012. 5. 30). 여주군은 2013년 6월 4일 「경기도 여주시 도농복합 형태의 시 설치 등에 관한 법률」이 제정되고 2013년 9월 23일 시행됨에 따라 여주시로 전환되었다.

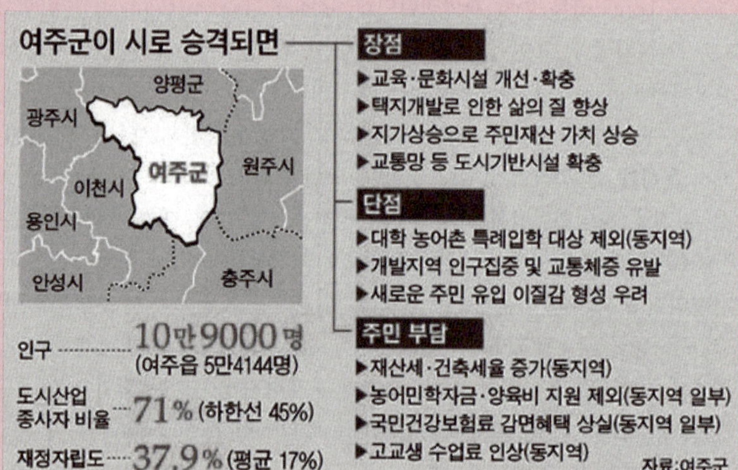

남양동 → 읍으로 전환 주민들은 "만만세" 왜

경기도 화성시 남양동이 남양읍으로 바뀌게 됐다. 안전행정부가 지난 8일 이 같은 전환을 최종 승인했다. 남양동은 원래 화성군 남양면이었다. 그러던 것이 2001년 화성군이 화성시가 되면서 남양동으로 바뀌었다. 그럼에도 동으로 바뀌면서 주민들 부담은 늘었다. 읍·면 지역이 받던 대학입학 농어촌 특별전형, 국민건강보험료 감면과 낮은 재산세율 적용 같은 혜택이 사라져 삶이 오히려 팍팍해졌다.

참다 못한 주민들이 나섰다. 2012년 1월 화성시에 '동'을 '읍'으로 바꿔달라고 요청했다. 화성시는 주민 공청회와 시의회 의결을 거쳐 경기도를 통해 지난해 2월 안전행정부에 읍 전환을 공식 신청했다. 안행부는 "전례가 없다"며 답을 미뤘다. 안행부로부터 소식이 들리지 않자 남양동 주민들은 재차 읍으로의 전환을 촉구하는 건의서와 탄원서를 내고, 도보행진 같은 행사를 했다. 결국 안행부는 승인했다. 주민들은 읍 전환에 따라 교육 여건 또한 한층 나아질 것으로 보고 있다. 읍·면 지역에 근무하는 교사에게는 가산점이 주어져 우수한 교사들이 서로 오려고 하기 때문이다.

남양동의 남양읍 전환 과정

2001년 3월 화성군이 화성시가 되면서 남양면은 남양동으로 개편
2012년 1월 남양동 주민, 읍 전환 건의
12월 주민공청회
2013년 2월 안전행정부에 남양읍 전환 신청
11월 안전행정부 "전례 없다"에 주민들 전환 탄원서 제출
2014년 6월 안전행정부에 전환 촉구 건의서 제출
7월 8일 남양읍 전환 승인

동이 읍·면이 되면 달라지는 것

건물 재산세율 인하: 0.5% → 0.25%
농지 재산세율 인하: 0.2~0.5% → 0.07%
건강보험료 감면: 읍·면 주민 22%, 농·어업인은 50% 감면
고교 수업료 인하: 연 137만 원 → 89만 1,600원
대입특별전형: 읍·면은 농어촌 자녀 특별전형 해당
경유차 환경개선부담금: 자동차 배기량 1cc당 연간 1.74원 → 0.8원
(중앙일보, 2014. 7. 11)

제 2 절 구역

1. 의의

지방자치단체의 구역이란 자치단체의 자치권이 미치는 지역적 범위를 말한다. 지방자치단체의 구역은 지방자치의 장소적 요소로서, 소극적으로는 지방자치단체의 권능을 지역적으로 한정시키며, 적극적으로는 그 구역 안에 주소나 거소를 둔 사람 및 그 구역과 일정한 장소적 관계를 가진 사물을 해당 지방자치단체의 권능에 복종시키는 효과를 가져온다(최창호, 2001: 205).

구역은 지방자치가 이루어지는 지역적 단위이므로 지역사회의 공적 문제 해결에 주민이 주체적으로 충분히 참여할 수 있는 규모가 되어야 한다. 또한 구역은 고정된 것이 아니고, 경제 · 사회적 발전과 교통 통신의 발달에 따라 변경될 수 있는 것이다.

2. 구역의 성격

1) 기능과 관련

구역은 지방자치단체의 기능과 분리될 수 없는 문제이다. 지방자치단체의 기능 수행에는 적정한 구역의 크기가 있을 수 있기 때문이다. 따라서 지방자치단체가 수행하는 기능의 성격과 내용에 따라서 구역의 크기가 달라져야 하고, 기능의 변화에 따라서 구역의 크기도 적정하게 조정되어야 하는 것이다.

2) 계층구조와 관련

지방자치단체의 관할 구역은 계층구조와도 밀접한 관련이 있다. 관할 구역이 좁아지면 계층이 늘어나게 되고, 계층의 수를 줄이면 관할 구역은 넓어질 수밖에 없는 상대적인 관계에 있다. 중앙정부와 지방자치단체와의 관계에서 관할 구역이 좁아진다는 것은 결과적으로 지방자치단체의 수가 많아지는 것을 의미하고, 지방자치단체의 수가 많아지면 중앙정부와 지방자치단체가 직접적인 관계를 이루기 어렵기 때문이다.

3) 보수적 성격

지방자치단체의 관할 구역은 역사적인 산물이기 때문에 구역의 변경은 주민들의 생활이나 정서와 밀접한 관련이 있다. 따라서 구역의 변경은 전통과 역사에 대한 고려가 없이는 주민들의 강력한 저항에 직면할 가능성이 많은 문제이다. 지방자치법에서도 구역을 변경하는 경우에는 지방의회의 의견을 듣도록 하고 있고(지방자치법 제4조 ②), 지방자치단체의 폐치·분합의 경우에는 주민투표에 부칠 수 있도록 하고 있다(주민투표법 제8조 ①).

3. 구역 조정의 필요성

지방자치단체의 구역은 행정 서비스를 제공하는 지역적 단위이다. 따라서 행정 서비스에 대한 수요의 변화에 따라 구역은 적정하게 조정되어야 한다. 구역 조정의 현대적 경향은 구역이 점차 광역화한다는 것이다.

1) 행정 수요의 증가

행정 수요가 양적으로 증가함에 따라 이러한 수요에 대응하기 위해 재정 수요가 증가하게 된다. 그러나 기존의 자치단체가 이러한 요구를 충족시킬 만한 재정적 능력이 부족하면 자치단체는 적정하게 확대될 필요가 있다.

2) 광역행정의 필요성

도시의 규모가 확대됨에 따라 지방자치단체의 관할 구역을 넘어서 도시계획, 상·하수도, 교통, 주택 등의 문제가 발생한다. 이러한 문제는 종래의 소규모 자치단체가 개별적으로 처리하는 것보다는 광역적으로 처리하는 것이 효과적이다.

3) 행정의 형평성에 대한 요구

지방재정력은 지역경제를 반영하는데 지역경제력의 차는 불가피한 면이 있다. 원천적으로 입지 조건이나 자원의 부존 정도가 다양하기 때문이다. 그런데 지방행정 서비스는 지방재정력을 바탕으로 이루어지므로 지역 간의 차이가 발생하게 된다. 이러한 지역 간의 차이를 해소하고 행정의 형평성을 확보하기 위해서는 행정 서비스가 이루어지는 지역적 단위를 확대할 필요가 제기된다.

4) 행정의 전문화 요구

사회가 복잡해지고 과학 기술이 발전함에 따라 행정에서도 전문적인 지식이 필요해졌다. 이를 위해 전문적인 시설과 인력이 필요하게 되었으나 소규모 지방자치단체로서는 능력이 부족해 자치단체의 규모가 확대될 필요가 있다.

5) 교통과 통신의 발달

교통과 통신의 발달에 따라 생활권과 경제권이 확대되고 지방자치단체의 관할 구역도 확대될 수 있게 되었다.

6) 자치권의 축소 억제

지방자치단체의 사무가 광역화함에도 불구하고 구역을 조정하지 않고 소구역을 유지할 때는 자치단체의 능력상의 한계로 인해 상위 자치단체 또는 국가의 사무로 이관하게 되어 결과적으로 자치권의 축소 가능성을 야기한다.

7) 주민 참여

자치단체의 구역의 과도한 확대는 주민이 지역의 공적 문제를 자신의 문제로 인식하기 어려워서 주민 참여를 약화시킨다.

4. 구역 설정의 기준에 대한 견해

지방자치단체의 구역을 적정하게 정하는 기준은 각국의 역사적 전통, 경제 · 사회적인 환경 및 정치와 행정의 발전 정도에 따라 다양할 수 있기 때문에 보편 타당한 기준을 제시할 수는 없다.

구역 설정의 기준에 대한 주요 내용은 다음과 같다(정세욱, 2001: 747-752).

1) 리프먼(Vivian D. Lipman)의 기준

① 유사한 면적이나 인구의 구역

② 지리적 요인, 경제적 요인, 전통적 요인

③ 교통 및 주민의 소비 동향

2) 밀스퍼(Arthur C. Millspaugh)의 기준

① 공동사회

② 행정 능률

③ 자주적 재원 조달 능력

④ 주민의 접근 용이성

3) 페슬러(James W. Fesler)의 기준

① 자연적 · 지리적 조건

② 행정의 능률성

③ 자주적 재원 조달 능력

④ 주민 통제의 활성화

4) 영국 지방자치위원회(Local Government Commission)의 기준

① 효과성

② 편의성

5) UN 보고서(1964)의 기준

① 기초자치단체 구역의 기준: 공동체 의식이 존재하고 주민의 직접적 행정 참여가 가능해야 한다.

② 제2차적 자치단체 구역의 기준: 행정사무를 능률적으로 처리할 수 있는 최대 구역이라는 기준과 지방의원이 자주 회합할 수 있는 규모의 구역이라는 기준이 충족되어야 한다.

6) 와다 히데오(**和田英夫**)의 기준

① 지리적 조건
② 면적 인구 · 재정 능력
③ 사회 · 경제적 권역
④ 교통 · 통신 수단의 발달 단계
⑤ 행정의 능률성과 민주통제

7) 평가

이들 기준은 지나치게 일반적이어서 실제 적용하는 데에는 한계가 있으며, 다양한 해석이 가능하다. 구역 설정은 다양한 이해관계가 개입된 문제이다. 따라서 구역 설정의 문제는 이러한 기준 외에도 지역 주민 스스로의 판단과 결정이 우선되어야 할 것이다.

5. 구역 설정의 기준

1) 기초자치단체

(1) 공동체 의식

주민 상호간에 공동체 의식을 가지고 있는 지역적 범위를 구역으로 결정해야 한다.

(2) 생활권

경제 · 사회 · 문화적 생활권의 범위를 고려해야 한다.

(3) 행정의 능률성

행정의 능률성을 극대화할 수 있는 지역적 범위를 고려해야 한다.

(4) 주민 참여의 가능성

주민의 참여가 용이한 정도의 지역인지를 고려해야 한다.

(5) 재원 조달의 가능성

자치단체에 필요한 재원을 조달할 가능성이 있는 크기의 지역이어야 한다.

2) 광역자치단체

(1) 조정 가능성

기초자치단체 간의 갈등이나 분쟁의 조정이 용이한 정도의 지역이어야 한다.

(2) 기능적 보완성

기초자치단체의 능력을 초월하는 기능을 보완하기 용이한 정도의 지역이어야 한다.

6. 현행 자치구역의 문제점

1) 사회 · 경제적 변화와 괴리

사회 · 경제적 변화에 따라 자치구역이 조정되지 못한 채 갑오경장 이후의 13도제(道制)와 군제(郡制)의 기본적 골격이 유지되고 있다. 즉, 1896년의 13도(道)(김운태, 1991: 347)와 1914년 이래의 군(郡)(서태윤, 1985: 378-386)이 기본적 구조로 현재까지도 유지되고 있는 것이다.

2) 광역적 사무의 처리 곤란

사회 · 경제적 변화에 따라 지방자치단체의 관할 구역을 넘는 문제가 증가하고, 이를 해결하는 데 기존의 자치구역이 장애가 되는 경우가 많다.

3) 자치단체 간의 불균형

자치단체 간의 인구와 재정력의 격차가 심해지고 있다. 특히 도시 지역과 농촌 지역 간의 인구와 재정력의 격차는 점차 심화되고 있다.

7. 도농 통합형 자치구역 개편 논의

1991년 지방자치의 부활 이후 구역의 변화는 1994년 8월 3일 「경기도 남양주시 등 33개 도농복합 형태의 시 설치 등에 관한 법률」이 제정되면서부터 본격적으로 시작되었다. 자치구역 개편에 대한 대표적인 논의로서 도농 통합형 자치구역 개편에 대해 살펴보고자 한다.

1) 시 · 군(도농) 통합의 의의

도시와 배후 농촌 지역을 하나의 자치구역으로 통합하는 것을 의미한다. 종전의 자치구역 개편은 성장거점 개발전략에 따라서 중심도시를 배후 농촌 지역으로부터 분리시키는 도농 분리형 방식으로 이루어져 왔다(최양부 · 윤원근, 1988: 45). 그런데 농촌 지역에서 분리된 시가 주변의 군 지역과 공존하지 못하고 오히려 시 · 군 간의 대립으로 인해 행정의 비능률을 초래했고, 지역 간의 격차가 심해지는 부작용이 발생했다. 이러한 배경에 따라 추진된 것이 도시와 농촌 간의 자치구역 통합이다.

2) 시 · 군 통합에 대한 평가

(1) 긍정적 평가

가. 생활권과 행정권의 일치

과거에 군 지역 안의 읍이 시로 승격함에 따라 구역은 분리되어도 시와 군의 주민들의 생활은 분리되기 전과 크게 다름없이 시를 중심으로 이루어지는 것이 일반적이었다. 시 · 군 통합 전인 1994년 전국 68개 시 중에서 군청이 시 지역 안에 소재하는 곳은 41개에 달했다(권선택, 1994: 63). 따라서 시 · 군 통합은 분리된 생활권과 행정권을 일치시킨다는 효과가 있다.

나. 비용의 절감

본래 하나였던 행정구역이 둘 이상으로 분리되면 행정기관과 공무원 수가 증가하며 공무원의 직급도 상향 조정되어 행정비용이 증가한다. 따라서 시 · 군 통합에 따라 행정이 일원화되면 비용을 절감할 수 있다.

다. 규모의 경제 실현

규모의 경제는 생산량을 늘릴 경우 생산비용이 감소하는 것을 말한다. 지방 행정 서비스도 시·군 통합을 통해 기존의 자치구역을 확대시키면 행정 서비스를 가장 적은 비용으로 제공하는 규모의 경제를 실현할 수 있다.

라. 광역적 문제의 효과적 해결

시·군 통합을 통해 종전의 시·군이 혐오시설의 건설 등을 둘러싸고 대립과 갈등을 벌이다가 두 지역이 통합됨에 따라 이러한 광역적 문제를 효과적으로 해결할 수 있게 되었다.

마. 도시와 농촌 간의 균형적 발전

군의 도시 지역인 읍이 시로 분리되면 남은 군 지역은 인구와 면적이 축소되고 재정력이 취약해진다. 또한 시 지역도 시간이 지남에 따라 토지 부족의 문제에 직면하게 된다. 따라서 시·군 통합은 재정력의 격차를 해소하고 도시 지역과 농촌 지역의 균형적 발전을 촉진시킨다.

(2) 부정적 평가

가. 도시 지역 위주의 행정 가능성

도시와 농촌 지역은 생활환경, 소득 수준, 경제 활동 등이 서로 다르기 때문에 주민들의 행정 수요도 다양하다. 도시 지역은 도로, 상·하수도 등 각종 편의시설에 대한 수요가 많고, 농촌 지역은 농지 개량, 농산물 판매 등에 대한 수요가 많다. 그런데 도시 지역 출신의 지방의원의 수가 많아 도시 지역 위주로 행정이 이루어질 가능성이 많다.

나. 행정의 대응성 저해 가능성

시·군 통합은 자치단체의 규모를 확대시키기 때문에 주민의 행정에 대한 접근성이 떨어져서 주민의 요구에 충실한 지방행정이 이루어질 가능성이 적다. 특히 보건, 복지, 교육 등 주민의 일상생활과 밀접한 부문에서 행정의 대응성이 떨어질 가능성이 높다.

자치단체 자율 통합(2010)

행정안전부는 2009년 9월 2일 '주민의 삶의 질 개선과 지역경쟁력 강화를 위한 자치단체 자율통합 지원계획'을 발표하고 2009년 9월 30일까지 자치단체장 · 지방의회 · 주민으로부터 통합건의서를 받았다. 그 후 전국 18개 지역 34개 시 · 군에서 통합 건의가 들어왔다. 여론조사를 통해 통합이 바람직한 것으로 나타난 지역에 대해서는 지방의회 의결, 주민투표 등을 통해 통합을 결정하기로 했다. 추진 결과 창원, 마산, 진해시 의회가 2009년 12월 11일 행정안전부에 의견을 제출했다. 그 후 경상남도 창원시 설치 및 지원특례에 관한 법률이 2010년 3월 12일 제정되어 2010년 7월 1일 통합된 창원시가 출범했다.

일본의 기초자치단체(市 · 町 · 村) 합병

일본 정부는 지방분권의 추진, 고령화에 대응, 다양한 주민 요구에 대응, 생활권의 광역화에 대응 및 효율성의 향상을 위해서 2003년 12월 1일 현재 3,176개인 기초자치단체를 2005년 3월까지 1,000개를 목표로 합병을 유도하고 있다. 이를 위해 1999년 7월 자치성에 '합병추진본부'를 설치하고, 2005년 3월 31일까지 합병하는 지방자치단체에 대해서는 「시 · 정 · 촌(市 · 町 · 村)의 합병의 특례에 관한 법률」에 의해 재정적 지원을 하기로 했다(일본 총무성 합병상담 코너, 2003. 12. 14). 2021년 11월 25일 기준 일본의 기초자치단체는 2018년 10월 1일 이후 변동 없이 1,718개(市 792, 町 743, 村 183)이다.

市町村数の変遷

平成11年3月31日
3, 232
(市670町1,994村568)

△ 1,411 ⇒

平成18年3月31日
1, 821
(市777町846村198)

△ 94 ⇒

平成22年3月31日
1, 727
(市786町757村184)

△ 9 ⇒

平成26年4月5日
1, 718
(市790町745村183)

⇒

平成30年10月1日
福岡県那珂川市
市制施行
1, 718
(市792町743村183)

자료: https://www.soumu.go.jp/kouiki/kouiki.html(2021. 11. 25).

대구 경북, 광주 전남, 부울경… '수퍼 지자체'로 뭉치기

전국 광역 지방자치단체들이 잇따라 행정 통합 공론화에 나서고 있다. 지역의 경제 기반과 행정 체제를 통합해 인구 500만~800만 명급의 '수퍼 지자체'를 만들어 경쟁력을 끌어올리자는 것이다. 대구·경북이 불을 지피고 광주·전남, 부산·울산·경남, 대전·세종 등이 동조하고 있다. 광역행정 통합은 중복된 사업을 피하고 한 곳에 예산을 집중해 규모의 경제를 실현할 수 있다. 또 하나의 광역경제권을 구성하면 지방교부세와 지방교육 재정교부금, 지역내총생산(GRDP)이 모두 늘어나게 된다는 연구 결과도 있다(조선일보, 2020. 9. 23).

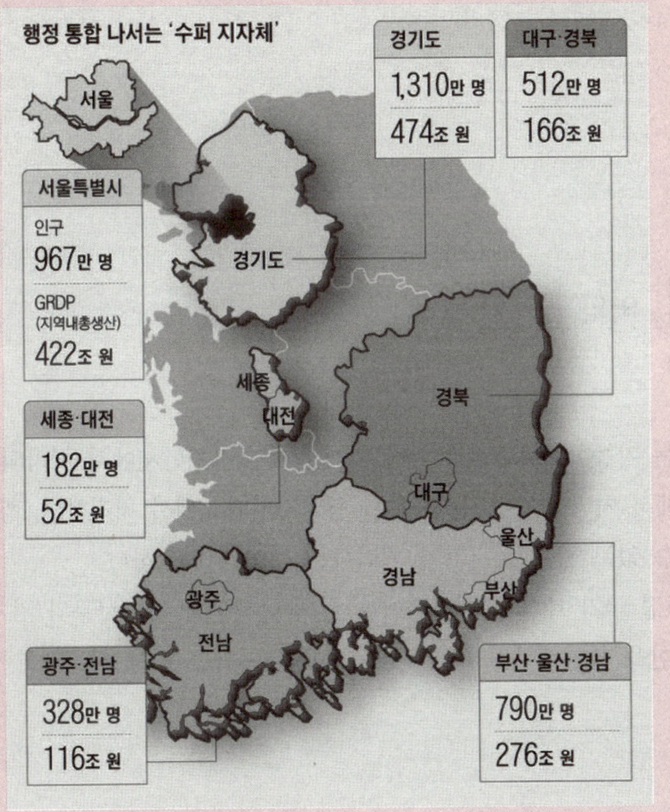

제8장 지방자치단체의 사무배분

제 1 절 의의

공공사무는 가능한 한 주민과 가장 가까운 기초자치단체에서 처리되어야 하고, 기초자치단체에서 처리될 수 없는 사무는 광역자치단체에서 처리하며, 광역자치단체에서 처리할 수 없는 사무는 국가가 처리하는 것이 바람직하다.

이같이 일정 국가 내에서 처리되어야 할 공공사무를 국가사무와 자치사무로 나누고, 처리 권한을 중앙정부와 지방자치단체에 부여하는 것을 사무배분이라고 한다.

제 2 절 사무배분의 결정 요인

사무배분의 결정 요인은 규범적 측면과 현실적 측면으로 나눠 볼 수 있다.

1. 규범적 측면

1) 합목적성

중앙정부나 지방자치단체의 존립 목적에 맞추어 사무를 배분하는 것이다. 국가의 주권 행사와 관련해 국방이나 외교 기능은 중앙정부에 배분하고, 주민들의 일상생활과 직결되는 사무는 지방자치단체에 배분하는 것이다. 즉, 중앙정부가 좀 더 잘할 수 있는 사무는 중앙정부가 처리하게 하고, 지방자치단체가 좀 더 잘할 수 있는 사무는 지방자치단체에 배분하는 것이 바람직하다는 것이다.

2) 효율성

가장 적은 비용으로 행정 서비스를 제공할 수 있는 지역적 크기에 따라 사무를 배분하는 것이다. 즉, 규모의 경제에 따라 서비스 공급의 최적 규모가 될 수 있도록 사무를 배분하는 것이다.

2. 현실적 측면

사무배분은 현실적으로 중앙 정치권이나 정부의 이해관계와 지방자치단체의 행정적·재정적 능력과 주민의 자치 의식 수준에 따라 결정된다.

제 3 절 사무배분의 원칙

기능 배분에 대한 절대적인 원칙은 있을 수 없고 국가나 시대에 따라 달라질 수밖에 없는 것이다. 1949년 미국의 소프사절단(단장: Carl S. Shoup)이 일본의 실정을 조사해 연합군사령관에게 제출한 보고서에 따르면, 기능 배분에 관한 원칙으로 행정 책임 명확화의 원칙, 능률의 원칙 및 지방공공단체 우선 및 시·정·촌(市·町·村) 우선의 원칙을 제시했다(坂田期雄, 1979: 87-88). 1964년에 일본의 임시행정조사회가 연구·보고한 "사무배분에 관한 의견"에서는 현지성의 원칙, 종합성의 원칙 및 경제성의 원칙을 제시하고 있다(和田英夫, 1965: 247-249). 기능 배분에 관한 1983년의 법률에 따르면, 프랑스의 기능 배분 원칙은 지방자치단체 간의 감독 금지의 원칙, 총체적 이양의 원칙, 단일 자치단체에의 배분 및 지방 행정계층 전문화의 원칙, 경비의 전액 보상의 원칙 및 점진 이양의 원칙이다(정세욱, 2001: 207208).

이같이 다양한 원칙 중에서 중요한 것을 정리하면 다음과 같다.

1. 현지성의 원칙

주민의 참여와 통제가 용이한 기초자치단체에 가능한 한 많은 사무를 배분해야 한다.

2. 행정 책임 명확화의 원칙

국가와 자치단체별로 사무를 명확히 배정해 행정 책임을 명확히 해야 한다.

3. 종합성의 원칙

행정사무는 중앙정부의 일선기관보다는 일반지방자치단체에 집중적으로 배분해야 한다.

4. 경제성의 원칙

최소의 처리경비로 행정 업무를 처리할 수 있도록 사무를 배분해야 한다.

5. 통일성의 원칙

서비스의 수준을 전국적으로 일정하게 유지할 필요가 있는 행정사무는 중앙정부가 수행해야 한다.

제 4 절 우리나라의 사무배분 원칙

우리나라 지방자치법 및 지방자치 관련법을 통해 발견할 수 있는 사무배분의 원칙은 다음과 같다.

1. 국가와 지방자치단체

1) 국가사무 처리 금지의 원칙

지방자치단체는 법률에 다른 규정이 있는 외에는 국가사무를 처리할 수 없다고 규정하고 있다(지방자치법 제15조).

2) 상호 중복 금지의 원칙

국가는 지방자치단체가 행정을 종합적·자율적으로 수행할 수 있도록 국가와 지방자치단체 간 또는 지방자치단체 상호간의 사무를 주민의 편익 증진, 집행의 효과 등을 고려해 서로 중복되지 아니하도록 배분해야 한다고 규정하고 있다(지방자치법 제11조 ①).

3) 지방자치단체 우선의 원칙

국가는 지방자치법 제11조 ①에 따라 사무를 배분하는 경우 지역 주민 생활과 밀접한 관련이 있는 사무는 원칙적으로 시·군 및 자치구의 사무로, 시·군 및 자치구가 처리하기 어려운 사무는 시· 도의 사무로, 시 · 도가 처리하기 어려운 사무는 국가의 사무로 각각 배분해야 한다고 규정하고 있다(지방자치법 제11조 ②).

4) 포괄성의 원칙

국가가 지방자치단체에 사무를 배분하거나 지방자치단체가 사무를 다른 지방자치단체에 재배분할 때에는 사무를 배분받거나 재배분받는 지방자치단체가 그 사무를 자기의 책임하에 종합적으로 처리할 수 있도록 관련 사무를 포괄적으로 배분해야 한다고 규정하고 있다(지방자치법 제11조 ③).

또한 국가는 권한 및 사무를 지방자치단체와 포괄적 · 일괄적으로 이양하기 위해 필요한 법적 조치를 마련해야 한다고 규정하고 있다(지방자치분권 및 지방행정 체제 개편에 관한 특별법 제11조 ②).

2. 광역과 기초

1) 비경합의 원칙

시 · 도와 시 · 군 및 자치구는 그 사무를 처리할 때 서로 겹치지 아니하도록 해야 한다고 규정하고 있다(지방자치법 제14조 ③).

2) 기초자치단체 우선의 원칙

사무가 서로 겹치면 시 · 군 및 자치구에서 먼저 처리한다(지방자치법 제14조 ③). 지역 주민생활과 밀접한 관련이 있는 사무는 원칙적으로 시 · 군 · 및 자치구의 사무로 배분해야 한다(지방자치분권 및 지방행정 체제 개편에 관한 특별법 제9조 ②)고 규정하고 있다.

3) 능률성의 원칙

지방자치단체의 종류별 사무배분 기준(지방자치법 제14조 ①)에서 시 · 도의 사무로 제시된 "행정 처리 결과가 2개 이상의 시 · 군 및 자치구에 미치는 광역적 사무"

등은 능률적인 사무 처리를 위한 기준으로 볼 수 있다.

제 5 절 사무배분의 방식

중앙정부의 지방자치단체에 대한 사무배분의 방식에는 개별적 배분 방식, 포괄적 배분 방식 및 절충 방식이 있다.

1. 개별적 배분 방식

국회(미국은 주의회)에서 제정한 특별법에 따라 사무 종목을 지정해 배분하는 방식으로, 영국을 비롯한 오스트레일리아, 캐나다, 스웨덴, 덴마크 등에서 이 방식을 쓰고 있다(최창호, 2001: 288). 이러한 방식은 사무가 구체적으로 명시되고, 주어진 사무에 대해서는 비교적 철저한 자치권을 부여받는다.

1) 장점

① 사무배분이 자치단체별로 이루어지므로 지방의 특수성이 고려될 수 있다.
② 사무의 내용이 구체적으로 정해지므로 중앙정부의 간섭을 최대한 배제할 수 있다.
③ 주어진 사무에 대해서는 강력한 자치권이 주어진다.

2) 단점

① 사무를 구체적으로 지정해 주므로 운영상의 융통성이 제한된다.
② 자치단체별로 특별법을 제정해 사무를 배분하므로 법 제정에 따른 업무 부담이 증가한다.
③ 법 제정에 따른 시간의 소요로 행정 문제의 처리 시기를 놓칠 수 있다.

2. 포괄적 배분 방식

지방자치에 관한 일반법에 따라 모든 지방자치단체에 구체적인 사무를 명시하지 않고 지방적 사무에 대한 처리권을 포괄적으로 부여하는 방식이다.

이 경우 지방자치단체는 법률상 특별히 금지된 사무나 중앙정부가 반드시 처리하도록 되어 있는 사무 외에는 모든 사무를 처리할 수 있다.

1) 장점

① 배분 방식이 간편하다.

② 사무 처리의 주체를 구체적으로 명시하지 않아 상황에 따라 주체를 달리할 수 있다.

2) 단점

① 사무 처리 주체가 명확하지 않아 행정 주체 간 혼동의 우려가 있다.

② 자치사무에 대해 중앙정부가 개입해 자치권이 침해될 우려가 있다.

3. 절충 방식

일본의 경우 개별 지방자치단체별로 사무배분을 하지 않고 중간자치단체와 기초자치단체로 나누어 일괄 배정하되, 지방자치법의 별표에서 법정수탁사무로서 광역자치단체가 처리할 사무(제1호)와 기초자치단체가 처리할 사무(제2호)를 각 개별법의 근거를 제시해 일일이 열거하는 '열거적 개괄 수권 방식'을 채택하고 있는데, 이것도 절충 방식의 하나이다(최창호, 2001: 290).

제 6 절 우리나라의 사무배분 방식

1. 포괄적 예시주의

1) 지방자치단체의 사무: 지방자치법 제13조

제1항에서 지방자치단체는 관할 구역의 자치사무와 법령에 의해 지방자치단체에 속하는 사무를 처리한다고 규정하고, 2항에서는 지방자치단체의 사무를 다음과 같이 6개 사무 영역으로 예시하고 있다.

① 지방자치단체의 구역, 조직 및 행정관리 등에 관한 연구
② 주민의 복지 증진에 관한 사무
③ 농림·상공업 등 산업 진흥에 관한 사무
④ 지역 개발 및 주민의 생활환경 시설의 설치·관리에 관한 사무
⑤ 교육·체육·문화·예술의 진흥에 관한 사무
⑥ 지역 민방위 및 소방에 관한 사무

2) 광역과 기초 간의 사무배분: 지방자치법 제14조

지방자치단체의 종류별 사무배분 기준은 다음과 같다.

(1) 시·도

① 행정 처리 결과가 2개 이상의 시·군 및 자치구에 미치는 광역적 사무
② 시·도 단위로 동일한 기준에 따라 처리되어야 할 성질의 사무
③ 지역적 특성을 살리며 시·도 단위로 통일성을 유지해야 할 필요가 있는 사무
④ 국가와 시·군 및 자치구 간의 연락·조정 등의 사무
⑤ 시·군 및 자치구가 독자적으로 처리하기에 부적당한 사무
⑥ 2개 이상의 시·군 및 자치구가 공동으로 설치하는 것이 적당하다고 인정되는 규모의 시설을 설치하고 관리하는 사무

(2) 시·군 및 자치구

시·도가 처리하는 것으로 되어 있는 사무를 제외한 사무

국가사무의 처리 제한

지방자치법 제11조(국가사무의 처리 제한) 지방자치단체는 다음 각 호에 해당하는 국가사무를 처리할 수 없다. 다만, 법률에 이와 다른 규정이 있는 경우에는 국가사무를 처리할 수 있다.

1. 외교, 국방, 사법(司法), 국세 등 국가의 존립에 필요한 사무
2. 물가정책, 금융정책, 수출입정책 등 전국적으로 통일적 처리를 요하는 사무
3. 농산물·임산물·축산물·수산물 및 양곡의 수급 조절과 수출입 등 전국적 규모의 사무
4. 국가종합경제개발계획, 국가하천, 국유림, 국토종합개발계획, 지정항만, 고속국도·일반국도, 국립공원 등 전국적 규모나 이와 비슷한 규모의 사무
5. 근로 기준, 측량 단위 등 전국적으로 기준을 통일하고 조정하여야 할 필요가 있는 사무
6. 우편, 철도 등 전국적 규모나 이와 비슷한 규모의 사무
7. 고도의 기술을 요하는 검사·시험·연구, 항공관리, 기상행정, 원자력 개발 등 지방자치단체의 기술과 재정 능력으로 감당하기 어려운 사무

2. 특례주의

우리나라 지방자치법의 사무배분 방식은 포괄적 예시주의를 채택하고 있으나 광역과 기초자치단체 간에는 지방자치단체의 특수성에 따라 다음과 같은 예외를 적용하고 있다.

1) 자치구에 대한 특례

지방자치법 제2조 2항에서 자치구의 자치권의 범위는 법령이 정하는 바에 따라 시·군과 다르게 할 수 있다고 규정하고, 지방자치법 시행령 제9조에서는 시·군과 다르게 자치구에서 처리하지 아니하고 특별시 광역시에서 처리하는 사무를 [별표 2]에서 예시하고 있다. [별표 2]에서 예시하고 있는 사무는 '지방자치단체의 인사 및 교

육 등에 관한 사무' 등 모두 14 종류로 다음과 같다. 이같이 자치구에 대한 특례를 인정하는 이유는 자치구가 시 · 군과는 달리 생활권을 단위로 한 것이 아니라 행정적 편의에 의해 만들어진 행정구역이라는 성격이 강하기 때문이다.

[별표 2] 자치구에서 처리하지 않고 특별시 · 광역시에서 처리하는 사무[개정 2016.1.12]

1. 지방자치단체의 인사 및 교육 등에 관한 사무
2. 지방재정에 관한 사무
3. 매장 및 묘지 등에 관한 사무
4. 청소 · 오물에 관한 사무
5. 지방 토목 · 주택 건설에 관한 사무
6. 도시계획에 관한 사무
7. 도로의 개설과 유지 · 관리에 관한 사무
8. 상수도 사업에 관한 사무
9. 공공하수도에 관한 사무
10. 공원 등 관광 · 휴양시설의 설치 · 관리에 관한 사무
11. 지방궤도사업에 관한 사무
12. 대중교통 행정에 관한 사무
13. 지역경제 육성에 관한 사무
14. 교통신호기, 안전표시등의 설치 · 관리에 관한 사무

2) 인구 50만 이상 도시에 대한 특례

지방자치법 제14조 ①항 2호 후단에는 다만, 인구 50만 이상의 시에 대해서는 도가 처리하는 사무의 일부를 직접 처리하게 할 수 있다고 규정하고, 지방자치법 시행령 제10조에서는 '인구 50만 이상의 시'라 함은 자치구가 아닌 구가 설치된 시를 말하며, 이들이 처리할 수 있는 도의 사무를 [별표 3]에서 예시하고 있다. [별표 3]에서 예시하고 있는 사무는 모두 18 종류로 다음과 같다.

지방자치법 제198조(대도시에 대한 특례 인정)에 따르면, 서울특별시 · 광역시 및 특별자치시를 제외한 인구 50만 이상 대도시의 행정, 재정 운영 및 국가의 지도 · 감독에 대해서는 그 특성을 고려해 관계 법률로 정하는 바에 따라 특례를 둘 수 있다.

[별표 3] 인구 50만 이상의 시가 직접 처리할 수 있는 도의 사무[개정 2017. 7. 26.]

1. 보건의료에 관한 사무
2. 지방공기업에 관한 사무
3. 주택 건설에 관한 사무
4 토지구획정리사업에 관한 사무
5. 도시계획에 관한 사무
6. 도시재개발사업에 관한 사무
7. 환경 보전에 관한 사무
8. 건설기계 관리에 관한 사무
9. 자동차 운송사업에 관한 사무
10. 지방공무원 인사 및 정원관리에 관한 사무
11. 지적에 관한 사무
12. 열 사용 기자재에 관한 사무
13. 식품제조업(유가공품 제조업 및 식육제품업에 한한다)에 관한 사무
14. 묘지·화장장 및 납골당의 운영 관리에 관한 사무
15. 사회복지시설에 관한 사무
16. 고압가스에 관한 사무
17. 도시가스에 관한 사무
18. 지방채 발행 승인 신청

자치구와 인구 50만 이상인 시의 비교(사무배분의 특례에 따른 차이)

구분	부평구	안양시	화성시	천안시
인구	557천 명	607천 명	530천 명	607천 명
면적	32㎢	58.46㎢	689.48㎢	636.22㎢
공무원 정원	998명	1,663명	1,544명	1,852명
예산	5,038억 원	8,938억 원	12,507억 원	12,600억 원
일반회계	4,904억 원	7,031억 원	10,233억 원	9,300억 원
특별회계	134억 원	1,907억 원	2,274억 원	3,300억 원

주: 1995. 5. 10 법률 제4948호(1995. 5.10 공포)로 천안시와 천안군을 천안시로 통합(2읍, 10면, 13동).
자료: 행정자치부(2014).

3) 서울특별시에 대한 특례(지방자치법 제197조 ①)

서울 특별시의 특수성을 고려해 법률이 정하는 바에 따라 특례를 둘 수 있도록 규정하고, 이에 의해 제정된 「서울특별시 행정특례에 관한 법률」에 따라 특례가 인정되고 있다.

서울특별시 행정특례에 관한 법률[(타)일부 개정 2017. 7. 26]

제1조(목적) 이 법은 「지방자치법」 제174조에 따라 서울특별시의 지위·조직 및 운영에 관한 특례를 규정함을 목적으로 한다.[전문 개정 2011. 5. 30]

제2조(지위) 서울특별시는 정부의 직할로 두되, 이 법에서 정하는 범위에서 수도로서의 특수한 지위를 가진다.[전문 개정 2011. 5. 30]

제3조 삭제〈1994. 12. 20〉

제4조(일반행정 운영상의 특례 〈개정 2011. 5. 30) ① 행정안전부 장관이 「지방재정법」 제11조에 따라 서울특별시의 지방채 발행의 승인 여부를 결정하려는 경우에는 국무총리에게 보고하여야 한다.〈개정 2011. 5. 30, 2013. 3. 23., 2014. 11. 19, 2017. 7. 26〉

② 행정자안전부 장관은 「지방자치법」 제190조에 따라 서울특별시의 자치사무에 관한 감사를 하려는 경우에는 국무총리의 조정을 거쳐야 한다.〈개정 2011. 5. 30, 2013. 3. 23, 2014. 11. 19, 2017. 7. 26〉

③ 삭제〈1994. 12. 20〉

④ 삭제〈1996. 12. 6〉

⑤ 서울특별시 소속 국가공무원의 임용 등에 관한 「국가공무원법」 제32조 제1항부터 제3항까지, 제78조 제1항·제4항 및 제82조에 따른 소속 장관 또는 중앙행정기관의 장의 권한 중 대통령령으로 정하는 사항은 서울특별시장이 행사하며, 이와 관련된 행정소송의 피고는 같은 법 제16조에도 불구하고 서울특별시장이 된다.〈개정 2011. 5. 30〉

⑥ 삭제〈1994. 12. 20〉

⑦ 서울특별시 소속 공무원 등에 대한 서훈(敍勳)의 추천은 「상훈법」 제5조 제1항에도 불구하고 서울특별시장이 한다.〈개정 2011. 5. 30〉

⑧ 삭제〈1994. 12. 20〉

제5조(수도권 광역행정 운영상의 특례) ① 수도권 지역에서 서울특별시와 관련된 도로·교통·환경 등에 관한 계획을 수립하고 그 집행을 할 때 관계 중앙행정기관의 장과 서울특별시장의 의견이 다른 경우에는 다른 법률에 특별한 규정이 없으면 국무총리가 이를 조정한다.

② 제1항의 조정에 필요한 사항은 대통령령으로 정한다.[전문 개정 2011. 5. 30]

4) 세종특별자치시와 제주특별자치도에 대한 특례

지방자치법은 제197조 ②에서 세종특별자치시와 제주특별자치도의 지위ㆍ조직 및 행정ㆍ재정 등의 운영에 대해서는 행정 체제의 특수성을 고려해 법률로 정하는 바에 따라 특례를 둘 수 있다고 규정(개정 2011. 5. 30)하고 있다. 이에 따라 「세종특별자치시 설치 등에 관한 특별법」과 「제주특별자치도 설치 및 국제자유도시 조성을 위한 특별법」(2006. 7. 1 시행)은 사무배분에 대한 특례를 규정하고 있다.

5) 인구 100만 이상의 대도시(특례시)에 대한 특례

지방자치법 제198조(대도시 등에 대한 특례 인정)에 따르면, 서울특별시ㆍ광역시 및 특별자치시를 제외한 인구 50만 이상 대도시, 인구 100만 이상 대도시(특례시), 실질적인 행정 수요, 국가균형 발전 및 지방 소멸 위기 등을 고려해 대통령령으로 정하는 기준과 절차에 따라 행정안전부 장관이 지정하는 시ㆍ군ㆍ구에 대해서는 "행정, 재정 운영 및 국가의 지도ㆍ감독에 대해서는 그 특성을 고려하여 관계 법률로 정하는 바에 따라 특례를 둘 수 있다."고 규정하고 있다. 하지만 아직까지 관계 법률이 정해지지 않고 있다.

지방자치분권 및 지방행정 체제 개편에 대한 특례법 제41조에 따르면, 특별시와 광역시가 아닌 인구 100만 이상 대도시의 장은 관계 법률의 규정에도 불구하고 다음 각 호의 사무를 처리할 수 있다.

(1) 「지방공기업법」 제19조 제2항에 따른 지역개발채권의 발행. 이 경우 미리 지방의회의 승인을 받아야 한다.

(2) 「건축법」 제11조 제2항 제1호에 따른 건축물에 대한 허가. 다만, 다음 각 목의 어느 하나에 해당하는 건축물의 경우에는 미리 도지사의 승인을 받아야 한다.

가. 51층 이상인 건축물(연면적의 100분의 30 이상을 증축해 층수가 51층 이상이 되는 경우를 포함한다)

나. 연면적 합계가 20만 제곱미터 이상인 건축물(연면적의 100분의 30 이상을 증축해 연면적 합계가 20만 제곱미터 이상이 되는 경우를 포함한다)

(3) 「택지개발촉진법」 제3조 제1항에 따른 택지개발지구의 지정(도지사가 지정하

는 경우에 한한다). 이 경우 미리 관할 도지사와 협의해야 한다.

(4) 「도시재정비 촉진을 위한 특별법」 제4조 및 제12조에 따른 재정비촉진지구의 지정 및 재정비촉진계획의 결정

(5) 「박물관 및 미술관 진흥법」 제18조에 따른 사립 박물관 및 사립 미술관 설립계획의 승인

(6) 「소방기본법」 제3조 및 제6조에 따른 화재 예방 · 경계 · 진압 및 조사와 화재, 재난 · 재해, 그 밖의 위급한 상황에서의 구조 · 구급 등의 업무

(7) 도지사를 경유하지 아니하고 「농지법」 제34조에 따른 농지전용허가 신청서의 제출

(8) 「지방자치법」 제125조에 따라 지방자치단체별 정원의 범위에서 정하는 5급 이하 직급별 · 기관별 정원의 책정

(9) 도지사를 경유하지 아니하고 「개발제한구역의 지정 및 관리에 관한 특별조치법」 제4조에 따른 개발제한구역의 지정 및 해제에 관한 도시 · 군관리계획 변경 결정 요청. 이 경우 미리 관할 도지사와 협의해야 한다.

제 7 절 사무배분의 제약과 사무의 유형

1. 제약

지방자치법 제13조 제1항에서 "지방자치단체는 관할 구역의 자치사무와 법령에 따라 지방자치단체에 속하는 사무를 처리한다."고 규정하고, 제2항에서는 지방자치단체의 사무를 7개 분야 61개의 사무를 예시하고 있다. 그러나 제13조 제2항 단서에는 "다만, 법률에 이와 다른 규정이 있으면 그러하지 아니하다."라는 단서 조항이 있다. 따라서 다른 법률에서 지방자치법에 예시된 사무의 처리 주체를 다르게 규정하면 국가의 사무가 될 수도 있다는 한계가 있다. 예를 들어 '중소기업의 육성'은 지방자치단체의 사무로 예시되어 있지만 중소기업육성법에는 중앙정부의 광범위한 역할을 규정

한 것이 그러한 예에 해당한다.

2. 사무의 유형

1) 기관위임사무

(1) 의의

기관위임사무란 법령에 의해 국가 또는 상급 지방자치단체로부터 지방자치단체의 집행기관에 위임된 사무를 말한다. 우리나라 지방자치법은 "시 · 도와 시 · 군 및 자치구에서 시행하는 국가사무는 법령에 다른 규정이 없는 한 시 · 도지사와 시장 · 군수 및 자치구의 구청장에게 위임하여 행한다."(지방자치법 제115조)고 규정하고 있다. 여기서 시 · 도지사와 시장 · 군수 및 자치구의 구청장에게 위임해 행하는 사무가 바로 기관위임사무를 의미한다.

(2) 특성

가. 이해관계

기관위임사무는 그 성질이 일반적으로 지방적 이해관계보다 전국적 이해관계가 큰 사무를 말한다.

나. 지방의회의 관여

기관위임사무는 해당 지방자치단체 자체가 아니라 자치단체장에게 위임된 사무이므로 그 처리는 집행기관의 전권에 속하는 것이고, 법률에 특별한 규정이 없는 한 지방의회의 관여는 배제된다.

다. 자치단체장의 지위

기관위임사무의 처리에 관한 한 지방자치단체장은 중앙정부의 일선기관의 지위를 갖는다.

라. 경비의 부담

기관위임사무의 처리에 소요되는 경비는 그 전액을 위임기관이 부담하는 것이 원칙이다.

마. 감독

기관위임사무에서 수임기관은 위임기관의 하급기관 지위에서 사무를 처리하는 것이므로 위임기관은 이에 대해 거의 전면적인 감독을 할 수 있다. 따라서 합법성 외에 합목적성에 대한 감독과 사후 교정적 감독 외에 사전 예방적 감독도 모두 가능하다.

(3) 사무의 종류

천연기념물 관리사무, 대통령 · 국회의원 선거사무, 국민투표 사무 등

(4) 기관위임사무의 문제점

가. 자치권의 제약

기관위임사무의 존재는 지방자치단체를 국가의 하급기관으로 전락시켜 자치권을 제약한다.

나. 행정책임 소재의 불명확

사무는 국가사무이나 처리는 지방자치단체장이 하므로 양자 간에 책임 소재가 불명확해지는 문제가 있다.

다. 주민 참여의 제약

기관위임사무에 대해서는 지방의회의 관여가 배제되므로 행정에 대한 주민 참여를 제약한다.

라. 지방자치단체의 창의성 저해

국가사무이므로 전국적인 획일 행정으로 인해 지방의 창의성이 무시된다.

마. 지방재정 부담 가중

사무 처리에 소요되는 경비를 전액 국가가 부담하는 것이 원칙이나 국가가 이를 이행하지 않는 경우 지방의 재정적 부담을 가중시킨다.

기관위임사무의 정비

지방자치분권 및 행정체제 개편에 관한 특별법 제11조 ①에는 국가는 같은 법 제9조에 따른 사무배분의 원칙에 따라 그 권한 및 사무를 적극적으로 지방자치단체에 이양해야 하며, 그 과정에서 국가사무 또는 시· 도의 사무로서 시· 도 또는 시·군·구의 장에게 위임된 사무는 원칙적으로 폐지하고 자치사무와 국가사무로 이분화해야 한다고 규정하고 있다.

2) 단체위임사무

(1) 의의

단체위임사무는 법령에 따라 국가 또는 상급자치단체로부터 그 지방자치단체에 위임된 사무를 말한다. 우리나라 지방자치법에 "법령에 따라 지방자치단체에 속하는 사무"(지방자치법 제13조 ①)가 바로 단체위임사무를 의미하는 것이다. 단체위임사무는 일단 지방자치단체에 위임된 이상 자치단체의 사무로 취급되고, 법령상 중앙통제나 경비 부담의 범위에서 차이가 있다.

(2) 특성

가. 이해관계

단체위임사무는 그 성질이 일반적으로 지방적 이해관계와 전국적 이해관계를 동시에 갖는 사무를 말한다.

나. 지방의회의 관여

단체위임사무는 지방자치단체 자체에 위임된 사무이므로 지방자치단체를 구성하는 의결기관의 관여가 당연히 인정된다.

다. 비용 부담

단체위임사무는 지방적 이해관계와 전국적 이해관계를 동시에 갖는 것이므로 사무처리에 소요되는 경비는 해당 지방자치단체와 국가가 공동으로 부담하는 것을 원칙으로 한다.

라. 감독

단체위임사무에 대한 국가의 감독은 합법성과 합목적성의 사후 교정적 감독에 한정되고 사전 예방적 감독은 배제된다.

(3) 사무의 종류

각종 예방 접종 사무, 시・군의 재해 구호사업, 국도(國道)의 유지 및 수선 사무 등

3) 자치사무

(1) 의의

지방자치단체의 존립 목적과 직결되는 본래적 사무, 즉 주민의 복리 증진을 위한 사무를 의미한다. 이러한 사무는 지방자치단체가 자기 의사와 책임 및 부담으로 처리해야 한다는 의미에서 자치사무 또는 고유사무라고 한다.

(2) 특성

가. 이해관계

자치사무는 지방자치단체가 자기의 책임과 부담으로 처리하는 사무로서 일반적으로 전국적 이해관계보다 지방적 이해관계가 큰 사무를 의미한다.

나. 지방의회의 관여

자치사무는 지방자치단체 존립 목적과 직결되는 본래적 사무이므로 주민대표기관인 의결기관의 관여가 당연히 인정된다.

다. 비용 부담

자치사무는 지방적 이해관계가 큰 사무이므로 사무처리에 소요되는 경비는 해당 지방자치단체가 전액 부담하는 것이 원칙이다.

라. 감독

자치사무에 대한 국가의 감독은 합법성에 관한 사후 교정적 감독에 한정되고 합목적성에 의한 감독이나 사전 예방적 감독은 배제된다.

(3) 사무의 종류

가. 지방자치단체의 존립·유지에 관한 사무

자치입법, 자치조직, 자치재정에 관한 사무 등

나. 지방의 복지에 관한 사무

학교·병원 및 도서관의 설치·관리, 도로의 건설·관리, 상·하수도 사업, 주택사업, 쓰레기 등 오물 처리, 교통, 도시계획, 소방, 예방접종 등에 관한 사무 등

4) 사무 구분의 필요와 실태

(1) 구분의 필요

지방자치단체에서 처리하는 사무를 기관위임사무, 단체위임사무 및 자치사무로 구분할 현실적인 필요는 다음과 같다.

가. 지방의회의 권한

지방의회의 권한은 원칙적으로 단체위임사무와 자치사무에 한해 행사된다.

나. 자치단체장의 위법·부당한 명령이나 처분의 시정(지방자치법 제188조 ①)

지방자치단체의 사무에 관한 그 장의 명령이나 처분이 법령에 위반되거나 현저히 부당해 공익을 해한다고 인정될 때에는 주무부 장관이나 시·도지사가 기간을 정해 서면으로 시정을 명하고 그 기간 내에 이행하지 않을 때에는 취소·정지할 수 있다. 이 경우 자치사무에 대해서는 법령 위반의 경우에 한한다.

다. 직무이행명령(지방자치법 제189조 ①)

지방자치단체장이 법령의 규정에 따라 그 의무에 속하는 국가위임사무 또는 시·도 위임사무의 관리 및 집행을 명백히 해태하고 있다고 인정되는 때에는 주무부 장관이나 시·도지사가 기간을 정해 서면으로 이행할 사항을 명령할 수 있다.

라. 국정감사 및 행정사무감사의 대상

국가나 광역자치단체의 기관위임사무는 국정감사나 광역자치단체의 감사 대상이 되지만 고유사무는 국정감사 및 광역지방의회의 행정사무감사의 대상이 될 수 없다.

사무 구분의 불명확에 따른 문제점

2000년 공무원직장협의회가 구성된 이후 공무원들이 국정감사를 거부하는 사태가 벌어지고 있다. 그 이유는 국회가 국가와는 무관한 지방자치단체의 고유사무에 대해서까지 국정감사를 하기 때문이다. 지방자치단체의 고유사무는 국정감사의 대상이 아니나 현실적으로는 구별이 불명확하기 때문이다. 한국정치학회가 2001년 서울특별시에 대한 국정감사 요구 · 질의 자료(총 3,510건)를 분석한 결과, 지방자치단체 고유 업무가 무려 67.2%나 차지했다(한겨레신문, 2002. 9. 9).

(2) 구분의 실태

지방자치단체에서 처리하는 사무를 구분할 현실적인 필요는 앞에서 본 바와 같으나 현실적으로 그 구분은 불명확하다. 구분이 불명확한 가장 큰 이유는 상당 기간 동안 지방자치가 정지되어 사무의 종류를 구별할 현실적인 필요가 없었기 때문이다. 그러나 지방자치가 실시됨에 따라 명확한 사무 구분은 시급히 해결되어야 할 과제이다.

지방자치단체의 사무를 자치사무와 법정수임사무로 이분화

행정안전부 장관은 2012년 5월 29일 지방자치단체의 사무를 자치사무와 법정 수임사무로 이분화하는 지방자치법 개정안을 입법예고하고, 2012년 9월 개정법률안을 국회에 제출했으나 2021년 12월 현재까지 개정되지 않았다. 그 내용은 다음과 같다.

1. '단체위임사무'는 '자치사무'로 전환하고, '기관위임사무'는 국가로 환원하거나 지방이양을 통해 '자치사무'로 전환하되 국가사무의 성격 유지하면서 지방에서 처리하는 것이 불가피한 경우 '법정수임사무'로 전환하도록 함.

2. 법정수임사무에 대해서는 조례 제정 및 지방의회의 행정사무감사 · 조사가 가능하도록 하고, 종전 '기관위임사무'에 대한 지도 · 감독 규정을 '법정수임사무'에 대한 감독 규정으로 개정하고 국가의 관여 범위 및 수단을 명확히 함.

3. 자치단체가 사무를 위임 · 위탁할 경우 조례에 의해서만 가능하도록 하여 지방의회의 통제를 강화하고 조례에 의한 '법정수임사무'가 신설되었으므로 시 · 도의 관할 시 · 군 · 구에 대한 사무위임 근거를 삭제하고 '재위임 시 사전 승인 절차를 폐지함'(안 제104조)

4. 법정수임사무의 도입은 이 법 공포 후 1년이 경과한 후에 시행하도록 하되 이 법 시행일 당시에도 종전의 기관위임사무 형태로 규정된 사무는 개정 법률에 따른 법정수임사무로

보도록 하여 사무 구분의 혼란을 방지하도록 함(안 부칙 제1조, 제3조, 제4조).

4. 법정수임사무의 도입은 이 법 공포 후 1년이 경과한 후에 시행하도록 하되 이 법 시행일 당시에도 종전의 기관위임사무 형태로 규정된 사무는 개정 법률에 따른 법정수임사무로 보도록 하여 사무 구분의 혼란을 방지하도록 함(안 부칙 제1조, 제3조, 제4조).

5. 국가사무 위임의 근거를 규정하고 있는 「정부조직법」과 위임사무에 대한 경비 부담을 정하고 있는 「지방재정법」을 개정 법률의 취지에 맞추어 개정함(안 부칙 제5조).

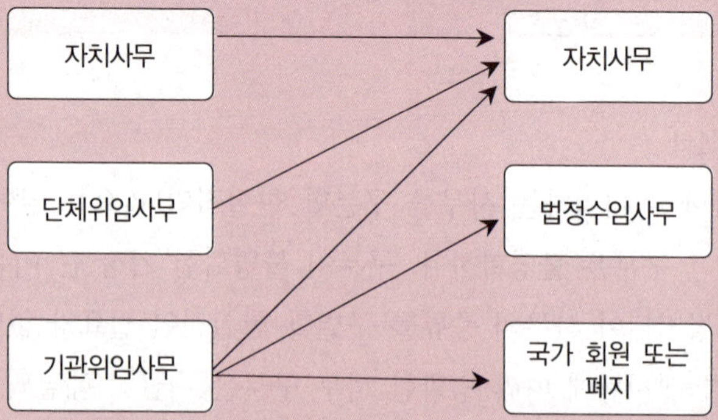

일본의 기관위임사무 폐지

일본에서 지방분권이 자리 잡기 시작한 계기는 1993년 자민당 정권의 38년에 걸친 장기 집권의 종식과 연립정권의 출범이었다. 이어 1995년 초에는 「지방분권추진법」이 제정됐으며, 같은 해 7월에는 총리부 산하에 '지방분권 추진위원회'가 발족, 1998년 말까지 치밀한 대안을 담은 권고안을 다섯 차례나 발표해 지방분권을 촉진시키는 데 이바지했다.

이런 과정을 거쳐 1999년 7월에는 「지방분권 일괄법」이라는 특별법이 제정됐다. 특별법 제정으로 지방자치법의 전면적 개정은 물론, 지방자치단체의 기능·업무·권한에 관련된 4백 75개 법률이 일괄 개정됐다. 2000년 4월부터 이 법이 시행되면서 5천 45건에 달하던 국가의 기관위임사무 중 44%는 자치사무로, 39%는 법정수탁사무로, 나머지는 국가의 직접 집행사무로 전환되거나 폐지됐다. 법정수탁사무는 중앙정부가 수행해야 할 의무가 있는 사무 중 주민의 편리 또는 사무의 효율적 처리를 위해 법률 또는 정령(政令)에 따라 지방자치단체가 처리하도록 규정한 사무(여권 교부, 국도관리)를 의미한다.

제 8 절 사무배분의 문제점

1. 중앙집권적 사무배분

지방이양추진위원회가 한국지방행정연구원과 한국행정연구원에 의뢰해서 2001년 3월부터 2002년 1월까지 10개월간 법령에 의한 사무를 조사한 결과 지방사무는 총 41,603개 중 11,363개(27.31%)로 나타났다.

1994년 총무처가 조사한 결과에 따르면, 지방사무가 총 15,774개 사무 중 4,030개(25%)로 나타났는데(총무처, 1994: 21), 그에 비해 2% 상향된 것으로 나타난 것이다. 사무배분 분야는 2002년 말 46.7%에서 2007년 말 49.4%로 2.7% 상승한 것으로 나타났다. 이는 기관위임사무 정비 등 국가·지방간 사무배분 체계 개선의 근본적인 변화는 없었으나, 참여정부 이후 949건의 국가사무를 지방사무로 이양하는 등 부분적인 성과에 기인한 것으로 분석되었다(정부혁신지방분권위원회, 2008: 226-227).

이는 그동안 정부에서 지속적으로 권한의 지방 이양을 추진해 온 결과로 보인다. 하지만 여전히 지방사무의 비중은 취약할 뿐 아니라 단순 집행사무의 비중이 크다.

2. 국가사무와 지방사무의 불명확

국가사무와 지방사무의 구분이 불명확하다. 지방자치법 제13조 ①에는 "지방자치단체는 관할 구역의 자치사무와 법령에 따라 지방자치단체에 속하는 사무를 처리한다."고 규정하고, 제13조 ②에서는 지방자치단체의 사무를 예시하고 "다만, 법률에 이와 다른 규정이 있으면 그러하지 아니하다."라고 규정해 국가사무와 지방사무의 구별이 불명확하다.

3. 사무배분의 불명확

1) 계층 간 사무배분의 불명확

단위 사무를 시·도나 시·군·자치구 중에서 어느 한 계층에 전적으로 배분하지 않고 두 계층에 사무배분을 함으로써 자치단체 간에 권한다툼이나 책임 전가의 문제가 발생할 수 있다. 지방자치법 시행령의 [별표 1]에 제시된 지방자치단체의 종류별 사무 중 노인복지시설의 설치·운영 및 지원이 시·도의 사무와 시·군·자치구의 사무로 제시된 것이 그러한 예의 하나이다.

2) 단위 사무의 계층 간 분할 배분

단위 사무를 한 자치계층에 전적으로 배분하지 않고 이를 분할해 동시에 시·도와 시·군·자치구에 배분해 두 자치계층 간에 권한과 책임이 불분명한 문제가 발생할 수 있다. 지방자치법 시행령의 [별표 1]에 제시된 시·도 사무에는 노인복지사업계획 수립·조정이, 시·군·자치구 사무에는 노인복지사업계획 수립·시행으로 배분된 것이 그런 예에 해당한다.

지방자치법 시행령 [별표 1] [개정 2021.1.5.]

지방자치단체의 종류별 사무(제8조 관련)

구분	시·도 사무	시·군·자치구 사무
1. 지방자치단체의……사무		
2. 주민의 복지 증진에 관한 사무 가. 나. 다. 라.노인·아동·장애인·청소년 및 여성의 보호와 복지 증진	1) 노인복지사업계획 수립·조정 2) 경로사업의 실시·지원 3) **노인복지시설의 설치·운영 및 지원** 4) 아동복지사업 종합계획 수립·조정	1) 노인복지사업계획 수립·시행 2) 노인복지사업의 시행 3) 경로행사 등 경로사업의 실시·지원 4) **노인복지시설의 설치·운영 및 지원**

4. 자치단체의 특성 무시

인구 100만 이상 및 50만 이상의 시나 자치구에 대한 사무배분에서는 예외가 적용되고 있지만 지방자치단체의 행정적 · 재정적 능력, 산업구조의 특성, 인구 규모 등에 따른 특성을 반영하지 못하고 대체로 일괄적인 사무배분이 이루어지고 있다.

5. 중앙정부 주도의 사무배분

지방자치단체의 계층별 사무배분에 대해서는 지방자치법 제14조 ①에 시 · 도와 시 · 군 · 자치구 간의 배분 기준에 대해 규정하고, 구체적인 기능 배분은 제14조 ②에서 "제1항의 배분 기준에 따른 지방자치단체의 종류별 사무는 대통령령으로 정한다."고 규정하고 있어서 중앙정부가 광역과 기초 간의 사무배분을 주도할 수 있게 되어 있다.

6. 사무배분과 재정의 불일치

기관위임사무는 국가적 이해관계가 큰 사무로 사무 처리에 소요되는 경비를 전액 국가가 부담하는 것이 원칙이나 국가가 이를 이행하지 않는 경우가 있어 지방의 재정적 부담을 가중시킨다.

지방이양일괄법(중앙행정권한 및 사무 등의 지방 일괄 이양을 위한 물가 안정에 관한 법률 등 46개 법률 일부 개정을 위한 법률) 제정(2020. 1. 9)

참여정부 시절인 2004년부터 추진하던 지방이양일괄법이 16년 만에 국회를 통과했다. 지방이양일괄법이 국회를 통과한 시간은 2020년 1월 9일 밤 9시 20분 경! 지방자치단체 권한 확대를 내용으로 하는 지방이양일괄법은 이날 '**중앙행정 권한 및 사무 등의 지방 일괄 이양을 위한 물가 안정에 관한 법률 등 46개 법률 일부 개정을 위한 법률안**'이란 이름으로 국회 본회의에 상정되어 통과되었다.

지방이양일괄법은 국가 권한을 지방자치단체에 넘겨주기 위해 개정되어야 하는 여러 법률들을 하나의 법률에 모아 동시에 개정하는 법률이다. 이번 법률 제정을 통해 16개 부처 소관 46개 법률에 400개 사무가 2021년 1월 1일부터 지방에 이양된다.

지방자치단체로 이양되는 주요 사무를 보면, 우선 해양수산부가 갖고 있던 지방관리항 항만시설의 개발과 운영 권한 등 항만법에 있는 지방관리항 관련 41개 사무가 국가에서 시 · 도로 이양된다.

이에 따라 해양수산부가 관리하던 전국 60개 항만 가운데 태안항, 통영항 등 17개 무역항과 진도항, 대천항 등 18개 연안항을 포함한 총 35개 항만시설의 개발권과 운영 권한이 지방자치단체로 이관된다.

국토교통부가 수행하던 지역 내 개발사업으로 인해 발생하는 초과이익에 대한 개발부담금 부과 관련 20개 사무는 국가에서 시 · 군 · 구로 넘어가게 된다. 보건복지부가 관리하던 외국인 환자 유치 의료기관의 등록 등 9개 사무도 시 · 도로 이양된다.

이러한 사무이양을 통해 지역 특성을 반영한 행정과 주민 수요에 대한 신속한 대응이 가능해져 주민 만족도가 크게 향상될 것으로 예상된다. 이번 지방이양일괄법 제정은 지방자치권 확대를 위한 새로운 제도적 틀을 만들었다는 데 큰 의미가 있다.

그동안 행정안전부와 자치분권위원회는 지방이양을 위해서는 개별 법률 개정보다 일괄개정이 효과적이라는 판단 아래, 2004년 참여정부부터 지방이양일괄법 제정을 적극 추진해 왔다(자치분권위원회, 2020. 1. 17).

지방자치분권 및 지방행정 체제 개편에 관한 특별법 개정

[시행 2020. 1. 29] [법률 제16888호, 2020. 1. 29, 일부 개정]

국가가 지방자치단체에 권한 및 사무를 이양하는 경우 지방자치단체에 이양한 권한 및 사무의 원활한 처리를 위해 필요한 인력 및 재정 소요 등에 관한 사항을 전문적으로 조사 · 평가하기 위해 자치분권위원회에 **지방이양비용평가위원회**를 둘 수 있도록 하려는 것임.

제11조(권한이양 및 사무 구분 체계)

③ 국가는 지방자치단체에 이양한 권한 및 사무가 원활히 처리될 수 있도록 행정적·재정적 지원을 병행하여야 한다. 〈개정 2020. 1. 29〉

④ 지방자치단체는 이양받은 권한 및 사무를 원활히 처리할 수 있도록 기구·인력의 효율적인 배치 및 예산 조정 등 필요한 조치를 하여야 한다. 〈신설 2020. 1. 29〉

의 정비 등)

제45조(기능) 위원회는 다음 각 호의 사항을 심의 · 의결한다. 〈개정 2018. 3. 20, 2020. 1. 29〉

2의2. 제11조에 따라 지방자치단체에 이양하는 권한 및 사무의 원활한 처리에 필요한 인력 및 재정 소요 등에 관한 사항

제9장 지방자치단체 상호 간의 관계

지방자치단체는 독립적인 법인격을 가진 단체로서 지방자치단체 상호 간은 원칙적으로 대등한 관계에 있다. 따라서 지방자치단체가 공공사무를 처리하는 과정에서 다른 지방자치단체와 협력해야 하는 경우가 있는가 하면 분쟁이 발생하는 경우도 있다.

제 1 절 지방자치단체 간의 협력

지방자치단체는 자치계층에 따라 기초와 광역자치단체가 있으며 계층에 따라 주어진 사무를 처리한다. 그런데 기존 자치단체의 경계를 넘어서 발생하는 문제를 처리해야 하는 상황이 발생한다. 이런 경우에 지방자치단체 간의 협력의 문제가 발생한다.

현행 지방자치법은 이에 따라 "지방자치단체는 다른 지방자치단체로부터 사무의 공동 처리에 관한 요청이나 사무 처리에 관한 협의 · 조정 · 승인 또는 지원의 요청이 있는 때에는 법령의 범위 안에서 이에 협력하여야 한다."(지방자치법 제164조)고 규정하고 있다. 이같이 지방자치단체의 관할 구역을 넘어서 발생하는 행정 수요를 처리하기 위해 등장하는 행정의 방식이 광역행정이다.

1. 광역행정의 의의

지방행정은 지방자치단체의 관할 구역을 단위로 이루어진다. 그러나 오늘날의 행정 수요는 지방자치단체의 관할 구역을 넘어서도 발생한다. 지방자치단체의 관할 구역은 인위적으로 결정된 것이지만 행정 수요는 사회·경제적인 변화에 따라 관할 구역을 넘어서도 발생하기 때문이다. 이같이 광역행정은 지방자치단체의 관할 구역을 넘어서 발생하는 행정 수요를 처리하는 행정의 방식을 의미한다.

2. 광역행정의 성격

1) 지방분권의 강화

광역행정은 기존 지방자치단체의 관할 구역을 넘어 발생하는 행정 수요를 처리하는 방식이다. 광역행정에 의하지 않고 행정 수요를 처리하기 위해서는 중앙정부나 상급자치단체로의 권한 이양에 의하지 않을 수 없다. 따라서 광역행정 방식은 중앙집권을 억제하고 지방분권의 강화에 기여한다.

2) 사무배분의 재편

사무배분은 중앙정부와 자치계층을 중심으로 이루어진다. 그런데 모든 자치단체에 관련되는 공통사무라면 중앙정부나 광역자치단체가 처리하면 되겠지만 그렇지 않고 일부 자치단체들에만 관련되는 경우가 있을 수 있다. 이런 경우 관련 자치단체 간에 협력해 처리하는 방식이 광역행정이다. 이러한 행정 방식이 도입되면 결과적으로 기존의 사무배분 실태에 영향을 미치게 된다.

3) 제도와 변화의 조화

지방자치단체의 구역·계층구조·사무배분 등은 법령이나 제도를 통해 이루어졌기 때문에 쉽게 변경이 불가능하다. 그러나 사회 · 경제적인 환경은 급격히 변화해 양자 간에 괴리가 발생한다. 광역행정은 변화에 신축적으로 적응하기 어려운 현실적인 제약을 해소하는 수단이 될 수 있다(加藤勝美, 1979: 444-447).

3. 광역행정의 필요성

1) 생활권 · 경제권의 확대

교통과 통신의 발달에 따라 생활권과 경제권이 지방자치단체의 관할 구역을 넘어서 확대된다. 이에 따라 행정 수요도 광역적으로 발생해 광역행정이 필요하게 된다. 특히 대도시와 주변 지역 간에는 광역적으로 처리해야 할 것이 많다.

2) 규모의 경제 요청

행정 서비스를 최소의 비용으로 공급할 수 있는 최적 규모를 이룰 수 있는 지역적 범위가 있을 수 있다. 이같이 최적 규모를 이룰 수 있는 자치단체들이 공동으로 서비스를 공급한다면 규모의 경제를 이룰 수 있다.

3) 행정 서비스의 평준화

지방자치단체 간의 재정력의 격차로 인해 자치단체에 따라 행정 서비스의 수준에도 격차가 발생한다. 이러한 격차를 해소하기 위해서는 재정력의 격차가 있는 자치단체를 동일한 서비스의 공급 단위로 개편하는 광역행정의 방식이 필요하다.

수도요금의 지역 간 차이

2001년 11월 6일 행정자치부가 발표한 바에 따르면, 수돗물 1톤당 수도요금은 강원도 홍천군이 971원으로 가장 높고 경기도 안산시가 246원으로 가장 낮아 약 4배의 차이가 났다. 생산원가는 강원도 정선군이 톤당 2,165원으로 가장 높고, 경북 구미시가 308원으로 가장 낮아 약 7배 차이가 났다(조선일보, 2001. 11. 7).

4) 외부 효과

지방자치단체가 공급하는 행정 서비스에서 발생하는 이익이나 불이익이 자치단체의 관할 구역을 넘어서 확산되는 경우 이익에 따른 비용을 적정하게 분담시킬 수 있는 방법으로 광역행정의 방식이 필요하다.

만성 적자 서울대공원 … 서울시, 예산 부담에 "경기도 37억 원 내라"

1984년 5월 문을 연 서울대공원은 국내 최대 규모의 동물원(242만m²) 등을 갖추고 있다. 행정구역상으로 경기도(과천시 막계동)에 있지만 서울시의 재산이다. 하지만 서울대공원은 서울시민보다 경기도민이 즐겨 찾는다. 지난해 관람객 353만 5,000명 가운데 경기도민(46.3%)이 서울시민(41.5%)보다 많았다.

이 같은 특성 때문에 서울시와 경기도가 서울대공원 시설유지비 부담을 둘러싸고 공방을 벌이고 있다. 서울시는 최근 안전행정부 주최로 광화문 정부청사에서 열린 '시·도 행정부시장, 부지사 회의'에서 경기도와 과천시에 올해부터 서울대공원의 시설유지비 가운데 절반 정도 부담할 것을 요구했다. 대공원이 경기도에 자리 잡고 있고 이용객도 경기도민이 더 많다는 이유에서다. 올해 서울대공원 시설유지비는 74억 원이다.

반면 경기도는 "서울시 소유 시설인데다 운영 수익도 모두 시가 가져가는데 운영비를 왜 경기도가 부담해야 하느냐"며 반발하고 있다. 경기도 공원녹지과 관계자는 "관내에 있는 다른 지자체 재산 운영비를 지원해야 할 법적 근거도 없다."며 "서울시의 주장대로라면 서울시민들이 많이 찾는 경기도 관할의 남한산성도립공원 등의 시설유지비도 서울시가 지원해야 한다."고 말했다.

경기도 관계자는 "현재 경기도에 위치한 서울시 소유의 화장장·폐기물처리시설 등 기피시설은 45곳"이라며, "서울대공원 등의 운영비 부담을 요구하려면 기피시설로 인한 도민들의 피해도 보상해야 한다."고 주장했다(중앙일보, 2013. 4. 16).

4. 광역행정의 유형

광역행정의 유형은 그 기준에 따라 다양하게 분류할 수 있다. 여기서는 광역행정의 유형을 방식의 강도에 따라 공동 처리, 연합, 통합 및 특별구역으로 나누어 보고자 한다(최창호, 2001: 225-233).

1) 공동 처리 방식

(1) 의의

둘 이상의 지방자치단체가 상호 협력 관계를 형성해 광역적 사무를 공동으로 처리하는 방식이다.

(2) 특징

자치단체가 단독으로 처리할 수 없는 사무를 상호 간의 협력을 통해 처리함으로써 사무 처리의 융통성을 거둘 수 있는 반면, 연대성이 약해서 이해관계로 대립하는 경우에는 협력 관계가 유지되기 어려운 단점이 있다.

(3) 유형

가. 협의회

둘 이상의 자치단체가 상호 간의 연락 · 조정, 광역 종합계획, 사무의 공동 처리 등을 위해 협의기관(council of governments)을 설치하는 방식이다. 그러나 협의회는 법인격을 갖고 있지 않기 때문에 사무 처리의 효과는 협의회가 아닌 소속 자치단체에 귀속하며, 협력의 실질적 효과는 그리 크지 못하다.

나. 일부사무조합

지방자치단체의 사무의 일부를 처리하기 위해 둘 이상의 자치단체가 계약에 의해 새로운 법인으로 조합을 설치하는 방식이다. 사무 처리의 효과가 조합에 귀속하며 협력의 효과는 협의회의 경우보다 크다고 할 수 있다.

다. 공동기관

둘 이상의 자치단체가 전문 직원 확보, 재정 절약 등을 위해 계약에 의해 공동으로 기관을 운영하는 방식이다.

라. 사무위탁

자치단체가 계약에 의해 자기 사무의 일부를 상대방에 위탁해서 처리하는 방식이다.

마. 연락회의

둘 이상의 자치단체가 일정한 상호 관련적 사무에 관한 연락을 원활히 하기 위해 각 자치단체의 대표들로써 구성되는 연락회의를 두는 방식이다. 조정권이 없는 단순한 대화와 연락 기구에 불과해서 협의회 방식보다도 실효성이 약하다.

바. 직원 파견

다른 자치단체로부터 직원의 파견을 받아서 사무를 처리하는 방식이다.

2) 연합 방식

(1) 의의

둘 이상의 자치단체가 독립적인 법인격은 유지하면서 단체(federation)를 새로 창설해 광역적 사무를 처리하는 방식이다.

(2) 특징

이 방식은 협의회와 같은 공동 처리 방식의 취약성을 극복하고 연합체를 통한 사업 주체성을 확보하기 위한 방식이다. 자치단체의 독자성은 유지하면서 연합체에 의해 사무를 처리한다는 점에서 공동 처리의 방식과 구별된다. 이 방식의 문제점은 기존 자치단체를 통괄하는 강력한 조직이 되지 못한다는 점에 있다.

(3) 유형

가. 자치단체 연합체

여러 자치단체가 연합해 특별자치단체적 성격을 가진 연합체를 구성해 상·하수도, 도로·교통 등 공통된 사무를 연합체가 처리하도록 하고 각 자치단체는 고유사무를 계속 처리하는 방식이다. 이러한 연합체는 도시지역에서 많이 채택되었는데, 캐나다의 토론토 도시연합(Toronto's Metropolitan Federation), 독일의 대하노버 연합(The Greater Hanover Federation), 일본의 광역연합 등이 그 예에 속한다.

지방자치단체 연합체의 설립 근거

지방에 관한 정책 결정 과정에 지방대표의 참여 기회를 확대하기 위해 시·도지사, 시·도의회의 의장, 시장·군수·자치구의 구청장 및 시·군·자치구 의회의 의장으로 구성되는 4종의 전국적 협의체가 모두 참가하는 지방자치단체 연합체를 설립할 수 있는 근거를 마련했다(지방자치법 제165조②).

나. 도시공동체

도시 지역의 기초자치단체들이 광역적인 도시계획의 실시, 공공시설의 정비 등을 체계적·능률적으로 추진하기 위해 광역적 자치단체 내지 행정 단위를 구성하는 방식이다. 이 방식은 프랑스와 캐나다에서 채택하고 있는 바, 프랑스는 하나의 행정 단위에 불과한데 캐나다는 자치단체라는 차이점이 있다.

다. 복합사무조합

둘 이상의 지방자치단체가 계약에 따라 몇 가지 광역적 사무를 동시에 처리하는 조합을 설립하는 광역행정의 방식이다. 이 방식은 조합에 가입한 자치단체의 독자성이 유지되기 때문에 조합의 통합성이 전부(全部)사무조합의 수준에 이르지는 못한다.

3) 통합 방식

(1) 의의

일정한 광역권(廣域圈) 안에 여러 자치단체를 포괄하는 단일의 정부를 설립해 광역적 사무를 처리하는 방식이다. 통합 방식은 광역사무에 관해 주도적으로 계획하고 집행한다는 점에서 앞에서 살펴본 연합의 방식과 구별된다.

(2) 특징

통합 방식은 광역권 안의 여러 자치단체를 통합해 광역사무를 능률적으로 처리하며 자원을 균형 있게 배분할 수 있는 장점이 있다. 그러나 자치단체의 개별적 특성이 무시되고 주민 참여가 곤란해질 수 있다.

(3) 유형

가. 합병

몇 개의 자치단체를 통합해 하나의 법인격을 갖는 자치단체를 신설하는 방식이다. 광역사무의 처리가 신속하고 비용이 절감되는 장점은 있으나 주민들의 일체성이 약화되고 통합에 따른 세금 부담이 증가될 우려가 제기될 수 있다.

나. 흡수 통합

하급자치단체의 권한이나 지위를 흡수 통합하는 방식이다. 흡수 통합에는 하급자치단체의 기능을 상급 자치단체 또는 국가가 흡수하는 기능의 흡수 통합과 하급 단체의 기능뿐 아니라 지위까지도 흡수하는 지위의 흡수 통합이 있다.

다. 전부사무조합

둘 이상의 지방자치단체가 계약에 따라 모든 사무를 종합적으로 처리할 조합을 설립해 조합의 구성과 동시에 기존의 자치단체를 사실상 소멸시키는 방식이다.

라. 광역자치단체

광역적 사무를 처리하기 위해 해당 자치단체 전체를 관할하는 광역자치단체를 새로 설립하는 방식이다.

4) 특별구역의 방식

특정한 광역적 사무를 처리하기 위해 자치구역과는 별도로 항만관리구, 하수처리구 등의 구역을 정하는 방식이다.

5. 한국의 광역행정

우리나라의 광역행정은 자치단체의 지위 흡수, 시・군 통합 등 중앙정부 주도적인 방법 외에 지방자치단체 간의 협력 방식의 활용은 매우 부진하다. 그 이유는 지방분권이 취약하고 지방자치의 역사가 짧기 때문이라고 생각된다.

1) 지방자치법상의 광역행정

(1) 사무위탁

지방자치단체 또는 그 장은 소관 사무의 일부를 다른 지방자치단체 또는 그 장에게 위탁해 처리하게 할 수 있다. 이 경우 지방자치단체의 장은 사무위탁의 당사자가, 시 · 도 또는 그 장인 경우에는 행정안전부 장관 및 관계 중앙행정기관의 장에게, 시 · 군 및 자치구 또는 그 장인 경우에는 시 · 도지사에게 이를 보고해야 한다(지방자치법 제168조).

타 지역 지방자치단체에 대한 사무위탁은 2017년 말 기준으로 총 27건이 이루어지고 있다(〈표 9-1〉 참조). 분야별로는 상 · 하수 처리 13건, 쓰레기 처리 6건, 공동 화장시설 건립 1건, 교육훈련 3건, 기타 4건 등이다. 2017년에는 관악고용복지플러스센터 업무협약(관악-구로), 환경기초시설슬러지 위탁(가평-양평), 군포환경관리소 광역 이용(의왕시-군포시), 복지 업무에 관한 위탁(청송-안동) 등의 사무위탁이 새로 체결되었다(행정안전부, 2018: 50).

표 9-1 사무위탁별 현황(2017년)

계	상 · 하수 처리	쓰레기 처리	묘지	도로 건설	행정 기능	교육훈련
27	13	6	1	0	4	3

자료: 행정안전부(2018: 50).

(2) 행정협의회

지방자치단체는 2개 이상의 지방자치단체에 관련된 사무의 일부를 공동으로 처리하기 위해 관계 지방자치단체 간의 행정협의회를 구성할 수 있다(지방자치법 제169조 ①). 종전에는 행정협의회를 구성하기 위해서는 지방의회의 의결이 필요했으나 2021년 지방자치법 전부 개정에 따라 관계 지방의회에 보고로 간소화했다(지방자치법 169조 ②).

2017년 말 현재 광역 단위의 행정협의회(시 · 도가 구성원)는 충청권행정협의회 등 19개, 기초 단위의 행정협의회(시 · 군 · 구가 구성원)는 경기 중부권행정협의회 등 83개로 총 102개의 '행정협의회'가 운영되고 있다(〈표 9-2〉 참조). 2017년의 경우 '동

표 9-2 행정협의회 현황(2017년)

구분	계	권역별		기능별		구성원	
		광역권	기초권	광역 포함	기초	자치단체장	기타
누계	102	7	41	12	42	92	10
2017년 신규	3	1	1	1	0	3	0

자료: 행정안전부(2018: 51).

해남부권해오름동맹상생협의회', '경상북도 중 · 서부권행정협의회', '충청산업문화철도행정협의회'가 신규로 구성되는 등 '행정협의회'가 자치단체 간 공동 관심 사안에 대한 상생 협력의 유용한 제도적 장치로 활용되고 있다(행정안전부, 2018: 50).

수도권정책협의회

서울시, 인천시, 경기도는 '수도권정책협의회'를 구성해 최근 문제가 된 광역버스 입석 금지 문제 등 공통 현안을 논의하기로 했다고 2014년 7월 23일 밝혔다. 박원순 서울시장, 유정복 인천시장, 남경필 경기도지사는 이날 낮 12시 한국프레스센터에서 오찬 회동을 하고 수도권책협의회 구성에 합의했다. 협의회는 1년에 두 차례 열리며, 1차 협의회는 오는 10월 서울에서 열린다.

3개 시 · 도는 다음 달 중 공동 현안을 발굴해 9월 중 실무협의회에서 안건을 사전에 논의할 계획이다. 시 · 도지사들은 우선 최근 수도권 주민들이 불편을 겪는 광역버스 입석 금지 문제부터 해결하기 위해 3개 시 · 도의 부단체장을 실무단장으로 하는 교통 분야 태스크포스(TF)를 만들어 협의를 시작하기로 약속했다. 앞으로 환경, 안전, 경제 등 분야별 TF도 꾸려진다(경인일보, 2014. 7. 23).

접경지역 시장 · 군수협의회

접경지역 시장 · 군수협의회 개최 … 14건 현안 정부 건의

장정민 옹진군수, 인천~북한 간 크루즈 해양관광 추진 등 촉구

서울 강서구 코트야드메리어트 호텔에서 2020년 2월 21일 '접경지역 시장군수협의회(이하 협의회) 2020년 임시회의'가 개최됐다.

이날 협의회 10개 시·군 중 9개 시·군 단체장 또는 부단체장이 참석해 1부(용역 보고회)와 2부(간담회)로 나눠 회의를 진행했다.

협의회는 1부에서 국방개혁 등에 따른 군부대 해체·이전으로 지역경제 위축, 수도권 규제 및 군사시설 규제로 인한 여건 변화를 위한 실질적인 보상 근거를 마련하기 위해 △서해 5도 지원 특별법, △주한미군기지 이전에 따른 평택시 등의 지원 등에 관한 특별법 등의 '접경지역 지원 특별법 개정(안)'을 논의했다.

이어 2부에서는 서호 통일부 차관 주재로 DMZ 평화지대 정책 설명과 협의회 현안을 주요 내용으로 통일부–접경지역 시장군수협의회 간담회를 가졌다(중도일보, 2020. 2. 23).

(3) 지방자치단체조합

2개 이상의 지방자치단체가 하나 또는 둘 이상의 사무를 공동으로 처리할 필요가 있을 때에는 규약을 정해 당해 지방의회의 의결을 거쳐 시·도는 행정안전부 장관의, 시·군은 시·도지사의 승인을 얻어 지방자치단체조합을 설립할 수 있다(지방자치법 제176조 ①).

표 9-3 지방자치단체조합 운영 현황(2018년 12월 기준)

명칭	구성원	목적	승인 일자
부산·진해 경제자유구역청	부산시·경남도	부산·진해 경제자유구역 내 각종 인·허가사무 및 외자 유치 등	2004. 1. 20.
광양만권 경제자유구역청	전남도·경남도	광양만권 경제자유구역 내 각종 인·허가사무 및 외자 유치 등	2004. 1. 27.
수도권 교통본부	서울시·인천시·경기도	수도권 광역교통 추진 운영	2005. 2. 4. 2019. 4.19. 해산
대구·경북 경제자유구역청	대구시·경북도	대구·경북 경제자유구역 내 각종 인·허가사무 및 외자 유치 등	2008. 6. 10.
지리산권 관광개발조합	남원·장수·구례·곡성·함양·산청·하동	지리산 인근 7개 시·군 관광개발사업 공동 추진	2008. 9. 5.
지역상생 발전기금조합	17개 특별·광역시·도	수도권 규제 합리화 이익을 지방상생발전 재원으로 활용	2010. 5. 3.

자료: 행정안전부(2019: 35).

1991년 수도권매립지운영관리조합을 시작으로 지금까지 총 11개의 지방자치단체조합이 설립되었으며, 이 중 수도권매립운영관리조합이 수도권매립지공사로 전환(2000. 7. 2)되고, 자치정보화조합이 특수법인인 한국지역정보개발원으로 전환(2008. 2. 21)되었으며, 조합 운영의 목적이 달성된 '부산 · 거제간연결도로건설조합'(2011. 6. 8), '부산 · 김해경량전철조합'(2011. 12. 29), '황해경제자유구역청'(2014. 12. 30)이 해산되어 현재는 6개의 지방자치단체조합이 운영되고 있다(〈표 9-3〉 참조) (행정안전부: 2018: 51).

(4) 지방자치단체장 등의 협의체

지방자치단체장 또는 지방의회 의장은 상호 간의 교류와 협력을 증진하고 공동의 문제를 협의하기 위해 시 · 도지사, 시 · 도의회의 의장, 시장 · 군수 · 자치구의 구청장, 시 · 군 · 자치구의회의 의장에 의한 전국적인 협의체를 설립할 수 있다. 협의회를 설립한 때에는 당해 협의회의 대표자는 이를 지체 없이 행정안전부 장관에게 신고해야 한다(지방자치법 제182조 ①).

국가와 지방자치단체의 협력 체제 정립

지방자치분권 및 지방행정 체제 개편에 관한 특별법 제17조 ①은 국가는 지방자치단체와의 상호 협력 관계를 공고히 하기 위해 지방자치단체의 장들의 협의체 운영을 적극 지원해야 하며, 협의체와 관련 지방자치단체의 의견이 국정에 적극 반영될 수 있도록 해야 한다고 규정하고 있다.

대한민국시도지사협의회

1. 목적

시 · 도 상호 간의 교류와 협력을 증진하고 공동의 문제를 협의함으로써 지역사회의 균형발전과 지방자치의 건전한 육성에 기여

2. 연혁

전국시도지사협의회는 전국 광역지방자치단체장들로 구성된 협의체로서 1999년 1월 지방자치법 165조에 근거해 설립. 그 후, 2005년 4월 7일 지방분권의 실현과 지방정부의 공동사업을 체계적으로 추진하기 위해 사무처를 설치 · 운영

1999년 1월 23일: 전국시도지사간담회(제주)시 설립 의결

2005년 4월 7일: 전국시도지사협의회 사무처 개소

2010년 1월: 한국지방자치단체국제화재단 국제협력사업 지원 기능 이관 사무처 조직 개편 및 국제화지원실 신설, 지방의 국제협력사업 지원

3. 조직도(사무처)

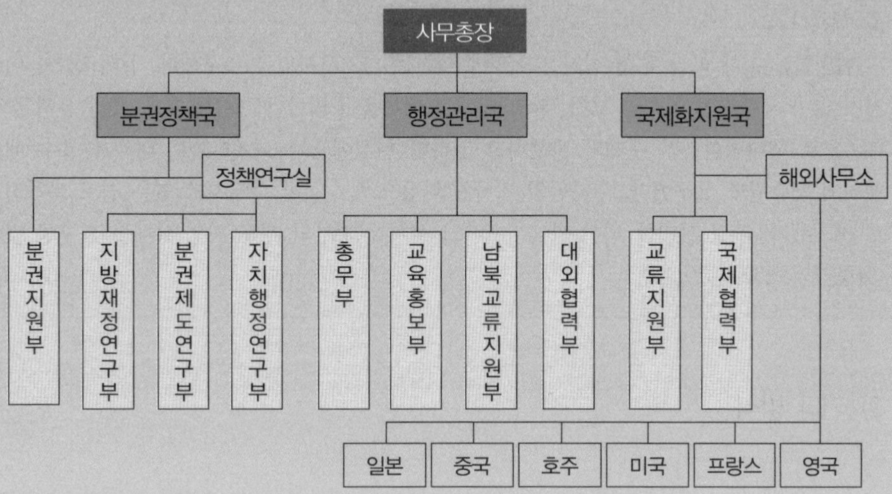

자료: https://www.gaok.or.kr/gaok/main/contents.do?menuNo=200130, 2020. 2. 25.

전국시도지사협의회-영유아무상보육 국비사업 전환해야

전국시도지사협의회는 영유아 무상보육 사업이 이대로 가면 지방재정 부담으로 6~7월이면 중단될 수밖에 없다며 전액 국비사업으로 전환하라고 촉구했다. 이들은 중앙정부가 협의 없이 지방정부에 행정·재정적 의무를 부과하면 더 이상 협조하지 않겠다고 밝혔다. 협의회는 2012년 3월 29일 서울 중구 프레스센터에서 기자회견을 갖고 "영유아 무상보육의 중단 없는 추진을 위한 중앙정부의 대책 마련을 촉구한다."고 밝혔다.

협의회는 "영유아 무상보육 사업을 위한 재원이 오는 6~7월이면 고갈되는데 정부는 22일 발표한 보육 서비스 개선 대책에 구체적인 지방재정 부담 경감 대책을 넣지 않았다."며 "영유아 무상보육은 선택적 복지가 아니라 보편적 복지이므로 전액 국비사업으로 전환해야 한다."고 촉구했다. 또 국회와 중앙정부가 지방재정에 심각한 영향을 미치는 사안을 결정할 때는 지방정부와 반드시 사전에 협의해야 한다는 점을 강조하면서 "협의 없이 지방정부에 행정 및 재정적 의무를 부과할 경우 이에 더 이상 협조하지 않겠다"고 밝혔다(연합뉴스, 2012. 3. 29).

"섬진강 살릴 대책 정부가 제시하라"

경남 하동·남해군, 전남 광양·순천시와 구례군 등 11개 자치단체가 1997년 구성한 **섬진강환경행정협의회**는 10일 서울 국회에서 섬진강 선언식을 열었다. 이 협의회는 그동안 섬진강의 효율적 이용과 보전·관리를 위해 섬진강 살리기 연구용역, 수질 개선 계획 수립 등을 해왔다..

협의회는 이에 따라 우선 섬진강 현황에 대한 종합조사사업을 촉구했다. 실태조사가 이뤄지지 않아 체계적인 이용과 보전, 관리 대책에 어려움이 많다는 이유에서다. 하천 유지 수량 부족으로 생태·환경적 문제가 발생하고 있다며 현실에 맞는 수량 확보 대책과 용수 배분 계획의 재수립도 요구했다. 수자원의 지나친 이용으로 수질이 나빠지고 있는 점도 문제점으로 제기됐다. 수질 관리를 위한 환경기초시설 설치에 정부의 재정 지원 확대를 요구한 것이다(중앙일보, 2013. 9. 11).

2) 기타 방식

(1) 지위 흡수

1961년 9월에 공포된 「지방자치에 관한 임시조치법」에서 기초자치단체였던 읍과 면의 자치단체로서의 지위를 군이 흡수한 것이 그 예이다.

(2) 구역 확장

대도시권에서 발생하는 광역적 문제를 해결하기 위해 주변 지역을 대도시에 편입하는 방식이다. 서울특별시와 광역시는 대체로 구역 확장을 통해 광역적 문제를 해결해 왔다.

(3) 시·군 통합

농촌 지역에서 분리된 시가 주변의 군 지역과 공존하지 못하고 오히려 시·군 간의 대립으로 인해 행정의 비능률을 초래했고, 지역 간의 격차가 심해지는 부작용이 발생해 추진된 것이 도시와 농촌 간의 자치구역 통합이다.

자치단체 간의 협력 사례(I)

경기도 동부지역의 5개 시·군(이천시, 광주시, 하남시, 여주군, 양평군)에서 나오는 쓰레기를 한데 모아 처리하는 대규모 광역소각장 설치를 위해 해당 자치단체들과 주민들은 5년에 걸쳐 논의한 끝에 2005년 5월 원만한 합의에 이르렀다. 건립 비용(828억 원)의 75%는 국비와 도비로, 나머지 추가 비용은 건립 부지를 제공하는 이천시를 제외한 4개 시·군이 공동 부담하기로 했다(중앙일보, 2005. 5. 4).

자치단체 간의 협력 사례(II)

너도 나도 싫다면 함께 짓자 … 공동 화장장 세운 6개 지자체

지난 1일 문을 연 함백산추모공원에 각 지자체의 관심이 쏠리고 있다. 지역 주민에게만 우선 이용·요금 감면 등의 혜택을 주는 다른 지역 장례시설과 달리, 화성·안산·부천·안양·시흥·광명 등 6개 지자체 주민들이 같은 혜택을 받는다.

이들 지자체가 공동으로 건립한 장사시설이기 때문이다. 화성시가 매송면 숙곡1리 일대 30만 1,146m² 상당의 부지를 댔고, 전체 예산 1,714억 원은 인구 비율에 따라 6개 지자체가 함께 분담했다. 화장시설 13기를 갖춰 하루 최대 48건의 화장을 할 수 있다. 장례식장 8실, 봉안시설 2만 6,514기, 자연장지 2만 5,300기, 주차장, 공원 등도 들어섰다. 개원 이후 지난 14일까지 393건의 화장이 이뤄졌다(중앙일보, 2021. 7. 21).

제 2 절 지방자치단체 간의 분쟁

1. 지역이기주의

1) 지역이기주의의 개념

국가 전체 또는 사회 공동의 이익보다는 자기 지역의 이익을 우선시하는 지역 주민 또는 자치단체의 성향을 말한다. 어떤 지역이 지역의 특수성에 입각해 주민의 애향심을 토대로 지역 발전을 도모하는 것을 지역주의라고 한다면, 지역이기주의는 전체나 공동의 이익보다는 그 지역의 이익만을 배타적으로 주장하는 것이라 할 수 있다(최창호, 2001: 718).

2) 지역이기주의의 특징

지역이기주의가 최근에 주요 사회 문제로 부각된 근본 원인은 다음과 같다(김흥식, 1993: 25-35).

(1) 심각성

지역이기주의는 국가적으로나 지역적으로 꼭 필요한 공공시설의 건설에 막대한 지장을 주고 있기 때문에 심각한 사회 문제로 여겨지는 것이다. 지역이기주의는 정부와 주민, 중앙정부와 지방정부, 그리고 지방정부 상호간에 갈등 및 분규를 증폭시키고 있으며, 시위 점거 농성 등의 물리적 행위를 동반한 집단행동을 만연시키고 있어서 심각한 사회 문제로 인정되고 있다.

(2) 복잡성

지역이기주의의 복잡성은 그 원인이 다양하고 이질적이기 때문이다. 지역이기주의의 원인에 대해서는 입지 선정의 부당함, 정부의 보상 미흡, 정부에 대한 불신, 밀실 행정, 주민들의 이기심, 주민들의 감정적 평가 등으로 매우 다양하다.

(3) 불확실성

지역이기주의는 불확실성에 의해 심화된다. 혐오시설이 인간의 건강에 얼마나 영향을 미치는가에 대한 정확한 정보나 과학적 근거가 없기 때문에 지역이기주의가 심화되는 것이다. 전문가들의 견해도 일치하지 않지만 혐오시설을 관리하는 능력 또한 불확실하기 때문이다.

(4) 해결 곤란성

지역이기주의는 이해당사자가 다양하고, 원인도 다원적이고 이질적인 상황에서 전개되기 때문에 문제의 해결이 곤란하다. 또한 미래의 상황을 정확히 예측할 수 없다는 불확실성에 대한 예비적 우려에서 야기되는 경우가 많아 해결이 곤란하다.

3) 지역이기주의의 유형

(1) 혐오적 지역이기주의(NIMBY)

지방자치단체 또는 지방 주민들이 그 지역 내의 일정한 시설의 설치, 계획의 추진 등에 대해 반대하는 지역이기주의이다. 핵폐기물처리장 건설, 부랑인 수용시설 건설 등을 반대하는 것이 이러한 예에 해당한다.

(2) 선호적 지역이기주의(PIMFY)

선호시설이나 계획을 자기 지역에 유치하려는 지역이기주의이다. 종합전시장과 같은 특정 시설을 자기 지역에 유치하려고 하거나 고속철도의 역이 자기 지역에 개설되도록 하려는 것 등이 이에 해당한다.

화성시 6개 마을 화장장 유치 경쟁

사실 화장장과 장례식장 등을 갖춘 장사시설은 대부분 꺼리는 대표적인 혐오시설이다. 화성시도 당초 2008년 비봉면 청요리에 추모공원(납골당)을 개장하면서 화장로 3~4기를 함께 만들려 했었다. 그러나 주민 반발에 슬그머니 계획을 물렸다. 이는 화성시만의 일이 아니다. 그런데 이번엔 상황이 180도 달라졌다. 너도나도 나섰다. 지난 달 28일 마감한 유치 신청에 ▸서신면 궁평2리, ▸봉담읍 상2리, ▸매송면 숙곡1리, ▸매송면 송라1리, ▸비봉면 삼화2리, ▸비봉면 양노2리 6개 마을이 출사표를 던졌다. '내 마을엔 절대 안 된다'는 '님비(NIMBY · not in my back yard)'가 '제발 와 달라'는 '핌피(PIMFY · please in my front yard)'로 바뀐 것이다. 도대체 왜 이런 변화가 생긴 것일까.

첫째 비결은 당근이다. 각각 장사시설을 지으려다 좌절한 부천 · 안양 · 평택 · 시흥 · 군포 · 의왕 · 과천 · 화성 8개 지자체는 공동으로 이용할 장사시설을 짓기로 했다. 그러면서 지자체들이 힘을 보태 유치 마을에 300억 원의 보상을 주기로 했다. 마을 숙원사업을 실시하는데 100억 원을 지원하고, 주민들이 논의해 쓸 수 있는 발전기금 50억 원을 조성하는 등이다. 일자리도 늘어난다.

혐오시설에 대한 인식 개선 역시 한몫했다. 주민들은 2010년 8월 화성시 봉담읍에 문을 연 소각시설 '그린환경센터' 안에 수영장과 피트니스센터가 들어선 것을 목격했다. 지자체들의 준비 과정 또한 철저했다. 주민 대상 설명회를 4~5차례 열고, 장사 전문가를 초청해 "첨단 화장장은 공원처럼 꾸며진 편의시설이 될 수 있다."고 홍보했다. 그 결과 6개 마을은 평균 80%가 넘는 주민 동의를 얻어 유치를 신청하게 됐다(중앙일보, 2013. 7. 3).

4) 지역이기주의의 원인

(1) 행정환경적 원인

가. 주민의 권리 의식 향상

군사정권 시절에는 반발 없이 추진되던 국책사업이 민주화에 따른 권리 의식의 향상에 따라 극단적 저항이나 반대운동에 직면하게 되었다.

나. 지방자치의 실시

지방자치의 실시에 따라 지방의회가 구성되고 민선단체장이 등장함에 따라 주민의 입장이나 의견을 적극 대변하지 않을 수 없게 되었다.

다. 공동체 의식의 취약

공동체 의식이 미약해 전체의 이익보다는 특정 지역의 이익만을 우선시하는 배타주의가 팽배하게 되었다.

라. 환경에 대한 관심의 고조

환경에 대한 관심이 높아짐에 따라 환경오염을 야기할 수 있는 혐오시설에 대한 반대가 심화되었다.

마. 보상 수준의 미흡

혐오시설의 입지는 해당 지역에는 부정적 효과가 발생하고 다른 지역을 위해 특별한 손실을 입게 된다. 따라서 미흡한 보상은 지역이기주의를 주장하게 하는 요인이 된다.

(2) 행정 체제적 원인

가. 갈등 조정 활동의 저조

정부 간 갈등이나 정부와 주민 간의 갈등을 조정하는 정부의 활동이 저조한 경우 지역이기주의는 더욱 심화된다. 현재는 이를 위해 자치단체 간 분쟁조정위원회가 있을 뿐이다.

나. 행정 절차상의 과오

혐오시설의 입지 선정과 같은 행정 과정에서 해당 지역의 주민이나 자치단체가 참여해 의견을 반영하지 못하고 폐쇄적으로 결정된 경우에는 해당 지역의 반발이 심화될 가능성이 높다.

다. 행정에 대한 불신

행정에 대한 불신이 반복되면 정부가 발표한 자료나 정보를 불신하고 사업이나 계획에 대한 반대가 심화된다.

5) 지역이기주의의 극복 방안

(1) 행정환경적 원인

가. 공동체 의식의 함양

해당 지역이나 집단의 이익만을 우선시하지 않고 사회 전체적인 이익도 고려할 줄 아는 공동체 의식을 함양할 수 있는 교육 프로그램의 도입이 필요하다.

나. 적정한 보상

혐오시설의 입지는 해당 지역에는 부정적 효과가 발생하고 다른 지역을 위해 특별한 손실을 입게 되므로 불이익에 대해서는 적정한 보상이 필요하다.

(2) 행정 체제적 원인

가. 갈등 조정기구의 설치

자치단체 간의 갈등을 조정하기 위한 분쟁조정위원회 외에 주민과 정부 간의 갈등을 중재 조정할 수 있는 독립성이 보장된 조정기구가 필요하다.

나. 이해 당사자의 참여 보장

혐오시설의 입지 선정과 같은 행정 과정에서 해당 지역의 주민이나 자치단체가 참여해 의견을 반영할 수 있는 기회를 충분히 부여할 필요가 있다.

다. 행정에 대한 신뢰의 회복

행정에 대한 불신은 갈등의 해결을 더욱 곤란하게 하므로 행정에 대한 신뢰를 회복해서 불필요한 대립을 방지해야 한다.

2. 지방자치단체 간 분쟁 조정

1) 지방자치단체 간 분쟁의 개념

지방자치단체 간에 권한이나 이해관계가 대립해 한 자치단체의 목표 성취가 다른 자치단체의 목표 성취와 공존할 수 없는 상태를 말한다.

2) 지방자치단체 간 분쟁의 특징

(1) 다양성

지방자치가 실시됨에 따라 나타난 지방자치단체 간의 분쟁은 원인과 유형이 다양하다. 혐오시설의 설치 반대와 관련한 분쟁, 권한에 대한 분쟁이 있고, 자치단체 간의 분쟁과 자치단체와 국가 간의 분쟁도 있다.

(2) 난해성

지방자치단체 간의 분쟁은 분쟁 당사자가 상이하고 지역이기주의로 인해 그 원인이 복잡하고 다양하기 때문에 해결 또한 곤란하다.

(3) 불가피성

생활권과 경제권의 확대에 따라 지방자치단체의 경계를 넘어서 발생하는 광역적 사무가 증가해 자치단체 간에 상호 협력의 필요성이 증가하고, 그 결과로 자치단체 간의 분쟁 발생이 불가피해진다.

3) 지방자치단체 간 분쟁의 원인

지방자치의 실시에 따라 더욱 심화되고 있는 자치단체 간 분쟁의 원인은 다음과 같이 요약해 볼 수 있다.

(1) 지방자치의 실시

지방자치가 실시됨에 따라 지방행정이 자치구역을 단위로 이루어지고 민선단체장이 등장해 지역의 입장과 이익을 좀 더 적극적으로 주장하게 되어 다른 자치단체나 국가와의 분쟁이 발생하게 되었다.

(2) 광역적 사무의 증가

생활권과 경제권의 확대에 따라 발생하는 광역적 사무를 처리하기 위해 자치단체 간의 공동 의사 결정의 필요성이 증가하고, 이 과정에서 다른 자치단체 간의 분쟁이 발생한다.

(3) 지역이기주의

지방자치의 실시에 따라 공동의 이익보다는 자기 지역의 이익을 우선시하는 지역 이기주의 현상이 다양한 형태로 표출됨으로써 자치단체 간의 분쟁이 발생한다.

4) 지방자치단체 간 분쟁의 유형

분쟁을 유형화하는 것은 분쟁의 본질을 명확하게 분석·평가하고 구체적으로 특정의 분쟁을 해결하기 위한 가장 적합한 해결 방안을 모색하기 위해 필요하다. 유형화는 분류 기준에 따라 여러 가지로 나뉠 수 있으나 여기서는 몇 가지 기준으로만 살펴보고자 한다(김영수, 1994: 11-20).

(1) 분쟁 주체에 의한 분류

가. 국가와 지방자치단체 간

국가와 지방자치단체 간의 분쟁은 국가와 광역자치단체 및 기초자치단체 간의 분쟁으로 나눌 수 있다.

나. 지방자치단체 상호 간 분쟁

지방자치단체 상호 간의 분쟁은 광역과 기초 간, 광역 상호 간 및 기초 상호 간의 분쟁으로 나눌 수 있다.

목동 알짜 땅, 시 · 양천구 15년 싸움

서울시와 양천구가 목동의 금싸라기 땅의 용도와 개발 방향을 놓고 15년째 갈등을 빚고 있다. 원래 이 땅은 서울시 소유였지만 1998년 66억 원을 받고 양천구에 매각했다. 당시 감정가는 480억 원이었으나 '지역경제 발전을 위한 도시형 공장 설립'을 조건으로 싸게 넘긴 것이었다. 하지만 소유권을 확보한 양천구는 1999년 일부 부지(1만 578m^2)를 대형마트에 2024년까지 임대했다. 서울시와의 계약 조건을 위반한 셈이었으나 양천구는 소유권이 이전된 후라서 문제될 게 없다고 판단했다. 실제로 서울시는 당시 매매 계약서에 "지정 목적대로 부지를 사용하지 않을 경우 매매 계약을 해제할 수 있다"는 단서를 달았지만 이 단서는 소유권 이전 후에는 적용되지 않도록 돼 있었다.

서울시와 양천구는 지난해 이 문제를 놓고 다시 충돌했다. 양천구가 임대계약을 체결하고 남은 땅(8,594m^2)에 대한 매각 계획을 세우면서다. 구청은 매각 금액 전부를 구민들을 위해 사용할 계획이라는 논리를 내세웠다.

서울시는 부지의 공공성을 고려해 구체적인 개발계획을 구청이 내놔야 한다는 입장이다. 서울시 조영국 택지개발팀장은 "구청이 개발 계획을 수립하면 용도 변경은 가능하다."고 말했다. 또 다른 서울시 관계자는 "공공도서관 등 공공의 이익을 위해 사용할 수 있는 방법이 있지만 무턱대고 매각을 추진해 문제가 된 것"이라고 말했다(중앙일보, 2013. 12. 17).

벽제승화원 부대시설 운영권, 고양시민 품으로(서울시-고양시)

서울시가 경기도 고양시에 있는 서울시 소유의 기피시설(님비 · NIMBY)을 현대화하고, 일부 부대시설의 운영권을 고양시민에게 이관한다. 박원순 서울시장과 최성 고양시장은 2일 고양시 덕양구 현천동 난지물재생센터에서 '서울시－고양시 상생발전 공동 합의문'을 맺었다. 고양시에는 서울시가 운영하는 난지물재생센터(하수처리장)와 벽제승화원(화장장 · 묘지 · 봉안당) 등으로 인해 인근에 거주하는 주민의 반발이 지속됐다.

합의문에 따라 이날부터 승화원의 부대시설인 식당 · 매점 · 자판기의 운영권이 순차적으로 고양시민에게 이관된다. 고양시민이 서울시립 시설물을 이용할 때도 요금 · 시간 등에서 서울시민과 동등한 혜택을 받는다. 시설물에서 일하는 직원을 채용할 경우 인근 주민에게 우선권을 준다. 서울시는 중장기적으로 시설물의 현대화를 추진하기로 했다(중앙일보, 2012. 5. 3).

(2) 분쟁 내용에 의한 분류

가. 권한 분쟁

특정 지방자치단체의 처분 또는 부작위가 헌법 또는 법률에 의해 부여받은 다른 지방자치단체의 권한을 침해했거나 침해할 현저한 위험이 있는 경우에 지방자치단체 간에 발생하는 분쟁을 의미한다.

나. 이익 분쟁

지방자치단체가 국가 전체적인 이익보다는 당해 자치단체의 이익을 추구해 자치단체 간에 이해관계가 상충하는 분쟁을 의미한다.

(3) 분쟁 원인에 의한 분류

가. 유치 분쟁(PIMFY)

지방자치단체가 자기 지역에 이익이 되는 조치 혹은 정책 및 시설을 당해 지역으로 유치하는 과정에서 발생하는 지방자치단체 간의 분쟁을 의미한다.

나. 기피 분쟁(NIMBY)

지방자치단체가 자기 지역에 불이익이 되는 조치 혹은 정책 및 시설이 당해 지역에 입지하는 것을 회피하는 과정에서 발생하는 지방자치단체 간의 분쟁을 말한다.

전국이 '갈등 활화산'

전국 각 지역이 '제2의 밀양 송전탑 건설', '제2의 울산 반구대 암각화'와 같이 극심한 갈등으로 비화될 만한 현안들로 몸살을 앓고 있다. 동아일보가 23일 국무조정실(옛 국무총리실)이 관리하고 있는 '현재 갈등과제 50개'의 세부 내용을 분석한 결과 전국 15개 시・도에 최소 51곳의 기초자치단체가 각종 갈등 사안에 휘말려 있는 것으로 나타났다. 전국의 4분의 1가량이 직접적 갈등에 휩싸여 있는 셈이다. 수치에는 포함되지 않았지만 '혁신도시 이주자 지원'이나 '민자고속도로 통행료 인상 추진'같이 특정 지역이 아닌 전국 곳곳에 연계된 갈등도 적지 않아 실제 갈등을 겪는 지자체는 그보다 훨씬 많을 것으로 예상된다.

갈등 과제 50개 중에는 미래창조과학부와 대전시가 협의 중인 과학비즈니스벨트 용지 매입비 분담 문제처럼 중앙정부와 지방 간의 갈등도 있고 서울과 인천이 치열하게 갈등을 빚고 있는 수도권 매립지 사용 연장처럼 지역 간 갈등도 포함돼 있다.

특히 50개 갈등 과제 중에는 수년째 갈등이 해결되지 않은 채 이어져 온 '고질적인 갈등'이 많은 것으로 나타났다(동아일보, 2013. 5. 24).

5) 지방자치단체 간 분쟁조정 제도

(1) 분쟁조정 제도의 의의

분쟁조정 제도란 지방자치단체 간에 발생한 분쟁에 대해 제3자의 개입에 의한 객관적인 분쟁 해결을 의미한다.

(2) 외국의 분쟁조정 제도

선진국들의 경우 지방자치단체 간의 분쟁은 대부분 사회적인 문제로 비화하지 않도록 사전적 조정으로 해결하고 있다.

자치단체 간의 분쟁이 계속되는 경우에는 전문적 분쟁조정 기구를 통해 사후적 조정을 하는데, 그중 대표적인 것은 다음과 같다(김영수, 1994: 93-135).

가. 미국의 ADR(Alternative Dispute Resolution)

미국에서는 분쟁을 법원의 소송에 의하지 않고 중립적 제3자가 최종적으로 해결하게 하는 ADR(대안적 분쟁 제도)를 채택하고 있는 경우가 많다. 버지니아와 위스콘신에서 사용된 ADR 제도를 살펴보면 다음과 같다.

가) 지방정부위원회(Commission on Local Government): 버지니아

1980년 이후 버지니아주는 지방정부 간 분쟁을 중재하기 위해 지방정부위원회를 설치해 정치, 행정, 법률 관련 전문가들이 참여했다. 이 위원회는 주 안에서 지방정부 간 중재와 협상 촉진의 기능을 수행하는 바, 협상에 참여할 각 지역의 협상 대표를 선정하고 법원이 분쟁에 관해 결정을 내릴 때에는 이에 조언하는 것이다.

나) 쓰레기시설입지분쟁위원회: 위스콘신, 매사추세츠

위스콘신주와 매사추세츠주에서는 시설 입지에 관해 주 전체의 이익을 조정하기 위해 쓰레기시설입지분쟁위원회를 설치했다. 이 위원회는 쓰레기 시설의 입지에 관한 시설개발업자와 지방정부 간의 분쟁을 해결했다.

나. 일본의 자치분쟁 조정제도

일본의 광역자치단체 간 분쟁은 총무대신이, 기초자치단체 간의 분쟁은 광역자치단체의 지사가 당사자의 신청이나 직권으로 조정에 회부할 수 있다(일본 지방자치법 제251조). 자치분쟁 처리위원은 3명으로 뛰어난 식견을 가지는 사람 중에서 총무대신 또는 도도부현(都道府縣) 지사가 각각 임명한다. 이 경우에 대해서는 총무대신 또는 도도부현 지사는 미리 해당 사건에 관계가 있는 사무를 담임하는 각 대신 또는 도도부현의 위원회 혹은 위원에게 협의하는 것으로 한다(일본 지방자치법 제251조 2).

(3) 한국의 분쟁조정 제도

가. 감독기관의 분쟁 조정

지방자치단체 상호 간 또는 지방자치단체장 상호 간에 분쟁이 발생했을 때에 시·도 또는 그 장이 당사자인 때에는 행정안전부 장관이, 시·군·자치구 또는 그 장이 당사자인 때에는 시·도지사가 당사자의 신청에 의해 이를 조정할 수 있다. 다만, 분쟁이 공익을 현저히 저해해 조속한 조정이 필요하다고 인정되는 경우에는 당사자의 신청이 없는 때에도 직권으로 이를 조정할 수 있다(지방자치법 제165조 ①). 행정안전부 장관 또는 시·도지사가 분쟁을 조정하고자 할 때는 관계 중앙행정기관의 장과 협의를 거쳐 지방자치단체 분쟁조정위원회의 의결에 따라 조정해야 한다(지방자치법 제165조 ③).

나. 지방자치단체 분쟁조정위원회

지방자치단체 간의 분쟁 조정과 행정협의회 협의 사항의 조정에 필요한 사항을 심의·의결하기 위해 행정안전부에 지방자치단체 중앙분쟁조정위원회와 시·도에 지방자치단체 지방분쟁조정위원회를 둔다(지방자치법 제166조 ①).

'중앙분쟁조정위원회'(「지방자치법」 제166조)는 시·도 간, 시·도를 달리하는 시·군 및 자치구 간, 또는 시·도와 시·군 및 자치구 간의 분쟁 조정과 공유수면 매립지 등 신규 토지의 관할 지방자치단체 결정 등을 주요 기능으로 하고 있다. 지방자치단체 간 분쟁의 경우 위원회는 분쟁 당사자의 신청 또는 직권으로 조정 결정을 하며, 지방자치단체의 장은 그 결정 사항을 이행해야 하고, 불이행 시 이행명령과 대

집행을 할 수 있도록 규정하고 있다.

2000년 4월 25일 위원회 구성 이후 2017년까지 총 20건(조정 12건, 각하 2건, 취하 5건, 기각 1건)의 지방자치단체 간 분쟁을 처리했다(〈표 9-4〉 참조). 2009년 4월 1일 「지방자치법」 제4조를 매립지 및 등록이 누락된 토지 등 신규 토지 관할을 중앙분쟁조정위원회의 심의·의결에 따라 행정안전부 장관이 결정하도록 개정함에 따라, 2017년까지 총 240건의 신규 토지에 대해 귀속 지방자치단체를 결정했다(안전행정부, 2018: 53).

표 9-4 중앙분쟁조정위원회 분쟁·조정 운영 실적

안건 명	당사자	결정
경전철 노선변경에 따른 환승역사 건립 부담	경기 의정부시 → 서울시	조정(2001.1.31)
아산국가공단 항만 개발 경계 관련	경기 평택시 → 충남 당진군	각하(2001.1.31)
행정구역 개편에 따른 잡종재산 인계	경기 김포시 → 인천 계양·서구	각하(2001.1.31)
아산만 방조제 및 담수호 경계 분쟁	경기 평택시 → 충남 아산시	조정(2001.7.6)
자동차 액화가스 충전소 설치	경기 부천·인천 계양 → 경기 김포시	취하(2001.7.6)
자동차 액화가스 충전소 설치	서울 강동구 → 경기 하남시	취하(2001.11.23)
신항만 1-1단계 시설관할권(1차, 2005.11)	경남도 → 부산시	조정(2008.6.17)
신항만 1-1단계 시설관할권(2차, 2006.11)	부산시 → 경남도	조정(2008.6.17)
칠곡재래시장 소유권 분쟁	대구 북구 → 대구시	취하(2008.12.10)
사설 납골시설 공설화	경기 화성시 → 종로구 등 7개구	조정(2008.6.17)
강남순환도시고속도로사업 도시계획시설 결정	서울시 → 경기 과천시	조정(2011.12.20)
행정구역 명칭 변경 관련 분쟁	충북 단양군 → 경북 영주시	조정(2012.6.14)
읍내어린이공원 소유권 분쟁	대구 북구 → 대구시	기각(2013.1.31)
지역상생발전기금 법정출연금 납입	13개 비수도권 시·도 → 서울시	조정(2014.6.16)
자동차등록사무소 분소 운영 관련	서울 강남구 → 경남 함안군	취하(2014.12.15)
창원·부산 도로 건설 손실보전금 분담 분쟁	경남도 → 부산시	조정(2016.4.25)
전남교육청사 도시관리계획 변경 분쟁	전남교육청 → 광주시	조정(2016.12.12)
전남교육청사 매매분납금 이자율 분쟁	광주교육청 → 전남교육청	조정(2017.11.29)
개화천변 침수 방지 협약 위반 분쟁	경기 광명시 → 서울시	취하(2017.2.13)
자동차면허세 감소분 보전 분쟁	인천 서구 등 8개구 → 인천시	조정(2017.4.10)
부산 시립부전도서관 개발사업 분쟁	부산진구 → 부산시	각하(2018.8.27)

주: 매립지 등 신규 토지 관할 결정(240건)은 제외.
자료: 행정안전부(2019: 38).

다. 환경분쟁조정위원회

환경오염에 따른 분쟁의 조정을 위해 환경부에 중앙환경분쟁조정위원회를, 시·도에는 지방환경분쟁조정위원회를 둔다(환경분쟁조정법 제4조). 환경분쟁조정위원회는 알선, 조정 및 재정을 한다. 환경분쟁조정위원회는 중대한 환경 피해가 발생해 이를 방치하면 사회적으로 중대한 영향을 미칠 우려가 있다고 인정되는 경우의 분쟁으로서 대통령령이 정하는 분쟁에 대해서는 당사자의 신청이 없는 경우에도 직권으로 조정 절차를 개시할 수 있다(환경분쟁조정법 제30조).

라. 헌법재판소

헌법재판소는 지방자치단체 상호 간의 권한 쟁의에 관한 심판을 관장한다(헌법 제111조 ①의 4). 지방자치단체 상호 간에 권한과 의무의 존재 여부 또는 범위·내용에 관해 분쟁이 발생한 경우에는 헌법재판소가 이를 해석·심판해 분쟁을 해결하고 있다(헌법재판소법 제62조).

분쟁 조정 기능의 강화

기존의 분쟁 조정 제도는 자치단체 상호 간 또는 자치단체장 상호 간의 분쟁을 대상으로 하나 국가와 지방자치단체 간의 분쟁에 대해서는 조정기관이 불명확했다. 이에 따라 지방자치분권 및 지방행정 체제 개편에 관한 특별법 제17조 ②에는 국가 및 지방자치단체는 국가와 지방자치단체 간 또는 지방자치단체 상호 간에 발생하는 분쟁을 효율적으로 해결하기 위해 분쟁 조정기구의 기능을 활성화하고, 분쟁 조정 체계를 정비하는 등 분쟁 조정 기능을 강화해야 한다고 규정하고 있다.

제10장 지방자치단체와 중앙정부

제 1 절 정부 간 관계의 유형

중앙정부와 지방정부 간의 관계는 각국의 정치적 전통에 따라 다양하다. 민주주의와 지방자치의 전통이 강한 나라일수록 중앙정부와 지방정부의 관계가 상호 대등한 동반자적 관계를 유지하고, 그렇지 않을수록 수직적 상하 관계를 유지한다. 우리나라의 경우 지방자치가 실시되기 이전에는 중앙과 지방의 관계가 수직적 상하 관계에 있었다고 할 수 있으나 지방자치가 실시됨에 따라 중앙정부에 대한 지방정부의 지위가 점차 강화되는 추세에 있다.

정부 간 관계에 대해서 라이트(Deil S. Wright)는 분리모형(seperated authority model), 포괄모형(inclusive authority model), 중첩모형(overlapping authority model)으로(Wright, 1988: 39-52), 엘코크(Howard Elcock)는 대리자모형(agent model), 동반자모형(partnership model), 교환모형(exchange model)으로 나누었다(Elcock, 1982: 3-7).

일본의 무라마쓰 미치오(村松岐夫)는 중앙정부와 지방정부의 관계에 대해 두 유형으로 나누고, 지방자치 위기론자들이 수직적 행정통제모형으로의 전락을 우려하고 있

그림 10-1 | 정부 간 관계 유형

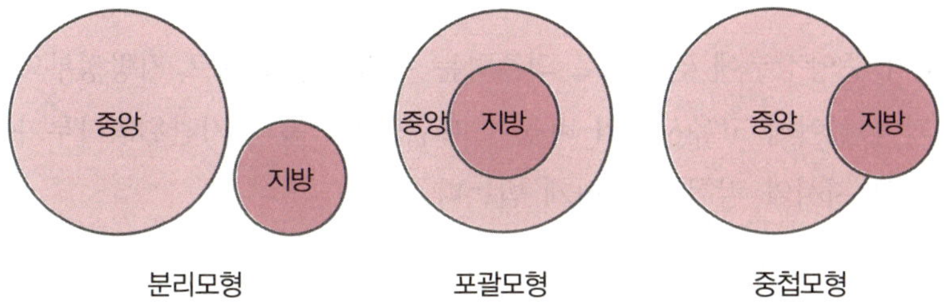

지만 깊이 관찰해 보면 수평적 정치경쟁모형의 적합성이 높다고 한다(村松岐夫, 1984: 5).

이같이 학자에 따라 다양하게 정부 간 관계의 유형을 분류했다. 하지만 이러한 분류는 모형의 명칭이 다르긴 하지만 결국 중앙정부와 지방정부 간의 관계가 상호 독립적인지 상호 의존적인지 아니면 종속적인지의 차이에 불과하다. 라이트는 정부 간 관계를 세 가지 유형으로 나누고, 지방정부의 사무 구성, 중앙과 지방 간의 관계의 차이를 밝히고 있다(Wright, 1988: 39-52).

여기서는 라이트의 분류를 중심으로 설명하고자 한다. 라이트의 유형 분류는 연방제도를 전제로 한 것이지만, 이를 중앙정부와 지방정부 간의 관계에 적용해서 고찰해 볼 수도 있기 때문이다.

1. 분리모형

분리모형은 중앙정부와 지방정부가 상호 대등한 입장에 있는 경우이다. 지방정부의 자치권은 지방의 고유 권리로서 중앙정부에 의해 축소될 수 없으며, 양자 간의 관계는 상호 독립적이다. 지방정부의 사무는 고유사무가 대부분이므로 중앙정부와 상호 협력의 필요성을 크게 느끼지 않는다.

2. 포괄모형

지방정부가 중앙정부에 전적으로 의존하는 수직적인 관계로 지방정부의 자치권이 극히 제한되어 있어서 고유사무의 비율이 매우 낮다. 특히 기관위임사무가 대부분으로 중앙정부의 지시와 감독을 강하게 받는다.

3. 중첩모형

중앙정부와 지방정부가 상호 독자성을 유지하며 기능적으로 상호 의존 관계에 있는 경우이다. 지방정부의 사무는 고유사무의 비중이 크고, 위임사무에서도 단체위임사무의 비중이 크다. 중앙정부는 상대적으로 우월한 재정력과 정보를 통해 지방정부를 지원하고, 지방정부는 중앙정부의 사무 처리에 협력한다.

이상의 세 유형을 통해 살펴보면, 우리나라 정부 간 관계의 유형은 지방자치의 실시에 따라 수직적인 포괄형에서 상호 의존적인 중첩형으로 변화하는 추세에 있다.

제 2 절 중앙통제

1. 의의

지방자치단체는 국가의 한 부분으로 존재하므로 중앙정부와 분리해서 존재할 수 없다. 따라서 중앙정부는 국가 전체의 균형적 발전을 위해 지방자치단체에 대해 지원과 통제를 행할 필요가 제기되는 것이다. 중앙통제는 중앙정부의 지방자치단체에 대한 통제를 의미한다. 중앙통제는 지방자치단체의 자치권 내지 독자성을 가능한 한 존중하면서 국가 전체의 균형을 확보하는 분권과 집권의 공존 및 조화를 지향하는 것이다.

2. 목적

1) 국가적 통일성의 유지

지방행정 서비스의 질적 수준은 지방 재정력에 의존한다. 그런데 지방자치단체 간의 재정력의 격차로 인해 자치단체별로 복지 수준, 교육 수준, 보건·위생 수준의 격차가 발생할 수 있다. 그런데 모든 자치단체가 반드시 제공해야 할 국민적 최저 수준(national minimum)을 충족시키기 위해서는 중앙정부의 통제가 필요하다.

2) 국가 이익과 지역적 이익 간의 조정

국가 전체적으로 필요한 발전소, 군사시설, 공항, 철도 등의 건설에 대해 지방자치단체가 지역이기주의로 인해 반대하는 경우 중앙정부는 국가 전체적인 이익과 지방의 이익에 대한 조정을 통해 국책사업을 추진할 필요가 있다.

3) 지역 간 불균형 해소

각 지방의 부존자원이나 입지 조건이 다양하므로 지역 간의 발전 정도의 격차는 불가피하다. 따라서 중앙정부가 국가 전체의 균형적 발전을 위해 낙후된 지역에 대한 재정적·행정적 지원을 기울이지 않으면 지역 간의 격차는 더욱 심화된다.

3. 중앙통제의 비교

자치 제도는 영국을 중심으로 하는 주민자치와 프랑스와 독일을 중심으로 하는 단체자치의 두 전통이 있다. 이러한 두 전통에 따라 중앙통제의 방식도 다음과 같은 차이가 있다(장지호, 1992: 283-296).

1) 주민자치: 입법부·사법부에 의한 통제 위주

① 지방자치관계법의 증가는 자치단체에 대한 통제의 목적보다는 권한 부여를 위한 수단으로 사용된다.

② 지방자치단체는 위법적·월권적 권한 행사가 아닌 한 중앙정부의 간섭 없이 자율적으로 처리한다.
③ 지방자치단체를 종합적·전문적으로 감독하는 중앙행정기관이 존재하지 않는다.
④ 중앙과 지방 간의 권력구조는 분권적 구조이다.

2) 단체자치: 행정부에 의한 통제 위주

① 지방자치단체의 권한을 법률로 구체적인 명시를 하지 않고 별도의 규정이 없는 한 지방 주민의 안녕·복지에 관한 모든 사무를 처리한다.
② 지방자치에 관한 규정을 행정명령에 많이 위임해 행정기관에 의한 통제가 중앙통제의 중요한 방식이다.
③ 지방자치단체에 관한 사항을 종합적·집중적으로 관장하는 중앙행정기관이 존재한다.
④ 중앙과 지방 간의 권력구조는 집권적이다.

4. 중앙통제의 변화

중앙통제의 주된 방법에서 변화가 일어나고 있다. 영국과 미국의 경우는 입법적·사법적 통제가 주된 통제 방법이었으나 행정적 통제가 강화되고, 행정적 통제가 주된 통제 방식이었던 대륙계에서는 행정적 통제 방식이 약화되고 있다.

1) 영·미의 행정적 통제 강화

영·미에서는 행정적 통제가 강화되고 있는데, 그 이유는 다음과 같다.

(1) 중앙정부에 대한 재정적 의존 심화

자본주의의 고도화에 따라 빈부 간의 격차 문제, 노사 간의 갈등 문제 등이 제기되고, 도시화에 따라 교통·주택 등의 문제가 제기되어 지방정부의 행정 수요가 급속히 증가했다. 그러나 이러한 행정 수요에 대응할 만한 재정적 능력이 부족해 중앙정부의 재정적 지원에 의존하게 되었다. 중앙정부에 대한 재정적 의존이 심화됨에 따라 지방에 대한 중앙정부의 행정적 통제가 강화되었다.

(2) 행정 기능의 전문화

자본주의의 고도화와 도시화에 따라 제기되는 사회적·경제적 문제를 해결하기 위한 정책의 수립이 요구되었으나 지방정부는 이를 위한 전문적인 지식과 기술을 갖추지 못했다. 이로 인해 지방정부는 중앙정부의 지식적·기술적 지원 및 지도와 권고 등을 받게 되어 행정적 통제가 강화되었다.

(3) 생활권의 확대

교통과 통신의 발달에 따라 경제권과 생활권이 확대되어 지방적 사무와 전국적 사무의 구별이 불명확해져서 중앙정부가 지방의 사무 처리에 보고, 기준 설정 등의 형태로 관여하게 되어 행정적 통제가 강화되었다.

2) 프랑스의 행정적 통제 약화

프랑스는 중앙집권적 경향이 강한 나라로서 지방정부에 대한 중앙정부의 통제는 강력했으나 행정적 통제는 아래와 같이 대폭 약화되었다(정세욱, 2001: 248-249).

(1) 권력적·사전적 통제의 폐지

과거 지방정부에 대한 중앙정부의 통제 방식은 사전 승인권, 정지·무효·변경권과 대집행권이 있었다. 그러나 이러한 통제 방식은 1982년 이후에 모두 폐지되거나 대폭 완화되었다.

(2) 법원에 의한 통제

프랑스에서는 중앙통제가 엄격한 합법성의 통제에 한정되어 있다. 도(départ-ement)의 국가 대표는 위법한 행정처분 및 결정에 대해서는 행정법원에 제소할 수 있는 반면 합목적성에 배치되는 처분이나 결정에 대해서는 설령 그것이 공익을 침해할 우려가 있더라도 일절 관여할 수 없다.

5. 중앙통제의 유형

1) 입법부에 의한 통제

(1) 법적 통제

입법부는 아래와 같이 헌법, 지방자치법 및 기타 법률을 통해 지방자치단체를 법적으로 통제한다.

가. 헌법

117조 ① 지방자치단체는 주민의 복리에 관한 사무를 처리하고 재산을 관리하며, 법령의 범위 안에서 자치에 관한 규정을 제정할 수 있다.

② 지방자치단체의 종류는 법률로 정한다.

118조 ② 지방의회의 조직·권한, 의원선거와 지방자치단체장의 선임 방법, 기타 지방자치단체의 조직과 운영에 관한 사항은 법률로 정한다.

나. 지방자치법

제15조 지방자치단체는 다음 각 호에 해당하는 국가사무를 처리할 수 없다.

제28조 지방자치단체는 법령의 범위 안에서 그 사무에 관해 조례를 제정할 수 있다. 다만 주민의 권리 제한 또는 의무 부과에 관한 사항이나 벌칙을 정할 때에는 법률의 위임이 있어야 한다.

다. 기타 법률: 지방세법, 도시계획법, 지방공무원법

(2) 예산안에 대한 심의 의결

지방재정이나 지방사업 관련 예산안에 대한 심의·의결을 통해 지방자치단체를 통제할 수 있다.

(3) 국정감사 및 조사

위임사무의 처리 실태에 대한 국정감사 및 조사를 통해 지방자치단체를 통제할 수 있다.

2) 사법부에 의한 통제

(1) 행정소송

지방자치단체가 위법한 행정으로 주민의 권리를 침해한 경우 법원은 주민이나 국가의 제소에 의해 지방행정의 위법성을 통제한다.

(2) 재의결 사항에 대한 소송: 지방자치법 제192조 ⑤

주무부 장관 또는 시 · 도지사는 재의결된 사항이 법령에 위반된다고 판단됨에도 당해 지방자치단체장이 소(訴)를 제기하지 아니하는 때에는 당해 지방자치단체장에게 제소를 지시하거나 직접 제소 또는 집행정지 결정을 신청할 수 있다.

(3) 명령 · 규칙 · 처분에 대한 심사: 헌법 제107조 ②

명령 · 규칙 또는 처분이 헌법이나 법률에 위반되는지의 여부가 재판의 전제가 된 경우 대법원은 이를 최종적으로 심사할 권한을 갖는다.

3) 행정부에 의한 통제

(1) 행정 전반에 관한 통제

가. 행정입법: 지방자치법 제28조, 제29조

지방자치법 제28조: 지방자치단체는 법령의 범위 안에서 그 사무에 관한 조례를 제정할 수 있다. 지방자치법 제29조: 지방자치단체장은 법령 또는 조례가 위임한 범위 안에서 그 권한에 속하는 사무에 관해 규칙을 제정할 수 있다. 이와 같이 행정부는 명령을 통해 조례 및 규칙의 제정 범위를 제한할 수 있다.

나. 지방자치단체의 사무에 대한 지도 및 지원: 지방자치법 제184조 ①

중앙행정기관의 장 또는 시 · 도지사는 지방자치단체의 사무에 관해 조언 또는 권고하거나 지도할 수 있으며, 이를 위해 필요한 때에는 지방자치단체에 대해 자료의 제출을 요구할 수 있다.

물가 안정 무심한 지자체 예산 지원 삭감 추진

정부가 물가 안정에 비협조적인 지방자치단체의 내년 예산 지원을 삭감하는 방안을 추진한다. 최근 서울시가 정부 권고를 무시하고 2012년 2월 25일부터 버스 · 지하철 요금을 150원 올린 것이 계기가 됐다. 2012년 2월 26일 기획재정부, 행정안전부 등에 따르면, 정부는 지난 24일 행안부가 개최한 시 · 도 행정부지사회의에서 이 같은 방침을 하달하며 각 지자체에 '협조'를 당부했다. 정부 고위관계자는 "물가관리를 잘하는 지자체에 인센티브 예산(1,000억원)을 주는 것만으로는 지방의 공공요금 인상을 억제하기가 어렵다고 판단해 내린 결정이다. 현재 각 부처별로 어떤 지자체 사업을 예산 통제 대상으로 할지 의견을 파악 중"이라고 말했다. 이와 관련, 정부는 지자체가 추진 중인 수도, 도로, 철도 등 SOC(사회간접자본) 사업 관련 국고보조를 최우선적으로 물가 안정 동참 여부와 연결시켜 예산지원액을 조절하겠다는 입장이다(조선일보, 2012. 2. 27).

다. 국가사무 처리의 지도 · 감독: 지방자치법 제185조 ①

지방자치단체 또는 그 장이 위임받아 처리하는 국가사무에 관해서는 시 · 도에서는 주무부 장관의, 시 · 군 및 자치구에서는 1차로 시 · 도지사의, 2차로 주무부 장관의 지도 · 감독을 받는다.

라. 위법 · 부당한 명령 · 처분의 시정: 지방자치법 제188조 ①

지방자치단체의 사무에 관한 장의 명령이나 처분이 법령에 위반되거나 현저히 부당해 공익을 해한다고 인정될 때에는 시 · 도에 대해서는 주무부 장관이, 시 · 군 및 자치구에 대해서는 시 · 도지사가 기간을 정해 서면으로 시정을 명하고, 그 기간 내에 이행하지 아니할 때에는 이를 취소하거나 정지할 수 있다.

"안양시 인사"에 대한 시정 요구

최대호 안양시장이 행정안전부의 인사 취소 요구와 관련, "현 시점에서는 받아들일 수 없다"며 사실상 거부해 파문이 확산되고 있다. 이에 따라 행안부의 요구를 받은 경기도가 안양시에 '위법 인사' 취소 및 관련 공무원 징계를 요구하고 나섰다. 최 시장은 2010년 8월 9일 기자 간담회를 갖고 "단체장에게 부여된 인사권을 전면 부정할 정도로 중대한 사안이라고 생각하지 않는다."고 주장했다. 이어 "이번 인사를 취소하라는 행안부의 시정명령은 시장의 인사 재량권을 현격히 침해하는 것"이라며 "행안부의 시정명령 적법 여부는 사법부의 판단이 필요하다.”며 법적 소송도 불사하겠다는 입장을 내비쳤다.

이에 도는 안양시에 ‘위법 인사’ 취소 및 관련 공무원 징계를 요구했으며, 인사를 취소하지 않을 경우 도지사가 직권으로 인사를 취소할 것이라며 강경 입장을 내비쳤다. 도는 위법하게 전보 발령된 5명의 인사 발령을 취소한 뒤 즉시 원상회복시키고, 대기발령자 1명에 대해서는 보직을 부여하라고 요구했다. 이어 “인사위원장인 부시장의 의견을 무시하고, 인사위원회의 심의를 거치지 않은 채 담당 국장에게 직접 지시해 위법하게 인사를 했다.”며 최 시장에게는 경고를, 행정지원국장은 경징계, 담당 과장 · 계장 · 실무자에 대해서는 훈계 조치토록 했다. 도지사의 직권 조치에 이의가 있을 경우 시는 처분 후 15일 이내 대법원에 행정소송을 제기할 수 있다(경인일보, 2010. 8. 10).

마. 지방자치단체장에 대한 직무이행명령: 지방자치법 제189조 ①

지방자치단체장이 법령상 의무인 국가위임사무나 시 · 도위임사무의 관리 및 집행을 명백히 해태한다고 인정되는 때에는 시 · 도에 대해서는 주무부 장관이, 시 · 군 및 자치구에 대해서는 시 · 도지사가 기간을 정해 서면으로 이행할 사항을 명령할 수 있다.

교육과학기술부의 경기도 교육감에 대한 직무이행명령

대법원 1부(주심 김창석 대법관)는 27일 “전교조 교사 징계를 요구한 교과부의 직무이행명령을 취소하라”며 김 교육감이 낸 소송에서 원고 패소 판결했다. 양측의 대립은 2009년 6월 전국교직원노동조합이 이명박 정부의 정국 운영을 비판하는 시국선언을 발표하고, 이에 서명한 교사 1만 6,171명의 명단을 공개하면서 시작됐다. 검찰은 시국선언을 주도한 경기 지역 교사 14명을 국가공무원법 위반(집단행위 금지) 혐의로 기소하고 경기교육청에 통보했다. 하지만 경기교육청은 이 중 2명만 경징계하고 나머지 교사에게는 주의 · 경고 처분을 내렸다. 그러자 교과부가 다른 교육청 소속 교사들과의 형평성 문제를 들어 김 교육감에게 중징계 의결을 하라고 시정명령을 내렸다. 이에 반발해 김 교육감은 직무명령을 취소하라는 소송을 냈다(중앙일보, 2013. 6. 28).

바. 지방자치단체의 자치사무에 대한 감사: 지방자치법 제190조

행정안전부 장관 또는 시 · 도지사는 지방자치단체의 자치사무에 관해 보고를 받거나 서류 · 장부 또는 회계를 감사할 수 있다. 이 경우 감사는 법령 위반 사항에 한해 실시한다.

사. 지방의회 의결의 재의 요구: 지방자치법 제192조 ①

지방의회의 의결이 법령에 위반되거나 공익을 현저히 해한다고 판단될 때에는 시 · 도에 대해서는 주무부 장관이, 시 · 군 및 자치구에 대해서는 시 · 도지사가 재의를 요구할 수 있다.

복지부 "경남도, 진주의료원 폐원 재의하라"

보건복지부는 13일 경상남도에 진주의료원 해산조례 재의(再議)를 요청하라고 통보했다. 지난 11일 경상남도 의회를 통과한 진주의료원 폐원 조례에 문제가 있으니 다시 심의해 달라고 의회에 요청하라고 압박한 것이다. 이와 관련해 홍준표 경남도지사는 "(조례 통과의) 법령 위반 여부를 따진 뒤 재의 요청 여부를 결정하겠다."고 밝혔다. 만약 홍 지사가 복지부의 요청을 거부하면 복지부는 대법원에 제소(조례무효 확인소송)할 방침이다.

복지부는 이날 의료법 · 지방자치법 · 보조금관리법 등 관련 법률을 총동원해 폐원 의결의 부당성을 지적했다. 현행 지방자치법(172조)은 지방의회 의결이 법령에 위반하거나 공익을 현저히 해친다고 판단되면 재의 요구를 할 수 있게 돼 있다. 이 요구가 있으면 지자체장은 20일 이내에 재의를 요구해야 한다. 재의 요구가 있으면 지방의회는 재적 의원의 과반수가 출석하고 출석 의원 3분의 2 이상이 찬성해야 의결할 수 있다(중앙일보, 2013. 6. 14).

경남, 진주의료원 해산안 결국 공포

경남도가 보건복지부의 재의 요구를 거부하고 진주의료원 해산조례안을 1일 전자공보를 통해 공포했다. 이에 따라 지난 5월 29일 폐업한 진주의료원의 법인과 재산 등을 청산 · 해산하기 위한 행정적인 조치가 모두 마무리됐다. 진주의료원이 다시 문을 열기 위해서는 설립조례를 또다시 만들어야 하기 때문에 재개원은 해산조례 공포로 사실상 어렵게 됐다.

홍준표 경남지사는 조례안을 공포하면서 "보건복지부의 재의 요구에 대해 충분한 시간을 갖고 검토했으나 상위 법령 위반 사실이 있다고 보기 어렵고, 공익적 측면에서 의견을 달리하기 때문에 조례를 공포하기로 최종 결정했다."고 밝혔다. 보건복지부는 경남도의 결정에

대해 대법원에 제소할지 여부를 내부적으로 검토하고 있다고 밝혔다.

이에 대해 홍 지사는 "정부기관과 지방정부가 서로 쟁송을 하는 것은 바람직하지 못하다."고 지적했다. 앞서 홍 지사는 국회가 진주의료원 휴·폐업과 관련해 국정조사를 결정한 데 대해서는 자치사무를 국정조사하는 것은 위헌이라 주장하며 헌법재판소에 권한쟁의심판을 청구했다(서울신문, 2013. 7. 2).

아. 법령에 위반된 조례안 공포 시 직접 제소 및 집행정지 결정 신청

주무부 장관 또는 시·도지사가 지방의회의 의결이 법령에 위반되었음을 이유로 지방자치단체장에게 재의 요구를 지시했음에도 불구하고 이에 불응한 경우와 재의 요구 지시를 받기 전에 법령에 위반된 조례안을 공포한 경우에는 주무부 장관 또는 시·도지사가 대법원에 직접 제소 및 집행정지 결정을 신청할 수 있도록 했다(지방자치법 제192조 ⑧). 이는 국법 질서와 자치법규 간의 조화를 도모하기 위한 것이다.

자. 사전승인제: 지방자치법 제7조 ①

자치구 아닌 구와 읍·면·동의 명칭과 구역은 종전에 의하고, 이를 폐지하거나 설치하거나 나누거나 합칠 때에는 행정안전부 장관의 승인을 얻어 당해 지방자치단체의 조례로 정한다.

차. 주민투표의 실시 요구: 주민투표법 제8조 ①

중앙행정기관의 장은 지방자치단체의 폐치·분합 또는 구역 변경, 주요 시설의 설치 등 국가정책의 수립에 관해 주민의 의견을 듣기 위해 필요하다고 인정하는 때에는 주민투표의 실시 구역을 정해 관계 지방자치단체장에게 주민투표의 실시를 요구할 수 있다. 이 경우 중앙행정기관의 장은 미리 행정안전부 장관과 협의해야 한다.

(2) 인사에 대한 통제

가. 행정부지사 및 부시장: 지방자치법 제123조 ②

특별시·광역시 및 특별자치시의 부시장, 도와 특별자치도의 부지사는 대통령령으로 정하는 바에 따라 정무직 또는 일반직 국가공무원으로 보한다.

나. 부시장, 부군수, 부구청장: 지방자치법 제123조 ④

시의 부시장, 군의 부군수, 자치구의 부구청장은 일반직 지방공무원으로 보하되, 그 직급은 대통령령으로 정한다.

다. 지방공무원 정원: 지방자치법 제125조 ②

지방자치단체에 필요한 행정기구의 설치와 지방공무원 정원은 인건비 등 대통령령이 정한 기준에 따라 당해 지방자치단체의 조례로 정한다.

라. 지방자치단체의 국가공무원: 지방자치법 제125조 ⑥

지방자치단체의 5급 이상 국가공무원이나 고위공무원단에 속하는 국가공무원은 해당 지방자치단체장의 제청으로 소속 장관을 거쳐 대통령이 임명하고, 6급 이하는 당해 지방자치단체장의 제청으로 소속 장관이 임명한다.

(3) 재정에 대한 통제

가. 국고보조금

국고보조금은 용도가 결정되어 있어서 지방자치단체가 사용 목적을 변경할 수 없을 뿐 아니라 국가가 사업 추진 전반을 통제한다.

나. 지방채의 발행

지방재정법은 제11조 제2항에서 지방자치단체가 지방채를 발행하고자 하는 경우에는 재정 상황 및 채무 규모 등을 고려해 대통령령이 정하는 지방채 발행한도액의 범위 안에서 지방의회의 의결을 얻어야 한다고 규정하고 있다. 다만, 지방채 발행 한도액의 범위 안이라도 외채를 발행하는 경우에는 지방의회의 의결을 거치기 전에 행정안전부 장관의 승인을 얻어야 한다. 그러나 지방자치단체의 발전과 관계 있는 사업을 위한 경우 등 대통령령이 정하는 사유가 발생하는 경우에는 행정자치부 장관의 승인을 얻은 범위 안에서 지방의회의 의결을 얻어 제2항의 규정에 의한 지방채 발행한도액의 범위를 초과하여 지방채를 발행할 수 있다(지방재정법 제11조 제3항).

지방자치단체조합(이하 "조합"이라 한다)의 장은 그 조합의 항구적 이익이 되거나 긴급한 재난복구 등의 필요가 있는 때 또는 지방자치단체에 대부할 필요가 있는 때에는 지방채를 발행할 수 있다. 이 경우 행정안전부 장관의 승인을 얻은 범위 안에서 조합의 구성원인 각 지방자치단체의 지방의회의 의결을 얻어야 한다(지방재정법 제11조 제4항).

다. 예산편성 기준

행정자치부는 당초 계획대로 2005년도부터 지방자치단체 예산편성 기본지침을 폐지해 지방자치단체의 재정적 자율성을 확대했다. 그러나 지방재정법 제38조(지방자치단체 재정운영 업무편람 등) 제2항에서 지방재정의 건전한 운용과 지방자치단체 간 재정 운용의 균형을 확보하기 위해 필요한 회계연도별 지방자치단체 예산편성 기준은 행정안전부령으로 정한다고 규정하고 있다.

라. 재정위기단체의 지정 및 해제

행정안전부 장관은 지방재정법 제55조 제1항 및 제2항에 따른 재정분석 및 재정진단 결과 등을 토대로 재정 위험 수준이 심각하다고 판단되는 지방자치단체를 같은 법 제56조에 따른 지방재정위기관리위원회의 심의를 거쳐 재정위기단체로 지정할 수 있다. 행정안전부 장관은 제1항에 따라 지정된 재정위기단체의 지정 사유가 해소된 경우에는 제56조에 따른 지방재정위기관리위원회의의 심의를 거쳐 그 지정을 해제할 수 있다(지방재정법 제55조의2.).

재정위기단체로 지정된 지방자치단체의 장은 지방재정법 제55조의3의 제1항에 따른 재정건전화계획을 수립해 행정안전부 장관의 승인을 받아야 한다. 이 경우 시장·군수 및 자치구의 구청장은 시·도지사를 경유해야 한다(지방재정법 제55조의3).

파산 졸업했지만…갈 길 먼 디트로이트

미국의 지방자치단체로는 역대 최대 규모의 부채를 안고 2013년 7월 파산했던 디트로이트시가 최근 파산 상태에서 벗어났지만 정상적인 모습을 찾기까지는 적잖은 시간과 노력이 필요할 것으로 보인다. 2014년 11월 11일(현지 시각) 파이낸셜 타임스는 미국 파산법원의 미시간 동부지원이 11월 7일 디트로이트시가 제안한 180억 달러(약 20조 원) 규모의 채무 해결 방안과 파산 보호(챕터 9) 졸업 계획안을 승인했다고 밝혔다.

신문은 그러나 당시 승인 판결을 내린 스티븐 로즈 판사의 판결문을 인용, “디트로이트의 행정 서비스는 지난 몇 년간 낙제 수준이었다”면서 “참고 지낼 수 없을 만큼 비인간적인 수준이어서 반드시 개선해야 한다"고 말했다. 한때 '모터 시티'로 불리며 세계 자동차 산업의 중심지 역할을 했던 디트로이트는 생산시설 이전과 함께 인구 이탈 현상이 가속화되면서 세수와 투자가 감소한데다, 방만한 예산 집행과 부정부패까지 겹치면서 재정 위기를 맞았다.

1950년대 185만 명에 달했던 인구는 지난해 68만 8,000명으로 감소했고, 실업률은 미국 전체 평균의 2배가 넘는 14.9%를 기록하고 있다. 특히 2008~2012년 사이 가구당 소득 중간값이 2만 6,955달러(약 2,900만 원)에 불과한데다 빈곤선(poverty line) 이하 수입으로 생활하는 가구 비율이 38.1%에 달한 것으로 나타나 경제적인 어려움이 심각한 수준임을 보여줬다(조선일보, 2014. 11. 11).

4) 감사원에 의한 통제

(1) 회계검사

가. 필요적 검사 사항(감사원법 제22조)

지방자치단체의 회계와 지방자치단체가 자본금 1/2 이상을 출자한 법인의 회계

나. 선택적 검사 사항(감사원법 제23조)

① 국가 또는 자치단체 이외의 자가 자치단체를 위해 취급하는 자치단체의 현금·물품 또는 유가증권의 수불

② 자치단체가 보조금·장려금·조성금 등을 교부하거나 재정 원조를 공여한 자의 회계

③ 자치단체가 자본금의 일부를 출자한 자의 회계

④ 자치단체가 채무를 보증한 자의 회계

다. 감사 결과의 처리

① 회계 관계 공무원 등에 대한 변상 책임 판정(감사원법 제31조)

② 징계 요구 등(감사원법 제32조)

③ 감사 결과 회계 관계 공무원에 범죄 혐의가 인정될 때 수사기관에 고발(감사원법 제35조)

④ 감사 결과 위법·부당한 사실 인정 시 소속 장관·감독기관의 장 또는 해당 자치단체장에게 시정 등 요구(감사원법 제33조)

⑤ 제도상 · 행정상의 모순이나 개선 사항이 인정될 때 소속 장관 · 감독 기관장 또는 자치단체장에게 제도상 · 행정상의 개선을 요구할 수 있으며, 이러한 요구를 받은 자치단체장은 조치 또는 개선의 결과를 감사원에 통지(감사원법 제34조)

(2) 직무감찰

① 감사 결과 위법 · 부당한 사실 인정 시 소속 장관 · 감독기관의 장 또는 해당 자치단체장에게 시정 · 주의 등 요구

② 제도상 · 행정상의 모순이나 개선 사항이 인정될 때 소속 장관 · 감독기관장 또는 자치단체장에게 제도상 · 행정상의 개선을 요구할 수 있으며, 이러한 요구를 받은 자치단체장은 조치 또는 개선의 결과를 감사원에 통지

나주 · 함평, 산업단지 편법 조성… 감사원, 지자체장 등 6명 고발

감사원은 20일 전국 244개 지자체의 주요 투자 사업 감사 결과를 발표하며 졸속으로 사업을 추진한 지자체장 등 6명을 검찰에 고발했다고 밝혔다. 감사원에 따르면, 전남 나주시는 2011년 사업 타당성 조사와 중앙정부의 투 · 융자 심사도 거치지 않고 2,650억 원 규모 미래 일반산업단지 조성을 추진했다. 나주시는 또 지방의회 승인을 받아야 하는 지방채를 발행하지 않고, 금융 계통 특수목적법인(SPC)에서 1,735억 원을 투자받는 식으로 사업을 진행했다. 감사원 관계자는 "나주시가 특수목적법인이 금융기관에서 빌린 투자금에 대해 채무보증을 섰기 때문에 사실상 나주시 부담으로 사업을 벌인 것"이라고 했다.

전남 함평군도 2011년 사업 타당성 조사도 하지 않고 한 건설사에서 550억 원을 투자받는 형식으로 동함평산업단지 조성을 추진했다. 건설사가 빌린 투자금 전액은 함평군이 채무보증을 했기 때문에 지방채 발행보다 예산 55억 원을 더 지출했다고 감사원은 전했다.

감사원 관계자는 "경기 시흥시는 2009년 지방채 3,000억 원을 발행해 신도시 사업을 추진했지만, 사업 타당성 조사를 제대로 하지 않아 사업 부지의 94%가 미분양 상태"라고 했다. 시흥시는 작년 말까지 지방채 발행으로 인한 이자만 610억 원을 지급한 것으로 드러났다(조선일보, 2013. 6. 21).

6. 중앙통제의 한계

통일국가에서 지방자치단체의 자치권 행사가 국가 전체의 통일성을 저해해서는 안 되기 때문에 자치단체의 독자성과 국가 전체의 통일성의 조화를 위해 국가의 지도와 감독이 허용되고 있는 것이다. 따라서 지방자치단체는 국가로부터 통제를 받되, 그 통제는 다음과 같은 조건하에서만 행사될 수 있는 것이다.

① 국가 전체의 통일성 유지를 위해 필요한 경우
② 지방자치단체의 헌정상의 지위(독자성)를 저해하지 않는 범위
③ 명백한 법적 근거
④ 일정한 법적 절차의 준수

결국 중앙통제는 국가 전체의 통일성의 유지와 지방자치단체의 자치권 보장이라는 두 가지 필요성 간의 적절한 조화를 한계로 행해져야 하는 것이라 할 수 있다. 그러나 중앙통제의 실질적 한계는 각국이 처한 시대적 상황이나 이데올로기에 따라 다양할 수밖에 없다(최창호, 2001: 758).

7. 중앙통제의 방향

1) 지식과 기술의 지원

중앙정부는 지방자치단체가 보유하지 못한 지식과 기술을 지원하고 정보를 제공해 행정 능력을 향상시켜야 한다.

2) 국민적 최저 수준 유지

국민적 최저 수준의 제공을 위해 지방자치단체에 대해 적정한 행정적 · 재정적 지원을 해야 한다.

3) 재정적 지원

국가의 균형적 발전을 위해 재정적 지원을 통해 재정적 격차를 완화시켜야 한다.

4) 전국적 · 종합적 계획을 위한 협력 확보

국토 개발, 전염병 예방, 실업 대책, 생활 보호 등 전국적 · 종합적 정책 수립이 요구되는 경우 중앙정부와 지방정부는 상호 동반자 관계에서 협력해야 한다.

5) 수평적 대등 관계

중앙정부와 지방자치단체는 수직적 상하 관계가 아니라 공적 기능을 분담해 수행하는 수평적 관계를 유지해야 한다.

제 3 절 지방자치단체와 중앙정부 간 협의 · 조정

1. 국가와 지방자치단체의 협력 의무

국가와 지방자치단체는 주민에 대한 균형적인 공공 서비스 제공과 지역 간 균형 발전을 위해 협력해야 한다(지방자치법 제183조).

2. 중앙지방협력회의

지방자치법 제186조에 "국가와 지방자치단체 간의 협력을 도모하고 지방자치 발전과 지역 간 균형 발전에 관련되는 중요 정책을 심의하기 위하여 중앙지방협력회의를 둔다. 이에 따른 중앙지방협력회의의 구성과 운영에 관한 사항은 따로 법률로 정한다."고 규정되어 있고, 이에 따라 『중앙지방협력회의 구성 및 운영에 관한 법률』이 2021년 7월 13일 제정되었고 2022년 1월 13일부터 시행되었다. 중앙지방협력회의는 그간 비정기적으로 이루어지던 대통령과 시 · 도지사 간담회를 정례화하고, 중앙정부와 지방자치단체가 대등한 관계에서 지방관련 정책을 협의하여 결정할 수 있는 공식적인 정책협의체로서의 의미가 있다. 『중앙지방협력회의 구성 및 운영에 관한 법률』

을 중심으로 주요 내용을 살펴보면 다음과 같다.

1) 목적(위 법 제1조)

국가와 지방자치단체의 대등하고 협력적인 관계를 바탕으로 지방자치 발전과 지역 간 균형 발전 정책의 효과를 제고하는 것을 목적으로 한다.

2) 기능(위 법 제2조)

중앙지방협력회의(이하 "협력회의"라 한다)는 다음 각 호의 사항을 심의한다.

① 국가와 지방자치단체 간 협력에 관한 사항

② 국가와 지방자치단체의 권한, 사무 및 재원의 배분에 관한 사항

③ 지역 간 균형 발전에 관한 사항

④ 지방자치단체의 재정 및 세제에 영향을 미치는 국가 정책에 관한 사항

⑤ 그 밖에 지방자치 발전에 관한 사항

3) 구성 및 운영(위 법 제3조)

① 협력회의는 대통령, 국무총리, 기획재정부 장관, 교육부 장관, 행정안전부 장관, 국무조정실장, 법제처장, 특별시장 · 광역시장 · 특별자치시장 · 도지사 · 특별자치도지사(이하 "시 · 도지사"라 한다), 「지방자치법」 제182조 제1항 제2호부터 제4호까지의 규정에 따른 전국적 협의체의 대표자 및 그 밖에 대통령령으로 정하는 사람으로 구성한다.

② 협력회의의 의장(이하 "의장"이라 한다)은 대통령이 된다.

③ 협력회의의 부의장(이하 "부의장"이라 한다)은 국무총리와 「지방자치법」 제182조 제1항 제1호에 따라 설립된 시 · 도지사 협의체의 대표자(이하 "시 · 도지사 협의회장"이라 한다)가 공동으로 된다.

④ 의장은 협력회의를 소집하고 이를 주재한다.

⑤ 부의장은 의장에게 회의의 소집을 요청할 수 있으며, 의장이 협력회의에 출석하지 못하는 경우에는 국무총리, 시 · 도지사협의회장의 순으로 그 직무를 대행한다.

⑥ 제1항에 따른 협력회의의 구성원은 협력회의에 심의할 안건을 제출할 수 있다.

⑦ 의장은 제6항에 따라 제출된 안건의 심의를 위하여 필요한 경우에는 안건과 관련된 중앙행정기관의 장, 지방자치단체의 장, 관계 공무원 또는 해당 분야의 민간전문가를 협력회의에 참석하게 하여 의견을 들을 수 있다.

⑧ 제1항부터 제7항까지에서 규정한 사항 외에 협력회의의 개최 및 운영에 필요한 사항은 대통령령으로 정한다.

4) 심의 결과의 활용(위 법 제4조)

① 국가 및 지방자치단체는 협력회의의 심의 결과를 존중하고 성실히 이행하여야 한다.

② 국가 및 지방자치단체는 심의 결과에 따른 조치 계획 및 이행 결과를 협력회의에 보고하여야 한다.

③ 국가 또는 지방자치단체는 제1항에도 불구하고 심의 결과를 이행하기 어려운 특별한 사유가 있는 경우에는 그 사유와 향후 조치 계획을 협력회의에 보고하여야 한다.

5) 관계기관 등에 협조 요청(위 법 제5조)

협력회의는 제2조에 따른 심의를 위하여 필요하다고 인정하는 경우에는 관계 중앙행정기관의 장, 지방자치단체의 장 및 지방의회의 의장 등에게 필요한 자료의 제출을 요청하거나 의견을 수렴할 수 있다.

6) 실무협의회(위 법 제6조)

① 협력회의에 상정할 안건을 사전에 조정하고 의장으로부터 지시받은 사항을 처리하기 위하여 실무협의회를 둔다.

② 실무협의회는 다음 각 호의 사람으로 구성한다.

1. 기획재정부의 차관 중 기획재정부 장관이 지명하는 1명, 교육부 차관, 행정안전부 차관, 국무조정실의 차장 중 국무조정실장이 지명하는 1명, 법제처 차장
2. 특별시 · 광역시 · 특별자치시 · 도 · 특별자치도의 부시장 또는 부지사(해당 지

방자치단체에 부시장 또는 부지사가 2명 이상인 경우에는 해당 시 · 도지사가 지명하는 1명을 말한다)

3. 「지방자치법」 제182조 제1항 제2호부터 제4호까지의 규정에 따른 전국적 협의체의 대표자가 그 구성원 중에서 지명하는 각 1명
4. 그 밖에 대통령령으로 정하는 사람

③ 실무협의회의 위원장은 행정안전부 장관과 시 · 도지사협의회장이 시 · 도지사 중에서 지명하는 1명이 공동으로 된다.

④ 실무협의회의 위원장은 실무협의회를 소집하고 이를 주재한다.

⑤ 실무협의회의 위원장은 필요한 경우에는 관계 공무원 또는 해당 분야의 민간전문가를 실무협의회에 참석하게 하여 의견을 들을 수 있다.

⑥ 제1항부터 제5항까지에서 규정한 사항 외에 실무협의회의 구성 및 운영에 필요한 사항은 대통령령으로 정한다.

7) 회의의 운영

회의는 의장이 소집하고, 부의장은 소집 요청이 가능하며, 구체적인 개최 시기와 운영 방식 등은 시행령에 위임했다(동법 제3조 제8항). 「중앙지방협력회의의 구성 및 운영에 관한 법률시행령안」에서 회의는 정례회의와 임시회의로 구분했다. 정례회의는 분기별 1회 개최를 원칙으로 하되, 해당 분기에 부득이한 사정이 있는 경우 조정할 수 있고, 임시회는 필요에 따라 의장이 소집하도록 했다(시행령안 제3조). 의안 및 정족수를 보면, 회의는 구성원 2/3 이상의 출석으로 개의하고, 심의 사항에 대한 의결은 출석 구성원의 과반수의 찬성으로 한다(시행령안 제4조).

3. 행정협의조정위원회

1) 의의

지방자치법 제187조에 따라 중앙행정기관의 장과 지방자치단체의 장이 사무를 처리할 때 의견을 달리하는 경우 이를 협의 · 조정하기 위해 국무총리 소속으로 '행정협

의조정위원회'가 설치 · 운영되고 있다.

조정 절차는 당사자의 서면 신청에 따르되, 위원회의 협의 · 조정 후 결정 사항에 대해 당해 기관은 이를 이행할 의무가 지방자치법 시행령 제105조에 규정되어 있으나, '중앙분쟁조정위원회'의 경우처럼 불이행 시 이행명령과 대집행의 제도적 장치는 마련되어 있지 않다.

2) 운영 실적

중앙행정기관과 지방자치단체 간 사무를 처리할 때 의견을 달리하는 경우 이를 협의 · 조정하기 위해 국무총리 소속으로 '행정협의조정위원회'가 설치 · 운영(「지방자치법」 제187조)되고 있다. 위원회는 당사자 신청에 따라 협의 · 조정을 하며, 위원회의 결정 사항은 당해 기관이 이행토록 규정(「지방자치법 시행령」 제105조)하고 있으나, 불이행 시 이행강제를 위한 절차는 규정하고 있지 않다.

2000년 5월 13일 위원회가 처음 구성된 이후 2018년 12월 말 현재 16건(조정 7건, 각하 2건, 취하 6건)의 분쟁을 처리했다(〈표 10-1〉 참조).

2012년에는 법무부에서 신청한 안양교도소 재건축 협의를 안양시가 불가 처리함에 따라 건물 노후화에 따른 재건축 긴급성을 사유로 법무부에서 협의 불가 처분 취소를 요구하는 분쟁 조정을 신청했다. 행정협의조정위원회는 2012년 1월 30일 인접 유휴부지에 지역 주민 편의시설을 법무부에서 제공하는 조건으로 안양시가 재건축을 허용하도록 하는 조정 결정을 했다. 그러나 이후 안양시가 재건축 협의를 이행하지 않는 등 이행강제력 부재 등의 문제점이 나타나면서 이행 강제 절차 도입 등 '행정협의조정위원회'의 기능 강화를 위한 제도 개선의 필요성이 제기되고 있다(행정안전부, 2018: 52).

표 10-1 행정협의조정위원회 운영 실적

안건명	당사자	결정
군산 개야도 어업권 손실보상 분쟁	군산시 → 건교부	조정(2001. 11. 7)
난지도 폐가전처리시설 보상 분쟁	환경부 → 서울시	실무조정 수용, 취하 (2001. 11. 7)
포항 정치어업망 손실보상금 분쟁(1)	포항시 → 해수부	실무조정 수용, 취하 (2003. 6. 4)

포항 정치어업망 손실 보상금 분쟁(2)	포항시 → 해수부	실무조정 수용, 취하(2003. 6. 4)
지하철 분당선 개포1 · 2역 사업비 분담 분쟁	철도청 → 서울시, 토지공사	조정(2003. 6. 4)
경부고속철도 제4-1공구 역명칭 선정 관련 분쟁	아산시 → 건교부	각하(2003. 8. 26)
경인2복선 전철사업비 분담 분쟁	철도청 → 부천시	실무조정 수용, 취하(2004. 10. 19)
녹산국가산업단지 해안변 방재대책 관련 분쟁	부산시 → 건교부, 산자부	조정(2005. 9. 14)
신항만 명칭 관련 분쟁	해수부 → 부산시, 경남도	각하(2005. 9. 14)
제2롯데월드 건축에 따른 서울공항 비행안전 관련 분쟁(1)	국방부 → 서울시	조정(2007. 7. 26)
제2롯데월드 건축에 따른 서울공항 비행안전 관련 분쟁(2)	서울시 → 국방부	조정(2009. 3. 31)
청주시가 기무사 부지에 도시계획공원 결정 고시 관련 분쟁	국방부 → 청주시	실무조정 수용, 취하(2011. 1. 27)
(주)포스코 新제강공장 신축에 따른 비행안전구역 고도 제한 완화 관련 분쟁	포항시 → 국방부	조정(2011. 1. 18)
안양교정시설 재건축 협의 불가처분 취소	법무부 → 안양시	조정(2012. 1. 30)
광화문광장 대형 태극기 게양대 설치 및 상시 게양 관련 분쟁	보훈처 → 서울시	취하(2017. 6. 13)
안산 사동90블록 개발사업시행자 유권해석 분쟁	안산시 → 교육부	실무조정 수용, 종결(2018. 3. 5)

자료: 행정안전부(2019: 36).

제11장 지방자치와 주민

제 1 절 주민의 의의

주민은 지방자치의 3 요소 중의 하나로 지방자치단체를 구성·운영하는 주체라고 할 수 있다. 지방자치법은 주민의 자격에 대해 "지방자치단체의 구역 안에 주소를 가진 자는 지방자치단체의 주민이 된다."(지방자치법 제16조)고 규정하고 있다. 따라서 시·군·자치구의 구역 안에 주소를 가진 자는 그 구역의 주민이 되는 동시에 시·군·자치구를 포괄하는 시·도의 주민이 된다. 또한 주민은 법령으로 정하는 바에 따라 그 지방자치단체에서 실시하는 지방의회 의원과 지방자치단체의 장의 선거(이하 "지방선거"라 한다)에 참여할 권리를 가진다(지방자치법 제17조 ③).

국민과 주민

대한민국 국민은 국민과 주민의 지위를 동시에 가지고 있다. 그러나 외국인은 국민은 아니지만 주민이 될 수 있다. 지방자치법 제16조에 "지방자치단체의 구역 안에 주소를 가진 자는 지방자치단체의 주민이 된다."고 규정하고 있기 때문이다. 그러나 공직선거법 제15조②의

3에 따르면 「출입국관리법」 제10조에 따른 영주의 체류자격 취득일 후 3년이 경과한 외국인으로서 같은 법 제34조에 따라 해당 지방자치단체의 외국인등록대장에 올라 있는 사람은 그 지방자치단체의 의회의원 및 장의 선거권이 있다. 따라서 외국인인 주민은 지방자치단체의 의회의원 및 장의 선거권이 있다.

일본 지방자치법 제11조에는 **일본 국민인 보통지방공공단체의 주민은** 이 법률이 정하는 바에 따라 소속 단체의 선거에 참여하는 권리를 갖는다고 규정해 외국인은 지방선거에 참여할 수 있는 권리가 주어지지 않고 있다.

전국동시지방선거 외국인 선거권자 수 및 투표율

(단위: 명/%)

연도	외국인 선거권자 수	외국인 선거권자 투표율
2006	6,726	자료 없음
2010	12,875	35.2
2014	48,428	16.7
2018	106,205	13.5

주1: 선거권자 수는 각 선거의 선거인명부 확정 인원 기준
주2: 투표율은 체계적 무작위 추출법에 따라 표본조사(10% 내외)를 통해 분석한 자료
자료: 중앙선거관리위원회 회신자료(2021. 2. 22)
자료: 김종갑 · 김유정(2021), "외국인 지방참정권 현황과 시사점," 『이슈와 논점』1824호, p.2.

외국인 지방참정권 부여 국가 현황: 정주 요건 필요

구분		현황
국적불문 부여	EU 창설 이전 부여	(EU 회원국) 아일랜드, 스웨덴, 덴마크, 네덜란드 (비EU 회원국) 노르웨이
	EU 가입 이전 부여	벨기에, 룩셈부르크, 핀란드, 헝가리, 슬로바키아, 슬로베니아, 리투아니아, 에스토니아
	비EU 유럽국가	아이슬란드, 러시아
	영연방 국가	뉴질랜드
	아메리카	칠레, 우루과이, 베네수엘라
	기타	한국, 이스라엘, 말라위
특정국적 부여	유럽연합(EU) 회원국 출신에만 부여	독일, 오스트리아, 이탈리아, 프랑스, 체코, 몰타, 키프로스
	영연방국가 (CN) 출신에만 부여	영국, 호주, 자메이카, 도미니카, 그레나다, 모리셔스, 바베이도스
	구 식민지 국가에 부여	스페인, 포르투갈

자료: 김종갑 · 김유정(2021), "외국인 지방참정권 현황과 시사점," 『이슈와 논점』 1824호, p.3.

제 2 절 지방자치와 간접민주제

지방자치는 지역의 공적 사무를 주민의 의사와 책임 아래 처리하는 제도이므로 직접민주제적 방식이 이상적이다. 그러나 오늘날 유권자의 수가 많아지고, 공적 사무가 전문화됨에 따라 주민의 직접적 의사에 따라 처리한다는 것은 불가능하기 때문에 간접민주제가 보편적인 방식이 되었다. 간접민주제적 참여의 가장 대표적인 예가 지방의원과 지방자치단체장에 대한 선거이다. 그런데 주민은 선거할 때만 자기의 의사를 표시할 수 있을 뿐이고, 선거 후에는 대표자의 의사에 종속된다. 이러한 문제를 보완하기 위한 수단으로 도입된 것이 직접민주제이다.

제 3 절 지방자치와 직접민주제

주민 참여 확대

지방자치분권 및 행정 체제 개편에 관한 특별법 제15조 ① 국가 및 지방자치단체는 주민참여를 활성화하기 위하여 주민투표제도 · 주민소환제도 · 주민소송제도 · 주민발의 제도를 보완하는 등 주민직접참여 제도를 강화하여야 한다. ② 국가 및 지방자치단체는 주민의 자원봉사활동 등을 장려하고 지원함으로써 주민의 참여 의식을 높일 수 있는 방안을 마련하여야 한다.

1. 주민투표

1) 의의

주민투표란 지방자치단체의 중요 사항에 대해 주민으로 하여금 결정하도록 하는 제도로서 우리나라는 1994년 3월의 지방자치법 개정에서 주민투표 제도를 도입했다

(당시 지방자치법 제13조 2).

그러나 주민투표법이 제정되지 않아 시행되지 못하다가 2003년 12월 29일 국회에서 주민투표법이 의결되었다. 이로써 주민이 직접민주제적 방법으로 지방자치에 참여할 수 있게 되었다.

2) 주민투표의 장·단점

(1) 장점

① 대의민주제의 한계를 보완할 수 있다.

② 주민의 참여 기회를 확대해 지방자치에 대한 관심을 제고한다.

③ 지방의회와 자치단체장 간의 갈등을 해결해 주는 제도가 된다.

(2) 단점

① 전문적인 판단이 필요한 문제가 주민의 감정적 판단에 따라 결정될 수 있다.

② 자치단체의 세입을 감소시키고 세출을 증대시키는 결정이 될 가능성이 높다.

③ 자치단체장이 지방의회를 무력화시키는 수단으로 이용할 수도 있다.

④ 지역이기주의나 집단이기주의에 정치적 정당성을 부여할 수 있다.

⑤ 지역 문제가 정당의 당리당략에 이용될 수 있다(강명구, 1994: 8-9).

3) 주민투표의 성공 조건

주민투표에는 장점뿐 아니라 단점이 나타날 가능성도 크다. 따라서 주민투표가 성공적으로 운영되기 위해서는 다음과 같은 조건이 갖추어져야 한다(김병국, 1993: 22-24).

(1) 정책 및 행정정보의 정확한 공개

합리적이고 이성적인 투표를 위해 정책 및 행정정보가 정확히 공개되어야 한다.

(2) 주민의 성숙한 자치 의식

주민의 성숙한 자치 의식으로 중요 사안에 대해 책임 있는 투표가 실시되어야 한다.

(3) 지방의회의 활성화

지방의회가 활성화되어 주민투표는 대의제를 보완하는 수단이 되어야 한다.

(4) 정당의 민주화

지역의 문제가 정당의 당리당략에 이용되지 않아야 한다.

4) 주민투표권

주민투표법 제5조에 규정된 투표권자는 다음과 같다

(1) 19세 이상의 주민 중 제6조 제1항에 따른 투표인명부 작성 기준일 현재 다음 각 호의 어느 하나에 해당하는 사람에게는 주민투표권이 있다. 다만, 「공직선거법」 제18조에 따라 선거권이 없는 사람에게는 주민투표권이 없다.〈개정 2009. 2. 12., 2016. 5. 29〉

① 그 지방자치단체의 관할 구역에 주민등록이 되어 있는 사람

② 출입국관리 관계 법령에 따라 대한민국에 계속 거주할 수 있는 자격(체류자격 변경 허가 또는 체류 기간 연장 허가를 통하여 계속 거주할 수 있는 경우를 포함한다)을 갖춘 외국인으로서 지방자치단체의 조례로 정한 사람

(1) 주민투표권자의 연령은 투표일 현재를 기준으로 산정한다.

외국인의 주민투표

2005년 7월 27일 실시된 제주도 행정구조 개편을 위한 주민투표에서 잠정 집계된 투표인 수 40만 2,179명에 외국인은 대만인 111명을 포함해 114명인 것으로 나타났다(중앙일보, 2005. 7. 7).

5) 주민투표의 발의

지방자치법은 주민투표에 부칠 수 있는 권한을 지방자치단체장에게 한정하고, 대상 · 발의자 · 발의 요건, 기타 투표 절차 등에 관해서는 따로 법률로 정하도록 규정하고 있다(지방자치법 제18조).

6) 주민투표의 대상

주민투표법에 규정된 주민투표의 대상은 주민에게 과도한 부담을 주거나 중대한 영향을 미치는 지방자치단체의 주요 결정 사항으로서 그 지방자치단체의 조례로 정하는 사항은 주민투표에 부칠 수 있다(주민투표법 제7조 ①). 주민투표법 제7조 ②에서는 대상이 될 수 없는 사항을 다음과 같이 규정하고 있다.

(1) 법령에 위반되거나 재판 중인 사항

(2) 국가 또는 다른 지방자치단체의 권한 또는 사무에 속하는 사항

(3) 지방자치단체의 예산 · 회계 · 계약 및 재산 관리에 관한 사항과 지방세 · 사용료 · 수수료 · 분담금 등 각종 공과금의 부과 또는 감면에 관한 사항

(4) 행정기구의 설치 · 변경에 관한 사항과 공무원의 인사 · 정원 등 신분과 보수에 관한 사항

(5) 다른 법률에 의해 주민대표가 직접 의사 결정 주체로서 참여할 수 있는 공공시설의 설치에 관한 사항. 다만, 제9조 5항의 규정에 의하여 지방의회가 주민투표의 실시를 청구하는 경우에는 그러하지 아니하다.

(6) 동일한 사항(그 사항과 취지가 동일한 경우를 포함한다)에 대해 주민투표가 실시된 후 2년이 경과되지 아니한 사항

7) 국가정책에 관한 주민투표

주민투표법 제8조에 따르면, 국가정책에 관한 주민투표는 다음과 같이 규정하고 있다.

(1) 중앙행정기관의 장은 지방자치단체의 폐치(廢置) · 분합(分合) 또는 구역 변경, 주요 시설의 설치 등 국가정책의 수립에 관하여 주민의 의견을 듣기 위하여 필요하다고 인정하는 때에는 주민투표의 실시구역을 정하여 관계 지방자치단체의 장에게 주민투표의 실시를 요구할 수 있다. 이 경우 중앙행정기관의 장은 미리 행정안전부 장관과 협의하여야 한다.〈개정 2008. 2. 29, 2013. 3. 23, 2014. 11. 19, 2017. 7. 26〉

(2) 지방자치단체의 장은 제1항의 규정에 의하여 주민투표의 실시를 요구받은 때에는 지체없이 이를 공표하여야 하며, 공표일부터 30일 이내에 그 지방의회의 의견을

들어야 한다.

(3) 제2항의 규정에 의하여 지방의회의 의견을 들은 지방자치단체의 장은 그 결과를 관계 중앙행정기관의 장에게 통지하여야 한다.

(4) 제1항의 규정에 의한 주민투표에 관하여는 주민투표법 제7조, 제16조, 제24조 제1항 · 제5항 · 제6항, 제25조 및 제26조의 규정을 적용하지 아니한다.

8) 주민투표의 실시 요건

주민투표의 실시 요건에 대해 주민투표법 제9조는 다음과 같이 규정하고 있다.

(1) 지방자치단체의 장은 주민 또는 지방의회의 청구에 의하거나 직권에 의하여 주민투표를 실시할 수 있다.

(2) 19세 이상 주민 중 제5조 제1항 각 호의 어느 하나에 해당하는 사람(같은 항 각 호 외의 부분 단서에 따라 주민투표권이 없는 자는 제외한다. 이하 "주민투표청구권자"라 한다)은 주민투표 청구권자 총수의 20분의 1 이상 5분의 1 이하의 범위 안에서 지방자치단체의 조례로 정하는 수 이상의 서명으로 그 지방자치단체의 장에게 주민투표의 실시를 청구할 수 있다. 〈개정 2009. 2. 12〉

(3) 주민투표 청구권자 총수는 전년도 12월 31일 현재의 주민등록표 및 외국인등록표에 따라 산정한다. 〈개정 2009. 2. 12, 2016. 5. 29〉

(4) 지방자치단체의 장은 매년 1월 10일까지 제3항의 규정에 의하여 산정한 주민투표청구권자 총수를 공표하여야 한다.

(5) 지방의회는 재적 의원 과반수의 출석과 출석 의원 3분의 2 이상의 찬성으로 그 지방자치단체의 장에게 주민투표의 실시를 청구할 수 있다.

(6) 지방자치단체의 장은 직권에 의하여 주민투표를 실시하고자 하는 때에는 그 지방의회 재적 의원 과반수의 출석과 출석 의원 과반수의 동의를 얻어야 한다.

9) 투표 결과의 확정

주민투표에 부쳐진 사항은 주민투표권자 총수의 3분의 1 이상의 투표와 유효 투표수 과반수의 득표로 확정된다. 다만, 다음 각 호의 어느 하나에 해당하는 경우에는 찬성과 반대 양자를 모두 수용하지 아니하거나, 양자택일의 대상이 되는 사항 모두를

선택하지 아니하기로 확정된 것으로 본다(주민투표법 제24조 ①). 〈개정 2016. 5. 29〉

(1) 전체 투표 수가 주민 투표권자 총수의 3분의 1에 미달되는 경우

(2) 주민투표에 부쳐진 사항에 관한 유효 득표 수가 동수인 경우

투표 결과 전체 투표 수가 주민투표권자 총수의 3분의 1에 미달되는 때에는 개표를 하지 아니한다(주민투표법 제24조 ②).

10) 투표 결과의 효력

지방자치단체의 장 및 지방의회는 주민투표 결과 확정된 내용대로 행정・재정상의 필요한 조치를 해야 한다. 지방자치단체의 장 및 지방의회는 주민투표 결과 확정된 사항에 대해 2년 이내에는 이를 변경하거나 새로운 결정을 할 수 없다. 다만, 제1항의 단서 규정에 의해 찬성과 반대 양자를 모두 수용하지 아니하거나, 양자 택일의 대상이 되는 사항 모두를 선택하지 아니하기 확정된 때에는 그러하지 아니하다(주민투표법 제24조 ⑤, ⑥).

제주도 행정구조 개편에 대한 주민투표(2005.7.27)

2005년 7월 27일 실시된 제주도 주민투표는 주민투표법 제8조(국가정책에 관한 주민투표)의 규정에 의한 제주도 행정구조 개편에 관한 것으로 현행 유지안과 단일광역자치안(도를 하나의 광역자치단체로 개편하고 기초자치단체는 폐지) 중 선택하는 것이었다. 이 주민투표의 투표 결과는 아래와 같다.

▣ 투표 결과

투표인 수	투표자 수	투표율	투표율 최고・최저 위원회
402,003명	147,656명	36.7%	• 최고: 북제주군(42.2%) • 최저: 서귀포시(34.2%)

▣ 개표 결과

위원회별	투표인 수	투표 수	유효 투표 수			무효 투표 수	기권자 수	비고
			단일광역자치안 (혁신적 대안)	현행 유지안 (점진적 대안)	계			
계	402,003	147,656	82,919 (57.0%)	62,469 (43.0%)	145,388	2,268	254,347	

제주시	210,272	72,842	46,323 (64.5%)	25,550 (35.5%)	71,873	969	137,430	단일광역자치안과 현행유지안의 표차: 20,450표
북제주군	74,624	31,487	17,688 (57.2%)	13,254 (42.8%)	30,942	545	43,137	
서귀포시	61,187	20,916	8,956 (43.6%)	11,572 (56.4%)	20,528	388	40,271	
남제주군	55,920	22,411	9,952 (45.1%)	12,093 (54.9%)	22,045	366	33,509	

자료: 제주도 선거관리위원회(2005).

주민투표의 실시 현황(2020.12.31. 기준)

구분	대표자 증명서 교부일	지역	청구권자	투표일	주민투표명 (추진 사유)	투표율 (%)	투표 결과(%) (진행 상황)
투표 실시 12건	2005.0621	제주특별자치도	행정자치부 장관	2005.07.27	행정구조 개편	36.7%	단일광역자치(57.0%) 현행 유지(43.0%)
	2005.08.12	충청북도 청주시	행정자치부 장관	2005.09.29	청주-청원 통합	35.5%	찬성(91.3%) 반대(8.7%)
		충청북도 청원군				42.2%	찬성(46.5%) 반대(53.5%)
	2005.09.15	전라북도 군산시	산업자원부 장관	2005.11.02	방사성폐기물 처분시설 유치	70.2%	찬성(84.4%) 반대(15.6%)
		경상북도 포항시				47.7%	찬성(67.5%) 반대(32.5%)
		경상북도 경주시				70.8%	찬성(89.5%) 반대(10.5%)
		경상북도 영덕군				80.2%	찬성(79.3%) 반대(20.7%)
	2011.02.08	서울특별시	○○○	2011.08.24	무상급식 지원범위	25.7%	미개표 종결
	2011.09.14	경상북도 영주시	○○○	2011.12.07	평온면사무소 소재지 결정	39.2%	평온리(91.7%) 오운리(8.3%)
	2012.05.16	충청북도 청원군	행정안전부 장관	2012.06.27	청주-청원 통합	36.8%	찬성(79.0%) 반대(21.0%)
	2012.09.05	경상남도 남해군	남해군수	2012.10.17	남해에너지파크 유치동의서 제출	53.2%	찬성(48.9%) 반대(51.1%)
	2013.05.30	전라북도 완주군	안전행정부 장관	2013.06.26	전주-완주 통합	53.2%	찬성(44.7%) 반대(55.3%)

<table>
<tr><td>2017.03.15</td><td>강원도
평창군</td><td>○○○</td><td>2019.02.01</td><td>미탄면
주민지원기금
관리방안 결정</td><td colspan="2">61.7%</td><td>찬성(97.7%)
반대(2.3%)</td></tr>
<tr><td>2019.09.05</td><td>경상남도
거창군</td><td>거창군수</td><td>2019.10.16</td><td>거창구치소
신축사업
요구서 제출</td><td colspan="2">52.81%</td><td>찬성(64.7%)
반대(35.2%)</td></tr>
<tr><td rowspan="3">2019.12.19</td><td rowspan="3">대구
군위·
의성군</td><td rowspan="3">국방부
장관</td><td rowspan="3">2020.01.21</td><td rowspan="3">대구 군공항
이전</td><td>군위
(우보)</td><td rowspan="2">80.6
%</td><td>찬성률 50%
+투표율 50%(78.4%)</td></tr>
<tr><td>군위
(소보)</td><td>찬성률 50%
+투표율 50%(53.2%)</td></tr>
<tr><td>의성
(비안)</td><td>88.6
%</td><td>찬성률 50%
+투표율 50%(89.5%)</td></tr>
<tr><td>2020.06.03</td><td>충남
천안시</td><td>천안시장</td><td>2020.06.26</td><td>일봉산
도시공원 개발</td><td colspan="2">10.3%</td><td>미개표 종결</td></tr>
</table>

자료 : 행정안전부(:https://www.mois.go.kr/frt/bbs/type001/commonSelectBoardArticle.do?bbsId=BBSMSTR_000000000050&nttId=82669#none, 2021. 9. 18)

2. 조례의 제정과 개정 · 폐지 청구

1) 의의

조례의 제정과 개정 · 폐지 청구는 주민이 직접 의안을 발의하는 주민발안의 한 유형으로 조례의 제정, 개정 및 폐지를 청구할 수 있는 권리이다.

지방자치법 제19조(조례의 제정과 개정 · 폐지 청구)에 따르면 "① 주민은 지방자치단체의 조례를 제정하거나 개정하거나 폐지할 것을 청구할 수 있다. ② 조례의 제정·개정 또는 폐지 청구의 청구권자 · 청구 대상 · 청구 요건 및 절차 등에 관한 사항은 따로 법률로 정한다."고 규정되어 있고, 이에 따라 『주민조례발안에 관한 법률』이 2021년 10월 19일 제정되었고, 2022년 1월 13일부터 시행되었다. 이 법의 주요 내용은 다음과 같다.

2) 주민조례청구권자(위 법 제2조)

18세 이상의 주민으로서 다음 각 호의 어느 하나에 해당하는 사람(「공직선거법」 제18조에 따른 선거권이 없는 사람은 제외한다. 이하 "청구권자"라 한다)은 해당 지방자치단체의 의회(이하 "지방의회"라 한다)에 조례를 제정하거나 개정 또는 폐지할 것을 청구(이하 "주민조례청구"라 한다)할 수 있다.

(1) 해당 지방자치단체의 관할 구역에 주민등록이 되어 있는 사람

(2) 「출입국관리법」 제10조에 따른 영주(永住)할 수 있는 체류자격 취득일 후 3년이 지난 외국인으로서 같은 법 제34조에 따라 해당 지방자치단체의 외국인등록대장에 올라 있는 사람

3) 주민조례청구 제외 대상(위 법 제4조)

다음 각 호의 사항은 주민조례청구 대상에서 제외한다.

(1) 법령을 위반하는 사항

(2) 지방세 · 사용료 · 수수료 · 부담금을 부과 · 징수 또는 감면하는 사항

(3) 행정기구를 설치하거나 변경하는 사항

(4) 공공시설의 설치를 반대하는 사항

4) 주민조례 청구 요건(위 법 제5조)

(1) 청구권자가 주민조례 청구를 하려는 경우에는 다음 각 호의 구분에 따른 기준 이내에서 해당 지방자치단체의 조례로 정하는 청구권자 수 이상이 연대 서명하여야 한다.

① 특별시 및 인구 800만 이상의 광역시 · 도: 청구권자 총수의 200분의 1

② 인구 800만 미만의 광역시 · 도, 특별자치시, 특별자치도 및 인구 100만 이상의 시: 청구권자 총수의 150분의 1

③ 인구 50만 이상 100만 미만의 시 · 군 및 자치구: 청구권자 총수의 100분의 1

④ 인구 10만 이상 50만 미만의 시 · 군 및 자치구: 청구권자 총수의 70분의 1

⑤ 인구 5만 이상 10만 미만의 시 · 군 및 자치구: 청구권자 총수의 50분의 1

⑥ 인구 5만 미만의 시 · 군 및 자치구: 청구권자 총수의 20분의 1

(2) 청구권자 총수는 전년도 12월 31일 현재의 주민등록표 및 외국인등록표에 따라 산정한다.

(3) 지방자치단체의 장은 매년 1월 10일까지 제2항에 따라 산정한 청구권자 총수

를 공표하여야 한다.

5) 주민청구조례안의 심사 절차(위 법 제13조)

(1) 지방의회는 제12조 제1항에 따라 주민청구조례안이 수리된 날부터 1년 이내에 주민청구조례안을 의결하여야 한다. 다만, 필요한 경우에는 본회의 의결로 1년 이내의 범위에서 한 차례만 그 기간을 연장할 수 있다.

(2) 지방의회는 심사 안건으로 부쳐진 주민청구조례안을 의결하기 전에 대표자를 회의에 참석시켜 그 청구의 취지(대표자와의 질의·답변을 포함한다)를 들을 수 있다.

(3) 「지방자치법」 제79조 단서에도 불구하고 주민청구조례안은 제12조 제1항에 따라 주민청구조례안을 수리한 당시의 지방의회 의원의 임기가 끝나더라도 다음 지방의회 의원의 임기까지는 의결되지 못한 것 때문에 폐기되지 아니한다.

(4) 제1항부터 제3항까지에서 규정한 사항 외에 주민청구조례안의 심사 절차에 관하여 필요한 사항은 지방의회의 회의규칙으로 정한다.

6) 주민발안의 장·단점

조례의 제정과 개정 및 폐지 청구는 주민발안의 한 유형으로 주민발안의 장·단점은 다음과 같다.

(1) 장점

① 주민 의견이 반영될 가능성을 높여준다.

② 지방의회에 대한 압력 수단이 된다.

(2) 단점

① 주민들의 능력만으로는 실현되기 어렵다.

② 특정 집단의 이익 실현 수단으로 이용될 가능성이 있다.

주민발안 제도는 의회의 심의 없이 주민투표로 최종적 결정을 하는 직접발안과 의회의 심의를 거쳐 의회가 수정 또는 거부할 경우 주민투표를 통해 최종적으로 결정하는 간접발안이 있다.

3. 주민의 규칙에 대한 제정 및 개정 · 폐지 의견 제출

지방자치법 제20조(규칙의 제정과 개정 · 폐지 의견 제출) ①에 따르면 "주민은 제29조에 따른 규칙(권리 · 의무와 직접 관련되는 사항으로 한정한다)의 제정, 개정 또는 폐지와 관련된 의견을 해당 지방자치단체의 장에게 제출할 수 있다."

②에는 "법령이나 조례를 위반하거나 법령이나 조례에서 위임한 범위를 벗어나는 사항은 제1항에 따른 의견 제출 대상에서 제외한다." ③은 "지방자치단체의 장은 제1항에 따라 제출된 의견에 대하여 의견이 제출된 날부터 30일 이내에 검토 결과를 그 의견을 제출한 주민에게 통보하여야 한다." ④는 "제1항에 따른 의견 제출, 제3항에 따른 의견의 검토와 결과 통보의 방법 및 절차는 해당 지방자치단체의 조례로 정한다."

4. 주민의 감사 청구

1) 의의

지방자치단체와 그 장의 권한에 속하는 사무의 처리가 법령에 위반되거나 공익을 현저히 해친다고 인정되면 감사를 청구할 수 있다.

2) 감사청구권자

지방자치법 제21조에 따르면, 지방자치단체의 18세 이상의 주민으로서 다음 각 호의 어느 하나에 해당하는 사람(「공직선거법」 제18조에 따른 선거권이 없는 사람은 제외한다. 이하 이 조에서 "18세 이상의 주민"이라 한다)은 시 · 도는 300명, 제198조에 따른 인구 50만 이상 대도시는 200명, 그 밖의 시 · 군 및 자치구는 150명 이내에서 그 지방자치단체의 조례로 정하는 수 이상의 18세 이상의 주민이 연대 서명하여 그 지방자치단체와 그 장의 권한에 속하는 사무의 처리가 법령에 위반되거나 공익을 현저히 해친다고 인정되면 시 · 도의 경우에는 주무부 장관에게, 시 · 군 및 자치구의 경우에는 시 · 도지사에게 감사를 청구할 수 있다.

① 해당 지방자치단체의 관할 구역에 주민등록이 되어 있는 사람

② 「출입국관리법」 제10조에 따른 영주(永住)할 수 있는 체류자격 취득일 후 3년이 경과한 외국인으로서 같은 법 제34조에 따라 해당 지방자치단체의 외국인등록대장에 올라 있는 사람

3) 감사 청구의 장 · 단점

(1) 장점

① 비리를 예방할 수 있다.

② 내부감사 제도의 한계를 보완할 수 있다.

(2) 단점

① 당리당략적 목적을 위한 수단으로 이용될 우려가 있다.

② 소신 있는 사무 처리가 위축될 우려가 있다.

4) 감사 청구의 제외 대상

지방자치법 제21조 ②에 따르면 다음 사항은 감사청구의 대상에서 제외한다.

① 수사 또는 재판에 관여하게 되는 사항

② 개인의 사생활을 침해할 우려가 있는 사항

③ 다른 기관에서 감사했거나 감사 중인 사항. 다만, 다른 기관에서 감사한 사항이라도 새로운 사항이 발견되거나 중요 사항이 감사에서 누락된 경우와 제22조 제1항에 따라 주민소송의 대상이 되는 경우에는 그러하지 아니하다.

④ 동일한 사항에 대해 제22조 제2항 각 호의 어느 하나에 해당하는 소송이 진행 중이거나 그 판결이 확정된 사항

5) 감사 청구의 처리

주무부 장관 또는 시 · 도지사는 감사 청구를 수리한 날부터 60일 이내에 감사 청

구된 사항에 대해 감사를 끝내야 하며, 감사 결과를 청구인의 대표자와 해당 지방자치단체장에게 서면으로 알리고, 공표해야 한다. 다만, 그 기간에 감사를 끝내기가 어려운 정당한 사유가 있으면 그 기간을 연장할 수 있다. 이 경우 이를 미리 청구인의 대표자와 해당 지방자치단체의 장에게 알리고, 공표하여야 한다(지방자치법 제21조 ⑨).

서초구의 '사랑의 교회' 신축 공사 인허가에 대한 주민감사 청구

사랑의 교회는 서초동 대법원 맞은편에 위치한 교회로, 2009년부터 지하철 2호선 서초역 3·4번 출구 옆 6,782m^2 터에 건물 두 동을 신축 공사하고 있다. 이번 사건은 2010년 6월 서초구가 사랑의 교회에 지하 1~8층 깊이, 길이 154m에 달하는 도로 지하공간 사용을 허가해 주면서 시작됐다. 서초구는 사랑의 교회가 요구한 공간이 도로법상 지하실에 해당한다며 허가를 내줬다.

하지만 서울시 시민감사 옴부즈만은 교회 예배당과 주차장 공간을 도로법상 지하실로 보기 어렵다고 밝혔다. 또 서초구가 도로를 내주는 대신 교회 신축건물 내 부지를 기부채납받기로 한 것에 대해서도 "조건이 수반된 기부는 위법"이라고 해석했다. 이는 지난해 12월 서초구민 293명이 신청한 '사랑의 교회 건축 특혜에 관한 주민감사 청구'를 시민감사 옴부즈만이 심의한 결과를 발표한 것이다. 이에 따라 서초구가 서울시의 요구를 받아들이지 않으면 감사를 청구한 주민들이 소송을 제기할 수 있어 결국 법원에서 판가름이 날 것으로 보인다(경향신문, 2012. 6. 4).

주민들 감사 청구로 지방의원 외유비(外遊費) 환수하는 성북구

서울시는 성북 구의원 18명이 작년 터키 출장을 다녀오면서 쓴 경비 4,216만 원 가운데 1,400만 원은 의정 활동과 관계없는 관광과 술값으로 쓴 것으로 확인됐다고 밝혔다. 서울시는 의원들을 상대로 1,400만 원을 환수하라고 성북구에 통보했다. 서울시의 이번 감사는 성북구 주민 206명이 작년 7월 구의회 의원들의 해외 출장이 적절했는지 감사해 줄 것을 서울시에 청구해 실시됐다(조선일보, 2014. 2. 6).

5. 주민소송

1) 의의

지방자치단체가 위법·부당한 재무회계 행위를 한 경우 감사 청구한 주민은 감사 결과 등에 불복 등이 있는 경우에는 감사 청구한 사항과 관련 있는 위법한 행위나 업무를 게을리한 사실에 대하여 해당 지방자치단체장을 상대방으로 주민소송을 제기할 수 있다(지방자치법 제22조 ①).

2) 요건(지방자치법 제22조 ①)

① 주무부 장관이나 시 · 도지사가 감사 청구를 수리한 날부터 60일(제21조 제9항 단서에 따라 감사기간이 연장된 경우에는 연장된 기간이 끝난 날을 말한다)이 지나도 감사를 끝내지 아니한 경우

② 제21조 제9항 및 제10항에 따른 감사 결과 또는 같은 조 제12항에 따른 조치 요구에 불복하는 경우

③ 제21조 제12항에 따른 주무부 장관이나 시 · 도지사의 조치 요구를 지방자치단체의 장이 이행하지 아니한 경우

④ 제21조 제12항에 따른 지방자치단체의 장의 이행 조치에 불복하는 경우

3) 대상(지방자치법 제22조 ①)

① 공금의 지출에 관한 사항

② 재산의 취득 · 관리 · 처분에 관한 사항

③ 해당 지방자치단체를 당사자로 하는 매매 · 임차 · 도급, 그 밖의 계약의 체결 · 이행에 관한 사항

④ 지방세 · 사용료 · 수수료 · 과태료 등 공금의 부과 · 징수를 게을리한 사항

4) 소송의 기한

주민소송은 다음의 경우에 해당하는 날로부터 90일 이내에 제기해야 한다(지방자치법 제22조 ④).

① 주무부 장관 또는 시 · 도지사가 감사 청구를 수리한 날부터 60일이 지나도 감사를 끝내지 않은 경우 60일이 끝난 날

② 감사 결과 또는 조치 요구에 불복하는 경우는 해당 감사 결과나 조치 요구 내용에 대한 통지를 받은 날

③ 주무부 장관이나 시 · 도지사의 조치 요구를 지방자치단체장이 이행하지 않은 경우는 지정한 처리 기간이 끝난 날

④ 자치단체장의 이행 조치에 불복이 있는 경우는 이행 조치 결과에 대한 통지를 받은 날

5) 소송의 유형(지방자치법 제22조 ②)

① 행위의 전부 또는 일부의 중지를 구하는 소송

② 당해 행위의 취소 · 변경, 효력의 유무 또는 존재 여부의 확인을 구하는 소송

③ 게을리한 사실의 위법 확인을 구하는 소송

④ 해당 지방자치단체의 장 및 직원, 지방의회 의원, 해당 행위와 관련이 있는 상대방에게 손해배상 청구 또는 부당이득 반환 청구를 할 것을 요구하는 소송. 다만, 그 지방 자치단체의 직원이 「회계 관계 직원 등의 책임에 관한 법률」 제4조에 따른 변상 책임을 져야 하는 경우에는 변상명령을 할 것을 요구하는 소송을 말한다.

6) 손해배상금 등의 지급 청구 등

지방자치법 제23조에 따르면, ① 지방자치단체의 장(해당 사항의 사무 처리에 관한 권한을 소속 기관의 장에게 위임한 경우에는 그 소속 기관의 장을 말한다. 이하 이 조에서 같다)은 제22조 제2항 제4호 본문에 따른 소송에 대하여 손해배상청구나 부당이득반환청구를 명하는 판결이 확정되면 판결이 확정된 날부터 60일 이내를 기한으로 하여 당사자에게 그 판결에 따라 결정된 손해배상금이나 부당이득반환금의 지급을 청구하여야 한다. 다만, 손해배상금이나 부당이득반환금을 지급하여야 할 당사자가 지방자치단체의 장이면 지방의회의 의장이 지급을 청구하여야 한다.

② 지방자치단체는 제1항에 따라 지급 청구를 받은 자가 같은 항의 기한까지 손해배상금이나 부당이득반환금을 지급하지 아니하면 손해배상 · 부당이득 반환의 청구를 목적으로 하는 소송을 제기하여야 한다. 이 경우 그 소송의 상대방이 지방자치단체의 장이면 그 지방의회의 의장이 그 지방자치단체를 대표한다.

용인경전철 1조 원대 주민소송 … 전·현직 시장에 책임 묻는다

수지시민연대 등 경기도 용인지역 시민단체와 주민 등으로 구성된 '용인경전철 손해배상 청구를 위한 주민소송단'은 다음 달 10일 수원지법에 주민소송을 제기하기로 했다고 22일 밝혔다. 소송 상대는 이정문·서정석·김학규 등 전·현직 용인시장 3명과 전·현직 경전철 담당공무원 6명이다. 또 경전철 이용 수요 용역을 맡은 한국교통연구원(옛 교통개발연구원) 연구원 3명과 한국교통연구원도 포함됐다. 소송청구액은 경전철 전체 사업비인 1조 127억 원이다.

주민소송단 대표인 현근택 변호사는 "하루 평균 16만 명이 이용한다는 한국교통연구원의 예측에 따라 경전철을 건설했지만 실제 이용객은 1만 명도 안 된다"며 "경전철 건설로 시 재정이 파탄나기에 이르렀지만 책임지는 사람이 없어 소송을 추진하게 됐다"고 말했다. 주민소송은 지방자치법에 따라 위법한 예산 집행을 견제하고 지자체와 주민 이익을 보호하기 위한 공익소송 제도다.

이들은 앞서 지난 4월 경기도에 용인경전철에 대해 주민감사청구를 냈다. 감사 결과 용인시가 행정기구와 정원 조례를 개정하지 않고 경전철 프로젝트팀을 설치하는 등 4건의 위법·부당 사항이 적발됐다. 경기도는 용인시에 기관 경고를 내리고 해당 직원 9명의 문책을 요구했다(중앙일보, 2013. 9. 23).

용인경전철 세기의 1조 원 소송 … 대법은 주민 눈물 닦아줬다

대법원이 천문학적 세금이 낭비된 용인경전철로 속앓이를 하던 시민들의 손을 들어줬다. 대법원 1부(주심 권순일 대법관)는 29일 용인시민 8명이 전직 용인시장 3명을 포함한 전·현직 용인시 공무원 등 총 39명에게 제기한 1조 원대 용인경전철 손해배상 소송에서 주민들이 패소한 원심 판결 일부를 파기환송했다.

대법원은 "용인경전철 사업이 잘못된 수요예측조사로 실시됐다면 주민들은 이로 인해 입은 손해를 청구하는 소송을 할 수 있다."고 밝혔다. 2005년 주민소송제도 도입 이후 지방자치단체의 민간투자사업에 대한 주민 감시와 소송의 권한을 인정한 최초의 판결이다.

법조계에선 향후 파기환송심에서 1조 원의 손해배상액이 모두 인정될 가능성은 낮지만, 지자체의 세금 낭비 행정에 철퇴를 내리는 판례가 나왔다고 평가했다(중앙일보, 2020. 7. 29).

주민소송 현황(2020.12.31. 기준)

구분	실시 지역	소송 제기일	추진 사유	소송 결과 (진행 상황)
진행 (4건)	전북 정읍시	2020. 1. 28.	피고 정읍시장이 축사 양성화 규정에 따라 내린 가축분뇨배출시설 설치허가 및 건축허가 처분 취소	진행 중
	충남 계룡시	2019. 12. 24	의료세탁공장 입주계약 무효확인 및 위자료 청구	진행 중
	세종특별자치시	2018. 8. 16.	○○○체험관 건립비 지원계획 취소 청구	진행 중
	인천	2016. 9. 13	'14인천AG 관련 경기장에 보조금 지원은 불법이며 그에 따른 손해배상 청구	진행 중
	경기 용인시	2013. 10. 10.	경전철사업 추진에 따른 예산 낭비 손해배상 청구	진행 중
	서울 서초구	2012. 8. 29.	도로점용허가에 관한 무효확인 등에 관한 소송	진행 중
종결 (39건)	충북 음성군	2018. 5. 25.	○○산업단지개발사업 추진 실패에 따른 소송	소취하 종결 (2018. 10. 18)
	전남 함평군	2017. 5. 30.	계사 증축 허가에 관한 무효확인 소송	종결 (주민 패소, 2019. 4. 22)
	대구광역시	2018. 9. 21.	(사)○○○에 지급한 위탁사업비 반환 청구 소송 제기 요구	종결 (주민 패소, 2019. 2. 8)
	경기 부천시	2017. 2. 28.	상동 영상단지 복합개발사업 사업시행자 선정 처분무효확인소송	종결 (각하, 2018. 6. 2)
	전남 함평군	2016. 9. 21.	계사 증축 허가에 관한 취소 청구	종결 (주민 패소, 2018. 3. 2)
	대구 달성군	2016. 5. 2.	공중보건의 기타 수당, 기타 보수 위법 지출 확인	종결 (주민 패소, 2018. 1. 15)
	울산 울주군	2016. 1. 6.	영남알프스 케이블카 사업을 위한 공원계획 결정 무효 확인	종결 (각하, 2016. 11. 18)
	전남 함평군	2015. 12. 24.	레미콘공장 사업계획 연장 허가에 관한 처분 취소 청구	종결 (주민 패소, 2017. 6. 2)
	충북 음성군	2015. 10. 20.	생극산업단지 및 태상산업단지 관련 손해배상 청구	종결 (주민 패소, 2016. 12 .3)
	경기도 안성시	2015. 8. 10.	하수시설 민간투자사업 협약 내용 정보공개 거부처분 취소 청구	종결 (일부 승소, 2016. 11. 2)
	강원도 고성군	2015. 4. 28.	고성군 지방상수도 통합 위탁운영 관련 위법 확인	종결 (주민 패소, 2018. 5. 15)
	충북 음성군	2015. 2. 17.	용산산업단지 해제 관련 손해배상 청구 등	종결 (주민 패소, 2017. 3. 31)
	서울 영등포구	2012. 3. 6.	백화점 건물에 관한 사용승인처분 취소 및 시정 조치에 관한 부작위위법 확인	종결 (주민 패소, 2015. 9.1 0)
	서울 강동구	2010. 8. 10.	불법 의정비 인상분 환수 요구	종결 (주민 패소, 2014. 5. 16)
	서울 용산구	2010.5.20.	불법 의정비 인상분 환수 요구	종결 (주민 패소, 2014. 3. 13)

	서울 성북구	2010. 3. 23.	불법 의정비 인상분 환수 요구	종결 (주민 패소, 2014. 2. 27)
	서울 강북구	2010. 2. 22.	불법 의정비 인상분 환수 요구	종결 (주민 패소, 2014. 8. 28)
	서울 강서구	2010. 2. 22.	불법 의정비 인상분 환수 요구	종결 (주민 패소, 2014. 11. 29.)
	서울 은평구	2010. 2. 22.	불법 의정비 인상분 환수 요구	종결 (주민 패소, 2014. 2. 27.)

자료: 행정안전부(2021.09.19.) (https://www.mois.go.kr/frt/bbs/type001/commonSelectBoardArticle.do?bbsId=BBSMSTR_000000000050&nttId=82669#none, 2021. 9. 19)

6. 청원

1) 의의

주민이 지방자치단체에 대해 원하는 바를 요청하는 것을 의미한다.

2) 청원서의 제출

지방의회에 청원을 하고자 하는 자는 지방의회 의원의 소개를 얻어 청원서를 제출해야 한다. 청원서에는 청원자의 성명 및 주소를 기재하고 서명・날인해야 한다(지방자치법 제85조).

3) 청원 대상

재판에 간섭하거나 법령에 위배되는 내용의 청원은 수리하지 않는다(지방자치법 제86조).

4) 청원의 심사 및 처리

청원이 접수되면 지방의회는 위원회 또는 본회의에 회부하여 심사한다(지방자치법 제87조). 지방의회가 채택한 청원으로 그 지방자치단체장이 처리함이 타당하다고 인정되는 청원은 의견서를 첨부하여 지방자치단체장에게 이송하고, 자치단체장은 처리 결과를 지체없이 지방의회에 보고해야 한다(지방자치법 제88조).

7. 주민소환

1) 의의

주민소환제도는 주민소환 투표권자가 지방자치단체장과 지방의원의 위법·부당행위, 직무 유기 또는 직권 남용 등을 통제하기 위해 주민소환투표를 통해 해임시킬 수 있는 제도로서, 2006년 5월 24일 「주민소환에 관한 법률」(시행일: 2007. 5. 25)이 제정됨에 따라 도입되었다.

2) 주민소환 투표권자

주민소환에 관한 법률 제4조 제1항의 규정에 의한 주민소환투표인명부 작성기준일 현재 다음의 어느 하나에 해당하는 자는 주민소환투표권이 있다(주민소환에 관한 법률 제3조 ①).

① 19세 이상의 주민으로서 당해 지방자치단체 관할 구역에 주민등록이 되어 있는 자(「공직선거법」 제18조의 규정에 의하여 선거권이 없는 자를 제외한다.)

② 19세 이상의 외국인으로서 『출입국관리법』 제10조의 규정에 따른 영주의 체류자격 취 득일 후 3년이 경과한 자 중 같은 법 제34조의 규정에 따라 당해 지방자치단체 관할 구역의 외국인등록대장에 등재된 자

③ 주민소환투표권자의 연령은 주민소환투표일 현재를 기준으로 계산한다.

3) 주민소환 투표의 대상

주민소환 투표의 대상은 해당 지방자치단체의 장과 지방의회 의원을 대상으로 하되 비례대표 의원은 제외한다(주민소환에 관한 법률 제7조 ①).

4) 주민소환 투표의 청구 요건

주민소환투표의 청구 서명인 수는 선출직 지방공직자별로 차별화하여 시·도지사는 당해 지방자치단체의 주민소환 투표청구권자 총수의 100분의 10 이상, 시장·군수·자치구청장은 100분의 15 이상, 지역구 시·도의원 및 지역구 구·시·군의원은 100분의 20 이상으로 했다(주민소환에 관한 법률 제7조 ①).

5) 탄핵 제도와 비교

탄핵 제도는 헌법이나 법률 위반의 경우에 사용되는 제도이나 주민소환은 위법행위 외에 정치적 무능력, 공약 불이행, 독단이나 횡포 등 다양한 이유로부터 공직자의 책임성을 확보하는 제도이다(최창호, 2003: 482).

6) 소환 제도의 장·단점

(1) 장점

① 공직자의 책임 의식이나 윤리 의식이 향상될 수 있다.

② 선거 제도의 한계를 보완할 수 있다.

(2) 단점

① 남용되는 경우 지방자치가 마비될 우려가 있다.

② 당리당략적 목적을 위한 수단으로 이용될 우려가 있다.

7) 주민소환 투표의 청구 제한 기간(주민소환에 관한 법률 제8조)

① 선출직 지방공직자의 임기 개시일부터 1년이 경과하지 아니한 때

② 선출직 지방공직자의 임기 만료일부터 1년 미만일 때

③ 해당 선출직 지방공직자에 대한 주민소환 투표를 실시한 날부터 1년 이내인 때

주민소환 투표 사례 I(미국 캘리포니아주)

2003년 10월 7일 미국 캘리포니아주에서는 주지사 소환투표가 실시되었다. 데이비스(Gray Davis) 주지사에 대한 주민소환 투표는 2년 전의 에너지 문제와 급격히 악화된 재정적자가 그 원인이었다. 주민소환 투표는 현 주지사의 신임 여부를 묻는 투표와 신임이 부결된 경우의 보궐 후보에 대한 투표가 동시에 실시된다. 소환투표에서 과반수가 소환을 지지하지 않으면 주지사는 유임되며, 보궐선거는 무효가 된다. 투표 결과 주지사는 54.6%의 찬성으로 소환되었고, 슈워제네거(Arnold Schwarzenegger)는 48%의 지지를 얻어 38대 주지사로 당선되었다. 데이비스는 1921년 노스다코타 주의 프레이저(Lynn Frazer) 주지사 이래 미국 역사상 두 번째로 소환된 주지사로 기록되었다(조선일보, 2003. 10. 9).

주민소환 투표 사례 II(미국 위스콘신주)

미국에서 주(州)정부 재정 적자를 줄이기 위해 공무원 노조의 권리를 대폭 축소시켰던 주지사가 노동계와 좌파가 주도한 주민소환선거에서 이겨 극적으로 생환했다. AP통신은 2012년 6월 5일 치러진 위스콘신주 주지사 주민소환선거 결과, 공화당 소속 스캇 워커(Scott Walker, 44) 현 주지사가 민주당 후보인 톰 배럿(Tom Barrett, 58) 밀워키 시장을 상대로 득표율 53% 대 46%로 승리해 주지사 자리를 지켰다고 6일 보도했다. 워커 주지사는 지난해 재정적자 타개를 위해 공무원의 건강보험료와 연금납부액을 인상하고 임금 인상 폭을 제한하며, 노조비 납부를 노조원 자율에 맡기고 노조가 이를 매년 재승인받도록 하는 내용의 입법안을 통과시켰다. 민주당과 노동계는 이에 반발해 2011년 11월 100만 명으로부터 주지사 소환청원 서명을 받아 그를 심판대에 세웠다.

2010년 보수주의 시민운동인 티파티의 지원으로 당선된 워커는 당시 민주당 소속의 전임 주지사로부터 물려받은 30억 달러 규모의 정부 부채를 해결하겠다고 공약하고, 첫 조치로 공무원 노조에 철퇴를 내렸다. 피해를 보는 이들이 워낙 격렬하게 저항하는 데다 미국의 역대 주지사 소환투표에서 살아남은 이가 없었기 때문에 워커의 몰락이 예상됐다. 그러나 이 때문에 오히려 선거가 전국적 조명을 받았고 투표율 역시 2년 전 주지사 선거보다도 높았던 것으로 집계됐다(조선일보, 2012. 6. 7).

주민소환 투표 사례 III(과천시장)

과천시장 주민소환 투표 무산… 김종천 시장 "기회 다시 주셔 감사"(2021. 6. 30)

정부과천청사 부지에 대규모 아파트단지를 짓는 정부 방침에 적극적으로 대처하지 않았다는 이유로 추진된 김종천 경기 과천시장에 대한 주민소환투표가 개표 없이 무산됐다. 과천시선거관리위원회는 지난달 30일 오전 6시부터 오후 8시까지 20개 투표소에서 진행된 투표 결과 유권자 5만 7,286명 중 1만 2,409명이 투표에 참여해 최종 투표율이 21.7%로 집계됐다고 1일 밝혔다. 주민소환 투표는 투표자 수가 유권자 총수의 3분의 1(33.3%)을 넘어야 개표를 진행할 수 있는데, 이를 충족하지 못해 개표 없이 종결됐다.

이에 따라 주민소환 투표 발의 후 22일 동안 직무정지 상태였던 김 시장은 시장직으로 복귀했다. 김 시장은 "과천시를 위해 일할 수 있도록 기회를 주신 시민 여러분께 감사드린다."며 "남은 임기 동안 시의 발전을 위한 주요 사업을 완수하는 데 최선을 다하겠다."고 소감을 밝혔다(문화일보, 2021. 7. 1).

주민소환 투표 현황(2020년 12.31. 기준)

구분	지역	소환 대상	투표일	추진 사유	투표율 (%)	투표 결과 미실시 사유
투표 실시 (10건)	경북 포항	시의원	2019. 12. 18.	생활폐기물 에너지화시설(SRF) 운영에 따른 주민 피해 직무유기	21.7	소환 무산
		시의원			21.7	소환 무산
	전남 구례	군수	2013. 12. 4.	법정구속으로 인한 군정 공백 유발	8.3	소환 무산
	강원 삼척	시장	2012. 10. 31.	원자력발전소 건립 강행 등	25.9	소환 무산
	경기 과천	시장	2011. 11. 16.	보금자리지구 지정 수용 등	17.8	소환 무산
	제주	도지사	2009. 8. 26.	제주해군기지 건설 관련 주민 의견 수렴 부족 등	11	소환 무산
	경기 하남	시장	2007. 12. 12.	화장장 건립 추진 관련 갈등	31.1	소환 무산
		시의원			23.8	소환 무산
		시의원			37.6	소환
		시의원			37.6	소환

자료: 행정안전부(2021.9.19.) (https://www.mois.go.kr/frt/bbs/type001/commonSelectBoardArticle.do?bbsId=BBSMSTR_000000000050&nttId=82669#none, 2021. 9. 19).

8. 주민자치회

1) 의의

「지방자치분권 및 지방행정 체제 개편에 관한 특별법」 제27조(주민자치회의 설치)에 따라 "풀뿌리자치의 활성화와 민주적 참여의식 고양을 위하여 읍 · 면 · 동에 해당 행정구역의 주민으로 구성되는 주민자치회를 둘 수 있다." 주민자치회는 2013년 5월에 제정된 「지방분권 및 지방행정 체제 개편에 관한 특별법」 제27조(주민자치회의 설치)에서 처음 도입됐다.

주민자치회 시범실시 및 설치 · 운영에 관한 조례 개정안(2020.4.22.) 제2조(정의)에 따르면 주민자치회란 "풀뿌리자치의 활성화와 민주적 참여의식 고양을 위하여 읍 · 면 · 동(또는 동, 읍 · 면)에 설치되고 주민으로 구성되어 주민자치센터를 운영하는 등 주민의 자치활동 강화에 관한 사항을 수행하는 조직"을 말한다.

주민자치회가 도입된 가장 큰 이유는 먼저 도입된 주민자치센터와 주민자치센터 운영을 위한 주민자치위원회의 문제점을 보완하기 위한 목적이라고 할 수 있다.

2) 주민자치센터와 주민자치위원회의 문제점

(1) 주민자치센터의 설립 목적

행정안전부의 주민자치센터 설치 및 운영조례준칙에 따르면, 주민자치센터 설치 목적으로 주민 편의 및 복리 증진의 도모, 주민자치 기능의 강화, 그리고 지역공동체 형성에의 기여라고 명시하고 있다(준칙 제1조). 이러한 목적을 위해 읍면동사무소에 설치된 주민자치센터는, 그의 도입 및 운영과 관련해서 몇 가지 기본 원칙을 갖고 있는데, 중요한 것으로 다음과 같은 것을 규정하고 있다(동 제3조).

– 주민의 복리 증진과 지역공동체 형성 촉진
– 주민 참여의 보장과 자치활동의 조장
– 읍 · 면 · 동사무소별 자율적 운영 유도
– 자치센터의 건전한 육성 및 읍 · 면 · 동 발전을 위한 행 · 재정 지원
– 정치적 이용 목적의 배제

이러한 주민자치센터는 문화 · 복지 · 여가 등 주민의 삶의 질을 높이고, 주민 참여를 통해 주민자치 의식과 공동체 의식을 제고하는 것을 지향한다고 할 수 있다.

(2) 주민자치센터의 문제점

주민자치센터란 지방자치법에 의한 주민복리 증진을 도모하고 주민자치 기능을 강화해서 지역공동체 형성에 기여하기 위해 주민이 이용할 수 있도록 동사무소에 설치된 각종 문화 · 복지 · 편익시설과 프로그램을 총칭한다(주민자치센터 설치 및 운영조례 준칙).

이같이 주민자치센터의 설립 목적은 주민복리의 증진과 주민자치 기능의 강화이다. 주민 스스로 지역 문제를 풀어 가는 주민자치 기능의 구심체 역할의 수행을 목표로 초기에는 행정 주도하에 운영하고, 단계적으로 민간 주도로 전환해서 장기적으로는 주민자율 조직인 '커뮤니티센터'로 육성한다는 것이 행정안전부의 기본 구상이다.

그러나 주민자치센터가 읍·면·동별로 설치돼 있지만 주민자치 기능보다는 문화센터, 교육센터 기능 위주로 운영되고, 프로그램 운영상 문화·여가 프로그램이 많은 부분을 차지해 획일적이며, 인근 지역과 유사한 프로그램 운영으로 중복 사례가 많이 나타나고 있다.

(3) 주민자치위원회의 문제점

「주민자치센터 설치 및 운영조례 준칙」(개정)에 따르면, 읍·면·동 주민자치센터의 운영 등에 관한 사항을 심의·의결하기 위해 주민자치위원회를 두도록 하고 있다(제15조). 그리고 심의 사항으로 자치센터 설치·운영에 관한 사항, 주민 자치활동 강화에 관한 사항, 문화·복지·편익에 관한 사항, 지역공동체 형성에 관한 사항 등을 적시하고 있다(제16조). 한편 구성이나 위원 위촉 기준 등에 대해서는 추상적·형식적이긴 하나 지방정치나 행정으로부터 주민자율성을 강화하는 방향으로 제시되고 있다(제17조). 위원회가 실질적인 주민자치센터의 구심점임을 직시해서 위원회 구성이나 위원들의 역할 등에서 좀 더 강력하게 주민 참여와 주민자치를 지향하고 있다는 것이다.

그러나 주민자치의 주체로서 역할이 취약하고, 주민자치 위원도 읍·면·동장이 위촉해 대표성이 취약할 뿐 아니라 자발적 참여 의식도 부족한 실정이다. 주민자치센터 운영과 관련해서 특히 주민자치위원회의 구성과 활동 문제가 중요한데 폐쇄적인 위원 구성, 위원회의 적극적 활동 결여, 위원의 역할에 대한 인식 부족 문제, 그리고 위원 간 또는 지방의회 등과의 갈등 등을 지적할 수 있다. 개정준칙에서는 주민자치위원회의 위상이 강화되고(의결 기능 추가), 지방의원이나 공직자의 참여를 제한하는 등 보완이 이루어졌으나(행정자치부, 2002), 여전히 과거 동정자문위원이나 기존 관변단체 임원들로 채워지는 등 전문성이나 주민 참여라는 본래의 대표성에는 한계가 있는 것 또한 사실이다.

3) 주민자치회의 개요

행정안전부 지방자치분권실의 자료에 따르면, 주민자치회는 전국 3,491개 읍·면·동(2019. 12. 31. 기준) 중에서 2021년 8월 기준 전국 820개 읍·면·동에서 실시되고 있다. 주민자치회 시범 실시 및 설치·운영에 관한 조례 개정안(2020. 4. 22)에 따른 주민자치회의 개요는 다음과 같다.

(1) 운영 원칙

주민자치회는 다음 각 호의 원칙에 따라 운영되어야 한다.

가. 주민의 복리 증진과 지역공동체 형성 촉진

나. 주민 참여의 보장 및 자치활동의 진흥

다. 읍·면·동별 자율적인 운영

라. 정치적 이용 목적의 배제

(2) 기능

주민자치회는 「지방자치분권 및 지방행정 체제 개편에 관한 특별법(이하 '특별법'이라 한다.)」 제28조에 따라 다음 각 호의 업무를 수행한다.

가. 주민자치 업무: 주민총회 개최, 자치(마을)계획 수립, 마을축제, 마을신문·소식지 발간, 공동체 형성, 기타 각종 교육 활동, 행사 등 순수 근린자치 영역에서 수행하는 주민자치 업무

나. 협의 업무: 읍·면·동(또는 동, 읍·면) 행정 기능 중 주민생활과 밀접한 관련이 있는 업무에 대한 협의

다. 수탁 업무: 시·군·구 및 읍·면·동(또는 동, 읍·면) 행정 기능 중 주민자치센터의 운영 등 주민의 권리·의무와 직접 관련되지 아니하는 업무의 수탁 처리

(3) 주민자치회의 정수

주민자치회의 위원은 최소 30명 이상으로 구성한다.

(※ 지역 여건에 따라 40명 이상, 30명 이상 50명 이하 등으로 자율적으로 결정)

(4) 위원의 자격

① 주민자치회의 위원은 제9조에 따른 추천 또는 공개 모집한 날 현재 만 18세 이상의 사람으로서 다음 각 호 중 어느 하나의 자격을 갖추어야 한다. 다만, 공직선거법 제19조에 따라 피선거권이 없는 사람과 지방의회 의원은 주민자치회 위

원으로 선정될 수 없다.

(※ 지역 여건에 따라 위원 연령대 하향 조정 가능)

가. 해당 읍 · 면 · 동(또는 동, 읍 · 면)에 주민등록이 되어 있는 사람

나. 출입국관리 관계 법령에 따라 영주의 체류자격을 갖춘 외국인으로서 해당 읍 · 면 · 동(또는 동, 읍 · 면)의 외국인등록대장에 올라 있는 사람

(※ 지역에 따라 외국인 자격 요건 자율 결정)

다. 해당 읍 · 면 · 동(또는, 읍 · 면)에 사업장 주소를 두고 있는 사업장에 종사하는 사람

라. 해당 읍 · 면 · 동(또는 동, 읍 · 면)에 소재한 각급 학교, 기관, 단체의 임 · 직원

② 제1항 각 호에도 불구하고 둘 이상의 주민자치회의 위원으로 선정된 사람 및 제20조 제1항 제3호의 사유로 해촉된 사람은 해당 사유가 발생한 날부터 주민자치회의 위원 자격이 없는 것으로 본다.

(5) 위원의 선정

① 주민자치회 위원은 다음 각 호에 해당하는 사람에 대해 공개추첨으로 선정한다. 다만, 특정 성별이 각 호별 총원의 60퍼센트 이하가 되도록 해야 하며, 사회적 약자 등 다양한 계층이 참여할 수 있도록 노력해야 한다.

1. 공개모집에 신청하고 주민자치 교육과정을 이수한 사람
2. 당해 읍 · 면 · 동 소재 각급 학교 · 기관 · 단체 및 기타 읍 · 면 · 동장이 필요하다고 인정하는 주민공동조직 등에서 추천받아 주민자치 교육과정을 이수한 사람

(※ 각 호별 선정 비율은 자율적으로 결정하되, 1호 대상을 2호 대상보다 우선적으로 구성)

② 제1항 각 호의 주민자치 교육과정의 이수는 시장(또는 군수 · 구청장)이 인정하는 주민자치 활동에 관한 기본교육과정을 최소 6시간 이상 사전 이수한 것을 의미한다.

③ 주민자치회는 제1항에서 선정된 주민자치회 위원 외에 제1항 각 호별 예비후보

자 순위를 5명 이내에서 추첨으로 정한다.

④ 주민자치회는 제1항 및 제3항에 따른 주민자치회 위원과 예비후보자를 선정한 날로부터 10일 이내 그 명부를 시장(또는 군수 · 구청장)에게 제출하여야 한다.

⑤ 시장(또는 군수 · 구청장)은 명부 접수 후 20일 이내에 주민자치회 위원 선정 결과에 따라 주민자치회 위원을 위촉하여야 한다.

⑥ 주민자치회 위원의 사임 또는 해촉 등으로 인하여 결원이 발생한 경우에는 시장(또는 군수 · 구청장)이 다음 각 호의 방법에 따라 위촉한다. 다만, 전임 위원의 남은 임기가 6개월 미만인 경우에는 위촉하지 않는다.

1. 예비후보자가 있는 경우에는 명부순위 순으로 위촉한다.
2. 예비후보자가 없는 경우에는 제9조 제1항 내지 제5항에 따라 위촉한다.

⑦ 시장(또는 군수 · 구청장)은 주민자치회 구성 후 주민자치회 위원에 대한 주요 인적 사항을 1개월 이내에 공고 등의 방법으로 해당 지역 주민에게 공개하여야 하며, 위원을 새로이 위촉한 경우에도 주요 인적사항을 같은 방법에 따라 해당 지역 주민에게 공개하여야 한다.

⑧ 주민자치회 위원의 공정한 선정을 위하여 주민자치회 내에 위원 추첨 운영위원회를 구성 · 운영할 수 있다.

⑨ 주민자치회 위원 구성 및 선출 방법 등에 관하여 필요한 세부적인 사항은 운영세칙으로 정한다. 다만, 주민자치회를 최초로 구성하는 경우 주민 의견 등을 수렴하여 해당 읍 · 면 · 동장이 정한다.

⑩ 시장(또는 군수 · 구청장)과 주민자치회는 주민들을 대상으로 주민자치회 위원 공개모집 사실을 설명회의 방식으로 홍보할 수 있다.

(6) 주민총회

① 주민총회는 연 1회 이상 개최하며, 주민자치회에서 의결된 안건을 상정한다. 다만, 특별한 사유가 있는 경우 주민자치회의 의결에 따라 개최 횟수를 조정할 수 있다.

② 주민총회는 다음 각 호에 관한 사항을 결정하는 권한을 가지며, 제1항에 따라 상정된 안건은 참석 주민 과반수의 찬성으로 결정한다.

1. 주민자치회 활동 평가
2. 읍 · 면 · 동 행정사무에 대한 의견 제시
3. 읍 · 면 · 동의 다음 연도 자치(마을)계획안
4. 읍 · 면 · 동에 배정된 주민참여예산에 대한 편성안
5. 기타 지역 현안, 주민자치, 민관 협력 등에 관한 사항의 보고와 결정 등

③ 주민자치회는 주민 참여와 숙의를 촉진하기 위하여 주민총회일 1개월 전부터 상정 안건 홍보, 주민설명회, 의견 수렴 등을 진행하여야 한다.

④ 주민자치회는 많은 주민들의 참여와 주민 합의를 형성하기 위하여 상정 안건에 대한 사전투표를 진행할 수 있다.

⑤ 주민자치회는 해당 읍 · 면 · 동의 관계 공무원에게 주민총회 출석을 요구할 수 있으며, 시장(또는 군수 · 구청장) 및 해당 읍 · 면 · 동장은 주민총회에 출석하여 발언할 수 있다.

⑥ 주민자치회는 주민총회에서 지역 주민이 직접 발언하고 의견을 제출할 수 있도록 기회를 보장하여야 한다.

⑦ 주민자치회는 주민총회 개최 후 14일 이내에 개최 결과 및 회의록을 작성하여 읍 · 면 · 동 게시판 또는 홈페이지 등에 30일 이상 공개한다.

제12장 지방자치와 시민운동

제1절 서론

지방자치가 성공적으로 운영될 수 있기 위해서는 무엇보다도 주민들의 적극적 관심과 참여가 요구된다. 그리고 주민들의 관심과 참여는 개별적으로 이루어질 때보다 시민운동의 형태로 조직적이고 체계적으로 이루어질 때 지역 발전에 기여할 수 있을 것이다.

아울러 시민운동도 지역의 문제를 지역의 책임과 판단에 따라 처리함을 원칙으로 하는 지방자치를 실시함으로써 더욱 활성화될 수 있다. 지방자치의 실시에 따라 지역 문제에 대한 참여의 기회가 다양화되고 제도화될 수 있기 때문이다.

여기서는 시민운동의 가치와 지방자치와의 관계를 살펴본 후, 지방자치의 발전을 위해 시민운동이 극복해야 할 과제에 대해 알아보고자 한다.

제 2 절 시민운동의 의의

1. 시민운동의 의의

시민운동은 초계급적인 시민들이 초계급적인 공적 문제를 자발적으로 해결하고자 하는 집합적 운동이라 할 수 있다. 이같이 시민운동은 온건한 운동, 시민 전체의 일반적 이익을 실현하고자 하는 운동, 비계급적 운동이라는 점이 특징이다.

2. 시민운동과 민중운동

현실적으로 시민운동과 민중운동은 명확하게 구별되지 않지만 대체로 다음과 같은 점에서 구별된다.

① 시민운동은 계급적 이해관계를 대상으로 하는 민중운동과는 달리 특정 계급이나 계층의 이해관계를 초월해서 사회적 공공선(公共善)의 실현을 대상으로 한다.

② 시민운동의 주체는 민중운동의 주체가 계급 의식을 갖고 있는 민중인데 비해 초계급적 일반 시민들이 운동의 주체이다.

③ 시민운동은 사회 체제의 근본적 변화를 목표로 하는 민중운동과는 달리 부분적인 변화를 목표로 하는 개량적 또는 개혁적 성격을 나타낸다.

④ 운동의 방법에서 시민운동은 비(非)합법적 혹은 반(反)합법적 방법을 취하는 민중운동과는 달리 대개 합법적인 방법을 택한다(유팔무, 1995: 371-388).

제 3 절 시민운동의 가치

1. 국민 주권의 실현

헌법 제1조 제2항은 "대한민국의 주권은 국민에게 있고, 모든 권력은 국민으로부터 나온다."고 국민주권주의를 규정하고 있다. 국민이 주권자라 함은 국민이 모든 공권력의 정당성의 원천이 됨과 동시에 공권력의 내용이 국민의 의사에 합치되어야 함을 의미한다. 만약 국가 권력의 행사 내용이 국민의 의사에 합치되지 아니하는 경우에는 국민이 통제함으로써 국민의 의사에 합치될 수 있게 할 수 있는 가능성이 보장되어야 한다.

시민운동은 국민 주권을 생활 속에서 실천한다는 의미와 가치가 있다. 오늘날 조직되지 않은 시민은 사회의 주체로서 존재하기 어렵다. 시민은 조직과 조직 활동을 통해서만 자신의 의견을 효과적으로 표현할 수 있고 주장을 관철할 수 있을 뿐이다. 시민이 끊임없이 조직화된 형태로 정치에 참여하고, 이들이 정치를 감시 · 감독하고 정치를 시민 스스로를 위하는 방향으로 끌어가지 않는 한 민주주의로의 정치 발전이란 있을 수 없다(최장집, 1996: 9-46). 이같이 시민단체에 의한 시민운동은 국가 권력으로부터 주권자로서의 위치를 수호함은 물론 권위주의적 정치 체제를 민주화하는 데 중요한 기능을 수행한다.

2. 공공 서비스의 질적 수준 향상

서비스의 질적 수준은 공급과 수요의 두 측면에서 결정된다. 공공 서비스의 질적 향상을 위해 시민운동이 필요한 이유를 제시하고자 질적 수준의 결정 요인을 공급과 수요의 두 측면에서 살펴보면 다음과 같다.

1) 공급 측면

(1) 경쟁의 정도

공급 측면에서 서비스의 질을 결정하는 주요 요인은 경쟁의 정도이다. 공급 형태가 독점적인 경우 공급자는 이윤의 극대화를 위해 생산량과 가격을 조작하는 데는 관심을 갖지만 질적 향상을 위해 노력해야 할 필요를 느끼기는 어렵다. 그러나 경쟁적인 경우는 질적 향상을 위한 노력을 기울이지 않을 수 없다. 그렇지 않으면 공급자가 생존할 수 없기 때문이다. 따라서 공급 측면에서는 공급자 간의 경쟁 정도가 상품의 질을 결정하는 중요한 요인이다. 소비자 주권을 달성하기 위한 중요한 조건 중의 하나가 완전 경쟁시장인 이유가 여기에 있는 것이다.

그런데 공공 서비스의 공급 형태는 대체로 독점적이다. 공공 서비스가 독점적으로 공급될 수밖에 없는 이유는 공공 서비스 자체가 일반 시장을 통해서는 공급될 수 없거나, 공급하는 것이 부적합한 서비스이기 때문이다. 따라서 경쟁을 통한 공공 서비스의 질적 향상은 기대하기 어렵다. 국가 내 또는 지역 내에서는 어렵지만 국가 간 또는 지역 간에 공공 서비스의 질적 향상을 위한 경쟁은 이루어질 수 있다.

(2) 공급자의 자발적 노력

서비스의 공급 형태가 경쟁적이지 않은 경우에도 공급자는 스스로의 사명감과 책임감으로 질적 향상을 위한 노력을 기울일 수 있다. 근무성적 평정 등과 같은 각종 인사의 기준을 좀 더 합리적으로 정하거나 공정한 경쟁이 이루어지도록 함으로써 서비스의 공급에 종사하는 조직 구성원 간의 내부 경쟁 체제를 강화하는 방법이나, 행정 서비스 헌장의 제정과 같이 공급자 스스로 공급할 서비스의 제공 기준을 미리 정해놓는 방법 등이 있을 수 있다. 그러나 이러한 노력도 근본적으로 공급의 형태가 경쟁적이지 않은 경우는 그 한계가 있을 수밖에 없다. 질적 향상을 위해 노력해야 할 필요를 절실히 느끼기 어렵기 때문이다.

서비스의 공급 형태가 경쟁적이지 않음에도 공급자 스스로 공공 서비스의 질적 향상을 위한 노력을 시도할 수 있으며, 이러한 예가 공공 부문에서 이루어지는 각종의 개혁이다. 그러나 개혁도 공공 서비스의 공급자가 자주적으로 판단한 바에 의해 이루어지는 경우보다는 개혁을 요구하는 시민사회의 압력이 계기가 되는 경우가 많다. 따라서 개혁을 통한 공공 서비스의 질적 향상에도 한계가 있다. 특히 공공 서비스의 독점적 공급 형태는 서비스의 질적 향상을 위한 자발적 노력을 어렵게 하는 요인으로 작용한다. 하지만 정권 경쟁이 치열하면 할수록 자발적 노력도 더욱 강하게 나타날 것이다.

참여연대의 입법운동 사례

참여연대의 부패방지법 입법운동은 정부가 1999년 8월 17일 발표한 부패방지 종합대책에 '내부고발자 보호', '고발보상제', '시민감사관제' 등으로 대부분 포함되었다.

2) 수요 측면

수요 측면에서 서비스의 질을 결정하는 요인은 소비자운동의 정도이다. 소비자운동은 소비자가 소비자 주권을 자각하고 이를 경제 활동을 통해 실천하는 것이다. 소비자가 서비스의 품질이 낮음에도 불구하고 아무런 불만이나 불평을 제기하지 않는다면 공급자는 품질 향상을 위해 노력해야 할 필요를 느끼지 못한다. 그러나 소비자운동이 활발히 전개되어 불량품에 대해 적극적으로 항의나 손해 배상을 공급자에게 요구한다면 공급자는 상당한 손실을 감수해야만 한다. 이러한 경우 공급자는 최초부터 질 좋은 서비스를 제공하는 것이 궁극적으로 이익이라는 판단에 따라 품질 향상을 위한 노력을 기울이지 않을 수 없을 것이다. 따라서 수요 측면에서 서비스의 질을 결정하는 중요한 요인은 소비자운동의 정도이다. 따라서 공공 서비스의 질적 향상을 위한 효과적 방안을 공급 측면에서 발견하기 어렵다면 수요 측면을 주목해 볼 필요가 있다.

조세는 시민이 공공 서비스의 대가로 부담하는 것이므로 시민을 공공 서비스의 소비자로 보는 것은 논리적으로 당연하다. 따라서 시민은 공공 서비스의 질적 향상을 위한 소비자운동을 전개할 수 있는 것이다. 공공 부문에서의 소비자운동은 개별적으로 이루어질 때보다도 시민운동의 형태로 조직적이고 체계적으로 이루어질 때 더욱 효과적이다. 이러한 시민운동은 시민들이 갖는 주권자로서의 의식이나 민주화의 정도에 따라 결정된다. 이같이 시민운동은 독점적으로 공급되는 공공 서비스의 질적 향상을 위한 효과적 방안으로서의 의미가 있다.

공익 소송의 사례

회사원 윤현영 씨는 1998년 12월 7일 전동차가 지하철 2호선 교대역과 강남역 사이에서 40분 동안 정차해 지각을 했다. 윤씨를 포함한 19명은 참여연대를 통해 지하철공사를 상대로 소송을 제기해 1999년 6월 승소해 1인당 10만 원의 손해배상금을 받아 냈다(한겨레신문, 1998. 8. 23). 이러한 공익 소송도 공공 부문에서 서비스의 질을 향상시킬 수 있는 소비자운동의 하나로 볼 수 있다.

3. 정부실패와 시장실패의 극복

완전경쟁 시장에서는 상품의 분배, 생산 기술의 선택 및 상품 구성의 문제 등이 시장 기능에 의해 효율적으로 해결된다. 스미스(Adam Smith)가 말한 '보이지 않는 손(invisible hand)'의 역할이란 바로 시장 기능의 역할을 의미한다. 완전경쟁 상태에서는 파레토 최적(Pareto optimum) 상태가 실현된다. 그러나 파레토 최적 상태가 실현된다 할지라도 이는 주어진 소득과 재산의 분배 상태하에서의 최적 배분을 의미하는 것이지 이상적인 소득 분배를 실현한다는 보장은 없다. 더구나 완전경쟁은 현실이 아닌 이상적 상태이다. 이같이 시장 기능이 해결하지 못하는 경우를 시장실패(market failure)라고 한다. 시장실패의 주요인은 공공재의 성격, 외부 효과의 존재, 독점 또는 불완전한 경쟁 상태, 정보 불균형 등이다.

공공 부문이 존재하는 정당성의 근거는 바로 이 같은 시장실패에 기인한다. 즉, 시장 기능의 한계를 보완할 필요 때문에 공공 부문이 등장하는 것이다. 그런데 시장실패가 공공 부문의 존재를 정당화한다고 하더라도 시장실패를 공공 부문이 효율적으로 해결한다는 보장은 없다. 그 이유는 첫째, 국가 경영자들을 자신의 이익을 추구하는 이기적 존재가 아니라, 시장실패를 극복하려고 헌신하는 이타적 존재로만 가정하는 것은 무리이다. 국가 경영자들도 '예산의 극대화'라는 자신의 효용을 극대화하려는 행위자로 보아야 마땅하다. 그 이유는 예산이 커지면 이용 가능한 기회와 자원 등 누릴 수 있는 혜택이 증가할 것이기 때문이다. 이러한 맥락에서 니스카넨(William A. Niskanen)과 같은 공공선택이론가들은 만약 공공 서비스의 공급에서 관료들에게 자율성을 부여하면 사회적 최적 수준을 초과하는 과잉 공급을 하게 될 것이고, 결과적으로 사회적 효율성을 상실시킬 것이라고 주장한다. 둘째, 국가 경영자들이 시장실패를 극복하고자 하는 이타적 태도를 갖고 있다 할지라도 이러한 과제를 해결할 수 있는 충분한 능력을 갖고 있다는 보장이 없다(임혁백, 1992: 387).

정부실패(government failure)를 해결하기 위한 방안으로서 시장 기능의 도입이 제기되고 있다. 그러나 정부실패가 시장 기능의 도입으로 모두 해결될 수 있는 것은 아니다. 민영화는 정부실패를 해결하기 위한 필요 조건일 뿐이며 충분 조건은 아니기 때문이다. 마찬가지로 시장실패가 공공 개입을 위한 필요 조건일지는 몰라도 충분 조건은 아니다. 중요한 선택은 "완전한 시장과 불완전한 정부 또는 완전한 정부와 불완전한 시장" 사이에서 이루어지는 것이 아니라 "불완전한 시장과 불완전한 정부" 사이에서 이루어지는 것이다.

이러한 현상들은 시장과 정부 어느 장치로도 효과적으로 해결할 수 없는 문제가 사회 내에 존재함을 말해 준다. 이러한 제3모형의 유력한 형태로서 공동체 조직은 직접적·대면적 관계 속에서 상호성과 상호 신뢰를 바탕으로 협동 및 자립, 자조를 도모하는 규범적 체제이다(송희준, 1999: 10). 따라서 정부실패를 해결하기 위해서는 시장 기능의 도입 못지않게 비시장적 노력이 필요하며, 시민단체에 의해 이루어지는 시민운동이 바로 이러한 예에 해당한다.

제 4 절 지방자치와 시민운동

위에서 시민운동은 국민 주권을 실현하고 공공 서비스의 질적 향상에 기여함은 물론 정부실패와 시장실패의 문제를 해결할 수 있다는 점에서 시민운동의 가치를 살펴보았다. 같은 맥락에서 시민운동은 지방자치의 발전에도 기여할 수 있다. 지방자치는 지역의 문제를 지역의 권한과 책임하에 판단하고 결정하는 것이므로, 지방자치도 시민운동의 대상이 될 수 있기 때문이다. 특히 지방자치는 시민들의 적극적 참여나 관심 없이는 성공하기 어려운 것이고, 관심과 참여는 개별적으로 이루어지기보다는 단체에 의해 조직적이고 체계적으로 이루어질 때 더욱 효과적이다. 따라서 지방자치에서 시민운동은 매우 중요한 의미를 갖는다. 지방자치에 대한 시민운동의 주요 가치를 살펴보면 다음과 같다.

1. 지방행정 서비스의 질적 수준 향상

지방자치의 실시를 계기로 지방행정 서비스는 일정한 행정구역을 단위로 공급되고, 그 결과로 인해 지역 간의 경쟁이 이루어지게 된다. 이로 인해 지방행정의 발전이 이루어질 수 있다. 그러나 지방자치가 이루어지는 지역 간에는 어느 정도의 경쟁이 가능하다 할지라도 동일 자치구역 내에서는 행정 서비스가 독점적으로 공급될 수밖에 없다. 더구나 지역 간의 경쟁도 동일한 고객을 상대로 하는 것이 아니라 서로 다른 고객을 상대로 하는 것이다. 따라서 시민이 행정 서비스를 선택할 수 있는 여지에는 많은 제약이 가해진다. 더 나은 지방행정 서비스를 원한다면 거주지를 옮겨야 하나 지방행정 서비스의 질이 좋다는 이유만 가지고 거주지를 옮기기도 어렵고, 거주지를 옮길 만큼 지방행정 서비스의 질이 지역 간에 크게 차이가 나지도 않는다. 이러한 특성으로 인해 지방행정 서비스의 질적 향상에는 한계가 있게 마련이다.

앞에서 살펴본 바와 같이 서비스의 공급이 경쟁적이지 못해 질적 향상이 어렵다면 수요 측면을 통한 질적 향상을 추구해야 할 것이고, 그러한 방안으로 효과적인 것이 소비자운동이다. 그런데 공공 부문에서의 소비자운동은 개별적으로 이루어지는 것보다는 시민단체에 의해 시민운동의 형태로 이루어질 때 더욱 조직적이고 체계적으로 이루어질 수 있다. 이같이 시민운동은 공공 부문에서의 소비자운동으로서 지방행정 서비스의 질적 향상에 기여할 수 있다.

시민감사 청구 사례

'평화와 참여로 가는 인천연대'는 1999년 4월 20일 시민감사 청구 조례 제정 이후 처음으로 인천시에 시민감사를 청구했다. 청구한 내용은 위생공사 종사자 퇴직금 지급 내역 및 근거, 시내버스 및 마을버스 과징금과 과태료 납부 현황 등이다. 인천시의 위생공사 종사자에 대한 퇴직금 지급은 시민의 세금을 부당하게 사용한 것이라는 점과, 과징금과 과태료에 대한 것은 체납 처분에 의해 징수할 수 있음에도 납부 연기 또는 거부를 묵인한 것에 대한 것이다 (인천일보, 1999. 4. 21). 이 같은 시민감사 청구는 부당한 행정에 대한 시정과 예방을 위한 효과적인 제도가 될 수 있다.

2. 대의민주제의 한계 보완

지방행정과 더불어 지방자치의 한 측면으로 중시되어야 할 부분이 지방정치의 측면이다. 거의 대부분의 나라에서는 현실적인 제약으로 인한 차선책으로 대의제를 채택하고 있지만, 대의제는 간접민주제라는 한계를 피할 수 없다.

따라서 지방자치에서도 주민들의 역할은 지방의원과 단체장을 뽑는 것으로 끝나는 것이 아니다. 지방자치는 바로 주민 자신들의 일상생활과 직결되는 문제를 처리하는 것이기 때문이다. 이러한 맥락에서 지방자치는 대표자에 대한 선거 외에 주민소환, 주민발안, 주민투표와 같이 주민들이 직접 참여할 수 있는 방안을 마련하고 있는 경우가 대부분이다. 경우에 따라서는 감사를 청구하는 주민감사청구 제도나 주민들의 시정 참여를 유도하기 위해 주민제안 제도를 도입하기도 한다. 그런데 이러한 활동은 주민들이 개별적으로 수행할 때보다 시민단체를 통해 시민운동의 형태로 이루어질 때 좀 더 조직적이고 체계적으로 이루어질 수 있다. 이같이 시민운동은 대의민주제의 한계를 보완하는 주체로서의 역할을 통해 지방자치의 발전에 기여할 수 있다.

3. 지방자치법의 한계 보완

지방정치는 지방의회를 중심으로 이루어지는데, 현행 지방자치법상 지방의회가 의정 활동을 하는 데는 제약이 적지 않다. 행정의 전문성이 점차 강화되는 추세에 있고, 공무원은 직업적으로 특정한 업무를 수행하는 입장에 있다. 이에 비해 의원들에겐 의정 활동을 도와줄 인력도 아직은 충분히 주어지지 않고 있다. 따라서 의회의 중요한 기능 중의 하나인 집행기관에 대한 감시와 통제는 실제로 프로와 아마추어와의 대결이 되기 쉽다. 더구나 우리나라 지방자치단체의 기관 구성 형태는 집행기관 우위의 기관대립형의 특징을 나타내고 있어 의회의 역할에는 제약이 많다. 이러한 제약 속에서 시민운동은 지역의 문제를 부각시키고 자료의 제공을 통해 지방의원들의 의정 활동을 지원할 수 있다. 이같이 시민운동은 지방자치법이 안고 있는 한계를 보완해 줄 수 있는 효과적인 수단이 될 수 있다.

4. 정당정치의 한계 보완

지방자치에 정당정치의 참여를 허용하는 것이 좋으냐 나쁘냐에 대한 논란은 많이 있어 왔다. 그러나 반대하는 입장도 부작용에 대한 우려로 인한 것이어서 지방자치에 대한 정당정치의 가치나 중요성을 부인하는 것은 아니다. 가장 대표적인 부작용은 지방자치에 정당이 참여함으로써 지방정치와 중앙정치가 관계를 맺게 되고, 정당의 운영이 비민주적인 경우 이 연결고리가 지방자치의 본질인 지방분권성을 해칠 수 있다는 것이다.

정당정치에 대한 불신이 심화된 경우 지방자치에 대한 정당의 참여는 지방자치마저도 불신의 대상이 될 수 있다. 이 경우 주민들의 참여와 관심을 핵심으로 하는 지방자치는 성공하기 어려울 것이다. 정당이 시민사회의 요구에 대응하는 정책적 대응력을 갖지 못한다면 정당에 대한 불신과 탈정당화의 경향이 높아지게 될 것이다. 이는 1970년대 말 이래 일본 지방자치의 탈정당화, 경영화 현상에서도 나타나고 있다(坂田期雄, 1989). 이같이 정당정치 자체에 대한 불신을 이유로 지방자치에서 정당정치를 배제하려는 입장도 제기되고 있다(高寄昇三, 1981: 21-22). 그러나 지방자치도 정치 과정의 한 형태라면 정당정치의 참여를 배제해서는 안 될 것이다. 다만 문제가 되는 것은 정당이 지방자치를 정당의 이익 실현을 위한 수단으로 이용할 가능성이다. 이같이 지방자치에 당리당략의 개입을 억제하고 긍정적 가능성이 나타나게 할 수 있는 것이 시민운동이다.

우리가 선진 정치의 표본으로 생각하는 미국의 민주주의도 많은 문제를 안고 있었다. 그러나 1970년대에 이르러 시민단체들의 힘이 조직화되면서 다양한 정치개혁을 추진하게 된다. 특히 'Commom Cause'나 'Congress Watch'와 같은 공익적이고 중립적인 시민단체들이 등장해 의회와 정부에 강한 영향력을 행사하기 시작했고, 특히 의회의 입법 활동에 대해서는 적극적으로 관여하기에 이르렀다. 정보공개법, 연방선거자금법, 공직자윤리기준법, 조세개혁법, 고용촉진법 등의 제정과 개정과 같은 성과는 거의 이들 시민단체의 공로라 할 수 있다(한기찬, 1999).

제 5 절 시민운동의 과제

위에서 살펴본 바와 같이 시민운동은 지방자치의 발전에 기여할 수 있는 여지가 많다. 시민이 시민단체와 같이 조직화된 형태로 정치에 참여하고, 감시 · 통제해 원하는 방향으로 이끌어 가지 않는 한 민주주의의 발전은 기대하기 어렵고, 지방자치의 발전도 이루기 어렵다. 민주주의의 발전은 주권자인 시민이 주권자로서 자각해 주권자로서의 역할을 얼마나, 어떻게 수행하느냐에 따라 그 수준이 결정된다. 그러나 시민운동이 지방자치의 발전에 기여할 수 있기 위해서는 해결해야 할 과제 또한 적지 않다.

지방자치에서 시민운동의 정도를 결정하는 변수는 크게 시민 의식, 시민단체의 능력, 지방자치단체의 태도로 나누어 볼 수 있다. 그 이유는 먼저 시민 의식이 있어야 시민운동에 관심을 가질 것이고, 이러한 관심은 시민단체의 능력에 의해 조직화되어 시민운동으로 나타날 수 있을 것이기 때문이다. 그리고 시민운동은 지방자치단체가 시민운동을 바라보는 시각과 태도에 의해 활성화 정도가 결정될 것이다. 그 이유는 지방자치단체가 시민운동을 부정적으로만 인식한다면 무력감에 의해 시민운동이 침체될 것이나, 긍정적으로 인식해 행정에 반영한다면 운동 성과를 바탕으로 시민운동이 더욱 활성화될 것이기 때문이다. 시민운동을 결정하는 세 변수 모두 시민운동이 활성화되기 위해서는 개선해야 할 여지가 많다. 그러나 동시에 이 또한 시민운동을 통해 해결해야 할 과제이기도 하다.

제 6 절 지방자치 발전을 위한 시민운동의 역할

지방자치의 발전을 위한 시민운동은 가능성과 규범성의 면에서 극복되어야 할 근본적 과제가 있다. 가능성의 측면에서는 우리 사회의 전반적 민주화 수준이 높아져야 할 것이다. 우리나라에서 시민운동이 본격적으로 등장할 수 있는 바탕이 마련된 것이 1987년 6월 민주화운동 이후 우리 사회의 민주화가 진행된 것과 같은 이유에서이다. 우리 사회 곳곳에는 여전히 비민주적 요소가 많다. 하지만 우리 사회에서 민주화의 진전은 시민운동이 활성화될 수 있는 조건임과 동시에 시민운동을 통해 이루어야 할 과제이기도 하다. 경제가 안정되면 될수록 정치적 무관심과 개인주의적 성향이 강해지고 이러한 모습은 어느 나라에서나 소수 집권층이 바라는 바이다. 이러한 상황이 지속되면 보편적 문제를 대상으로 하는 시민운동이 침체할 뿐 아니라 시민들은 허울뿐인 주권자로 단순한 통치의 대상으로 전락할 것이다. 따라서 시민운동은 이러한 위험성을 광범위하게 홍보해 주권자로서의 자각과 행동만이 소수 집권자의 전횡과 횡포를 막고 진정한 민주국가를 실현하는 것이라는 인식을 확산시켜야 할 것이다. 이는 또한 시민운동의 역량을 강화하고 저변을 확대하는 계기로 작용할 것이다.

규범성의 측면에서는 시민운동이 집단이기주의에 어떻게 대처해 나갈 것인가 하는 문제이다. 그동안 지역의 시민운동은 지역이기주의를 대변해 온 예가 적지 않았다. 물론 그동안 지역 주민의 요구가 무시된 채 행정 편의 위주의 일방적 행정이 추진되어 온 예가 많기 때문에 지역 주민의 욕구를 무조건적으로 나쁘다고만 볼 수는 없다. 그러나 지방자치의 시행과 더불어 극단적인 지역이기주의가 나타날 가능성이 많아졌다. 전체적 이익을 위해 지역의 이익이 일방적으로 희생되어서도 안 될 것이지만 지역 이익으로 인해 전체적 이익이 희생되어서도 안 될 것이다. 따라서 앞으로 시민운동은 지역 간의 또는 이익 간의 갈등을 조정하는 면에서도 성숙하고 양식 있는 역할을 수행해야 할 것이다.

제13장 지방자치와 정당

제1절 서론

1991년 지방자치가 부활되어 지방의원 선거를 하기에 앞서서 지방선거에 정당 참여를 허용할 것인가에 대한 논란이 다양하게 전개되었다. 이러한 논란은 정당배제론이 우세했으나 기초의원선거에서만 정당을 배제하는 지방의원선거법이 제정되었다. 그 후 1995년 전국동시지방선거를 앞두고 개정된 법률에서도 기초의회의원선거를 제외하고 정당은 선거구별로 소속 당원을 후보자로 추천할 수 있게 했다(공직선거 및 선거부정방지법 제47조 ①).

그러나 지방선거에 정당 참여를 허용하는 것이 바람직한 것인지에 대한 논란은 오늘날까지도 이어지고 있다. 그 이유는 정당 참여에 따라 긍정적 측면과 부정적 측면이 공존하기 때문이다. 2005년 8월 4일의 공직선거법 개정에 따라 기초의원을 제외하지 않고 정당은 선거에 있어 선거구별로 선거할 정수 범위 안에서 그 소속 당원을 후보자로 추천할 수 있게 되었다(공직선거법 제47조 ①).

제 2 절 지방자치와 정당정치

1. 민주주의와 정당

근대적 정당이 기존 권력에 대한 항거의 형태로서 나타났으므로 최초의 정당은 절대주의 관료와 지주 세력 등에 의해 증오의 대상이었고, 근대 초기의 민주주의 사상가들에 의해서도 정당은 환영을 받지 못했다. 그들은 정당이 당파심의 발로로 인해, 마침내 애써 이룩해 놓은 근대 국가의 '국민적 통일'을 저해하게 될 것으로 생각했던 것이다. 그러나 정당은 네 단계 –적대시의 단계, 무시의 단계, 승인과 합법화의 단계, 헌법적 융합의 단계 –를 거쳐서 마침내 현대 민주국가의 핵심적 정치집단으로 인정받게 되었다(이극찬, 2002: 362).

2. 지방자치와 지방정치

지방자치에 정치적 성격이 존재하는지의 여부에 대해서는 다음과 같은 논란이 있다.

1) 부정론

지방자치는 주민의 일상생활과 직결된 행정 서비스 제공을 중점으로 하므로 정치적 성격보다는 행정적 성격이 강하다는 것이다. 따라서 정당이 개입하면 정치적 이해관계에 의해 행정이 왜곡될 수 있다는 견해이다.

2) 긍정론

(1) 정치적 투쟁 장소의 차이

국가의 정치나 지방의 정치는 오직 정치적 투쟁의 장소만을 달리하는 차이에 불과하므로 지방자치의 정치적 성격, 즉 지방정치의 존재를 부인하지 않는다.

(2) 지방적 정치 문제 결정권

지방자치의 실태가 자치인 이상 단순한 정책의 집행에 그치는 것이 아니라 지방적 정치 문제 결정의 자주권이 있으므로 지방정치의 존재를 부인함은 현실적으로 곤란한 일이다.

(3) 집단현상설

정치를 오직 국가에만 특유한 현상이 아니라, 사회집단 또는 모든 공공단체의 공동사무 수행 과정에서 보이는 현상이라고 보는 집단현상설의 측면에 의하더라도 지방정치의 존재를 부정할 수는 없을 것이다.

부정론은 정치적 이해관계에 따라 행정이 왜곡될 수 있다는 부정적 측면을 경계해야 한다는 것이고, 긍정론이 대체로 일반적인 입장이다.

3. 지방정치와 중앙정치

1) 지방정치와 중앙정치의 차이

정치의 대상에서 양자 간에 차이가 존재하는 것은 양자의 특성상 당연하다. 그러나 양자의 대상은 고정 불변한 것이 아니라 시대와 국가에 따라서 달라지는 것이며, 일반적으로 중앙정치는 전국적 이해관계를 주된 대상으로 하고, 지방정치는 지방적 이해관계를 주된 대상으로 한다.

2) 지방정치와 중앙정치의 관계

중앙정치와 지방정치와의 관계는 정당을 통해 이루어지며, 지방자치에서 정당적 요소를 배제할 경우에는 중앙정치와 지방자치 간의 직접적인 관계는 존재하지 않는다. 이 경우 양자 간의 관계를 매개하는 직접적 통로가 제도화되어 있지 않기 때문이다.

제 3 절 지방자치와 정당 참여

지방자치에 대한 정당 참여에 대해서는 찬반의 양론이 있으며, 각각의 논거는 다음과 같다(정일섭, 1990: 150-151).

1. 찬성론

1) 주민의 의견 수렴 및 정책 반영

복잡하고 이질화된 현대 사회에서 주민의 의견을 골고루 수렴해 조직화하고 정책에 반영하기 위해서는 중개적 역할을 할 기구가 필요한데, 이러한 역할을 할 수 있는 기구가 정당이다.

2) 정당정치의 발전

지방자치에 정당이 참여하면 정당의 역할과 중요성에 대한 인식이 강화될 뿐 아니라 정당원들의 정치 참여 기회와 장이 확대됨으로써 정당의 지방조직이 활성화되어 정당정치의 발전에 기여할 것이다.

3) 정치적 교육 및 훈련

지방의 정치인들이 지방정치의 무대에서 정치훈련을 받으면서 충분한 경험을 축적함으로써 중앙의 정치 무대에 진출하는 교육 및 훈련의 장으로서 기능을 수행한다.

4) 후보자 선택의 용이

지방선거에 출마하는 입후보자들이 정당을 표방할 수 있어야 정당의 성격, 정강 정책 등과 관련해 후보자 선택이 용이하다.

5) 책임정치의 구현

자치단체장 및 지방의원의 소속 정당이 있어야 임기 동안의 활동 성과를 바탕으로 다음 선거에서 책임정치의 구현이 용이하다.

6) 효율적 통제 감독

지방의회의 집행기관에 대한 감시와 통제가 정당조직을 통할 때 더욱 체계적이고 효율적으로 이루어질 수 있다.

2. 반대론

1) 지방분권성의 파괴

지방자치에 정당이 참여하면 정당조직을 통해 중앙정치에 연계되어 영향을 받으므로 지방자치의 핵심인 지방분권성이 파괴될 수 있다.

2) 비민주적 정당 운영

정당의 비민주적 운영은 지방의 문제가 지방의 주민들에 의해 결정되기보다는 공천 부조리와 당리당략에 의해 지방자치를 제약한다.

3) 의회와 단체장의 대립 심화

기관대립형의 경우 지방의회의 다수당과 단체장의 소속 정당이 다른 경우는 중앙에서의 정당 간의 대립과 갈등이 지방에까지 확산·재연될 우려가 크다.

4) 정권 교체에 따른 혼란의 파급

자유민주국가의 경우 복수정당제가 인정되므로 정권 교체의 가능성은 항상 존재하며, 중앙정치에서 정권 교체에 따른 혼란은 정당을 통해서 지방자치에도 영향을 미친다.

5) 선거 과열 및 정당 대립의 심화

지방선거에 정당이 참여하면 선거는 단순히 지역의 대표자를 선출한다는 의미 외에 정당의 당세를 확장시키기 위해 선거가 더욱 과열되고 정당 간의 대립이 심화될 우려가 있다.

제4절 지방자치와 중앙정치의 관계 유형

1. 우호적 관계

중앙정치가 지방자치를 육성하고, 자치의 과정에서 제기된 문제점을 제거하고 시정하려고 노력하는 협조 또는 우호적 관계 유형이다.

2. 중립적 관계

지방자치에 대해 중립적 태도를 유지하는 것으로, 지방자치에 대해 영역상의 독립성과 자율성을 인정하는 관계 유형이다.

3. 수단적 관계

지방자치를 중앙정치의 수단으로 인식해 후보자의 공천이나 지방의회의 운영에도 적극 관여하는 관계 유형이다.

중앙정치와 지방자치의 관계 유형은 이와 같이 세 가지 유형으로 나누어 볼 수 있다. 그런데 우리나라 지방자치의 1950년대 경험이나 최근의 경험에 비추어보면 중앙정치가 지방자치를 당리·당략적 도구로 이용할 가능성이 높다. 1952년 최초의 지방선거가 대통령 직선제 개헌 추진을 위한 의도로 시작된 면이 크고, 1991년에 지방자치가 부활된 이후에도 지방의회 의장 선출 등과 같은 경우 중앙정치가 개입한 사례가 있기 때문이다. 따라서 지방자치가 성공적으로 운영되기 위해서는 지방자치를 당리·당략적 수단으로 이용하려는 중앙정치의 의도를 배제하는 데 달려 있다.

제 5 절 한국의 지방자치와 정당정치의 방향

지방자치에 정치적 성격이 존재한다면 지방자치에 정당 참여를 인정하는 것은 당연한 것이다. 그럼에도 정당 참여 여부에 대한 논란이 지속적으로 제기되는 이유는 정당 참여에 따른 폐해를 우려한 때문이다. 지방자치에 정당 참여를 인정하는 경우는 위에서 살펴본 바와 같이 긍정적 측면과 부정적 측면이 공존한다.

그런데 정치 발전 정도가 낮고 지방자치의 역사가 짧은 우리의 자치 현실은 부정적 측면에 대한 우려가 크다. 그러한 우려는 정당 참여 그 자체보다는 정당정치의 발전 정도가 낮은 데 그 원인이 있다. 따라서 지방자치의 정치적 성격을 인정한다면 정당 참여는 지방자치가 지향해야 할 방향의 하나이다. 다만 정당 참여로 인한 부정적 측면을 최소화하기 위한 노력이 필요한 것이다. 이러한 노력은 궁극적으로는 주민의 높은 자치 의식과 지방자치에 대한 관심을 고조시킴으로써 극복해야 할 과제이다.

제14장 지방재정

제1절 지방재정의 의의

1. 지방재정의 개념

지방자치단체는 자치권의 하나로서 자치재정권을 가지고 있다. 따라서 지방재정은 자치재정권을 가진 지방자치단체가 경제 주체로서 수행하는 종합적인 활동을 의미한다. 좀 더 구체적으로 설명하면, 지방자치단체가 관할 구역 안의 주민들이 요구하는 공적인 재화와 서비스를 제공하기 위한 재원의 동원, 관리, 배분 등의 경제 활동을 의미한다.

2. 지방재정의 특징

1) 기업재정과의 차이

(1) 공공성

지방재정은 지방자치단체가 지역 주민의 공공 수요를 충족시키기 위해 재원을 확보 · 관리하고 지출을 한다. 따라서 지방재정은 공공성으로 인해 시장 원리의 적용이 제한된다.

(2) 강제성

지방재정의 수입은 특정한 반대급부 없이 강제적으로 부과되는 지방세를 주된 재원으로 하고 지출도 법규에 의해 이루어진다.

2) 국가재정과의 차이

(1) 복수성

국가재정이 단일 주체의 재정인 데 비해 지방재정은 상호 독립된 다수 지방자치단체의 재정을 의미한다. 지방자치단체는 광역과 기초를 합해 243개(2020. 12. 31 현재 광역: 17, 기초: 226)에 달한다.

(2) 다양성

지방자치단체는 자연적 조건뿐 아니라 사회 · 경제적 조건이 다양하다. 이러한 다양성은 자치단체 간의 재정력 수준의 격차를 유발하고 재정 수요의 내용이나 정도에서도 많은 차이를 초래한다.

(3) 종속성

지방재정은 자치재정권의 주체로서, 지방자치단체가 수행하는 활동의 하나로 자율성을 원칙으로 한다. 그러나 지방자치단체는 국가의 한 부분이므로 지방재정도 중앙정부로부터 일정한 통제와 제약을 받는다.

(4) 복잡성

지방자치단체가 2층제의 계층구조를 이루고 있어서 계층 간 재원 배분도 중앙과 광역, 광역과 기초 간의 이중구조를 이루고 있다. 또한 광역과 기초 간에도 도와 시 · 군의 관계가 있고, 특별시 · 광역시와 자치구 및 군과의 관계가 있다.

(5) 응익성

일반적으로 국가 재정에는 응능주의가 강하게 적용되나 지방자치단체는 주민의 일상생활과 직결되는 행정 서비스를 제공하기 때문에 지방재정에서는 응익주의가 강하게 적용된다.

3. 지방재정의 기능

머스그레이브(R. A. & P. B Musgrave)는 재정의 3대 기능으로 자원 배분, 소득재분배, 경제안정화 기능을 제시했다(Musgrave & Musgrave, 1989: 454-455). 이러한 재정 기능은 국가 재정뿐 아니라 지방재정도 수행한다.

1) 자원 배분 기능

자본주의 경제 체제에서는 시장을 통해 생산자와 소비자 간의 자발적인 교환과 경쟁을 통해 자원 배분이 이루어진다. 그러나 시장이 완전하지 못하기 때문에 시장실패 현상이 나타나고 이 경우 자원이 효율적으로 배분되지 않는다. 따라서 지방재정은 지방공공재의 적절한 생산과 공급을 통해 사회 전체적으로 자원이 효율적으로 배분되도록 해야 한다.

2) 소득재분배 기능

자원이 효율적으로 분배되었다고 해서 소득의 공정 분배를 의미하지는 않는다. 따라서 재정은 가급적 소득이 바람직하게 분배되도록 소득재분배 기능을 수행해야 한다. 소득재분배는 전국적인 차원에서 통일적으로 이루어져야 하므로 중앙정부의 기능이다. 따라서 지방재정은 보완적인 소득재분배 기능을 수행한다.

3) 경제안정화 기능

경제안정화 기능은 총수요 부족으로 경기 침체와 실업이 우려되면 세수(稅收)를 줄여 민간 수요를 증대시키거나 직접 정부 지출을 증대시키고, 반대로 총수요가 과다해 물가 상승이 우려되면 세수를 늘리거나 정부 지출을 줄여 총수요를 억제하는 것을 의미한다. 그러나 지방재정을 통한 정책 수단은 한정되어 있기 때문에 경제안정화 기능은 근본적으로 중앙정부의 기능이다. 따라서 지방자치단체의 경제안정화 기능은 제한적이다.

4. 지방재정의 운영 원칙

1) 수지 균형의 원칙

지방자치법 제113조 제1항은 “지방자치단체는 그 재정을 수지 균형의 원칙에 따라 건전하게 운영하여야 한다.”고 규정하고 있다. 이같이 지방자치단체는 예산을 편성할 때 수입 · 지출이 같게 되도록 예산을 조정해야 하며, 예산상의 경비 구성과 수입 구성 간의 실질적인 상관에 따라 적정한 균형을 유지해야 한다.

2) 재정구조 탄력성 확보의 원칙

지방자치단체의 재정이 경제 사정의 변동이나 행정 수요의 변화에 대응할 수 있도록 재정구조상의 탄력성을 확보해야 한다는 것이다.

3) 재정 운영 효율화의 원칙

지방자치단체의 수입은 주민의 부담에 의하는 것이므로 최소의 부담으로 최대의 효과가 나오도록 재정을 효율적으로 운영해야 한다.

4) 국가정책 준수의 원칙

지방자치단체는 국가정책의 실현을 위해 노력해야 하며, 국가정책과 조화되는 한도 안에서 재정을 운영해야 한다.

5) 재정 질서 유지의 원칙

국가와 지방자치단체 간, 지방자치단체 상호 간 및 지방자치단체와 주민 간에 경비의 부담 구분이 적정하게 이루어져야 하고, 부당한 영향을 미치는 재정 운영을 해서는 안 된다.

6) 장기적 재정 안정의 원칙

예산의 편성과 집행, 정책과 사업계획의 수립, 수지 증감의 원인이 될 행위 등을 하고자 할 때에는 해당 연도는 물론 장기적인 관점에서 다음 연도의 재정 운영에 대해서도 고려해야 한다.

제 2 절 지방재정과 국가 관여

지방재정은 지방자치의 취지에 따라 지방의 창의와 책임에 의해 자주적으로 운영되어야 한다. 그러나 지방 재원이 풍부하고 세출을 탄력적으로 집행할 만한 충분한 여건을 갖춘 경우는 드물기 때문에 국가의 관여가 필요하다.

지방재정에 국가의 관여가 필요한 이유는 다음과 같다(정세욱, 2001: 624).

1. 재원 부여권

국가는 법률에 따라 지방자치단체에 지방세, 지방교부세, 국고보조금 등 일정한 재원을 부여한다.

2. 재정적 격차 해소

지역 간 경제력의 격차는 자치단체 간의 재정력의 격차를 초래하고, 재정력의 격차는 지역 간 행정 서비스의 격차를 야기한다. 따라서 이를 완화하기 위해 국가의 관여가 필요하게 된다.

3. 국민적 최저 수준의 유지

일정한 행정 서비스에 대해 국민적 최저 수준을 유지하기 위해서는 재정력이 취약한 자치단체에 경비의 일부를 국고로 보조해야 할 필요성이 제기된다.

4. 국가재정의 일부분

지방재정은 국가재정의 일부분이므로 국가재정 정책과 일치해야 한다. 따라서 국가는 전국적인 차원에서 자치단체의 재정 운영에 대해 필요한 최소한의 관여와 통제를 해야 한다.

제 3 절 국가재정과 지방재정

1. 국가재정과 지방재정의 규모 비교

국가재정과 지방재정을 중앙정부와 지방자치단체의 예산 순계(당초예산)를 통해 비교해 보면 〈표 14-1〉과 같이 2021년의 총예산은 680.5조 원으로 이 중 중앙정부의 예산은 417.4조 원(61.34%)이다. 지방자치단체의 예산은 263.1조 원(38.66%)이다. 그러나 2021년도 국가 대 지방의 재정 사용액의 비율은 〈표 14-2〉와 같이 42.8 : 57.2로 지방의 재정사용액이 국가보다 큰 것으로 나타났다.

표 14-1 국가예산 대비 지방예산 비율

		2011	2012	2013	2014	2015	2016	2017	2018	2019	2020	2021
예산액	계	376.6	399.7	420.5	438.2	459.6	480.3	496.2	541.4	592.8	639.4	680.5
	국가	235.6	248.6	263.6	274.7	286.3	295.7	303.1	330.8	361.8	386.2	417.4
	지방	141.0	151.1	156.9	163.6	173.3	184.6	193.1	210.6	231.0	253.2	263.1
구성비 (%)	국가	62.6	62.2	62.7	62.7	62.3	61.6	61.1	61.1	61.0	60.4	61.3
	지방	37.4	37.8	37.3	37.3	37.7	38.4	38.9	38.9	39.0	39.6	38.7

자료: e나라지표(https://www.index.go.kr/potal/main/EachDtlPageDetail.do?idx_cd=1045, 2021.6.18).

표 14-2 국가 대 지방의 재정 사용액 비율

(단위: 억 원, %)

구분	2016년	2017년	2018년	2019년	2020년	2021년
중앙정부	1,722,733	1,691,075	1,812,512	1,913,463	2,163,914	2,413,619
(비중)	(41.9)	(40.0)	(39.5)	(38.5)	(40.7)	(42.8)
자치단체	1,808,523	1,907,660	2,080,476	2,306,449	2,396,034	2,484,016
(비중)	(43.9)	(45.1)	(45.4)	(46.4)	(45.0)	(44.0)
지방교육	582,628	629,893	693,822	754,402	761,310	745,751
(비중)	(14.2)	(14.9)	(15.1)	(15.1)	(14.3)	(13.2)

자료: 행정안전부(2021: 24).

그림 14-1 | 중앙정부와 자치단체의 예산 규모

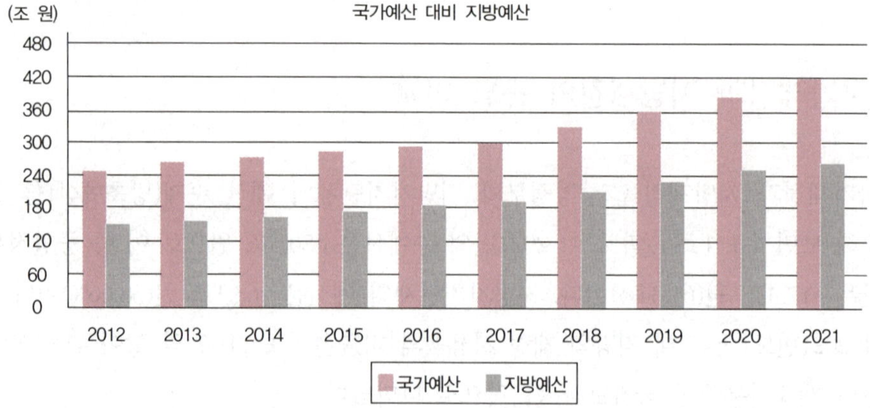

자료: e나라지표(https://www.index.go.kr/potal/main/EachDtlPageDetail.do?idx_cd=1045, 2021.6.18).
출처: 행정안전부 「2021년도 지방자치단체 통합재정 개요」.

지방재정 규모의 추이는 다음 〈표 14-3〉과 같이 2019년 기준 최근 5년간 연평균 증가율은 8.7%이지만 2019년도에는 전년 대비 증가 폭이 16.6%로 대폭 증가했다.

표 14-3 지방재정 규모 추이(순계 규모)

(단위: 억 원, %)

구분	2015	2016	2017	2018	2019	최근 5년간 연평균 증가율
계	1,753,338	1,857,454	1,987,255	2,103,211	2,453,179	8.7
일반회계	1,418,789	1,502,876	1,631,103	1,738,429	2,034,931	9.4
특별회계	334,549	354,578	356,152	364,782	418,248	5.8
전년 대비 증가율(%)	8.2	5.9	7.0	5.8	16.6	8.7

자료: e나라 지표(http://www.index.go.kr/potal/main/EachDtlPageDetail.do?idx_cd=1044#quick_05, 2021. 6. 18).

2. 중앙정부의 지방재정 지원 현황

자치단체 간의 재정적 격차를 해소하기 위해서는 중앙정부의 지방재정에 대한 지원이 불가피하다. 지방재정에 대한 지원은 [그림 14-2]와 같이 재원의 규모와 총조세에 대한 비율도 점차 증가하는 추세이다. 내용에 따라 분류해 보면, 〈표 14-4〉와 같

그림 14-2 | 지방이전 재원 규모

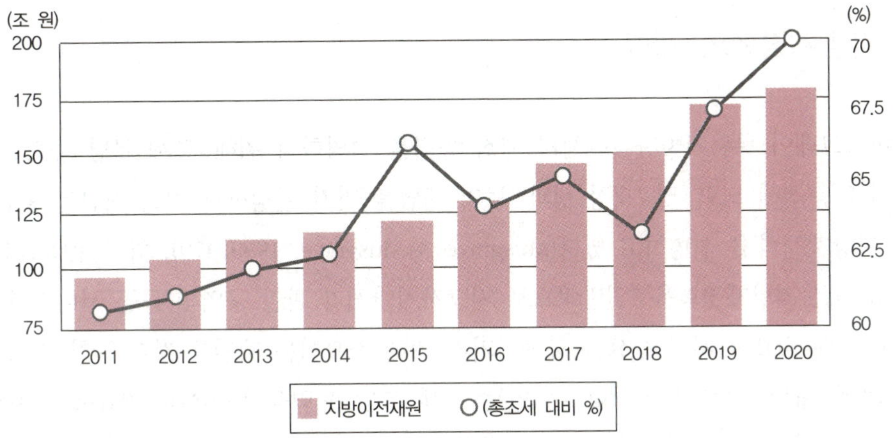

자료: e나라지표(http://www.index.go.kr/potal/main/EachDtlPageDetail.do?idx_cd=1043, 2021. 6. 18).
출처: 기획재정부(연도별 예산서).

표 14-4 지방이전 재원 규모

(단위: 조 원)

	2011	2012	2013	2014	2015	2016	2017	2018	2019	2020
지방이전재원	95.9	103.5	112.6	114.9	120.9	128.4	144.9	149.6	170.4	177.2
–교부금	65.5	71.4	78.3	77.7	74.8	81.7	97.1	99.4	111.6	111.6
–양여금	–	–	–	–	–	–	–	–	0.0	0.0
–국고보조금	24.2	26.1	28.0	31.3	46.1	46.7	47.8	50.2	58.8	65.6
–광특회계	6.2	6.0	6.3	5.9	–	–	–	–	0.0	0.0
지방가용재원	148.3	157.4	165.3	169.4	191.9	203.9	225.3	233.9	258.3	268.2
(총조세 대비, %)	60.5	61.0	62.0	62.5	66.4	64.1	65.2	63.2	67.5	70.0

자료: e나라지표(https://www.index.go.kr/potal/main/EachDtlPageDetail.do?idx_cd=1043, 2021. 6. 18).

이 2020년의 교부금이 111조 6,000억 원 수준이고, 국고보조금은 65조 6,000억 원 규모이다.

제4절 지방재정력

1. 지방재정력의 개념

머스그레이브는 지방자치단체의 재정 능력을 설명하기 위해 '조세 부담 능력', '재정 수요', '징세 노력' 및 '재정 성과' 등의 개념을 먼저 설명하고 이들 개념을 종합해서 '지방재정력'을 설명하고 있다(Musgrave & Musgrave, 1989: 479). 하이맨(David N. Hyman)은 지방재정력을 "일반적으로 지방자치단체가 관할 구역의 공공 서비스를 공급하는 데 필요한 재정 수요를 충족시키기 위해 소요되는 재원을 자기 관할 지역 내의 과세 대상으로부터 조달할 수 있는 조세 부담 능력을 의미한다."(Hyman, 1999: 642)고 한다. 그러나 지방자치단체의 재원은 조세 이외에서도 조달될 수 있으므로 지방재정력은 "지방자치단체가 관할 구역의 공공 서비스를 공급하는 데 필요한 재정 수요를 충족시키는 데 필요한 재원을 자주적으로 조달할 수 있는 능력을 의미한다."고

할 수 있다.

2. 지방재정력: 지방재정자립도 · 지방재정자주도

1) 지방재정자립도

(1) 지방재정자립도의 개념

지방자치단체의 예산 규모에서 자체수입이 차지하는 비율을 의미한다. 즉, 예산 규모에서 지방세 수입(地方稅收入)과 세외수입(稅外收入)의 합계액이 차지하는 비율을 의미한다.

$$\text{지방재정자립도(\%)} = \frac{\text{지방세 수입 + 세외수입}}{\text{자치단체 예산 규모}} \times 100$$

* 지방세: 보통세+목적세(지방교육세 제외)+과년도 수입
* 세외수입: 경상적 세외수입+임시적 세외수입
* 자치단체 예산 규모: 지방세(지방교육세 제외)+세외수입+지방교부세+조정교부금 및 재정보전금+보조금+지방채+보전수입 등 및 내부거래

(2) 지방재정자립도의 개념상 문제점

가. 재정 규모의 무시

지방재정자립도는 지방자치단체의 재정 규모는 고려하지 않고 비율만 나타낸다. 그러나 재정자립도가 유사하다고 자치단체의 재정력이 유사한 것은 아니다. 재정자립도가 같다면 재정 규모가 클수록 재정력이 크다고 보아야 할 것이다.

나. 세출구조의 무시

지방재정자립도는 경상적 경비와 임시적 경비의 비율 등을 고려하지 않는다. 재정자립도가 같다면 경상적 경비의 비율이 높을수록 재정력은 약하다고 보아야 할 것이다. 즉, 세출 총액 중 자본적 지출의 비중이 클수록 자치단체의 재정력도 크다.

다. 의존재원과의 역관계

지방자치단체의 재정 사정과는 무관하게 의존재원이 적으면 적을수록 재정자립도는 높게 나타나는 모순이 있다.

라. 의존재원의 성격 무시

의존재원 중에는 국고보조금과 같이 자치권을 제약하는 것이 있는가 하면 지방교부세와 같이 지원은 하되 자치권을 제약하지 않는 것을 원칙으로 하는 것도 있다. 그러나 재정자립도는 의존재원의 성격을 고려하지 않는다.

(3) 지방재정자립도의 현황

가. 전국 평균

2020년도 재정자립도의 전국 평균은 [그림 14-3], 〈표 14-5〉와 같이 50.4%로서 2010년 이래 전반적으로 낮아지다가 2017년 53.7%를 기록하고 다시 낮아지는 것으로 나타나고 있다. 특히 도와 군은 재정자립도가 적게나마 높아졌는데 비해 시와 자치구는 2019년부터 점차 낮게 나타났다.

그림 14-3 | 연도별 전국 평균 재정자립도

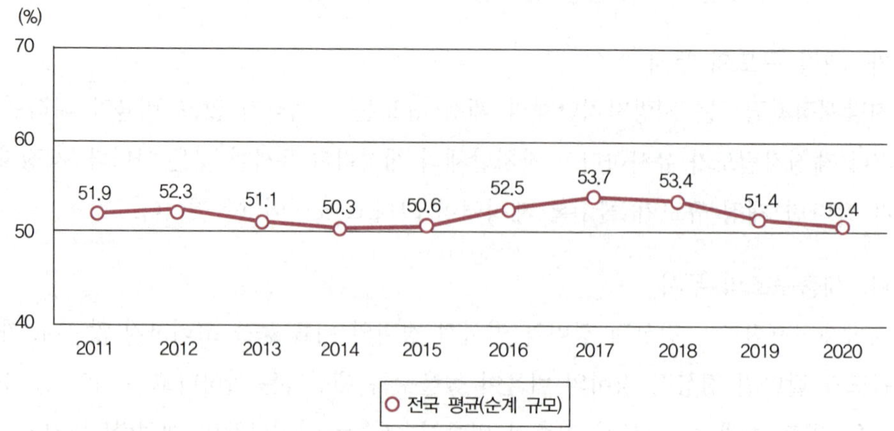

자료: e나라지표(http://www.index.go.kr/potal/main/EachDtlPageDetail.do?idx_cd=2458, 2021. 6. 18).
출처: 행정안전부 「2021년도 지방자치단체 통합재정 개요」.

표 14-5 지방자치단체의 재정자립도

(단위: %)

	2011	2012	2013	2014	2015	2016	2017	2018	2019	2020	2021
전국 평균 (순계 규모)	51.9	52.3	51.1	50.3	50.6	52.5	53.7	53.4	51.4	50.4	48.7
특·광역시 (총계 규모)	68.6	69.1	66.8	64.8	65.8	66.6	67.0	65.7	62.7	60.9	58.9
도(총계 규모)	33.0	34.8	34.1	33.2	34.8	35.9	38.3	39.0	36.9	39.4	36.5
시(총계 규모)	38.0	37.1	36.8	36.5	35.9	37.4	39.2	37.9	36.8	33.5	32.3
군(총계 규모)	17.1	16.4	16.1	16.6	17.0	18.0	18.8	18.5	18.3	17.3	17.3
자치구(총계 규모)	36.6	36.0	33.9	31.1	29.2	29.7	30.8	30.3	29.8	29.0	28.5

자료: e나라지표(http://www.index.go.kr/potal/main/EachDtlPageDetail.do?idx_cd=2458, 2021. 6. 18).

나. 계층별

자치계층별 2021년 재정자립도를 보면 〈표 14-6〉과 같이 전국 최고는 서울 본청(78.9%)이고 최저는 경북 봉화군(6.7%)으로 나타났다. 광역시 중에서는 전국 최고가 인천 본청(51.8%)이고 최저는 광주 본청(40.3%)으로, 도 중에서 최고는 경기 본청(53.9%)이고 최저는 전북 본청(23.95%)으로 나타났다. 기초자치단체는 시 중에서 최고는 경기 과천시(70.7%)이고 최저는 강원 삼척시(12.2%)로, 군 중에서 최고는 울산 울주군(45.3%)이고 최저는 경북 봉화군(6.7%)으로, 자치구 중에서 최고는 서울 강남구(70.6%)이고 최저는 대전 동구(9.3%)로 나타났다. 이같이 자치단체 간의 재정자립도의 차이는 크게 나타나고 있다.

표 14-6 단체별 재정자립도(2021년)

(단위: %)

<table>
<tr><th>구분</th><th>특별시</th><th>광역시</th><th>특별자치시</th><th>도</th><th>특별자치도</th><th>시</th><th>군</th><th>자치구</th></tr>
<tr><td rowspan="2">평균</td><td colspan="5">46.6</td><td colspan="3">27.7</td></tr>
<tr><td>78.9</td><td>44.9</td><td>65.6</td><td>36.3</td><td>38.7</td><td>27.8</td><td>17.3</td><td>28.5</td></tr>
<tr><td>최고</td><td rowspan="2">78.9
(서울 본청)</td><td>51.8
(인천
본청)</td><td rowspan="2">65.6
(세종)</td><td>53.9
경기
본청</td><td rowspan="2">38.7
(제주)</td><td>70.7
(경기
과천)</td><td>45.3
(울산
울주)</td><td>70.6
(서울
강남)</td></tr>
<tr><td>최저</td><td>40.3
(광주
본청)</td><td>23.9
전북
본청</td><td>12.2
(강원
삼척)</td><td>6.7
(경북
봉화)</td><td>9.3
(대전
동구)</td></tr>
</table>

자료: 행정안전부(2021: 273).

표 14-7 재정자립도 시 · 도별 현황(2021년)

(단위: %)

시 · 도별	평균	특별시 광역시 특별자치시	도 특별자치도	시	군	자치구
평균	48.7(43.6)	46.6(43.6)		27.7(22.9)		
		58.9(56.1)	36.5(33.3)	32.3(27.8)	17.3(11.7)	28.5(24.0)
서울	80.6(75.6)	78.9(77.3)	–	–	–	35.8(29.4)
부산	49.8(46.1)	44.2(41.4)	–	–	31.9(28.5)	23.1(19.8)
대구	48.9(44.6)	43.1(40.0)	–	–	36.2(28.4)	21.4(19.3)
인천	56.1(50.3)	51.8(47.5)	–	–	14.6(12.4)	27.4(23.1)
광주	44.5(40.8)	40.3(37.2)	–	–	–	17.5(15.7)
대전	45.1(39.9)	40.4(35.6)	–	–	–	18.2(16.1)
울산	54.4(49.6)	46.6(45.0)	–	–	45.3(32.0)	26.4(22.9)
세종	64.0(58.8)	65.6(56.1)	–	–	–	–
경기	63.7(57.3)	–	53.9(49.0)	43.6(38.5)	21.3(18.2)	–
강원	28.3(24.5)	–	27.4(24.8)	19.8(17.3)	15.5(10.9)	–
충북	32.9(28.3)	–	28.2(25.5)	26.0(22.5)	17.6(13.4)	–
충남	36.9(32.3)	–	33.1(31.3)	28.4(23.9)	16.4(11.3)	–
전북	27.7(23.1)	–	23.9(21.3)	18.9(16.5)	15.2(9.2)	–
전남	27.0(22.2)	–	24.6(22.1)	25.8(21.6)	13.9(8.8)	–
경북	29.8(24.9)	–	26.5(25.1)	21.9(16.9)	15.8(10.1)	–
경남	38.9(33.5)	–	33.7(31.9)	30.5(25.3)	17.9(10.0)	–
제주	38.7(32.7)	–	38.7(32.6)	–	–	–

주) 1. 평균은 예산순계, 자치단체별은 예산총계 기준임.
2. 시 · 도별 전국 평균 재정자립도는 순계예산 규모로 산출함에 따라 단체별보다 다소 높게 나타남. (이전재원인 국고보조금 등 중복 계상분 공제)
3. (　)은 2014년도 세입과목 개편 후 기준으로 산정한 자료이며, 세외수입에서 잉여금, 전년도이월금, 전입금, 예탁예수금 등을 제외.

자료: 행정안전부(2021: 274).

2) 지방재정자주도

(1) 개념

자치단체의 예산 규모에서 자체수입과 자주재원이 차지하는 비율을 의미한다. 여기서 자주재원은 지방교부세, 조정교부금을 의미한다. 이 두 종류의 이전재원을 자주

재원으로 분류하는 이유는 용도에 대한 제약이 없는 일반재원이기 때문이다. 따라서 지방재정자주도는 자치단체의 예산 규모 중 지방자치단체의 자주적 판단에 따라 용도를 결정할 수 있는 재원의 비중을 나타내는 것이다.

일반적으로 일반재원의 비중이 커지면 지출의 선택 범위가 넓어져 재정 운영의 자주성과 탄력성이 커진다.

$$\text{지방재정자주도}(\%) = \frac{\begin{array}{c}\text{자체수입(지방세}+\text{세외수입)}+\text{자주재원}\\ \text{(지방교부세}+\text{조정교부금)}\end{array}}{\text{자치단체 예산 규모}} \times 100$$

(2) 재정자주도의 현황

2021년 재정자주도의 전국 평균은 〈표 14-8〉과 같이 광역자치단체는 55.9%이고 기초자치단체는 56.9%이다. 전국 최고는 서울 본청(79.6%)이며 전국 최저는 광주 북구(28.2%)로 나타났다. 자치계층별 재정자주도의 최고와 최저는 〈표 14-8〉과 같고, 시·도별 현황은 다음 〈표 14-9〉와 같다.

표 14-8 단체별 재정자주도(2021년)

(단위: %)

<table>
<tr><th>구분</th><th>특별시</th><th>광역시</th><th>특별자치시</th><th>도</th><th>특별자치도</th><th>시</th><th>군</th><th>자치구</th></tr>
<tr><td rowspan="2">평균</td><td colspan="5">55.9</td><td colspan="3">56.9</td></tr>
<tr><td>79.6</td><td>58.8</td><td>72.3</td><td>45.1</td><td>68.6</td><td>60.9</td><td>61.2</td><td>44.8</td></tr>
<tr><td>최고</td><td rowspan="2">79.6
서울
본청</td><td>61.1
인천
본청</td><td rowspan="2">72.3
세종</td><td>54.6
경기
본청</td><td rowspan="2">68.6
제주</td><td>88.8
충남
계룡</td><td>72.3
경북
영양</td><td>73.8
서울
중구</td></tr>
<tr><td>최저</td><td>55.4
부산
본청</td><td>38.5
전북
본청</td><td>47.0
경북
포항</td><td>49.8
전북
완주</td><td>28.2
광주
북구</td></tr>
</table>

자료: 행정안전부(2021: 307).

표 14-9 재정자주도 시 · 도별 현황(2021년)

(단위: %)

시 · 도별	평균	특별시 광역시 특별자치시	도 특별자치도	시	군	자치구
평균	70.8(65.7)	55.9(52.9)		56.9(52.1)		
		67.4(64.6)	46.5(43.3)	60.9(56.4)	61.2(55.7)	44.8(40.3)
서울	82.6(77.6)	79.6(77.9)	–	–	–	54.9(48.5)
부산	62.2(58.4)	55.4(52.6)	–	–	57.2(53.8)	36.4(33.1)
대구	64.4(60.2)	57.6(54.5)	–	–	58.1(50.2)	35.4(33.2)
인천	68.4(62.7)	61.1(56.8)	–	–	56.2(54.0)	41.2(37.0)
광주	64.3(60.7)	60.2(57.1)	–	–	–	32.4(30.7)
대전	65.3(60.1)	61.0(56.1)	–	–	–	31.9(29.9)
울산	70.0(65.2)	60.8(59.1)	–	–	64.5(51.1)	43.1(39.5)
세종	71.0(65.8)	72.3(62.8)	–	–	–	–
경기	73.7(67.2)	–	54.6(49.7)	63.6(58.6)	68.7(65.6)	–
강원	71.4(67.5)	–	44.1(41.5)	58.6(65.1)	66.3(61.7)	–
충북	67.8(63.2)	–	41.8(39.0)	59.3(55.8)	60.6(56.4)	–
충남	69.0(64.4)	–	43.4(41.7)	61.3(56.9)	58.9(53.8)	–
전북	65.4(60.8)	–	38.5(35.9)	54.0(51.6)	56.5(50.5)	–
전남	67.9(63.1)	–	38.5(36.0)	61.3(57.2)	60.4(55.3)	–
경북	69.0(64.1)	–	39.6(38.2)	58.8(53.7)	62.7(57.0)	–
경남	68.3(62.9)	–	40.8(39.0)	59.9(54.7)	61.7(53.9)	–
제주	68.6(62.5)	–	68.6(62.5)	–	–	–

주) 1. 평균은 예산순계, 자치단체별은 예산총계 기준임.
2. 시 · 도별 전국평균 재정자주도는 순계 규모로 산출함에 따라 단체별보다 다소 높게 나타남. (이전재원인 국고보조금 등 중복 계상분을 공제)
3. ( )은 2014년도 세입과목 개편 후 기준으로 산정한 자료이며, 세외수입에서 잉여금, 전년도이월금, 전입금, 예탁 · 예수금 등을 제외.

자료: 행정안전부(2021: 308).

3. 지방재정력 평가의 대안(재정력지수)

지방재정력을 평가하는 방안으로 지방교부세 산정 시 이용되는 방식을 이용해 볼 수도 있다. 행정안전부는 매년 지방교부세를 배분하는 작업을 하는데 이때 사용하는 중요한 기준이 기준재정 수요액과 기준재정 수입액이다. 여기서 자치단체별 기준재정 수입액을 기준재정 수요액으로 나누어 산정한 것이 재정력지수이다.

그런데 여기서 기준재정 수요액은 지방자치단체가 최소한의 기능을 수행하는 데 필요한 재원이므로 이 비율은 최소한의 기능을 수행하는 데 필요한 재정력의 크기를 나타낸다는 제약이 있다.

1) 기준재정 수요액(기초수요액+보정수요액±수요 자체 노력 산정 금액)

기준재정 수요액은 지방자치단체가 기본적 기능을 수행하는 데 필요하다고 생각하는 금액으로 산정 방식은 법령에 정해져 있다(지방교부세법 제7조). 기준재정 수요액은 기초수요액에 보정수요액을 더하고 수요 자체 노력 산정 금액을 가감해 산출한다. 기초수요액은 항목별 측정 단위 수치에 단위 비용과 보정계수를 곱한 금액이다.

현재 측정 항목으로는 대항목 4개, 소항목 16개와 14개의 측정 단위 및 산정 기준이 있다(지방교부세법 시행령 제5조 ①의 [별표 1]과 ②의 [별표 2]).

2) 기준재정 수입액(기초수입액+보정수입액±수입 자체 노력 산정 금액)

기준재정 수입액은 기초수입액에 보정수입액을 더하고 수입 자체 노력 산정 금액을 가감해 산출한다. 기초수입액은 당해 연도 보통세 추계액의 80%로 정해져 있다. 보통세 수입을 모두 기준재정 수입액으로 하지 않은 이유는 보통세 수입의 20%는 지방자치단체가 기준재정 수요액을 산정할 때 인정되는 사업 이외의 사업에 자주적으로 쓰도록 한다는 의미가 있다.

3) 재정력지수의 시 · 도별 현황

재정력지수는 자치단체별 기준재정 수입액을 기준재정 수요액으로 나누어 산정하며, 시 · 도 본청과 시 · 군을 각각 산정한다. 단, 특별시와 광역시는 자치구의 수요 · 수입액을 본청에 합산해 산정한다. 시·도별 재정력지수의 현황은 다음 〈표 14-10〉과 같다. 여기서 2012년 기준으로 기준재정 수입액 이 기준재정 수요액보다 많은 서울(본청)은 재정력지수가 1이 넘는 1.01을 기록하고 있다. 이같이 재정력지수가 1을 넘는 경우에는 보통교부세가 교부되지 않는다.

표 14-10 시 · 도별 재정력지수

자치단체	2007년도	2008년도	2009년도	2010년도	2011년도	2012년도
서울	1.01	1.007	1.011	1.011	1.02	1.011
부산	0.878	0.853	0.754	0.697	0.688	0.658
대구	0.81	0.763	0.72	0.697	0.651	0.584
인천	1.011	0.985	0.955	0.921	0.919	0.903
광주	0.681	0.659	0.587	0.594	0.569	0.562
대전	0.867	0.835	0.75	0.72	0.688	0.622
울산	0.832	0.846	0.843	0.875	0.873	0.868
경기	1.032	1.028	0.992	0.984	0.981	0.979
강원	0.458	0.531	0.475	0.454	0.444	0.457
충북	0.492	0.564	0.497	0.51	0.49	0.444
충남	0.675	0.644	0.574	0.56	0.571	0.533
전북	0.408	0.333	0.239	0.393	0.398	0.371
전남	0.32	0.278	0.193	0.312	0.324	0.312
경북	0.433	0.447	0.391	0.397	0.425	0.367
경남	0.664	0.703	0.742	0.795	0.801	0.783

주: 본청 기준.
자료: 행정자치부, 재정고.
재정자료실(http://lofin.mogaha.go.kr/lofin_finan/InfoDetail.jsp?finan_idx=3&idx=90, 2015. 2. 3).

■ 지방교부세법 시행령 [별표 1] 〈개정 2015.12.10.〉

측정 항목 · 측정 단위표(제5조 제1항 관련)

측정 항목		측정 단위	표시 단위
1. 일반행정비	가. 인건비	공무원 수	명
	나. 일반관리비	공무원 수	명
	다. 안전관리비	인구 수	명
2. 문화환경비	가. 문화관광비	인구 수	명
	나. 환경보호비	인구 수	명
3. 사회복지비	가. 기초생활보장비	국민기초생활보장 수급권자 수	명
	나. 노인복지비	노령인구 수	명
	다. 아동복지비	아동 수	명
	라. 장애인복지비	등록장애인 수	명
	마. 보건사회복지비	인구 수	명

4. 지역경제비	가. 농업비	경지 면적	천 제곱미터
	나. 임수산비	산림 · 어장 · 갯벌 면적	천 제곱미터
	다. 산업경제비	사업체종사자 수	명
	라. 도로관리비	도로 면적	천 제곱미터
	마. 교통관리비	자동차 대수	대
	바. 지역관리비	행정구역 면적	천 제곱미터

■ 지방교부세법 시행령 [별표 2] 〈개정 2017. 12. 29〉

측정 단위의 산정 기준(제5조 제2항 관련)

측정 단위	산정 기준	표시 단위
1. 공무원 수	「지방자치법」 제112조 제2항의 행정기구의 설치와 지방공무원의 정원을 정하는 기준이 되는 인건비 산정의 기초가 되는 공무원 수	명
2. 인구 수	「주민등록법」 제6조 제1항 제1호에 따른 지방자치단체의 인구 수	명
3. 국민기초생활보장 수급권자 수	「국민기초생활 보장법」에 따른 지방자치단체의 국민기초생활보장 수급권자 수	명
4. 노령인구 수	「주민등록법」 제6조 제1항 제1호에 따른 지방자치단체의 65세 이상 노령인구 수	명
5. 아동 수	「주민등록법」 제6조 제1항 제1호에 따른 지방자치단체의 18세 미만 인구 수	명
6. 등록장애인 수	「장애인복지법」에 따라 지방자치단체에 등록된 장애인 수	명
7. 경지 면적	「측량 · 수로 조사 및 지적에 관한 법률」에 따른 전, 답, 과수원 면적	천 제곱미터
8. 산림 면적	「산림자원의 조성 및 관리에 관한 법률」에 따른 산림 면적	천 제곱미터
9. 어장 면적	「수산업법」 및 「내수면어업법」에 따라 면허를 받아 어업을 하는 어장 면적. 다만, 「수산업법」에 따라 면허를 받은 외해양식어업은 제외한다.	천 제곱미터
10. 갯벌 면적	「습지보호법」에 따라 지방자치단체에서 관리하는 연안습지 면적	천 제곱미터
11. 사업체종사자 수	통계기관 등이 공식적으로 전국을 대상으로 일제히 조사한 최근 통계에 따른 지방자치단체의 사업체 종사자 수	명
12. 도로 면적	「도로법」에 따른 도로시설로서, 지방자치단체의 장이 관리하는 도로(포장, 미포장 및 미개통 도로) 면적	천 제곱미터
13. 자동차 대수	「자동차관리법」에 따라 등록한 자동차 대수	대
14. 행정구역 면적	「지방자치법」에 따른 지방자치단체 관할 구역의 면적	천 제곱미터

제 5 절 지방재정력의 강화 방안

1. 국토의 균형 발전

지방재정력은 결국 지역경제력을 반영하는 것이다. 따라서 지방재정력의 강화를 위해서는 지역경제의 발전이 우선되어야 할 것이고, 지방재정력의 격차를 해소하기 위해서는 지역경제가 국가 전체적으로 균형 있게 발전되어야 할 것이다.

2. 자치재정권의 강화

1) 지방 세수의 확충

지방 세수의 확충을 위해서는 과세 자주권의 확대를 통해 지방세율의 조정과 세원 개발을 가능하게 하고 국세를 지방세로 이양하는 방안 등이 있다.

지방재정의 확충과 건전성 강화

지방자치분권 및 지방행정 체제 개편에 관한 특별법 제13조 ①은 국가는 지방세의 비율을 확대하도록 국세를 지방세로 전환하기 위한 새로운 세목을 확보해야 하며, 낙후지역에 대한 재정 조정 책임을 강화해야 한다고 규정하고 있다.

2) 세외수입의 확충

세외수입의 확충 방안으로는 사용료와 수수료 수준의 현실화, 각종 분담금 제도의 적극적 활용 및 개발, 지방공기업의 경영 효율화 등이 있다.

3) 기타 자구 노력의 강화

자치단체 스스로도 자구(自救) 노력을 강화해 과세표준을 현실화하고, 체납세 징수를 강화하며, 비과세 감면 제도를 개선해야 한다.

자치단체의 자구 노력 강화

지방자치분권 및 지방행정 체제 개편에 관한 특별법 제13조 ②에서 지방자치단체는 자치 사무를 원활히 수행할 수 있도록 자체 세입을 확충해 지방재정의 안정성을 도모하고 예산 지출의 합리성을 확보하기 위해 노력해야 하며, 예산·회계 제도를 합리적으로 개선해 건전성을 강화하는 등 지방재정의 발전 방안을 마련해야 한다고 규정하고 있다.

3. 의존재원의 개선

1) 지방교부세 제도

지방교수세법 제4조 ①항 1호에 규정된 지방교부세율(내국세 총액의 2003년: 15%, 2005년: 18.3%, 2006년: 19.24%)의 인상, 교부세 산정 방식의 개선(다문화 가정, 외국인 수 등의 반영) 및 세수 증대를 위한 자구 노력에 대한 인센티브의 강화가 필요하다.

지자체들 세금으로 대학생 전입 장사

경북 김천시 대신동사무소 직원들에겐 최근 새로운 일거리가 생겼다. 매주 세 차례 관내 김천대와 김천과학대를 찾아가 학생들에게 주민등록 소재지를 김천으로 옮겨달라고 호소하는 일이다. 서울·부산·대구 등 외지 출신 신입생이 주 타깃이다. 주소를 옮기고 6개월이 지나면 전입지원금 20만 원을 준다는 '당근'도 제시한다. 학생이 전입 의사를 밝히면 이동민원실이 현장에서 곧바로 수속을 해 준다. 전인진 동장은 "5월까지 150명을 전입시키는 게 목표"라고 말했다.

지자체가 전입 캠페인을 펼치는 건 관내 인구를 늘리기 위해서다. 중앙정부의 예산 지원 등의 대부분이 인구를 기준으로 이뤄지기 때문에 지자체들에 인구는 곧 경쟁력이다. 중앙정부가 행정 운영에 필요한 돈으로 지자체에 내려주는 교부세는 대체로 인구 1명이 늘면 30만 원꼴로 증가한다는 게 통설이다. 그러니 지자체로선 전입지원금 20만 원을 뿌리고, 교부세 30만 원을 더 타내면 '남는 장사'가 된다. 반면 출산 장려 정책을 통한 자연 증가나 지역 환경·인프라 개선으로 인구 유입을 유도하는 정책은 단기적으론 효과를 거두기 힘들다(중앙일보, 2013. 3. 19).

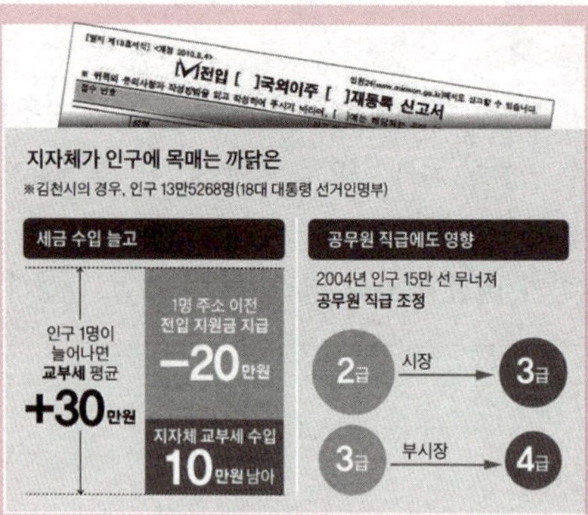

2) 국고보조금 제도

지방교부세로 개편하거나 비중을 줄이고 보조율의 인상, 차등 보조율의 적용 및 보조단가의 현실화가 필요하다.

지방재정 살리려면 국고보조사업 대폭 줄여야

지방자치단체들의 재정난을 타개하기 위해서는 중앙정부의 국고보조사업을 대폭 줄이고 지방교부세 비율을 높여야 한다는 주장이 제기됐다. 홍철 대통령 직속 지역발전위원회 위원장은 3일 국회지방살리기포럼 창립총회에서 특강 '지역정책 어떻게 해야 하나'를 통해 이 같은 대책을 제시했다.

홍 위원장은 "중앙정부들이 국·과 단위로 관리하고 있는 984개의 국고보조사업이 벼랑 끝 지방재정의 블랙홀이 되고 있다."고 지적했다. 정부와 지자체가 재원을 분담하는 국고보조사업이 지자체의 자주 재원인 지방교부세의 66%를 빼먹고 있다는 것이다. 홍 위원장은 "국고보조사업에 따른 지방재원의 고갈을 덜기 위해 일차적으로 국고보조사업을 대폭 줄이고 사업 자체를 점차 예산과 함께 지자체에 이관해야 한다."고 주장했다. 특히 "중앙정부·지자체 간의 매칭펀드는 원칙적으로 폐지해 지방분권의 물꼬를 터야 한다."고 제안했다.

과다한 국고보조사업의 폐해도 지적됐다. 홍 위원장은 "지금까지의 지역정책은 중앙정부가 주연, 지자체가 조연의 역할을 하는 가운데 국회의원 등 정치권이 예산 따오기를 떠맡았다."고 말했다. 이 때문에 지역 주민의 삶의 질을 챙기기보다는 인기에 영합하는 대형 사업 또는 전시성 사업의 유치에 몰두해 왔다는 것이다(중앙일보, 2012. 9. 4).

제15 지방재정조정 제도

제1절 지방재정조정 제도의 의의

1. 지방재정 조정의 의의

지방재정조정 제도는 중앙정부가 지방자치단체에, 광역자치단체가 기초자치단체에, 그리고 동급 자치단체 간에 재원을 제공하거나 단체 간의 재원 불균형을 조정해 줌으로써 지방자치단체의 바람직한 역할 수행을 뒷받침해 주기 위한 재원 이전 장치이다. 즉, 지방재정조정 제도는 지방자치단체가 최소한의 행정 수준(national minimum)을 유지하는 데 필요한 재원을 보장해 주고 지방자치단체 간의 재정력 격차를 완화하기 위해 국세수입의 일부 또는 기타 자금을 일정 기준에 따라 지방자치단체에 배분하는 제도이다(권형신 외, 1998: 314).

2. 지방재정 조정의 기능

지방재정 조정은 아래와 같은 기능을 수행하나 점차 재정적 불균형의 시정이 중요시되고 있다(Harvey, 1983: 237).

1) 재정적 불균형의 시정

자본주의의 발전에 따라 필연적으로 발생하는 지역 간의 경제력의 격차에 따라 발생하는 지역 간 재정력의 격차를 시정하는 기능을 수행한다.

2) 최소 행정 수준의 재원 보장

주민의 거주 지역에 관계 없이 국민에게 보장해야 하는 최소한의 행정 서비스를 제공하기 위한 재원을 보장하는 기능을 수행한다.

3) 국가적 사업에 대한 장려와 조장

국가적으로 추진하는 사업을 장려하거나 조장하는 기능을 수행한다.

4) 재난 대책 등에 대한 보조

천재지변과 같은 재난이 발생했을 경우 이에 대한 대책을 위해 재원이 필요하게 되는데, 이에 대한 재원을 보조하는 기능을 수행한다.

3. 지방재정 조정의 유형

1) 수직적 재정 조정

중앙정부가 지방자치단체에 또는 광역지방자치단체가 기초자치단체에 재원을 제공하거나 단체 간의 재원 불균형을 조정해 주는 재정 조정의 방식이다. 중앙정부의 지방자치단체에 대한 수직적 재정 조정을 위한 이전재원의 규모는 〈표 15-1〉과 같다.

표 15-1 지방 이전재원 규모

(단위: 조 원)

	2011	2012	2013	2014	2015	2016	2017	2018	2019	2020
지방이전재원	95.9	103.5	112.6	114.9	120.9	128.4	144.9	149.6	170.4	177.2
–교부금	65.5	71.4	78.3	77.7	74.8	81.7	97.1	99.4	111.6	111.6
–양여금	–	–	–	–	–	–	–	–	0.0	0.0
–국고보조금	24.2	26.1	28.0	31.3	46.1	46.7	47.8	50.2	58.8	65.6
–광특회계	6.2	6.0	6.3	5.9	–	–	–	–	0.0	0.0
지방가용재원	148.3	157.4	165.3	169.4	191.9	203.9	225.3	233.9	258.3	268.2
(총조세 대비, %)	60.5	61.0	62.0	62.5	66.4	64.1	65.2	63.2	67.5	70.0

자료: e나라지표(http://www.index.go.kr/potal/main/EachDtlPageDetail.do?idx_cd=1043, 2021. 6. 18).

2) 수평적 재정 조정

재정력이 강한 지방자치단체가 약한 자치단체에 시행하는 동급 자치단체 간의 재정조정 제도이다. 재정력이 강한 자치단체의 저항과 징세 노력의 감소 등으로 시행 가능성은 낮은 제도이다.

지방세기본법 제9조 ①에 따르면 특별시 관할 구역에 있는 구의 경우에 재산세(「지방세법」 제9장에 따른 선박 및 항공기에 대한 재산세와 같은 법 제112조 제1항 제2호 및 같은 조 제2항에 따라 산출한 재산세는 제외한다)는 제8조에도 불구하고 특별시세 및 구세인 재산세로 한다고 규정하고, ②에는 제1항에 따른 특별시세 및 구세인 재산세 중 특별시분 재산세와 구(區)분 재산세는 각각 「지방세법」 제111조 제1항 또는 제111조의 2에 따라 산출된 재산세액의 100분의 50을 그 세액으로 한다고 규정하고 있다. 또한 지방세기본법 제10조(특별시분 재산세의 교부) ①에는 특별시장은 제9조 제1항 및 제2항에 따른 특별시분 재산세 전액을 관할 구역의 구에 교부해야 한다고 규정함으로써 수평적 재정 조정을 통해서 자치구 간의 재정력 격차 해소를 도모하고 있다.

재산세 공동과세 시행 효과(2011년) — 세입 격차 9.9 → 2.9배

재산세 공동과세 시행으로 서울 강남구와 강북구 간 세입 격차가 인구 1인당 9.9배에서 2.8배로 줄었다. 세액 단순 대비 격차는 16.3배에서 4.6배로 완화됐다. 서울시는 2011년 전체 재산세 3조 1,382억 원 가운데 자치구 재산세 총 1조 6,882억 원의 50%(8,441억 원)를 25개 자치구에 338억 원씩 균등 배분하는 공동과세 시행 시 이 같은 세입 격차 완화 효과가 나타난다고 18일 밝혔다. 2011년 9월분 재산세 부과액은 전년 동기(1조 9,791억 원) 대비 16만 3,000건, 399억 원이 증가한 2조 190억 원이다. 2011년 전체 재산세 3조 1,382억 원의 64.3% 규모다(아시아경제, 2011. 9. 18).

제 2 절 중앙정부의 지방재정조정 제도

1. 지방교부세

1) 의의

지방자치단체 간의 재정적 불균형을 조정함으로써 지방행정의 건전한 발전을 기함을 목적으로 용도를 정하지 않은 자금이다.

2) 재원

지방교부세법 제4조에 따르면 교부세의 재원은 ① 해당 연도의 내국세(목적세 및 종합부동산세, 담배에 부과하는 개별소비세 총액의 100분의 45 및 다른 법률에 따라 특별회계의 재원으로 사용되는 세목의 해당 금액은 제외한다.) 총액의 19.24%에 해당하는 금액, ② 종합부동산세법에 따른 종합부동산세 총액, ③ 「개별소비세법」에 따라 담배에 부과하는 개별소비세 총액의 100분의 45에 해당하는 금액, ④ 내국세 예산액과 그 결산액의 차액으로 인한 교부세의 차액을 정산한 금액, ⑤ 종합부동산세 예산액과 그 결산액의 차액으로 인한 교부세의 차액을 정산한 금액, ⑥ 「개별소비세법」에 따라 담배에 부과되는 개별소비세 총액의 100분의 45에 해당하는 예산액과 그 결산

표 15-2 중앙정부의 지방재정조정 제도

구분	지방교부세	국고보조금
근거 법령	『지방교부세법』	『보조금관리에 관한 법률』
재원 구성	►내국세의 19.24% – 보통교부세: 정률분 교부세 총액의 97% – 특별교부세: 정률분 교부세 총액의 3% ► 부동산교부세: 종합부동산세 전액 ► 소방안전교부세: 담배에 부과하는 개별소비세의 38.75%* * 소방직 국가직화 시기(2020. 4. 1 예정) 관련, 2020년 소방안전교부세율 인상분 25%p(담배 개별소비세의 20% → 45%) 중 3/4만 계상	국가의 일반회계 또는 특별회계 예산으로 계상
용도	► 보통 부동산교부세: 용도 지정 없이 자치단체 일반예산으로 사용 ► 특별교부세: 용도 지정, 조건 부여 가능 ► 소방안전교부세: 특수 수요는 용도 지정 가능 – 소방 분야에 교부세 총액의 75% 이상 사용 규정	용도와 조건이 지정되어 특정 목적 재원으로 운용
배분 방법	► 보통교부세: 단체별 기준재정 수입액과 기준재정 수요액 산정 후 재정부족액을 기준으로 산정, 교부 ► 특별교부세: 지역 현안, 재난·안전관리, 국가지방협력 수요사업에 대해 사업의 타당성 등을 심사해 사업별, 시책별로 교부 ► 부동산교부세: 재정 여건, 사회복지, 지역교육, 보유세 규모 등에 따라 산정, 교부 ► 소방안전교부세: 소방 및 안전시설 현황과 투자 소요, 재난예방 및 안전 강화 노력, 재정 여건 등에 따라 산정, 교부	소관 부처별 중장기 사업계획 등을 고려해 매년 정부예산으로 정함.
성격	► 보통,부동산교부세: 일반재원(자주재원 성격) ► 특별교부세: 특정재원(자주재원 성격) ► 소방안전교부세: 일반 및 특정재원(자주재원 성격)	특정재원(이전재원 성격)

자료: 행정안전부(2021: 70).

액의 차액으로 인한 교부세의 차액을 정산한 금액으로 교부하는 자금이다(지방교부세법 제4조).

3) 기능

(1) 자주성 보장

지방교부세는 국고에서 지출되는 것이지만 일단 교부된 재원은 용도를 지방자치단체가 자유롭게 결정할 수 있는 일반재원이다.

(2) 재원의 균형화

자치단체 간의 재정적 불균형을 조정해 재정력의 균형화를 도모하는 기능이 있다.

(3) 재원 보장 기능

기준재정 수요액이 기준재정 수입액을 초과한 때 일정한 보정을 가한 수준이 해당 자치단체의 재원으로 보장되고 있다.

3) 종류

(1) 보통교부세

해당 연도의 내국세(목적세 및 종합부동산세, 담배에 부과하는 개별소비세 총액의 100분의 45 및 다른 법률에 따라 특별회계의 재원으로 사용되는 세목의 해당 금액은 제외한다.) 총액의 19.24%와 내국세 예산액과 결산액의 차액으로 인한 교부세의 차액을 합한 총액의 100분의 97에 해당하는 금액을 재원(지방교부세법 제4조 ②항 1호)으로, 해마다 기준재정 수입액이 기준재정 수요액에 미달하는 자치단체에 미달액을 기준

표 15-3 2021년도 보통교부세 교부 현황

(단위: 개, 억 원)

구분	단체 수			보통교부세 교부액	보통교부세 지급특례액*	비고(불교부단체)
	계	교부	불교부			
계	174	170	4	442,289	3,036	
특별시	1	–	1	–	1,397	서울
광역시	6	6	–	51,914		
특별자치시	1	1	–	678		
도	8	7	1	62,811	1,536	경기
특별자치도	1	1	–	13,358		
시	75	73	2	169,117	155	성남, 화성
군	82	82	–	144,410		

* 자치구(69개)는 특별 · 광역시 본청에 합산하여 산정, 제주특별자치도는 보통교부세 재원의 3%를 정률 교부
* 보통교부세 불교부단체: 기준재정 수입액이 기준재정 수요액을 초과하는 단체
* '15년 분권교부세 폐지에 따른 재정 충격 완화를 위해 불교부단체에 한시 적용하는 특례(지방교부세법 부칙 제2조)

자료: 행정안전부(2021: 72).

으로 교부되는 일반재원이다(지방교부세법 제6조 ①). 이에 따라 〈표 15-3〉과 같이 서울과 경기, 수원 등 6개 지방자치단체는 기준재정 수입액이 기준재정 수요액을 초과해 보통교부세의 불교부 단체이다.

(2) 특별교부세

해당 연도의 내국세(목적세 및 종합부동산세, 담배에 부과하는 개별소비세 총액의 100분의 45 및 다른 법률에 따라 특별회계의 재원으로 사용되는 세목의 해당 금액은 제외한다.) 총액의 19.24%와 내국세 예산액과 결산액의 차액으로 인한 교부세의 차액을 합한 총액의 100분의 3에 해당하는 금액을 재원(지방교부세법 제4조 ②항 2호)으로 다음의 경우에 교부한다(지방교부세법 제9조).

① 기준재정 수요액의 산정 방법으로는 파악할 수 없는 지역 현안에 대한 특별한 재정 수요가 있는 경우: 특별교부세 재원의 100분의 40에 해당하는 금액

② 보통교부세의 산정 기일 후에 발생한 재난을 복구하거나 재난 및 안전관리를 위한 특별한 재정 수요가 생기거나 재정 수입이 감소한 경우: 특별교부세 재원의 100분의 50에 해당하는 금액

③ 국가적 장려사업, 국가와 지방자치단체 간에 시급한 협력이 필요한 사업, 지역 역점 시책 또는 지방행정 및 재정 운용 실적이 우수한 지방자치단체에 재정 지원 등 특별한 재정 수요가 있을 경우: 특별교부세 재원의 100분의 10에 해당하는 금액

(3) 부동산교부세

부동산교부세의 재원은 종합부동산세 총액과 종합부동산세 예산액과 그 결산액의 차액으로 인한 교부세의 차액을 정산한 금액으로 했다(지방교부세법 제4조 ②의 4). 부동산교부세는 전액 지방자치단체에 교부해야 하며, 교부 기준은 부동산세제 개편에 따른 지방차지단체의 세수 감소분을 기초로 산정하되, 재정 여건, 지방세 운영 상황 등을 감안해 대통령령으로 정하도록 했다(지방교부세법 제9조의 3).

(4) 소방안전교부세

소방안전교부세의 재원은 개별소비세법에 따라 담배에 부과하는 개별소비세 총액

의 100분의 45에 해당하는 금액과 개별소비세법에 따라 담배에 부과하는 개별소비세 총액의 100분의 45에 해당하는 예산액과 그 결산액의 차액으로 인한 교부세의 차액을 재원으로 한다(지방교부세법 제4조 ②의 5). 행정안전부 장관은 지방자치단체의 소방 및 안전시설 확충, 안전관리 강화 등을 위해 소방안전교부세를 지방자치단체에 전액 교부해야 한다. 이 경우 이 경우 소방 분야에 대해서는 소방청장의 의견을 들어 교부하여야 한다(지방교부세법 제9조의 4의 ①). 〈개정 2017. 7. 26, 2019. 12. 10〉 제①에 따른 소방안전교부세의 교부 기준은 지방자치단체의 소방 및 안전시설 현황, 소방 및 안전시설 투자 소요, 재난 예방 및 안전 강화 노력, 재정 여건 등을 고려하여 대통령령으로 정한다. 다만, 소방안전교부세 중 『개별소비세법』에 따라 담배에 부과하는 개별소비세 총액의 100분의 20을 초과하는 부분은 소방 인력의 인건비로 우선 충당하여야 한다(지방교부세법 제9조의 4의②). 〈개정 2019. 12. 10〉

4) 문제점

지방교부세의 산정 방식은 다음과 같은 문제점이 있다.

① 인구 규모가 클수록 유리하다.

② 자치단체의 징세 노력을 제고하는 유인 체제가 미흡하다.

③ 재정 운용의 효율성을 제고하는 유인 체제가 미흡하다.

교부세 산정 방식의 문제점

인천은 '억울'하다. 현재의 보통교부세 산정 방식에 의문을 제기하지만, 바뀌지 않으면 내년 또한 보통교부세 하위권을 벗어나기 힘들다. 올해 인천이 받은 보통교부세는 2,338억 원, 지난 5년간 지원액을 여타 광역시와 비교할 경우 부산 4조 원, 대구 3조 원, 광주·대전 2조 5,000억 원과는 비교도 안 되는 9,460억 원이다.

지방교부세는 보통, 특별, 분권, 부동산교부세로 나뉜다. 이 중 재원이 가장 큰 보통교부세는 기준재정 수입을 기준재정 수요로 나눈 재정력지수에 따라 서울을 뺀 전국에 나눠진다. 기준재정 수입은 해당 지자체의 보통세 수입액이며 경상적 세외수입을 감안해 보정하도록 하고 있다. 기준재정 수요는 일반행정비, 문화환경비, 사회복지비, 경제개발비를 측정 항목으로 하고 공무원 수, 인구 수, 가구 수, 기초수급권자 수, 노령인구 수, 영유아·청소년 수, 등록장애인 수, 농수산업 종사자 수, 사업체 종사자 수, 미개량 도로의 면적, 자동차 대수, 행정

구역 면적을 측정 단위로 한다. 시는 기준재정 수요에 인천이 받는 '역차별'이 항목에 포함돼야 한다는 주장도 하고 있다. 인천을 희생해 수도권 전력 공급을 위한 발전소 설비에 대해 대기질 개선을 위한 '환경보호비' 항목을 추가시켜야 한다는 입장이다. 특히 100여개의 인천 섬들에 대한 '도서지역 인구 수' 항목이 반영돼야 한다는 입장도 내놨다(인천일보, 2014. 8. 19).

5) 개선 방안

(1) 교부세율의 상향 조정

지방자치의 실시에 따른 행정 수요의 증가와 중앙과 지방 간의 기능 재조정에 따른 재정 수요의 증가에 대응하기 위해서는 교부세율(交付稅率)을 상향 조정할 필요가 있다.

교부세율의 조정

행정자치부는 2003년 3월 24일 업무 보고에서 지방자치단체의 재정 부담을 덜어주기 위해 지방교부세 법정률을 내국세의 15%에서 17.6%로 인상하기로 했다. 그 후 2003년 12월 29일 지방교부세법 개정안이 국회에서 의결됨에 따라 2005년부터 지방교부세 법정교부율은 내국세 총액의 18.3%로 상향 조정되었다(지방교부세법 제4조 ①). 그 내용은 기존의 15%에서 지방양여금에서 지방교부세로 전환되는 법정률 인상분 2.8% 이외에 0.5%가 추가되어 모두 3.3%가 인상되었기 때문이다.

교부세율의 인상(2005. 12. 30)

2005년 12월 30일 의결된 지방교부세법 개정법률안에 따르면 교부세(부동산교부세 제외)의 재원은 내국세(목적세 및 종합부동산세와 다른 법률에 의해 특별회계의 재원으로 사용되는 세목의 당해 금액을 제외) 총액의 19.24%로 인상되었다(지방교부세법 제4조 ①).

(2) 징세 노력의 제고를 위한 제도적 보완

지방자치단체의 징세 노력을 반영할 수 있는 제도적 보완이 필요하다.

박 대통령 지방교부세 · 지방교육재정교부금 개혁 필요

박 대통령은 지방교부세 제도와 관련, "1960년대 도입한 이후에 사회에 많은 변화가 있었음에도 불구하고 기본 골격에 큰 변화가 없었다."며 "현행 지방재정제도와 국가의 재정 지원 시스템이 지자체의 자율성이나 책임성을 오히려 저해하고 있는 것은 아닌지 면밀히 살펴보고 제도적 적폐가 있으면 과감히 개혁을 해야 될 시점"이라고 했다.

또 "지방교부세의 경우 자체세입을 확대하면 오히려 지자체가 갖게 되는 교부세가 줄어들기 때문에 자체세입을 확대하려는 동기나 의욕을 꺾는 그런 비효율적 구조는 아닌가 점검해야 하고 또 고령화 등으로 증가하는 복지 수요의 크기가 교부세 배분 기준에 제대로 반영이 되고 있는지도 살펴봐야겠다."고 밝혔다.

이와 함께 박 대통령은 "교육재정 교부금의 경우도 학생 수가 계속 감소하는 등 교육환경이 크게 달라졌는데도 학교 통폐합과 같은 세출 효율화에 대한 인센티브가 전혀 없다."며 "내국세가 늘면 교육재정 교부금이 자동적으로 증가하게 되는 현행 제도가 과연 계속 유지돼야 하는지 심층적인 검토가 필요하다."고 말했다(조선일보, 2015. 1. 26).

(3) 재정 운영의 효율성 제고

재정 운영의 건전성이나 적정성을 제고하는 경우에는 적절한 인센티브가 주어져야 한다.

(4) 수평적 불균형 완화

배분 기준 결정시 인구 및 경제 규모가 큰 지역에 유리한 문제점을 보완해야 한다.

(5) 특별교부세(정률분 교부세 총액의 3%)의 비중 축소

본래의 취지 외에 국회의원의 지역구 숙원사업 해결을 위한 수단 등 정치적으로도 많이 이용되는 특별교부세는 보통교부세에 흡수하거나 비중을 축소해야 한다.

특별교부세의 문제점

2003년 기준 1조 1,800억 원 규모로서 국회의원들이 자기 지역구 민원을 해결하는 용도나 대통령이 국회의원을 설득하거나 협조를 이끌어 내는 수단으로 사용된 경우가 많다. 노무현 대통령은 2003년 3월 24일 행정자치부 업무 보고 시 "특별교부금(특별교부세) 제도가 행정과 정치에 대한 신뢰를 깎아 먹는 데 크게 작용하고 있다. 국회의원들이 특별교부금(특별교부세)으로 지역에 가서 큰 소리치거나 행정자치부 장관이 자의적으로 쓸 수 있는 부분은 없어져야 한다."고 말하며, "특별교부금(특별교부세)을 보통교부금(보통교부세)에 흡수하는 폐지 방안까지 포함해 근본적 개선 방안을 강구하라."고 지시했다(한겨레 21, 2003. 4. 10: 34-36).

특별교부금의 배정 실태

2009년 특별교부금 9,243억 원 '힘센 정치인'에게 몰렸다. 10위 안에 영남 의원 지역구 7곳, 야권 실세 지역에도 상당액이 배정되었다.

행정안전부가 5일 민주당 김희철 의원에게 제출한 '2009년도 자치단체별 특별교부금 배정 내역'에 따르면, 지난해 특별교부금은 모두 9,243억 원이 집행됐다. 2005년 7,115억 원이었음을 감안하면 4년 만에 2,000억 원 이상 불어난 규모다.

광역단체별로 보면 수도권인 경기도(1,264억 원) 다음으로 경남도(1,230억 원)가 많았는데 교부금 집행 당시 행안부 장관이었던 이달곤 전 장관은 6월 지방선거 경남지사 예비후보다.

기초단체별로는 경남 김해시가 115억 9,400만 원을 지원받아 가장 수혜를 누린 것으로 나타났다. 김해시는 지난해 5월 서거한 노무현 전 대통령의 고향이자 한나라당 김정권, 민주당 최철국 의원의 지역구다. 김해시는 바위공원 조성, 장유건강지원센터 건축, 웹 접근성 개선 등의 명목으로 33억 여 원, 재해 대책용으로 82억 여원을 지원받았다(중앙일보, 2010. 4. 6).

주요 정치인 지역구 특별교부금 배정 내역

지역	의원	액수
전북 진안-무주-장수-임실	정세균(민주당)	89억 원
경남 양산	박희태(한나라당)	80억 원
광주 남	강운태(민주당)	65억 원
경남 창원	권영길(민노당) 외 1인	63억 원
전북 군산	강봉균(민주당)	54억 원
전북 전주	정동영(민주당) 외 2인	54억 원
부산 남	김무성(한나라당) 외 1인	50억 원
대구 달성	박근혜(한나라당)	43억 원
경북 포항	이상득(한나라당) 외 1인	38억 원

자료: 행정안전부

특별교부세와 정권 교체

정부가 지방자치단체 재정을 지원하는 특별교부세와 분권교부세가 정권에 따라 지역별 편중 현상이 심한 것으로 조사됐다. 행정안전부가 2006년부터 지난해까지 5년간 지자체에 지원한 10조 6,254억 원의 특교세와 분교세 배정 현황을 국민일보가 분석한 결과 노무현 정부 시절인 2006년과 2007년 특교세는 강원도(16.65%), 경남(12.84%), 전남(11.77%) 등의 순으로 많이 배정됐다.

하지만 이명박 대통령이 취임한 2008년부터 지난해까지는 특교세 배정 상위 지자체가 경남(10.82%), 경기(10.58%), 경북(10.15%) 등의 순으로 바뀌었다. 2008~2010년 영남권 지자체에 배정된 특교세는 모두 1조 74억 원으로 전체의 34.7%를 차지했다. 이는 2006~2007년 평균 배정 비율 31.7%보다 늘어난 수치다. 반면 강원도의 특교세 배정 비율은 평균 7.86%로 노무현 정부 시절의 절반에도 못 미쳤다(국민일보, 2011. 10. 20).

21대 국회 첫 특별교부세 쟁탈전, 서로 "나의 치적" 홍보

요즘 여야 국회의원들은 행정안전부 특별교부세(특교세) 확보 치적을 알리는 데 열심이다. 21대 국회의원 임기가 시작된 이후 지역구 현안 사업 해결을 위해 중앙정부로부터 막대한(?) 예산을 따냈다며 자신을 국회로 보내준 유권자들에게 열심히 치적 홍보에 나서고 있는 것. 특교세는 중앙정부가 일정한 조건을 붙이거나 용도를 제한해 내주는 재원으로 각 지방자치단체에 지급한다.

그럼에도 여야 의원들은 지역구 현안 해결을 위해 적게는 5억 원에서 많게는 41억 원까지 특교세를 확보했다고 보도자료를 뿌리며 치적 성과에 열을 올리고 있다. 코로나19로 인한 경기 침체와 세수 부족, 폭우 피해 등으로 인해 특교세를 많이 확보한 의원과 그렇지 못한 의원 사이에는 희비가 엇갈렸다. 특히 지난 4월 총선에서 더불어민주당이 압승한 만큼 힘(?) 있는 여당 의원 지역구에 특교세가 많이 지급됐을 것이란 예상과 달리, 특교세를 가장 많이 확보한 의원은 미래통합당 김형동 의원(안동시 예천군)으로 잠정 집계됐다. 김 의원은 69억 원의 특교세를 확보했고, 2위는 42억 원을 확보한 미래통합당 박형수 의원, 3위는 41억 원을 확보한 무소속 김태호 의원이었다. 더불어민주당 임호선 의원과 미래통합당 김희국 의원이 각각 40억 원, 38억 원을 확보한 더불어민주당 김승남 의원이 뒤를 이었다. 이 같은 순위는 지역구를 둔 254명의 국회의원 가운데 8월 7일 정오까지 특교세 관련 보도자료를 배포한 여야 의원 가운데 확보 금액이 많은 순위를 따져본 결과다(동아일보, 2020. 8. 8).

표 15-4 연도별 지방교부세 교부 현황

(단위: 백만 원)

연도별	계	보통교부세	특별교부세	분권교부세	부동산교부세	증액교부금	소방안전교부세
1992년	3,927,749	3,533,726	353,373	–	–	40,650	–
1993년	4,413,085	4,011,896	401,189	–	–	–	–
1994년	4,724,569	4,295,062	429,507	–	–	–	–
1995년	5,484,226	4,985,661	498,565	–	–	–	–
1996년	6,377,734	5,797,940	579,794	–	–	–	–
1997년	6,798,732	6,142,666	614,266	–	–	41,800	–
1998년	7,039,226	6,353,842	635,384	–	–	50,000	–
1999년	6,710,770	5,782,518	578,252	–	–	350,000	–
2000년	8,266,546	7,468,678	746,868	–	–	51,000	–
2001년	12,288,992	11,119,539	1,111,953	–	–	57,500	–
2002년	12,259,425	10,884,910	1,088,490	–	–	286,025	–
2003년	14,905,674	12,238,522	1,223,852	–	–	1,443,300	–
2004년	14,469,054	13,012,867	1,301,287	–	–	154,900	–
2005년	19,877,486	17,927,570	711,566	845,381	392,969	–	–
2006년	21,461,392	18,691,488	743,396	1,006,508	1,020,000	–	–
2007년	25,196,900	21,316,202	852,759	1,138,733	1,889,206	–	–
2008년	31,098,993	25,795,852	1,039,411	1,378,423	2,885,307	–	–
2009년	28,319,634	23,032,062	924,254	1,230,542	3,132,776	–	–
2010년	28,012,760	24,679,136	992,880	1,318,672	1,022,072	–	–
2011년	30,895,246	27,274,652	1,101,027	1,457,548	1,062,019	–	–
2012년	34,186,188	30,191,425	1,257,977	1,615,433	1,121,353	–	–
2013년	35,724,592	31,558,105	1,314,921	1,688,560	1,163,006	–	–
2014년	35,698,180	31,884,524	986,119	1,688,437	1,139,100	–	–
2015년	34,888,072	32,176,185	987,407	–	1,410,400	–	314,080
2016년	37,967,278	35,023,661	1,083,206	–	1,445,711	–	414,700
2017년	44,363,917	41,032,266	1,269,038	–	1,549,126	–	513,487
2018년	49,044,581	45,211,842	1,398,305	–	2,017,174	–	417,260
2019년	57,709,283	52,602,827	1,626,892	–	2,942,062	–	537,502
2020년	50,322,101	44,926,519	1,389,478	–	3,320,970	–	685,134
2021년	51,754,671	44,537,686	1,377,455	–	4,935,665	–	903,865

* 1. 2020년까지는 최종교부액(당초예산 + 추경예산 + 정산분), 2021년은 당초예산 기준.
2. 2005년에는 증액교부금 폐지, 분권교부세 · 부동산교부세 신설.
3. 2015년은 분권교부세 폐지, 소방안전교부세 신설.

자료: 행정안전부(2021: 74).

2. 국고보조금

1) 의의

국가가 국가위임사무와 시책사업 등에 대한 사용 범위를 정해서 그 경비의 전부 또는 일부를 보조하거나 재정상의 원조를 하기 위해 자치단체에 교부하는 자금을 말한다.

2) 특성

① 특정재원: 용도가 정해진 특정재원이다.

② 의존재원: 국가로부터 교부되는 자치단체의 의존재원이다.

③ 지방비 부담: 국가는 지방자치단체에 보조금을 교부하는 경우 법령 또는 조례가 정하는 경우와 국가 시책상 부득이한 경우 외에는 재원 부담 지시를 할 수 없다(지방재정법 제23조). 그러나 보조사업마다 지방자치단체의 부담이 수반되는 경우가 대부분이다.

3) 종류

(1) 교부금

국가의 사무를 지방자치단체에 위임했을 경우에 부담하는 경비

(2) 국고부담금

지방자치단체가 행하는 사업 중 그 성질상 국가의 책임 정도에 따라 전부 또는 일부를 부담하는 경비

(3) 협의의 국고보조금

지방자치단체에 대해 특정 사업의 실시를 권장하거나 재정을 지원하는 자금

4) 장 · 단점

(1) 장점

가. 통일적 행정 수준의 확보

행정 서비스의 수준을 국가적 차원에서 통일할 수 있다.

나. 사회간접자본의 확충

지방자치단체의 사회간접자본의 확충에 기여한다.

다. 특수 재정 수요에 대응

긴급하고 규모가 큰 특수 재정 수요의 재원을 보전한다.

라. 외부 효과에 대처

행정 서비스의 효과가 해당 구역을 넘는 경우 서비스를 제공하는 자치단체의 재원을 보전한다.

(2) 단점

가. 지방행정의 자주성 침해

보조 조건에 의한 지시와 간섭에 의해 지방행정의 자주성이 침해될 우려가 있다.

나. 지역 실정과 괴리

획일적 보조 조건으로 지역 실정과 괴리될 우려가 있다.

다. 재정 격차 심화 가능성

획일적 보조 조건으로 재정력이 약한 자치단체는 지방비 부담의 수용이 곤란해 재정 격차의 심화 가능성이 있다. 차등보조금 제도가 있으나 제한적으로만 적용되고, 자치단체의 재정력 반영이 부실하다.

라. 지방재정의 압박

예외적인 경우 외에는 자치단체에 재정적 부담을 부과할 수 없으나 국고보조금에 따른 지방비 부담이 지방재정을 압박하는 요인이 되고 있다(〈표 15-5〉 참조).

표 15-5 연도별 국고보조금 및 지방비 부담 현황

(단위: 억 원, %)

구분	2017	구성비	2018	구성비	2019	구성비	2020	구성비	2021	구성비
국고 보조사업	652,045 (665,437)	100 (100)	706,631 (720,236)	100 (100)	800,992 (815,959)	100 (100)	867,050 (883,660)	100 (100)	974,594 (992,990)	100 (100)
국고 보조금	434,869 (434,869)	66.7 (65.4)	472,042 (472,042)	66.8 (65.5)	535,994 (535,994)	66.9 (65.7)	581,492 (581,492)	67.1 (65.8)	666,580 (666,580)	68.4 (67.1)
지방비 부담	217,175 (230,568)	33.3 (34.6)	234,589 (248,194)	33.2 (34.5)	264,998 (279,966)	33.1 (34.3)	285,558 (302,168)	32.9 (34.2)	308,014 (326,410)	31.6 (32.9)

* 지방자치단체에서 당초예산에 편성한 금액.
* ( )는 세부사업 단위에서 국고보조사업을 판단.
자료: 행정안전부(2021: 82).

*** 지방자치단체가 중앙정부에 지원을 요구하는 사항**

지방자치단체가 중앙정부에 지원을 요구하는 사항

영유아 보육료
정부의 분담 비율 20%포인트 상향 조정
연간 1조 4000억 원

기초연금
지방정부의 추가 부담분을 국가가 지원
연 1조여 원

취득세 감면
감면 시 지방세 감소분을 국가가 보전
연 2조 9000억 원

감면 시 지방세 감소분을 국가가 보전
연 2조 9000억 원

지방소비세
현행 5%에서 20%로 상향 조정
연 5조 7000억 원

지방교부세
내국세의 19.24%에서 21%로 상향 조정
연 2조 9000억 원

총 지원 요구액
연 13조 9000억 원

자료: 조선일보(2013. 7. 3).

2021년도 기준 중앙정부의 각 기관별 국고보조금의 현황은 다음 〈표 15-6〉과 같다. 보건복지부의 국고보조금 규모는 44조 3,647억 원으로 전체 국고보조금 74조 8,016억 원의 59.31%로 절반 이상을 차지한다. 그다음으로는 국토교통부(7조 2,242억 원), 환경부(6조 4,873억 원), 농림축산식품부(5조 358억 원)의 순으로 규모가 크다.

표 15-6 국고보조금 현황(2021년)

(단위: 억 원)

부처명	계	일반회계	균특회계	기타특별회계	기금
계	748,016	507,786	65,606	88,664	86,060
대법원	166	166			
기획재정부	3,219				3,219
교육부	2,332	2,332			
과학기술정보통신부	284	159	126		
외교부	68	68			
통일부	141	118			23
법무부	597				597
국방부	0.5				0.5
행정안전부	36,086	29,109	6,977		
문화체육관광부	15,976	1,466	6,472	555	7,482
농림축산식품부	50,358	72	7,792	13,171	29,324
산업통상자원부	9,393	3,408	3,493	203	2,289
보건복지부	443,647	427,227	3,365	546	12,509
환경부	64,873	179	6,170	51,341	7,183
고용노동부	3,348	786	2,502		60
여성가족부	9,588	3,444	452		5,692
국토교통부	72,242	25,577	22,237	8,455	15,974
해양수산부	13,175	1,110	3,048	8,630	388
중소벤처기업부	1,633	74	685		874
국가보훈처	44	23	21		
식품의약품안전처	651	610	40		
경찰청	60	14	46		
소방청	356	356			
문화재청	5,803	5,318	41		445
농촌진흥청	1,796	916	837	43	
산림청	11,327	4,498	1,203	5,625	
질병관리청	692	692			
행복청	96			96	
새만금개발청	60	60			
공정거래위원회	4	4			

주) 2021년도 국가예산 확정 시 부처별 배분 내역임(교육청으로 교부되는 교육급여 1,025억 원 포함).
자료: 행정안전부(2021: 81).

지자체 복지 보조금 올 48조 '10년간 3배'

기초연금이나 아동수당 같은 복지사업을 위해 중앙정부가 지방자치단체에 주는 국고보조금이 10년간 3배로 불어난 것으로 나타났다. 국회 예산정책처는 28일 '사회복지 분야 지방자치단체 국고보조사업 분석' 보고서에서 "141개 복지사업에 올해 48조 4,000억 원의 국고보조금이 편성됐는데, 2011년(14조 9,000억 원)의 3.2배"라고 밝혔다.

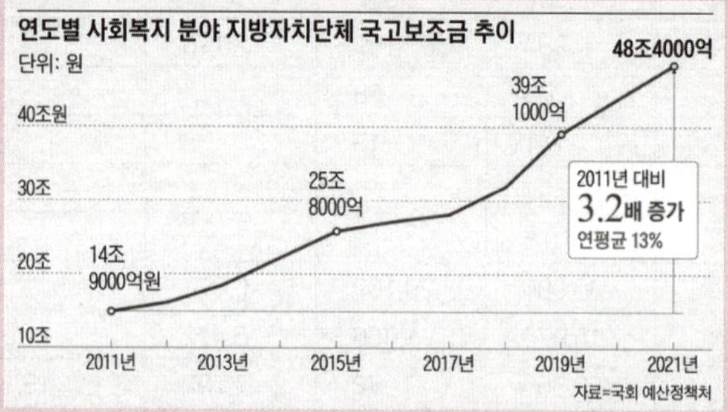

복지사업은 지자체 형편에 따라 정부가 60~70%의 보조율을 정해 비용을 대고, 나머지는 지자체가 부담한다. 경기 시흥시에 사는 7세 미만 3만여 명에게 아동수당으로 월 10만 원을 지급하는데 정부가 248억 원, 시흥시가 106억 원을 대는 식이다. 국회 예산정책처는 "사회복지 분야 예산 중에서도 국고 보조로 추진되는 지방자치단체 사업 예산의 증가 속도가 더 빨라 국가재정과 지방재정 두 측면에서 재정 부담으로 작용할 우려가 발생하고 있다"며 "지방자치단체의 재정 부담도 가중될 우려가 있다"고 했다(조선일보, 2021. 3. 1).

제 3 절 광역자치단체의 기초자치단체 지방재정조정 제도

1. 자치구 조정교부금

1) 의의

특별시장이나 광역시장은 「지방재정법」에서 정하는 바에 따라 해당 지방자치단체의 관할 구역 안의 자치구 상호 간의 재원을 조정하는 자금이다(지방자치법 제173조).

자치구 간의 재정적 불균형을 해소하고 일정한 행정 수준을 확보하기 위한 것으로 교부율, 산정 방법, 교부 시기 등은 해당 특별시나 광역시의 「자치구의 재원 조정에

표 15-7 광역자치단체의 기초자치단체 지방재정조정 제도

구분	시 · 도비 보조금	자치구 조정교부금	시 · 군 조정교부금
근거 법령	• 지방재정법 제23조 제2항 – 시 · 도는 시책상 필요하다고 인정할 때 또는 시 · 군 및 자치구의 재정 사정상 특히 필요하다고 인정할 때에는 예산의 범위 안에서 시 · 군 및 자치구에 보조금을 교부할 수 있다.	• 지방재정법 제29조의2 – 특별, 광역시장은 대통령령으로 정하는 보통세 수입의 일정액을 조정교부금으로 확보하여 조례로 정하는 바에 따라 해당 자치단체 관할 구역의 자치구 간 재정력 격차를 조정해야 함. • 지방재정법 시행령 제36조의2 – 법 제29조의2에 따른 조정교부금 재원은 특별시, 광역시 시세 중 「지방세기본법」 제8조 제1항 제1호 각 목에 따른 보통세(광역시는 「지방세법」, 제7장 제3절 주민세 재산분 및 제4절 주민세 종업원분 제외)로 하고, 교부금의 교부율, 산정 방법 및 교부 시기 등은 특별, 광역시의 조례로 정함.	• 지방재정법 제29조 –시 · 도지사(특별시장 제외)는 해당 광역시, 도세, 지방소비세 금액의 27% 등에 해당하는 금액을 관할 시 · 군 간의 재정력 격차를 조정하기 위한 조정교부금 재원으로 확보해야 함. • 지방재정법 시행령 제36조 – 일반재정보전금 배분 시 50%는 인구 수, 20%는 징세 실적, 30%는 재정력을 기준으로 배분
재원	• 시 · 도의 일반회계 또는 특별회계, 기금	• 특별, 광역시의 보통세 중 조례로 정하는 일정액 서울 22.6% 부산 23.0% 대구 22.29% 인천 20.0% 광주 23.9% 대전 23.0% 울산 20.0% • 일반조정교부금(90%) 특별조정교부금(10%)으로 운영	• 광역시세, 도세(화력, 원자력발전, 특정 부동산에 대한 지역지원시설세 및 지방교육세 제외) 총액 및 지방소비세의 27%(인구 30만 이상의 시와 자치구가 아닌 구가 설치되어 있는 시는 47%)에 해당하는 금액 • 좌동
용도	• 특정한 지원대상사업 재정 수요 충당(용도 지정)	• 일반조정교부금은 용도 지정 없이 자치단체의 일반재원으로 사용 • 특별조정교부금은 교부 시 부과된 조건이나 목적에 맞게 사용	• 좌동
배분 방법	• 지원사업별 사업우선 순위 등에 의거 지원	• 기초단체별 기준재정 수입액과 기준재정 수요액을 분석한 후 재정부족액을 기준으로 배분	• 인구, 징수 실적, 당해 시 · 군의 재정력 등에 따라 배분

자료: 행정안전부(2021: 86).

관한 조례」에 의해 이루어진다.

2) 재원

지방재정법 제29조의 2에는 특별시장 및 광역시장은 대통령령으로 정하는 보통세 수입의 일정액을 조정교부금으로 확보해 조례로 정하는 바에 따라 해당 지방자치단체 관할 구역의 자치구 간 재정력 격차를 조정해야 한다고 규정하고, 지방재정법 시행령 제36조의 2에는 ① 법 제29조의 2에 따른 자치구 조정교부금의 재원은 특별시·광역시의 시세(市稅) 중 「지방세기본법」 제8조 제1항 제1호 각 목에 따른 보통세로 하되 특별시는 지방세법 제71조 제3항 가목에 따라 배분되는 지방소비세, 광역시는 지방세법 제71조 제3항 가목에 따라 배분되는 지방소비세와 같은 법 제7장 제3절에 따른 주민세 사업소분 및 같은 장 제4절에 따른 주민세 종업원분은 제외한다.

조정률은 조례에 규정되어 있기 때문에 자치단체에 따라 다양하다. 2019년 기준(2021년도 동일)으로 서울특별시의 조정교부금의 재원은 「지방세기본법」 제8조 제1항 제1호 각 목에 따른 보통세의 100분의 22.6에 해당하는 금액과 제5조 제2항에 따른 정산액(예산액과 결산액의 차액으로 인한 조정교부금의 차액)으로 한다(서울특별시 자치구의 재원 조정에 관한 조례 제4조).

2021년 기준 조정률은 서울 22.6% 부산 23.0%, 인천 20.0%, 대구 22.29%, 광주 23.9%, 대전 23.0%, 울산 20.0%이다.

3) 종류와 배분

(1) 일반조정교부금(보통교부금)

일반적 재정 수요에 충당하기 위해 조정교부금의 90%를 교부하며, 교부 방식은 기준재정 수요액에서 기준재정 수입액을 차감한 재정 부족액을 기준으로 교부율을 곱해 산정한다(지방재정법 시행령 제36조).

(2) 특별조정교부금(특별교부금)

특별조정교부금의 재원은 보통 조정교부금 총액의 100분의 10에 해당하는 금액으로 하며 그 용도는 특정한 재정 수요에 충당하기 위한 것으로 특별교부세와 유사하다

(지방재정법 시행령 제36조). 서울특별시의 특별교부금이 교부되는 경우는 다음과 같다(서울특별시 자치구의 재원 조정에 관한 조례 제11조).

① 재해로 인한 특별한 재정 수요가 있어 예비비를 포함한 당해 자치구의 재원으로 충당할 수 없는 경우

② 자치구의 청사 기타 공공시설의 신설 · 복구 · 보수 등의 사유로 인한 특별한 재정 수요가 있어 시장이 필요하다고 인정하는 경우

③ 그 밖에 특별한 재정 수입의 감소가 있거나 특별한 재정 수요가 있어 시장이 필요하다고 인정하는 경우

2. 시 · 군 조정교부금

1) 의의

시 · 도지사(서울특별시장을 제외)가 재정력 격차를 조정하기 위해 인구, 징수 실적(지방소비세는 제외한다), 해당 시 · 군의 재정 사정, 그 밖에 대통령령으로 정하는 기준에 따라 해당 시 · 도의 관할 구역 안의 시 · 군에 배분하는 재원이다(지방재정법 제29조 ②).

2) 재원

시 · 군 조정교부금의 재원은 다음 각 호의 금액의 27%(인구 50만 이상의 시와 자치구가 아닌 구가 설치되어 있는 시의 경우에는 47%)에 해당하는 금액이다(지방재정법 제29조 ①).

① 시 · 군에서 징수하는 광역시세 · 도세(화력 발전 · 원자력 발전에 대한 지역자원시설세, 소방분 지역자원시설세 및 지방교육세는 제외한다)의 총액

② 해당 시 · 도(특별시는 제외한다. 이하 이 조에서 같다)의 지방소비세액을 전년도 말의 해당 시 · 도의 인구로 나눈 금액에 전년도 말의 시 · 군의 인구를 곱한 금액

3) 배분 방법

(1) 일반조정교부금

시 · 군의 행정 운영에 필요한 재원을 보전하기 위한 것으로 재정보전금 총액의 100분의 90에 해당하는 금액으로 한다(지방재정법 시행령 제36조 ②). 일반조정교부금 총액(제4항에 따라 일반조정교부금이 우선 배분되는 경우에는 그 배분 금액의 총액을 일반조정교부금 총액에서 뺀 금액을 말한다)의 100분의 50에 해당하는 금액은 해당 시 · 군의 인구 수에 따라 배분하고, 100분의 20에 해당하는 금액은 해당 시 · 군의 광역시세 · 도세 징수 실적에 따라 배분하며, 100분의 30에 해당하는 금액은 재정력지수(「지방교부세법」에 따라 산정한 매년도 기준재정 수입액을 기준재정 수요액으로 나눈 값을 말한다)가 1 미만인 시 · 군을 대상으로 1에서 해당 시 · 군의 재정력지수를 뺀 값을 기준으로 배분한다(지방재정법 시행령 제36조 ③).

시 · 도지사는 화력 발전 · 원자력 발전에 대한 각각의 지역자원시설세의 100분의 65에 해당하는 금액(「지방세기본법」 제67조 제2항에 따른 징수교부금을 교부한 경우에는 그 금액을 뺀 금액을 말한다)을 화력발전소 · 원자력발전소가 있는 시 · 군에 각각 배분해야 한다(지방재정법 제29조 ③).

(2) 특별조정교부금

조정교부금 총액의 100분의 10에 해당하는 금액으로 한다(지방재정법 시행령 제36조 ②). 사용에 관하여 조건을 붙이거나 용도를 제한할 수 있다. 인천광역시는 다음과 같은 경우 교부한다(인천광역시 재정운영 조례 제62조 ③).

① 군의 일반조정교부금과 구의 기준수요액의 산정 방법으로써 포착할 수 없는 특별한 재정 수요가 있을 경우
② 청사 그 밖에 공공시설의 신설, 복구, 보수 등의 사유로 인하여 특별한 재정 수요가 있을 경우
③ 지방세제 개편 또는 조정교부금 산정 방식의 개정 등으로 현격한 재원 감소나 구간 큰 재정 격차가 발생하여 재정 보전이 필요한 경우
④ 그 밖에 예산 성립 후에 발생한 재해로 인하여 특별한 재정 수요가 있거나 재정 수입의 감소가 있을 경우

⑤ 지역개발사업이나 둘 이상의 지방자치단체가 연관되어 광역행정 차원에서 추진하는 사업

특별조정교부금은 그 사용에 관하여 조건을 붙이거나 용도를 제한 할 수 있다(인천광역시 재정운영 조례 제62조 ⑤).

3. 시 · 도비 보조금

특별시 · 광역시 · 특별자치시 · 도 · 특별자치도는 시책상 필요하다고 인정할 때 또는 시 · 군 및 자치구의 재정 사정상 특히 필요하다고 인정할 때 예산의 범위 안에서 시 · 군 및 자치구에 보조금을 교부할 수 있다(지방재정법 제23조 ②).

표 15-8 연도별 시 · 도비 보조금 및 교부금 교부 현황(총계)

(단위: 억 원)

연도별	계	시 · 도비보조금	조정교부금
2014년	197,055	116,724	80,331
2015년	219,260	123,452	95,809
2016년	234,281	129,748	104,533
2017년	254,409	138,711	115,698
2018년	267,647	150,526	117,121
2019년	304,310	176,099	128,211
2020년	397,082	260,033	137,049
2021년	299,613	186,830	112,782

주) 2020년까지는 최종예산액, 2021년은 당초예산액, 시 · 군 · 구 예산편성 기준.
자료: 행정안전부(2021: 87).

표 15-9 2021년도 광역자치단체에서 기초자치단체로의 재원 이전(총계)

(단위: 억 원, %)

구분	계	구성비	시 · 도비 보조금	구성비	조정교부금	구성비
계	299,613	100.0	186,830	100.0	112,782	100.0
특별시 자치구	62,906	21.0	33,107	17.7	29,799	26.4

광역시	계	72,489	24.2	47,089	25.2	25,400	22.5
	군	5,630	1.9	4,197	2.2	1,434	1.3
	자치구	66,859	22.3	42,893	23.0	23,966	21.2
도	계	164,218	54.8	106,634	57.1	57,584	51.1
	시	120,154	40.1	73,335	39.3	46,819	41.5
	군	44,064	14.7	33,300	17.8	10,764	9.5

주) 시 · 군 · 구 예산편성 기준.
자료: 행정안전부(2021: 87).

제16장 지방자치단체의 수입

지방자치단체의 1 회계연도 수입을 세입(歲入)이라고 한다.

제1절 지방재원의 의의

지방재원은 지방자치단체가 자신의 경비를 충당하기 위한 재원으로 조달하는 재화를 말한다. 지방재원에는 지방자치단체가 법령에 근거해 강제로 징수하는 것, 사용 또는 서비스의 반대급부 및 재산을 처분한 대가도 있다.

제2절 지방재원의 종류

지방재원은 해당 자치단체가 자주적으로 조달하는 자체수입과 국가나 상급 지방자치단체에 의존하는 의존재원으로 나눌 수 있다.

제 3 절 자체수입

1. 지방세 수입

1) 지방세의 의의

지방자치단체가 주어진 기능 수행에 필요한 경비에 충당하기 위해 주민 또는 구역 안에서 일정한 행위를 하는 자로부터 특정한 반대급부 없이 강제적으로 부과·징수하는 경제적 부담을 의미한다.

2) 지방세의 원칙

(1) 보편성의 원칙

세원이 가능한 모든 자치단체에 고르게 분포되어야 한다.

(2) 안정성의 원칙

경기 변동에 민감하지 않고 안정성 있는 세수 확보가 가능해야 한다.

(3) 국지성의 원칙

과세의 정확성을 위해 과세 객체의 자치단체 간 이동이 적어야 한다.

(4) 응익성의 원칙

지방행정은 비권력적·서비스적 행정이 많기 때문에 응능성의 원칙 외 응익성의 원칙도 고려되어야 한다.

(5) 부담 분임의 원칙

지방자치에 대한 관심으로 참여 의식을 강화하기 위해 지방자치단체의 주민은 누구나 자치단체의 경비를 분담해야 한다(예: 주민세 균등할).

(6) 자주성의 원칙

지방자치단체의 과세 행정상의 자주성을 보장할 수 있어야 한다.

3) 지방세의 구조(조세의 구조)

그림 16-1 | 지방세의 구조

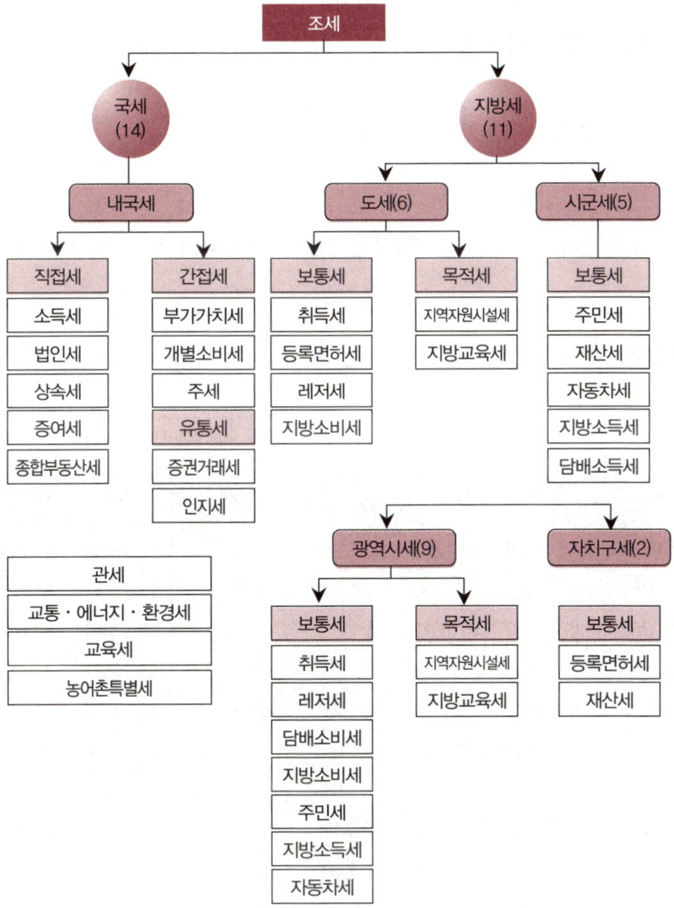

주: 단, 서울시는 특별시와 자치구 간 재산세 공동과세.

주: * 등록면허세, 재산세, 주민세 중 사업소분, 종업원분은 자치구세(지방세 기본법 제11조).

* 서울특별시는 특별시와 자치구 간 재산세 50%씩 공동과세(지방세기본법 제9조 ②).

자료: 행정안전부(2021: 53).

4) 국가와 지방자치단체 간의 세원 배분 결정 요인

① 정치 체제: 지방분권 체제, 중앙집권 체제

② 국가 형태: 연방국, 단일국

③ 기능 배분 비율: 국가와 자치단체 간 기능 배분 비율

④ 지역경제력의 격차: 세원의 편재도

⑤ 세 부담의 공평성: 공평한 조세 부담

⑥ 과세 기술상: 과세 기술상의 편의

5) 국가와 지방 간의 세원 배분의 실태

(1) 국세와 지방세의 배분

국가와 지방자치단체 간의 세원 배분은 〈표 16-1〉과 같이 우리나라는 대체로 20%

표 16-1 국세와 지방세의 구성 비교

(단위: 억 원, 억 엔)

연도별	한국				일본			
	계	국세	지방세	지방세 구성 비율	계	국세	지방세	지방세 구성 비율
2007년	2,049,834	1,614,591	435,243	21.2%	929,226	526,558	402,668	43.4%
2008년	2,127,857	1,673,060	454,797	21.4%	853,894	458,309	395,585	46.3%
2009년	2,097,085	1,645,407	451,678	21.5%	753,263	402,433	351,830	46.7%
2010년	2,268,782	1,777,184	491,598	21.7%	780,237	437,074	343,163	44.0%
2011년	2,446,813	1,923,812	523,001	21.4%	793,468	451,754	341,714	43.1%
2012년	2,569,530	2,030,149	539,381	21.0%	815,100	470,492	344,608	42.3%
2013년	2,565,749	2,019,065	537,789	21.0%	866,017	512,274	353,743	40.8%
2014년	2,672,423	2,055,198	617,225	23.1%	946,346	578,492	367,855	38.9%
2015년	2,888,629	2,178,851	709,778	24.6%	990,679	599,694	390,986	39.5%
2016년	3,180,923	2,425,617	755,306	23.7%	983,486	589,563	393,924	40.1%
2017년	3,457,940	2,653,849	804,064	23.3%	1,022,847	623,803	399,044	39.0%
2018년	3,778,857	2,935,704	843,153	22.3%	1,049,755	642,241	407,514	38.8%
2019년	3,839,115	2,934,543	904,572	23.6%	1,033,866	621,751	412,115	39.9%

출처: 일본 총무성 결산 기준.

자료: 행정안전부(2021: 138).

표 16-2 OECD 주요 국가의 국세 · 지방세 비율(2019년 기준)

구분	국세	지방세
일본 Japan	61.8	38.2
미국 united States	52.2	47.8
영국 United Kingdom	93.6	6.4
독일 Germany	47.6	52.4
프랑스 France	71.1	28.9

주: Revenue Statistice 자료.
자료: 행정안전부(2021: 142).

내외이나 일본은 40% 내외로서 우리의 2배 정도에 이르는 것으로 나타났다.

(2) 세원의 실질적 배분

지방세 수입에 지방교부세 및 국고보조금을 합한 금액을 가지고 국가와 지방자치단체 간의 실질적인 세원 배분을 보면 〈표 16-3〉과 같이 57.2% 수준(2021년도 기준)이다.

표 16-3 국가 대 지방의 재정 사용액 비율

(단위: 억 원, %)

구분	2016년	2017년	2018년	2019년	2020년	2021년
중앙정부	1,722,733	1,691,075	1,812,512	1,913,463	2,163,914	2,413,619
(비중)	(41.9)	(40.0)	(39.5)	(38.5)	(40.7)	(42.8)
자치단체	1,808,523	1,907,660	2,080,476	2,306,449	2,396,034	2,484,016
(비중)	(43.9)	(45.1)	(45.4)	(46.4)	(45.0)	(44.0)
지방교육	582,628	629,893	693,822	754,402	761,310	745,751
(비중)	(14.2)	(14.9)	(15.1)	(15.1)	(14.3)	(13.2)

자료: 행정안전부(2021: 24).

6) 지방세제의 문제점

(1) 지방세원의 빈약

지방자치단체 일반회계 세입을 재원별로 보면 지방세가 차지하는 비중은 〈표 16-4〉와 같이 2021년 기준 30.4% 수준인데 일본의 경우는 2021년 기준으로 42.5%로 나타났다. 이같이 지방자치단체 일반회계 수입 중 지방세 수입이 차지하는 비중은 일본에 비해 약 12% 정도 낮을 정도로 지방세원이 빈약하다.

표 16-4 지방자치단체 일반회계 세입재원별 비교

(단위: 억 원, 억 엔)

구분	한국				일본	
	2021년도	구성비	2020년도	구성비	2021년도	구성비
계	3,101,973	100.0	2,901,536	100.0	902,478	100.0
지방세수입	942,390	30.4	923,648	31.8	383,448	42.5
세외수입	118,552	3.8	116,249	4.0	59,321	6.6
지방교부세	486,946	15.7	491,133	16.9	175,711	19.5
조정교부금	111,925	3.6	109,163	3.8	–	–
지방양여세 등	–	–	–	–	22,039	2.4
보조금	1,274,508	41.1	1,121,767	38.7	149,544	16.6
지방세	36,081	1.2	20,670	0.7	112,415	12.5
보전수입 등 및 내부거래	131,571	4.2	118,908	4.1	–	–

주: 한국은 일반회계 당초예산 총계, 일본은 총무성 보통회계 예산 총계를 기준.
자료: 행정안전부(2021: 137).

(2) 지방세원의 지역적 편재

2019년도 지방세의 단체별 분포 현황을 보면 다음 〈표 16-5〉와 같이 서울특별시가 20.5조 원으로 전체 지방세 징수액(90.5조 원)의 22.65%이고, 광역시 전체는 16.4조 원으로 18.12%를 차지하고 있는 것으로 나타났다. 이러한 결과로 대도시는 국세의 지방세 이양을 요구하고, 그 밖의 자치단체는 지방교부세의 증액을 요구한다. 지방재정에서 지방세가 차지하는 비중도 〈표 16-6〉과 같이 특별시(70.9%)나 광역시(41.2%)는 다른 계층의 자치단체보다 높게 나타났다.

표 16-5 지방세의 단체별 분포 현황

(단위: 조 원)

	2011	2012	2013	2014	2015	2016	2017	2018	2019
지방세 징수액	52.3	53.9	53.8	61.7	71.0	75.5	80.4	84.3	90.5
(조세 총액 대비, %)	21.4	21.0	21.0	23.1	24.6	23.7	23.3	23.3	23.6
(GDP 대비, %)	4.2	3.9	3.8	4.0	4.3	4.4	4.4	4.5	4.7
특별시	11.7	12.2	11.8	13.2	15.6	16.5	17.8	19.1	20.5
광역시	9.7	10.0	10.0	12.1	13.9	14.3	15.3	15.3	16.4
도	14.1	14.2	14.0	17.5	20.2	21.2	22.5	24.1	26.1
시	11.5	12.2	12.6	13.2	15.1	16.7	17.8	18.6	19.6
군	2.2	2.2	2.1	2.2	2.3	2.6	2.8	2.8	2.9
구	3.1	3.2	3.3	3.5	3.9	4.0	4.2	4.5	4.9

자료: e나라지표(http://www.index.go.kr/potal/main/EachDtlPageDetail.do?idx_cd=1050, 2021. 6. 18).

표 16-6 지방재정에서 지방세가 차지하는 비중

(단위: 억 원)

구분	2021년도 예산액 (일반회계)	2021년도 지방세	지방세 비중(%)
계	2,269,023	926,047	40.8
특별시	259,394	183,894	70.9
광역시	390,705	160,993	41.2
특별자치시	13,083	7,356	56.2
도	771,586	270,350	35.0
특별자치도	49,029	15,224	31.1
시	438,265	183,900	42.0
군	226,028	32,346	14.3
자치구	120,933	71,983	59.5

자료: 행정안전부(2021: 141).

표 16-7 지방세로 인건비 미해결 단체

(단위: 단체 수)

구분	계	시·도	시	군	자치구
계	243	17	75	82	69
해결	136(56.0%)	17(100.0%)	59(78.7%)	12(14.6%)	48(69.6%)
미해결	107(44.0%)	0(0.0%)	16(21.3%)	70(85.4%)	21(30.4%)

자료: 행정안전부(2021: 144).

표 16-8 지방세 신장 추세

(단위: 백만 원, %)

회계연도	금액	전년 대비 신장률	2010년 대비 신장률
2019년	90,460,408	107.3	184.0
2018년	84,318,258	104.9	171.5
2017년	80,409,137	106.5	163.6
2016년	75,531,651	106.4	153.6
2015년	70,977,794	115	144.4
2014년	61,725,013	114.8	125.6
2013년	53,778,881	99.7	109.4
2012년	53,938,064	103.1	109.7
2011년	52,300,144	106.4	106.4

자료: 지방재정 365(https://lofin.mois.go.kr/websquare/websquare.jsp?w2xPath=/ui/portal/stat/local/settle/sd002_se501.xml, 2021. 6. 18).

(3) 지방 세수의 신장성 저조

지방재정 수요 증가에 능동적으로 대처하기 위해서는 지방세도 비례적으로 신장되어야 하나 다음과 같은 문제가 있다.

가. 자산 과세 중심

다음 〈표 16-9〉와 같이 재산과세의 비중이 44.0%로 높아 소득과세나 소비과세에 비해 세수의 안정성과 신장성이 낮다.

나. 정액세의 조정 지연

면허세, 자동차세, 주민세 균등할 등 정액세를 물가상승률에 따라 신속히 조정하지 못해 실질적인 세수의 감소를 초래한다.

다. 부동산 과세 시가 표준액의 조정 지연

부동산 과세 시가 표준액의 조정이 지연되어 세수의 신장을 저해한다.

라. 각종 조세 감면 제도

수출 진흥, 특정 산업 육성, 농민 조세 부담 경감 등 조세 감면 제도가 세수의 신장을 저해한다.

표 16-9 지방세의 구조(2019년도)

(단위: 억 원)

성질별	세목	2019년 결산액	비중(%)
계	11세목	904,604	100.0
► 소득과세 ► 소비과세	지방소득세, 주민세(종업원분, 균등분) 지방소비세, 담배소비세, 레저세, 자동차세, 등록면허세(면허분)*, 지역자원시설세(특정자원)*	193,397 238,645	21.4 26.4
► 재산과세 –보유과세 –거래과세	소계 재산세, 주민세(재산분), 지역자원시설세(부동산)* 취득세, 등록면허세(등록분)*	398,598 142,927 255,671	44.0 15.8 28.2
► 기타	지방교육세, 지난 연도 수입	73,964	8.2

주) *표시는 2011년부터 지방세 세목 간소화에 따라 병합된 세목임.
자료: 행정안전부(2021: 140).

마. 과세 자주권의 결여

지방 세제는 법률로 획일적 규정되어 있어서 법정 외 세목의 신설을 금지한다.

경기도, 골프장서 거둔 세금만 2,749억 원

10일 안전행정부의 '2013년 광역 시·도별 골프장 지방세 징수 현황' 자료에 따르면, 지난해 전국 545개 골프장에서 거둬들인 지방세는 5,718억 원이었다. 골프장 한 곳당 평균 10억 4,900만 원을 낸 셈이다. 지역별로는 159개의 골프장이 있는 경기가 2,749억 원으로 가장 많

지역별 골프장 개수와 납입한 지방세

(2013년 말 기준)

지역	개수(개)	징수액(원)	1곳당 평균 납부(원)
경기	159	2,749억	17억 2,800만
강원	69	742억	10억 7,500만
경북	49	518억	10억 5,700만
경남	45	418억	9억 2,800만
충북	42	337억	8억 200만
제주	45	284억	6억 3,100만

자료: 안전행정부

았고, 강원(69곳 · 724억 원)과 경북(49곳 · 518억 원), 경남(45곳 · 418억 원), 충북(42곳 · 337억 원), 제주(45곳 · 284억 원)가 그 뒤를 이었다.

경기도에선 지난해 골프장에서 걷은 지방세가 인구 45만 명인 평택시 전체 지방세수(2,866억 원)와 맞먹는다. 강원도도 도내 세 번째 도시인 강릉시(884억 원)의 전체 지방세수에 육박한다(중앙일보, 2014. 11. 11).

삼성전자發 수원 · 용인 · 화성 세수 비상

삼성전자가 올해 들어 영업이익이 급감하면서 수원, 용인, 화성 등 사업장이 위치한 지방자치단체가 내년도 법인세 세수 확보에 비상이 걸렸다. 이 같은 현상은 삼성전자의 영업이익이 줄어들면 그만큼 법인에 부과되는 지방세 10%의 세수 수입이 감소하기 때문이다. 이에 따라 스마트폰과 반도체 사업장이 있는 수원, 용인, 화성 등은 내년 법인 지방소득세의 큰 폭 감소가 불가피하다.

용인시의 경우 지난해 삼성전자로부터 지방소득세 734억 원, 재산세 37억 원 등 모두 **900여억 원**을 징수했고 올해도 1,000억 원 안팎이 예상된다. 그러나 내년에는 크게 하락할 것으로 우려되고 있다. 시는 내년도 예산안 편성 시 삼성전자로부터 징수할 지방세를 올해보다 50%가량 낮춰 잡을 예정이다. **수원시**도 지난해 삼성전자로부터 지방소득세 1,440억 원, 취득세 330억 원, 재산세 41억 원 등 총 **1,849억 원**을 징수했고 올해도 비슷한 수준의 지방세를 징수할 것으로 예상된다. **화성시**도 지난해 삼성전자로부터 지방소득세 710억 원과 재산세 49억 원 등 **750억 원**을 징수했고 올해도 비슷한 수준의 세금을 징수할 것으로 추정하고 있다(인천일보, 2014. 8. 28).

지자체별 주민세

'서울은 4,800원, 인천은 4,500원, 전북 부안군은 2,500원'. 이는 지역별 자장면 값이 아니다. 지역 주민이 1년에 한 번 내야 하는 주민세(住民稅, 개인 균등분 · 세대별 기준) 액수다. 특별시나 광역시, 시 · 군에 사는 주민들은 자신이 거주하는 지자체에 낸다. 액수는 천차만별이다. 1만 원 하는 동네가 있는가 하면 고작 2,000원만 내는 곳도 있다. 그런데 정부가 이 세금을 1999년 이후 16년 만에 올리기로 방침을 정했다. 자장면 한 그릇 값도 되지 않는 주민세를 더는 방치할 수 없다는 게 정부의 판단이다(조선일보, 2014. 7. 28).

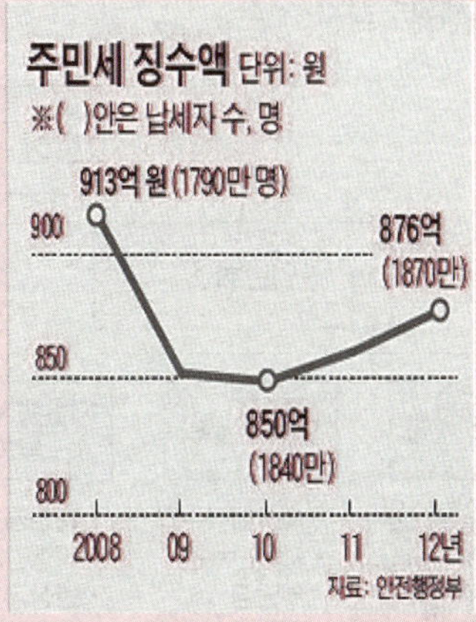

2. 세외수입

1) 의의

지방자치단체의 지방세 수입을 제외한 자체 수입 중 지방채 수입과 공기업 수입을 제외한 세외수입, 즉 일반회계수입을 의미한다.

2) 세외수입의 특성

① 자주적 재원: 자치단체의 자주적 활동에 의한 수입이다.
② 서비스에 대한 보상: 자치단체가 제공하는 서비스에 대한 대가의 성격이 있다.
③ 다양성: 수입의 근거, 종류 및 형태가 매우 다양하다.
④ 불규칙성: 자치단체의 여건 및 시기에 따라 수입의 규모가 일정하지 않다.
⑤ 용도의 특정: 법령상 · 성격상 재원의 용도가 정해지는 경우가 많다.

3) 세외수입의 구성

① 사용료: 자치단체의 공공시설의 이용 또는 재산의 사용에 대해 징수하는 대금
② 수수료: 특정인을 위한 지방자치단체의 사무에 징수하는 대금

그림 16-2 | 세외수입의 구조

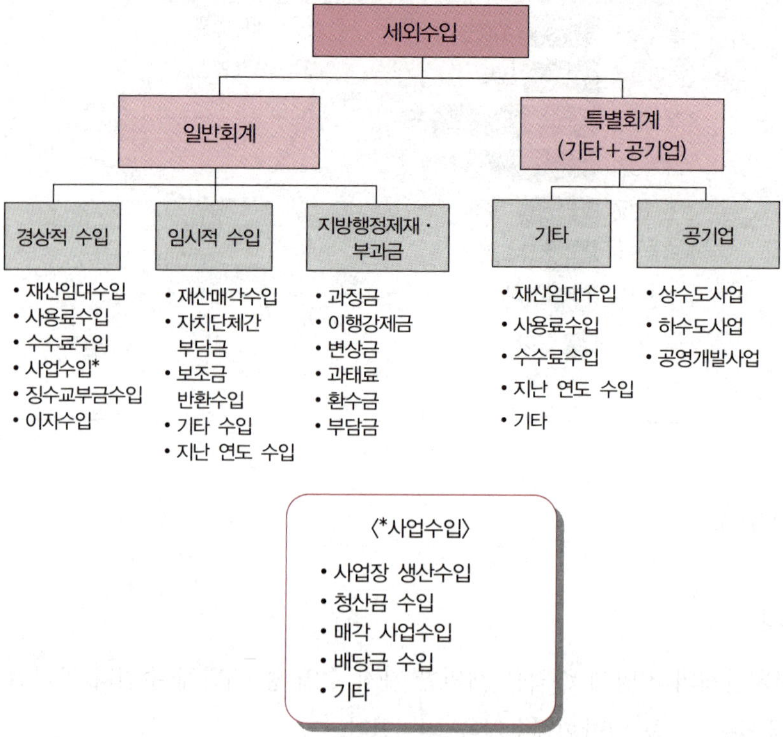

※ 2014년 세입과목 개편에 따라 '잉여금', '전년도 이월금', '전입금', '예탁금 및 예수금', '융자금원금수입'을 세외수입(임시적 세외수입)에서 제외.
※ 2021년부터 세외수입 과목 개편에 따라 지방행정 제재 · 부과금 '관'을 신설해 분류.

자료: 행정안전부(2021: 62).

③ 분담금: 지방자치단체의 재산 또는 공공시설의 설치로 인해 주민의 일부가 이익을 받는 경우 징수하는 대금

④ 부담금: 자치단체 처리사무에 대해 국가나 상급자치단체가, 혹은 상급자치단체 처리사무에 대해 지방자치단체가 경비의 일부를 부담하는 대금

⑤ 재산수입: 자치단체가 소유하는 잡종재산의 임대나 매각으로 인한 수입

⑥ 징수교부금: 특별시 · 광역시 및 도는 시 · 군 및 자치구에서 특별시세 · 광역시세 및 도세를 징수해 특별시 · 광역시 및 도에 납입한 때에는 납입한 특별시

세·광역시세 및 도세 징수금의 100분의 3에 해당하는 징수교부금을 그 처리비로 당해 시·군 및 자치구에 교부해야 한다(지방세법시행령 제41조).

⑦ 기부금: 주민이나 기업의 자발적 의사에 의해 용도의 지정 혹은 지정 없이 자치단체에 납입한 대금

⑧ 경영수익 사업수입: 자치단체가 지방재정의 확충을 위한 수익사업에서 얻는 수입

⑨ 잡수입: 불용품 매각 수입, 변상금, 위약금(과태료, 체납처분비 등), 예금이자 등

3. 공기업 수입

특별회계로 운영되는 공기업에서 얻는 수입(예: 상수도사업, 지하철사업 등)을 의미한다.

지방공기업의 운영 실태

전국 319개의 지방공기업 중 절반가량이 부실 경영으로 자본이 잠식되거나 만성 적자에 시달려 대책 마련이 시급한 것으로 나타났다. 전문성을 갖추지 못한 사람이 정실인사로 경영진에 임명된 경우가 적지 않은데다 회사 자금이나 물품을 개인 것처럼 사용하는 임직원들의 도덕적 해이도 심각한 것으로 나타났다. 행정자치부 자료에 따르면 2001년 기준으로 276개 공기업 중 161개가 흑자이고, 108개가 적자이며, 7개가 수지 균형을 이루는 것으로 나타났다(중앙일보, 2003. 3. 27). 전남 보성군은 1988년 4월 15일 해수녹차탕을 개장해 상당한 수익을 창출해 지방재정에 도움을 주고 있다. 개장 이후 2002년 6월 말 기준 순수익은 22억 5,429만 원이며, 2002년에는 지방세 수입 예상액 71억여 원에 비해 적지 않은 금액인 7억 내외의 순수익을 예상했다(조선일보, 2002. 10. 19). 그러나 공기업은 민간 부문이 하기에 불가능하거나 부적합한 것에 한정해야 할 것이고 민간의 영역을 침해하는 것이라면 결코 바람직하다고 할 수 없다.

지방공기업 빚 72조 원

지방자치단체가 설립한 지방공기업의 부채도 계속 증가하고 있다. 지난 2008년 47조 3,000억 원이었던 391개 지방공기업(지자체 직영사업 포함)의 부채는 지난해 72조 5,000억 원으로 53.3% 증가했다. 정부는 지방공기업의 부채 문제를 해결하기 위해 지자체가 지방공기업의 부채를 통합관리하도록 하고, 지자체별로 '재정건전성 관리계획'을 수립해 지방의회의 의결을 거치도록 의무화하기로 했다. 안행부는 11일 이런 내용을 담은 지방공기업 부채 감축과 경영효율화를 위한 종합대책을 발표했다.

하지만 이번 대책만으로 지방공기업 부채와 적자를 제대로 관리하기는 힘들다는 지적도 나온다. 하수도사업이나 도시철도처럼 원가보다 요금이 낮아 만성적자를 보는 곳도 있기 때문이다. 현재 지자체 하수도사업은 원가 대비 요금 수준이 38.1%에 불과해 지난해 총 8,972억 원의 적자를 냈다. 서울메트로 등 7개 도시철도 역시 지난해 8,009억 원의 적자를 냈고 총 부채는 6조 1,000억 원에 이른다. 지자체가 이를 메워주지 않으면 부채 규모가 급격히 늘 가능성도 있다. 지방공기업 차원에선 요금 인상을 하거나 65세 이상의 지하철 무임승차 제도를 축소해야 한다는 목소리가 나온다. 그러나 요금을 올리면 물가에 부담을 주고, 무임승차 제도를 변경하는 것은 정치적 부담이 있어 중앙정부나 지자체 모두 선뜻 나서지 못하고 있다(중앙일보, 2013. 12. 12).

4. 지방채 수입

1) 의의

지방자치단체가 재정수입의 부족액을 충당하기 위해 채권(債券) 발행을 통해 조달하는 차입자금을 의미한다.

2) 지방채의 특징

① 지방자치단체의 채무: 과세권을 담보로 발행하는 채권에 의해 발생하는 채무이다.
② 장기차입금: 장기에 걸쳐 상환되는 차입금이다.
③ 무담보: 과세권이란 신용을 담보로 발행하는 채권이다.
④ 임의성: 원칙적으로 자유 의사에 의해 매각한다.
⑤ 단기간 자금 조달 가능성: 단기간에 자금 조달이 용이하다.

3) 기능

(1) 재원 조달 기능

투자사업(예: 지하철)의 건설 재원은 규모가 크고 불규칙하며, 재해 발생에 따른 복구비와 같은 임시적 지출은 지방채에 의하지 않으면 지방세율의 대폭 인상이 불가피해 조세 저항이나 경제 활동에 충격이 크다.

(2) 자원의 효율적 배분

지방공기업에 필요한 재원은 차입금에 의한 것이 조세수입에 의한 것보다 수지 관계를 분명히 할 수 있고, 자원의 효율적 배분을 위해서도 합리적이다.

(3) 부담의 공평

가. 세대 간

내구적 공공재 지출의 수익이 당해 연도 납세자 외에 장래까지 파생되는 경우에 소요 재원을 조세로 충당하면 비용 부담 연도에 거주하는 주민에게 비용을 전담시키는 결과가 되어 편익의 혜택과 비용 부담 간의 대응성을 저해한다. 따라서 장기 지방채 발행을 통해 재원을 조달하면 세대 간에 비용을 공평하게 부담시킬 수 있다.

나. 주민 간

장기 지방채의 발행은 장기간에 걸쳐 상환되므로 거주 주민과 이동 주민 간의 부담 공평화에도 기여한다.

4) 부채의 적정 규모 평가 기준

① 조달 재원이 장기적 편익 수반하는 공공사업에 합리적으로 쓰여지고 있는가?
② 재정 규모상 원리금 상환에 문제가 없는가?

원리금 상환 재원의 상당 부분이 사업수익을 통해 조달될 수 있다면, 대부분의 상환 재원을 기채(起債)를 통해 조달하고 자산의 내용 연수와 같은 장기간에 걸쳐 분할 상환을 해도 무방하다고 할 수 있다.

표 16-10 자치단체별, 회계별 지방채 현황(2019년 결산 기준)

(단위: 억 원)

구분	합계	일반회계	기타특별회계	공기업특별회계	기금
합계	251,042 (100%)	60,316 (24.0%)	89,659 (35.7%)	1,369 (0.5%)	99,698 (39.7%)
서울특별시	73,059	0	73,059	0	0
부산광역시	25,735	13,927	9,278	235	2,295
대구광역시	17,188	11,389	4,196	12	1,590
인천광역시	18,223	9,797	1,404	317	6,705
광주광역시	9,037	4,116	0	32	4,888
대전광역시	5,960	1,510	0	0	4,451
울산광역시	7,509	1,324	0	0	6,185
세종특별자치시	1,798	300	0	0	1,498
경기도	21,817	4,060	70	0	17,687
강원도	10,686	2,731	30	0	7,925
충청북도	7,472	747	80	13	6,633
충청남도	6,052	616	393	4	5,040
전라북도	6,891	1,070	196	258	5,367
전라남도	12,047	1,616	0	0	10,431
경상북도	14,810	2,705	546	252	11,307
경상남도	7,822	2,908	368	246	4,300
제주특별자치도	4,936	1,500	40	0	3,396

주) 시·도별 현황 = 시·도본청 + 시·군·구, 채무부담행위액 및 보증채무이행책임액은 제외.
자료: 행정안전부(2021: 90).

지자체 19곳 '채무 제로' 합류… 역대 최대

지난해 광역 1곳·기초 18곳, 경남도가 광역단체로는 유일, 총 89곳… 올해도 13곳 전망

지난해 어려운 재정 여건 속에서도 지방채를 모두 갚아 '채무 제로' 대열에 합류한 자치단체가 역대 최고 수준인 광역 1곳, 기초 18곳 등 총 19곳에 달하는 것으로 잠정 집계됐다. 2014년 기초자치단체 6곳, 2015년 기초자치단체 7곳이 각각 채무 제로를 달성했던 것과 비교하면 2배를 넘는 수치다. 올해도 13개 기초자치단체가 지방채 전액 상환을 목표로 하고 있다. 2일 전국 광역 및 기초자치단체들에 따르면, 지난해 지방채를 모두 갚은 광역자치단체는 경남 1곳, 기초자치단체는 모두 18곳에 달했다. 이에 따라 지난해 말 기준 채무 제로 자치단체는 광역 1곳, 기초 88곳으로 늘어났다(문화일보, 2017. 1. 2).

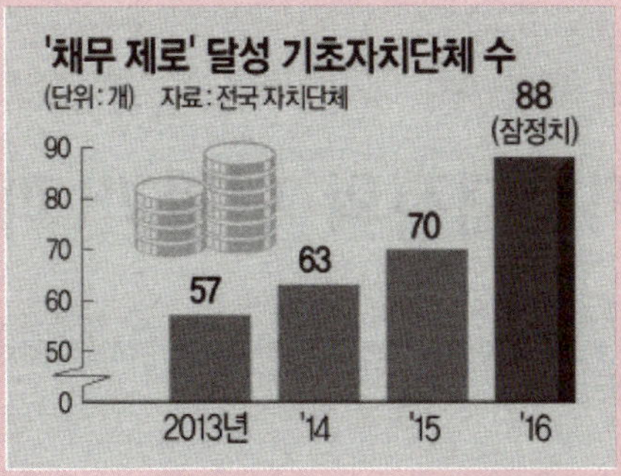

제 4 절 의존재원

국가에 대한 지방자치단체의 의존재원으로는 지방교부세와 국고보조금이 있고, 같은 맥락에서 특별시 · 광역시에 대한 자치구 및 군의 의존재원으로는 조정교부금과 시비보조금이, 도에 대한 시 · 군의 의존재원에는 조정교부금과 도비 보조금이 있다.

제 17 장 지방재정의 현황과 과제

지방자치란 주민이 스스로 또는 대표자를 통해 지역적 사무를 자신의 부담(지방재정)으로 처리하는 것을 말한다. 따라서 지방자치가 제대로 이루어지기 위해서는 지방재정이 충실해야만 한다. 지방재정이 부실하면 결과적으로 중앙정부나 다른 광역자치단체의 지원이 불가피하고, 이러한 지원은 불가피하게 간섭을 초래하기 때문이다.

제 1 절 지방재정 구조의 현황

1. 지방재정 구조의 취약

다음 〈표 17-1〉과 같이 2021년 일반회계의 지방자치단체 재정 규모를 보면, 우리나라는 전체 재정의 44.9% 내외이나 일본은 대체로 45.8% 내외이다. 이같이 우리나라 지방자치단체 일반회계의 규모는 조금씩 증가하고 있으나 일본은 변화가 없는 편이었다가 2021년에는 45.8%로 감소했다.

표 17-1 일반회계 재정 규모 비교

(단위: 억 원, 억 엔)

구분	한국			일본		
	중앙정부	지방 자치단체	지방예산 구성비	중앙정부	지방 자치단체	지방예산 구성비
2012년	2,231,384	1,593,028	41.7%	903,339	842,764	48.3%
2013년	2,362,253	1,688,802	41.7%	926,115	844,532	47.7%
2014년	2,472,032	1,796,314	42.1%	958,823	855,745	47.2%
2015년	2,585,856	1,922,139	42.6%	963,420	877,675	47.7%
2016년	2,683,872	2,035,504	43.1%	967,218	876,702	47.5%
2017년	2,750,104	2,159,861	44.0%	974,547	879,986	47.5%
2018년	3,014,172	2,378,971	44.1%	977,128	881,087	47.5%
2019년	3,317,770	2,615,879	44.1%	1,014,564	907,975	47.2%
2020년	3,565,686	2,901,536	44.9%	1,026,580	917,473	47.2%
2021년	3,808,509	3,101,973	44.9%	1,066,097	902,478	45.8%

주) 한국은 일반회계 당초예산 총계, 일본은 총무성 보통회계 예산 총계를 기준.
자료: 행정안전부(2021: 137).

2. 자치단체 간의 재정 불균형

1) 단체별 재정자립도

다음 〈표 17-2〉와 같이 단체별 재정자립도를 보면 최고(서울 본청: 75.4%)와 최저(경북 영양: 6.6%) 간의 격차가 매우 크게 나타나고 있다. 대체로 도시 지역에 비해 농촌 지역이 낮게 나타나고 있다.

2) 재정자립도 분포

재정자립도의 분포를 보면 다음 〈표 17-3〉과 같이 243개 지방자치단체 중 93.4%인 227개 지방자치단체가 50% 미만인 것으로 나타났다. 재정자립도가 10% 미만인 자치단체도 전체의 10.3%인 25개로 나타났다.

표 17-2 단체별 통합재정자립도(2021년)

(단위: %)

<table>
<tr><th>구분</th><th>특별시</th><th>광역시</th><th>특별자치시</th><th>도</th><th>특별자치도</th><th>시</th><th>군</th><th>자치구</th></tr>
<tr><td rowspan="2">평균</td><td colspan="5">46.7</td><td colspan="3">27.3</td></tr>
<tr><td>75.4</td><td>47.4</td><td>66.8</td><td>35.7</td><td>38.6</td><td>34.0</td><td>13.8</td><td>26.4</td></tr>
<tr><td>최고</td><td rowspan="2">75.4
서울 본청</td><td>55.8
인천 본청</td><td rowspan="2">66.8
세종</td><td>51.2
경기
본청</td><td rowspan="2">38.6
제주</td><td>63.3
경기
성남</td><td>36.5
울산
울주</td><td>67.2
서울
강남</td></tr>
<tr><td>최저</td><td>40.4
광주 본청</td><td>22.4
전북
본청</td><td>9.7
전북
남원</td><td>6.6
경북
영양</td><td>10.2
부산
영도</td></tr>
</table>

자료: 행정안전부(2021: 293).

표 17-3 통합재정자립도 분포

(단위: 단체 수, %)

구분	합계	구성비	시·도	시	군	자치구
합계	243	100	17	75	82	69
10% 미만	25	10.3	–	–	24	–
10~30% 미만	149	61.3	4	38	56	51
30~50% 미만	53	21.8	8	29	2	14
50~70% 미만	15	6.2	4	7	–	4
70~90% 미만	1	0.4	1	–	–	–

자료: 행정안전부(2021: 293).

제2절 세입 측면의 과제

1. 지방세

1) 주민 1인당 지방세 부담액의 증가

주민 1인당 지방세 부담액의 전국 평균은 [그림 17-1]과 같이 2021년 기준 1,787

그림 17-1 | 주민 1인당 지방세 부담액(전국 평균)

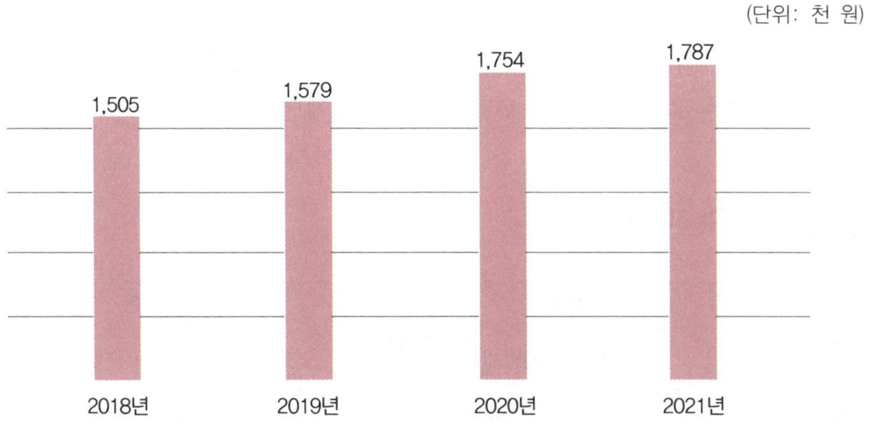

자료: 지방재정365(https://lofin.mois.go.kr/websquare/websquare.jsp?w2xPath=/ui/portal/stat/local/budget/sd002_bg500.xml&pageIndex=3, 2021. 8. 17).

천 원으로 2011년부터 점차 증가하는 추세이다. 지방자치단체별 주민 1인당 지방세 부담액은 〈표 17-4〉와 같이 재주특별자치도가 2,257천 원으로 가장 높고, 부산 북구가 160천 원으로 가장 낮다.

표 17-4 단체별 1인당 지방세 부담액(2021년)

(단위: 천 원)

구분	특별시	광역시	도	시	군	자치구
평균	2,071	1,279	985	744	742	331
최고 (단체명)	2,071 서울 본청	2,067 세종 본청	2,257 제주 본청	1,528 경기 과천시	1,277 경기 연천군	1,509 서울 중구
최저 (단체명)	–	1,129 대전 본청	858 충북 본청	432 경기 의정부시	421 전남 완도군	160 부산 북구

– 최고: 2,257(천 원)(제주 본청), –최저: 160(천 원)(부산 북구).

자료: 지방재정365(https://lofin.mois.go.kr/websquare/websquare.jsp?w2xPath=/ui/portal/stat/local/budget/sd002_bg500.xml&pageIndex=3, 2021. 8. 17).

2) 지방세의 비중 과소

(1) 국세와 지방세 구성 비교(한 · 일)

국가와 지방자치단체 간의 세원 배분은 〈표 17-5〉와 같이 우리나라는 대체로 20% 내외이나 일본은 40% 내외로서 우리의 2배 정도에 이르는 것으로 나타났다.

표 17-5 국세와 지방세의 구성 비교

(단위:억 원, 억 엔)

연도별	한국				일본			
	계	국세	지방세	지방세 구성 비율	계	국세	지방세	지방세 구성 비율
2007년	2,049,834	1,614,591	435,243	21.2%	929,226	526,558	402,668	43.4%
2008년	2,127,857	1,673,060	454,797	21.4%	853,894	458,309	395,585	46.3%
2009년	2,097,085	1,645,407	451,678	21.5%	753,263	402,433	351,830	46.7%
2010년	2,268,782	1,777,184	491,598	21.7%	780,237	437,074	343,163	44.0%
2011년	2,446,813	1,923,812	523,001	21.4%	793,468	451,754	341,714	43.1%
2012년	2,569,530	2,030,149	539,381	21.0%	800,302	470,492	344,608	43.1%
2013년	2,565,749	2,019,065	537,789	21.0%	866,017	512,274	353,743	40.8%
2014년	2,672,423	2,055,198	617,225	23.1%	946,377	578,492	367,855	38.9%
2015년	2,888,629	2,178,851	709,778	24.6%	990,680	599,694	390,986	39.5%
2016년	3,180,923	2,425,617	755,306	23.7%	983,487	589,563	393,924	40.1%
2017년	3,457,940	2,653,849	804,064	23.3%	1,022,847	623,803	399,044	39.0%
2018년	3,778,857	2,935,704	843,153	22.3%	1,049,755	642,241	407,514	38.8%
2019년	3,839,115	2,934,543	904,572	23.6%	1,033,866	621,751	412,115	39.9%

※출처: 일본 총무성 결산 기준.
자료: 행정안전부(2021: 138).

(2) 국세와 지방세 비교(OECD와 비교)

OECD 국가의 지방세 비중을 보면 〈표 17-6〉과 같이 우리나라보다 낮은 나라는 영국 외에는 없고, 미국, 독일, 일본은 40%가 넘는다.

표 17-6 국세와 지방세 비율(2019년 기준)

구분	국세	지방세
일본 Japan	61.8	38.2
미국 united States	52.2	47.8
영국 United Kingdom	93.6	6.4
독일 Germany	47.6	52.4
프랑스 France	71.1	28.9

주: Revenue Statistice 자료.
자료: 행정안전부(2021: 142).

3) 지방세의 불균형

(1) 지방세의 불균형

지방재정(일반 회계)에서 지방세가 차지하는 비중은 〈표 17-7〉과 같이 평균 40.8%

표 17-7 지방재정 중 지방세의 비중(2020년)

(단위: 억 원)

구분	2021년도 예산액(일반회계)	2021년도 지방세	지방세 비중(%)
계	2,269,023	926,047	40.8
특별시	259,394	183,894	70.9
광역시	390,705	160,993	41.2
특별자치시	13,083	7,356	56.2
도	771,586	270,350	35.0
특별자치도	49,029	15,224	31.1
시	438,265	183,900	42.0
군	226,028	32,346	14.3
자치구	120,933	71,983	59.5

주) 지방세 수입은 지난 연도 수입(7,548억 원)이 포함된 것으로 당초예산 순계 기준임.
자료: 행정안전부(2021: 141).

에 불과할 정도로 낮고, 군의 경우는 14.3% 정도로 자치단체 간의 불균형도 심각한 상황이다.

(2) 지방세로 인건비 미해결 단체

지방세 수입으로 인건비도 해결하지 못하는 지방자치단체가 〈표 17-8〉과 같이 전체 지방자치단체의 44.0%(107개)에 해당한다. 자체수입(지방세+세외수입)으로도 인건비를 해결하지 못하는 지방자치단체는 〈표 17-9〉와 같이 전체 지방자치단체의 25.9%(63개)에 해당한다.

표 17-8 지방세로 인건비 미해결 단체: 107개 단체(44.0%)

(단위: 단체 수)

구분	계	시 · 도	시	군	자치구
계	243	17	75	82	69
해결	136(56.0%)	17(100.0%)	59(78.7%)	12(14.6%)	48(69.6%)
미해결	107(44.0%)	0(0.0%)	16(21.3%)	70(85.4%)	21(30.4%)

자료: 행정안전부(2021: 144).

표 17-9 자체수입(지방세+세외수입)으로 인건비 미해결 단체: 63개 단체(25.9%)

(단위: 단체 수)

구분	계	시 · 도	시	군	자치구
계	243	17	75	82	69
해결	180(74.1%)	17(100.0%)	71(94.7%)	31(37.8%)	61(88.4%)
미해결	63(25.9%)	0(0.0%)	4(5.3%)	51(62.2%)	8(11.6%)

자료: 행정안전부(2021: 144).

4) 재산과세 중심

지방세의 구성은 〈표 17-10〉과 같이 부동산 경기와 밀접한 재산과세(44.0%)의 비중이 높아 소득과세나 소비과세에 비해 세수의 안정성과 신장성이 낮다.

표 17-10 지방세의 구성

(단위: 억 원)

성질별	세목	20198년 결산액	비중(%)
계	11세목	904,604	100.0
► 소득과세 ► 소비과세	지방소득세, 주민세(종업원분, 균등분) 지방소비세, 담배소비세, 레저세, 자동차세, 등록면허세(면허분)*, 지역자원시설세(특정자원)*	193,397 238,645	21.4 26.4
► 재산과세	소계	398,598	44.0
–보유과세	재산세, 주민세(재산분), 지역자원시설세(부동산)*	142,927	15.8
–거래과세	취득세, 등록면허세(등록분)*	255,671	28.2
► 기타	지방교육세, 지난 연도 수입	73,964	8.2

주) * 표시는 2011년부터 지방세 세목 간소화에 따라 병합된 세목임.
자료: 행정안전부(2021: 140).

5) 자체적인 세수 증대 노력 미흡

조세법률주의에 대한 소극적 해석으로 지방자치단체가 자주적인 과세권을 행사하는 데는 제약이 있고, 재산세(지방세법 제111조 ③)와 주민세(지방세법 제78조) 등은 조례로 정하는 바에 따라 표준세율의 50% 범위에서 가감할 수 있으나 활용 실적은 저조하다. 그 이유는 지방자치단체장이나 지방의원이 선출직이기 때문에 지방재정이 취약하더라도 다른 지역보다 높은 세율을 적용하기가 어렵기 때문이다.

또한 보통교부세의 규모를 결정하기 위한 기준재정 수입액 산정 방식에서 수입 자체 노력 산정 금액(지방세 징수율 제고, 탄력세율 적용, 경상 세외수입 확충, 지방세 체납액 축소, 지방세 감면액 축소)이 반영되기는 하나 자구 노력에 대한 유인이 충분하지 않다.

2. 세외수입

1) 주민 1인당 세외수입액의 감소

주민 1인당 세외수입액의 전국 평균은 다음 〈표 17-11〉과 같이 2021년 기준 193천 원으로 2018년부터 소폭 증가하는 추세이다. 지방자치단체별 주민 1인당 세외수입액은 〈표 17-12〉와 같이 경북 울릉군이 1,328천 원으로 가장 높고 경남 본청이 23천 원으로 가장 낮다.

표 17-11 주민1인당 세외수입액 추이

(단위: 천 원)

연도별	전국 평균	특별시 광역시 특별자치시	도 특별자치도	시	군	자치구
2016년	171	123	40	113	237	92
2017년	178	119	36	136	249	96
2018년	177	100	36	138	266	105
2019년	178	115	37	140	276	110
2020년	192	128	39	151	306	114
2021년	193	125	41	157	302	118

자료: 행정안전부(2021: 346).

표 17-12 단체별 주민1인당 세외수입액(2020년)

(단위: 천 원)

<table>
<tr><th>구분</th><th>특별시</th><th>광역시</th><th>특별자치시</th><th>도</th><th>특별자치도</th><th>시</th><th>군</th><th>자치구</th></tr>
<tr><td>평균</td><td>184</td><td>81</td><td>146</td><td>37</td><td>233</td><td>157</td><td>302</td><td>118</td></tr>
<tr><td>최고</td><td rowspan="2">184
서울
본청</td><td>139
인천
본청</td><td rowspan="2">146
세종</td><td>47
강원
본청</td><td rowspan="2">233
제주</td><td>757
강원
태백</td><td>1,328
경북
울릉</td><td>622
서울
중구</td></tr>
<tr><td>최저</td><td>48
대구
본청</td><td>23
경남
본청</td><td>81
경기
군포</td><td>125
부산
기장</td><td>48
부산
북구</td></tr>
</table>

자료: 행정안전부(2021: 345).

2) 세외수입의 규모 취약

2021년도 지방재정 총계 규모에서 세외수입은 264,423억 원이고, 일반회계 118,552억 원 중 경상적 수입의 70,252억 원으로 비중이 다음 〈표 17-13〉과 같이 낮은 편이다.

표 17-13 세외수입의 총규모(2021년)

(단위: 억 원)

계	일반회계			특별회계		
	소계	경상적 수입	임시적 수입	소계	사업수입	사업외수입
264,423 (100.00%)	118,552 (44.7%)	70,252 (26.6%)	39,334 (14.9%)	146,271 (55.3%)	110,034 (41.6%)	14,523 (5.5%)

자료: 행정안전부(2021: 145).

3) 지역적 불균형

자치단체별 세외 수입의 규모를 보면 〈표 17-14〉와 같이 도시 지역인 특별시, 광역시, 특별자치시 및 시의 세외 수입이 전체의 73.1%를 차지할 정도로 지역 간의 격차가 크다.

표 17-14 지방단체별 세외수입의 규모(2021년)

(단위: 억 원)

단체별 / 계	시·도					시·군·구			
	소계	특별·광역시	특별자치시	도	특별자치도	소계	시	군	구
264,423 (100.0%)	114,903 (43.5%)	92,539 (35.0%)	1,445 (0.5%)	17,344 (6.6%)	3,576 (1.4%)	149,520 (56.5%)	99,515 (37.6%)	19,705 (7.5%)	30,301 (11.5%)

자료: 행정안전부 (2021: 145).

제 3 절 세출 측면의 과제

1. 주민 1인당 세출예산액의 증가

주민 1인당 세출예산액의 전국 평균은 다음 [그림 17-2]와 같이 2021년 기준 5,985천 원이고, 지방자치단체별 주민 1인당 일반회계 세출예산액은 〈표 17-15〉과 같이 경북 울릉군이 21,725천 원으로 가장 높고, 서울 송파구가 1,362천 원으로 가장 낮다.

그림 17-2 | 주민 1인당 세출예산액(전국 평균)

(단위: 천 원)

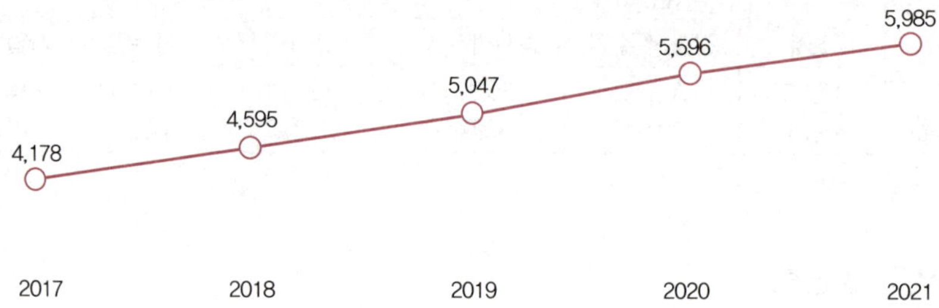

자료: 지방재정365(https://lofin.mois.go.kr/websquare/websquare.jsp?w2xPath=/ui/portal/theme/vslz/sd006_ th007_01.xml, 2021. 8. 17.)

표 17-15 단체별 주민 1인당 세출예산액[일반회계](2021년)

(단위: 천 원)

<table>
<tr><th>구분</th><th>특별시</th><th>광역시</th><th>특별자치시</th><th>도</th><th>특별자치도</th><th>시</th><th>군</th><th>자치구</th></tr>
<tr><td>평균</td><td>2,868</td><td>3,062</td><td>3,845</td><td>2,737</td><td>7,270</td><td>3,236</td><td>8,914</td><td>1,870</td></tr>
<tr><td>최고</td><td rowspan="2">2,868
서울
본청</td><td>3,407
광주
본청</td><td rowspan="2">3,845
세종</td><td>4,458
전남
본청</td><td rowspan="2">7,270
제주</td><td>10,503
전북
남원</td><td>21,725
경북
울릉</td><td>4,344
인천
동구</td></tr>
<tr><td>최저</td><td>2,874
울산
본청</td><td>1,863
경기
본청</td><td>1,986
경기
수원</td><td>3,104
대구
달성군</td><td>1,362
서울
송파</td></tr>
</table>

자료: 행정안전부(2021: 375).

2. 자체사업의 비중 감소

지방자치단체 예산 규모 중 자체사업(지역 개발을 위해 자율적으로 추진하는 사업) 비중의 전국 평균은 다음 [그림 17-3]과 같이 2021년 기준 36.3%로 2018년부터 대체로 낮아지는 추세이다. 지방자치단체별 자체사업의 비중을 보면 〈표 17-16〉과 같이 서울 본청이 49.7%로 가장 높고 대구 남구가 7.4%로 가장 낮다.

그림 17-3 | 자체사업의 비중(전국 평균)

(단위: %)

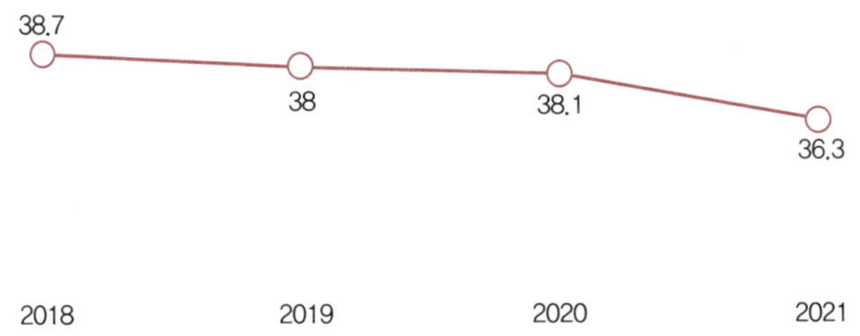

자료: 지방재정365(https://lofin.mois.go.kr/websquare/websquare.jsp?w2xPath=/ui/portal/theme/vslz/sd006_th004_01.xml, 2021. 11. 27).

표 17-16 단체별 자체사업의 비중(2021년)

(단위: %)

구분	특별시	광역시	특별자치시	도	특별자치도	시	군	자치구
평균	49.7	37.8	40.8	31.8	39.3	29.3	27.4	17.3
최고	49.7 서울 본청	39.7 대전 본청	40.8 세종	43.6 경기 본청	39.3 제주	64.4 경기 과천	39.1 울산 울주	39.8 서울 강남
최저		34.2 부산 본청		23.1 충북 본청		13.6 전남 목포	13.7 충남 부여	7.4 대구 남구

※ 총계예산 규모 기준.
자료: 행정안전부(2021: 351).

3. 보조사업의 비중 증가

지방자치단체 예산 규모 중 보조사업(상급기관으로부터 재원을 보조받아 추진하는 사업) 비중의 전국 평균은 다음 [그림 17-4]와 같이 2021년 기준 48.0%이고, 지방자치단체별 보조사업의 비중을 보면 〈표 17-17〉과 같이 대전 서구가 76.8%로 가장 높고 서울 본청이 31.0%로 가장 낮다.

그림 17-4 | 보조사업의 비중(전국 평균)

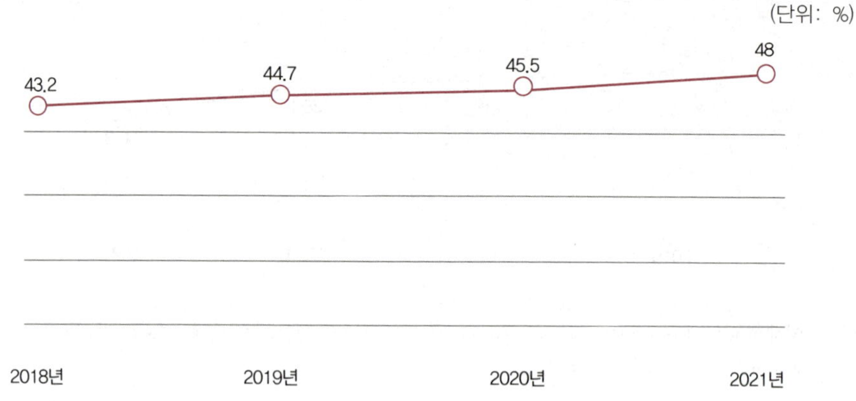

자료: 지방재정365(https://lofin.mois.go.kr/websquare/websquare.jsp?w2xPath=/ui/portal/stat/local/budget/sd002_bg500.xml&pageIndex=7, 2021. 8. 17).

표 17-17 단체별 보조사업의 비중(2021년)

(단위: %)

<table>
<tr><th>구분</th><th>특별시</th><th>광역시</th><th>특별자치시</th><th>도</th><th>특별자치도</th><th>시</th><th>군</th><th>자치구</th></tr>
<tr><td>평균</td><td>31.0</td><td>45.2</td><td>39.8</td><td>59.0</td><td>39.3</td><td>54.6</td><td>55.6</td><td>64.8</td></tr>
<tr><td>최고</td><td rowspan="2">31.0
서울
본청</td><td>47.4
대전
본청</td><td rowspan="2">39.8
세종</td><td>67.2
전북
본청</td><td rowspan="2">39.3
제주</td><td>67.2
전북
군산</td><td>69.6
충남
부여</td><td>76.8
대전
서구</td></tr>
<tr><td>최저</td><td>42.3
인천
본청</td><td>48.2
경기
본청</td><td>21.7
경기
과천</td><td>41.7
경기
연천</td><td>33.7
서울
중구</td></tr>
</table>

※ 총계예산 규모 기준.

자료: 행정안전부(2021: 355).

4. 사회복지비의 비중 증가

지방자치단체 예산 규모 중 사회복지 분야(기초생활보장, 취약계층 지원, 보육·가족 및 여성, 노인·청소년, 노동, 보훈, 주택, 사회복지 일반) 예산의 전국 평균은 [그림 17-5]와 같이 2021년 기준 32.2%로 점차 증가하는 추세이다. 지방자치단체별 사

그림 17-5 | 사회복지비의 비중(전국 평균)

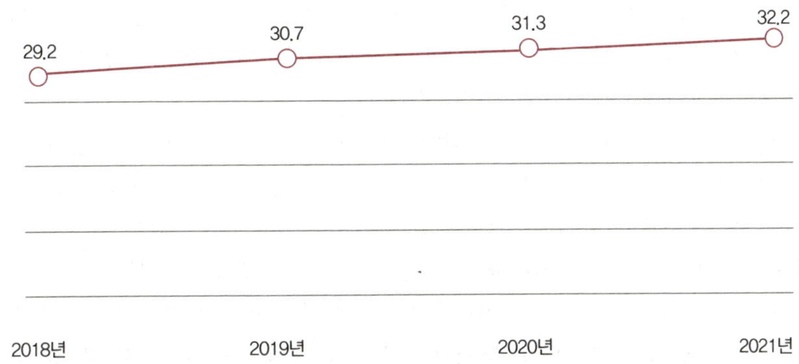

자료: 지방재정3https://lofin.mois.go.kr/websquare/websquare.jsp?w2xPath=/ui/portal/stat/local/budget/, 2021. 8. 17).

표 17-18 단체별 사회복지비의 비중(2021년)

(단위: %)

구분	특별시	광역시	특별자치시	도	특별자치도	시	군	자치구
평균	37.9	40.6	27.2	37.2	24.5	37.7	23.6	57.9
최고	37.9 서울 본청	43.0 부산 본청	27.2 세종	41.9 경기 본청	24.5 제주	53.0 경기 의정부	44.3 부산 기장	70.4 부산 북구
최저		35.0 울산 본청		31.2 전남 본청		20.5 경기 과천	8.6 경북 울릉	36.0 서울 중구

※ 총계예산 규모 기준.
자료 : 행정안전부(2021: 359).

회복지비의 비중을 보면 〈표 17-18〉과 같이 부산 북구가 70.4%로 가장 높고 경북 울릉군이 8.8%로 가장 낮다. 특히 자치구의 경우를 보면 자치단체 예산 규모 중 사회복지비의 비중이 평균 57.9%로 매우 높은 수준임을 알 수 있다.

기초연금에 쓴 돈 노원 647억 원, 강남 177억 원

서울 노원구 647억 원, 강남구 177억 원. 올해 기초연금을 주는 데 쓴 돈이 이렇다. 노원구가 강남구의 세 배가 넘는다. 지급 대상인 만 65세 이상, 소득 하위 70%인 노인이 많아서다. 노원구는 4만 3,900명, 강남구는 1만 7,500명이다.

노원구는 기초연금 말고도 복지비 부담이 크다. 기초연금수급자 지원금이 올해 690억 원이다. 상대적으로 소득이 낮은 주민이 많아 생긴 일이다. 강남구는 286억 원으로 그 절반이 안 된다. 전체 예산에서 기초연금·영유아 보육료(무상보육)·기초생활보장·양육수당·장애인연금 등 5대 복지 예산이 차지하는 비중은 노원구가 60.1%, 강남구는 38.7%다.

이렇다 보니 노원구는 신규 사업이나 추가 복지를 꿈도 꾸지 못한다. 반면 강남구는 "경로당을 가려면 길을 건너야 한다"는 민원에 내년에 세곡동에 새로 경로당을 짓기로 했다. 자체 예산으로 '노인 일자리 사업'도 하고 있다. 집과 승용차가 있는 노인도 소일거리 삼아 초등학교·경로당 급식 도우미로 일하게 하고 월 20만 원을 준다(중앙일보, 2014. 12. 25).

표 17-19 예산 대비 사회복지 비중이 높은 지자체

(단위: %)

• 부산 북구	67.2	• 광주 광산구	58.4	• 인천 연수구	53.7
• 광주 북구	63.3	• 광주 서구	58.0	• 부산 금정구	53.2
• 부산 사하구	63.3	• 서울 강서구	57.7	• 부산 남구	53.2
• 대구 달서구	62.7	• 대구 북구	57.0	• 서울 중랑구	53.1
• 부산 영도구	61.8	• 부산 사상구	57.0	• 서울 동작구	52.8
• 대구 동구	61.1	• 부산 해운대구	57.0	• 부산 동래구	52.7
• 대전 동구	60.7	• 대구 서구	56.7	• 대전 대덕구	52.0
• 대전 서구	60.4	• 서울 은평구	56.5	• 광주 남구	52.0
• 부산 부산진구	60.2	• 인천 계양구	56.1	• 서울 구로구	51.3
• 서울 노원구	60.2	• 인천 남구	56.0	• 서울 강동구	51.2
• 대전 중구	59.3	• 부산 연제구	56.0	• 광주 동구	50.8
• 대구 남구	59.3	• 인천 남동구	55.1	• 서울 성북구	50.2
• 인천 부평구	59.0	• 인천 서구	54.2	사회복지예산	
• 대구 수성구	58.7	• 서울 강북구	53.9	기초연금·영유아 보육료·양육수당·장애인연금·기초생활보장 5개 예산 총액	

자료: 전국 시장·군수·구청장 협의회.

표 17-20 예산 대비 사회복지 비중이 높은 지자체(2020년 기준)

(단위: 천 원)

자치단체	사회복지 비중	사회복지 분야 예산	자치단체 예산 규모
부산 북구	70.41	331,174,974	470,374,437
대구 달서구	68.79	541,504,266	787,144,372
광주 북구	68.71	483,040,305	702,983,898
대구 동구	68.33	439,720,422	643,500,000
인천 미추홀구	65.86	476,890,204	724,137,546
부산 부산진구	65.73	387,920,227	590,177,053
인천 남동구	65.68	553,296,115	842,350,443
부산 사하구	65.64	312,246,831	475,683,710
광주 남구	65.60	264,737,224	403,533,314
부산 해운대구	64.95	373,632,950	575,283,281
대구 남구	64.87	236,765,163	365,000,000
대전 동구	64.59	334,330,750	517,613,038
대구 구계	64.47	2,414,725,432	3,745,344,372
대구 북구	64.45	427,067,008	662,600,000
광주 구계	64.14	1,607,404,302	2,506,229,994
인천 부평구	63.87	568,680,495	890,372,581
대전 서구	63.81	445,048,377	697,419,000
대구 서구	63.68	251,618,428	395,100,000
광주 서구	63.61	301,479,008	473,914,787
부산 연제구	63.47	213,956,672	337,123,164
대전 중구	63.34	298,661,015	471,523,927
부산 사상구	63.21	256,457,359	405,730,078
광주 광산구	62.63	412,712,164	658,927,185
부산 영도구	62.46	192,480,104	308,169,341
대구 수성구	61.95	394,535,877	636,900,000
서울 노원구	61.80	589,833,485	954,357,878
대전 구계	61.41	1,609,803,548	2,621,385,078
부산 구계	61.32	3,494,928,815	5,699,287,848
서울 은평구	60.59	496,817,995	820,000,000
부산 금정구	60.48	254,767,188	421,268,676
부산 동구	60.38	153,514,175	254,258,844
부산 동래구	59.79	229,571,202	383,940,891

인천 계양구	59.71	323,847,319	542,370,305
서울 강서구	59.63	590,338,458	989,921,068
부산 남구	59.15	238,064,247	402,468,535
인천 구계	58.94	2,983,654,714	5,062,607,312
서울 관악구	58.34	433,185,616	742,500,000
대전 유성구	57.28	293,792,734	512,929,113
부산 서구	57.26	161,835,442	282,646,952
울산 중구	56.87	211,740,633	372,293,867
서울 중랑구	56.59	417,074,786	737,000,000
부산 수영구	56.58	175,907,800	310,879,434
대전 대덕구	56.40	237,970,672	421,900,000
서울 양천구	56.35	371,906,576	660,026,000
인천 서구	56.22	476,124,547	846,876,128
인천 연수구	55.99	321,132,328	573,592,967
울산 남구	55.89	281,174,249	503,106,476
서울 구로구	55.86	383,942,260	687,285,311
서울 도봉구	55.75	342,027,085	613,529,506
서울 동작구	55.72	346,888,207	622,572,934
서울 성북구	55.34	403,493,285	729,141,310
울산 구계	55.25	848,112,551	1,534,990,215
서울 동대문구	55.18	344,883,907	625,000,000
서울 송파구	54.88	466,539,269	850,132,123
서울 강북구	54.82	372,786,846	679,958,992
서울 마포구	54.52	329,859,350	604,989,875
광주 동구	54.50	145,435,601	266,870,810
울산 동구	54.33	156,811,085	288,612,906
서울 강동구	54.15	363,184,928	670,749,632
경기 의정부시	53.89	518,079,737	961,424,783
울산 북구	53.48	198,386,584	370,976,966
서울 구계	53.00	8,884,620,421	16,764,017,025
서울 금천구	52.00	267,837,200	515,105,346
서울 영등포구	50.80	320,553,314	630,988,385
서울 광진구	50.51	272,840,590	540,186,039
서울 서대문구	50.37	293,985,423	583,600,000

자료: 지방재정365(http://lofin.mois.go.kr/websquare/websquare.jsp?w2xPath=/ui/portal/stat/local/budget/sd002_bg500.xml&pageIndex=8, 2020. 6. 4).

5. 행정운영비 비중 증가

지방자치단체 예산 규모 중 행정운영경비(총액인건비에 포함되는 인력운영비 및 관서 운영을 위한 기본경비) 예산의 전국 평균은 [그림 17-6]과 같이 2021년 기준 13.4%로 조금씩 감소하는 추세이다. 지방자치단체별 행정운영비의 비중을 보면 〈표 17-19〉와 같이 부산 중구가 29.0%로 가장 높고 경기 본청이 2.0 %로 가장 낮다.

그림 17-6 | 행정운영경비의 비중(전국 평균)

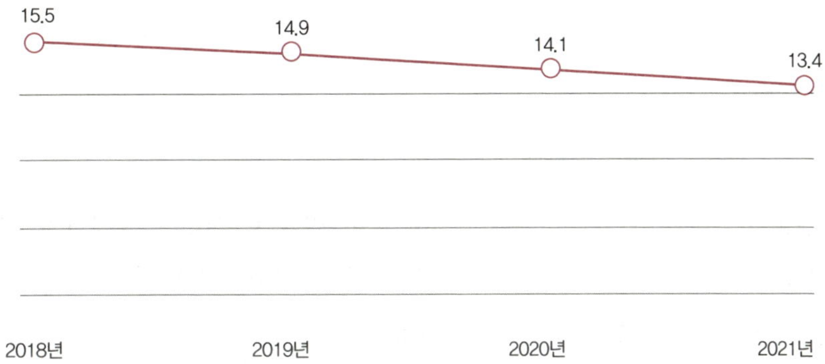

자료: 지방재정365 (https://lofin.mois.go.kr/websquare/websquare.jsp?w2xPath=/ui/portal/stat/local/budget/sd002_bg500.xml&pageIndex=9, 2021. 8. 17).

표 17-21 단체별 행정운영경비의 비중(전국 평균)

(단위: %)

<table>
<tr><th>구분</th><th>특별시</th><th>광역시</th><th>특별자치시</th><th>도</th><th>특별자치도</th><th>시</th><th>군</th><th>자치구</th></tr>
<tr><td>평균</td><td>3.5</td><td>4.5</td><td>11.7</td><td>2.9</td><td>11.9</td><td>12.9</td><td>13.8</td><td>17.0</td></tr>
<tr><td>최고</td><td rowspan="2">3.5
서울
본청</td><td>5.5
울산
본청</td><td rowspan="2">11.7
세종</td><td>4.3
강원
본청</td><td rowspan="2">11.9
제주</td><td>21.4
충남
계룡</td><td>18.9
경북
고령</td><td>29.0
부산
중구</td></tr>
<tr><td>최저</td><td>4.1
부산
본청</td><td>2.0
경기
본청</td><td>9.1
경북
포항</td><td>9.4
경남
하동</td><td>10.9
인천
서구</td></tr>
</table>

※ 총계예산 규모 기준.
자료: 행정안전부(2021: 365).

제18장 자치경찰

「국가경찰과 자치경찰의 조직 및 운영에 관한 법률」이 2021년 1월 1일 시행됨에 따라 자치경찰제가 2021년 7월 1일부터 전국적으로 시행되고 있다. 자치경찰제 시행에 따라 각 시 · 도에서는 지역 특성에 알맞고 주민 요구에 부응하는 치안정책들을 수립 · 시행할 수 있게 되었다.

시 · 도자치경찰위원회는 자치경찰사무에 대해 시 · 도 경찰청장을 지휘 · 감독하며, 시 · 도 경찰청장은 관할 구역의 소관 사무를 관장하고 소속 공무원 및 소속 경찰기관의 장을 지휘 · 감독한다.

「국가경찰과 자치경찰의 조직 및 운영에 관한 법률」을 중심으로 자치경찰의 개요를 살펴보면 다음과 같다.

제 1 절 시 · 도자치경찰위원회

1. 위원

1) 설치

자치경찰사무를 관장하게 하기 위하여 특별시장 · 광역시장 · 특별자치시장 · 도지사 · 특별자치도지사(이하 "시 · 도지사"라 한다) 소속으로 시 · 도자치경찰위원회를 둔다. 다만, 제13조 후단에 따라 시 · 도에 2개의 시 · 도경찰청을 두는 경우 시 · 도지사 소속으로 2개의 시 · 도자치경찰위원회를 둘 수 있다. 〈개정 2021. 3. 30〉(법 제18조 ①)

2) 구성

① 시 · 도자치경찰위원회는 위원장 1명을 포함한 7명의 위원으로 구성하되, 위원장과 1명의 위원은 상임으로 하고, 5명의 위원은 비상임으로 한다.

② 위원은 특정 성(性)이 10분의 6을 초과하지 아니하도록 노력하여야 한다.

③ 위원 중 1명은 인권문제에 관하여 전문적인 지식과 경험이 있는 사람이 임명될 수 있도록 노력하여야 한다(법 제19조).

3) 임명

시 · 도자치경찰위원회 위원은 다음 각 호의 사람을 시 · 도지사가 임명한다(법 제20조 ①).

1. 시 · 도의회가 추천하는 2명
2. 국가경찰위원회가 추천하는 1명
3. 해당 시 · 도 교육감이 추천하는 1명
4. 시 · 도자치경찰위원회 위원추천위원회가 추천하는 2명
5. 시 · 도지사가 지명하는 1명

4) 자격

시 · 도자치경찰위원회 위원은 다음 각 호의 어느 하나에 해당하는 자격을 갖추어야 한다(법 제20조 ②).

1. 판사 · 검사 · 변호사 또는 경찰의 직에 5년 이상 있었던 사람
2. 변호사 자격이 있는 사람으로서 국가기관 등에서 법률에 관한 사무에 5년 이상 종사한 경력이 있는 사람
3. 대학이나 공인된 연구기관에서 법률학 · 행정학 또는 경찰학 분야의 조교수 이상의 직이나 이에 상당하는 직에 5년 이상 있었던 사람
4. 그 밖에 관할 지역 주민 중에서 지방자치행정 또는 경찰행정 등의 분야에 경험이 풍부하고 학식과 덕망을 갖춘 사람

5) 위원장

시 · 도자치경찰위원회 위원장은 위원 중에서 시 · 도지사가 임명하고, 상임위원은 시 · 도자치경찰위원회의 의결을 거쳐 위원 중에서 위원장의 제청으로 시 · 도지사가 임명한다. 이 경우 위원장과 상임위원은 지방자치단체의 공무원으로 한다(법 제20조 ③).

시 · 도자치경찰위원회 위원장은 시 · 도자치경찰위원회를 대표하고 회의를 주재하며, 시 · 도자치경찰위원회의 의결을 거쳐 업무를 수행한다. 위원장이 부득이한 사유로 직무를 수행할 수 없을 때에는 상임위원, 시 · 도자치경찰위원회 위원 중 연장자 순으로 그 직무를 대행한다(법 제22조 ①, ②).

6) 신분

위원은 정치적 중립을 지켜야 하며, 권한을 남용하여서는 아니 된다. 공무원이 아닌 위원에 대해서는 「지방공무원법」 제52조 및 제57조를 준용하고, 그 소관 사무와 관련하여 형법이나 그 밖의 법률에 따른 벌칙을 적용할 때에는 공무원으로 본다(법 제20조 ④⑤⑥).

7) 결격 사유

다음 각 호의 어느 하나에 해당하는 사람은 위원이 될 수 없다. 위원이 각 호의 어느 하나에 해당한 경우에는 당연퇴직한다.

1. 정당의 당원이거나 당적을 이탈한 날부터 3년이 지나지 아니한 사람
2. 선거에 의하여 취임하는 공직에 있거나 그 공직에서 퇴직한 날부터 3년이 지나지 아니한 사람
3. 경찰, 검찰, 국가정보원 직원 또는 군인의 직에 있거나 그 직에서 퇴직한 날부터 3년이 지나지 아니한 사람
4. 국가 및 지방자치단체의 공무원(국립 또는 공립대학의 조교수 이상의 직에 있는 사람은 제외한다. 이하 이 조에서 같다)이거나 공무원이었던 사람으로서 퇴직한 날부터 3년이 지나지 아니한 사람. 다만, 제20조 제3항 후단에 따라 위원장과 상임위원이 지방자치단체의 공무원이 된 경우에는 당연퇴직하지 아니한다.
5. 「지방공무원법」 제31조 각 호의 어느 하나에 해당하는 사람. 다만, 「지방공무원법」 제31조 제2호 및 제5호에 해당하는 경우에는 같은 법 제61조 제1호 단서에 따른다(법 제20조 ⑦).

2. 소관 사무

① 시・도자치경찰위원회의 소관 사무는 다음 각 호로 한다.

1. 자치경찰사무에 관한 목표의 수립 및 평가
2. 자치경찰사무에 관한 인사, 예산, 장비, 통신 등에 관한 주요 정책 및 그 운영 지원
3. 자치경찰사무 담당 공무원의 임용, 평가 및 인사위원회 운영
4. 자치경찰사무 담당 공무원의 부패 방지와 청렴도 향상에 관한 주요 정책 및 인권 침해 또는 권한 남용 소지가 있는 규칙, 제도, 정책, 관행 등의 개선
5. 제2조에 따른 시책 수립
6. 제28조 제2항에 따른 시・도 경찰청장의 임용과 관련한 경찰청장과의 협의, 제

30조 제4항에 따른 평가 및 결과 통보
7. 자치경찰사무 감사 및 감사 의뢰
8. 자치경찰사무 담당 공무원의 주요 비위사건에 대한 감찰 요구
9. 자치경찰사무 담당 공무원에 대한 징계 요구
10. 자치경찰사무 담당 공무원의 고충심사 및 사기 진작
11. 자치경찰사무와 관련된 중요 사건·사고 및 현안의 점검
12. 자치경찰사무에 관한 규칙의 제정·개정 또는 폐지
13. 지방행정과 치안행정의 업무 조정과 그 밖에 필요한 협의·조정
14. 제32조에 따른 비상사태 등 전국적 치안 유지를 위한 경찰청장의 지휘·명령에 관한 사무
15. 국가경찰사무·자치경찰사무의 협력·조정과 관련하여 경찰청장과 협의
16. 국가경찰위원회에 대한 심의·조정 요청
17. 그 밖에 시·도지사, 시·도 경찰청장이 중요하다고 인정하여 시·도자치경찰위원회의 회의에 부친 사항에 대한 심의·의결

② 시·도자치경찰위원회의 업무와 관련하여 시·도지사는 정치적 목적이나 개인적 이익을 위해 관여하여서는 아니 된다(법 제24조).

3. 심의·의결

① 시·도자치경찰위원회는 제24조의 사무에 대하여 심의·의결한다.

② 시·도자치경찰위원회의 회의는 재적 위원 과반수의 출석과 출석 위원 과반수의 찬성으로 의결한다.

③ 시·도지사는 제1항에 관한 시·도자치경찰위원회의 의결이 적정하지 아니하다고 판단할 때에는 재의를 요구할 수 있다.

④ 위원회의 의결이 법령에 위반되거나 공익을 현저히 해친다고 판단되면 행정안전부 장관은 미리 경찰청장의 의견을 들어 국가경찰위원회를 거쳐 시·도지사에게 제3항의 재의를 요구하게 할 수 있고, 경찰청장은 국가경찰위원회와 행정안전부 장관을 거쳐 시·도지사에게 재의를 요구하게 할 수 있다.

⑤ 시 · 도자치경찰위원회의 위원장은 재의 요구를 받은 날부터 7일 이내에 회의를 소집하여 재의결하여야 한다. 이 경우 재적 위원 과반수의 출석과 출석 위원 3분의 2 이상의 찬성으로 전과 같은 의결을 하면 그 의결 사항은 확정된다(법 제25조).

4. 위원회의 운영

① 시 · 도자치경찰위원회의 회의는 정기적으로 개최하여야 한다. 다만 위원장이 필요하다고 인정하는 경우, 위원 2명 이상이 요구하는 경우 및 시 · 도지사가 필요하다고 인정하는 경우에는 임시회의를 개최할 수 있다.

② 시 · 도자치경찰위원회는 회의 안건과 관련된 이해관계인이 있는 경우 그 의견을 듣거나 회의에 참석하게 할 수 있다.

③ 시 · 도자치경찰위원회의 위원 중 공무원이 아닌 위원에게는 예산의 범위에서 직무 활동에 필요한 비용 등을 지급할 수 있다.

④ 그 밖에 시 · 도자치경찰위원회의 운영 등에 필요한 사항은 대통령령으로 정하는 기준에 따라 시 · 도 조례로 정한다(법 제26조).

5. 사무기구

① 시 · 도자치경찰위원회의 사무를 처리하기 위하여 시 · 도자치경찰위원회에 필요한 사무기구를 둔다.

② 사무기구에는 「지방자치단체에 두는 국가공무원의 정원에 관한 법률」에도 불구하고 대통령령으로 정하는 바에 따라 경찰공무원을 두어야 한다.

③ 제주특별자치도에는 「제주특별자치도 설치 및 국제자유도시 조성을 위한 특별법」 제44조 제3항에도 불구하고 같은 법 제6조 제1항 단서에 따라 이 법 제27조 제2항을 우선하여 적용한다.

④ 사무기구의 조직 · 정원 · 운영 등에 관하여 필요한 사항은 경찰청장의 의견을 들어 대통령령으로 정하는 기준에 따라 시 · 도 조례로 정한다(법 제27조).

제2절 시 · 도 경찰청 및 경찰서

1. 시 · 도 경찰청장

① 시 · 도 경찰청에 시 · 도 경찰청장을 두며, 시 · 도 경찰청장은 치안정감 · 치안감(치안감) 또는 경무관(경무관)으로 보한다.

② 「경찰공무원법」 제7조에도 불구하고 시 · 도 경찰청장은 경찰청장이 시 · 도자치경찰위원회와 협의하여 추천한 사람 중에서 행정안전부 장관의 제청으로 국무총리를 거쳐 대통령이 임용한다.

③ 시 · 도 경찰청장은 국가경찰사무에 대해서는 경찰청장의 지휘 · 감독을, 자치경찰사무에 대해서는 시 · 도자치경찰위원회의 지휘 · 감독을 받아 관할 구역의 소관 사무를 관장하고 소속 공무원 및 소속 경찰기관의 장을 지휘 · 감독한다. 다만, 수사에 관한 사무에 대해서는 국가수사본부장의 지휘 · 감독을 받아 관할 구역의 소관 사무를 관장하고 소속 공무원 및 소속 경찰기관의 장을 지휘 · 감독한다.

④ 제3항 본문의 경우 시 · 도자치경찰위원회는 자치경찰사무에 대해 심의 · 의결을 통하여 시 · 도 경찰청장을 지휘 · 감독한다. 다만, 시 · 도자치경찰위원회가 심의 · 의결할 시간적 여유가 없거나 심의 · 의결이 곤란한 경우 대통령령으로 정하는 바에 따라 시 · 도자치경찰위원회의 지휘 · 감독권을 시 · 도 경찰청장에게 위임한 것으로 본다(법 제28조).

2. 시 · 도 경찰차장

① 시 · 도 경찰청에 차장을 둘 수 있다.

② 차장은 시 · 도 경찰청장을 보좌하여 소관 사무를 처리하고 시 · 도 경찰청장이 부득이한 사유로 직무를 수행할 수 없을 때에는 그 직무를 대행한다(법 제29조).

3. 경찰서장

① 경찰서에 경찰서장을 두며, 경찰서장은 경무관, 총경(총경) 또는 경정(경정)으로 보한다.

② 경찰서장은 시 · 도 경찰청장의 지휘 · 감독을 받아 관할 구역의 소관 사무를 관장하고 소속 공무원을 지휘 · 감독한다.

③ 경찰서장 소속으로 지구대 또는 파출소를 두고, 그 설치 기준은 치안 수요 · 교통 · 지리 등 관할 구역의 특성을 고려하여 행정안전부령으로 정한다. 다만, 필요한 경우에는 출장소를 둘 수 있다.

④ 시 · 도자치경찰위원회는 정기적으로 경찰서장의 자치경찰사무 수행에 관한 평가 결과를 경찰청장에게 통보하여야 하며, 경찰청장은 이를 반영하여야 한다(법 제30조).

제 3 절 지방자치와 자치경찰의 문제점

자치경찰을 도입하는 목적은 지역 맞춤형 치안 서비스를 제공함으로써 주민의 체감 치안 만족도를 높이는 데 있다. 자치경찰의 목적을 달성하기 위해서는 자치경찰이 지방자치의 영역 안에서 이루어져야 한다. 그런데 다음과 같은 한계가 있다.

1. 자치경찰위원의 임명

"자치경찰사무를 관장하게 하기 위하여 특별시장 · 광역시장 · 특별자치시장 · 도지사 · 특별자치도지사(이하 "시 · 도지사"라 한다) 소속으로 시 · 도자치경찰위원회를 둔다."(법 제18조 ①)고 규정하고 있다.

자치경찰위원회의 위원을 시 · 도지사가 임명(법 제20조 ①)하도록 하고 있으나 각 기관에서 추천한 사람을 임명하도록 하고 있다. 시 · 도지사는 위원 1명을 지명할 수 있을 뿐이어서 지방자치단체장이 자치경찰사무에 관여할 수 있는 여지는 매우 제한적이다. 그 결과 다른 자치 사무와의 연계성도 확보되지 않아 자치경찰의 효과는 반감될 수밖에 없게 된다. 따라서 자치경찰 사무는 지방자치단체가 자기 책임으로 처리하도록 근본적인 체제 재편이 필요하다.

2. 자치경찰공무원에 대한 임용권

『국가경찰과 자치경찰의 조직 및 운영에 관한 법률』은 자치경찰위원회의 감독권과 인사권을 규정해 자치경찰을 수행하는 국가경찰에 대한 통제권을 보장하는 모양새를 취하고 있으나, 곳곳에 이를 무력화하는 규정을 두고 있다.

경찰공무원 임용령 제4조(임용권의 위임) ⑧은 "시 · 도자치경찰위원회는 임용권을 행사하는 경우에는 시 · 도 경찰청장의 추천을 받아야 한다."〈신설 2020. 12. 31〉 경찰공무원 임용령 제4조(임용권의 위임 등 〈개정 2020. 12. 31〉) ①에 따르면 "경찰청장은 법 제7조 제3항 전단에 따라 특별시장 · 광역시장 · 특별자치시장 · 도지사 또는 특별자치도지사에게 해당 지역의 자치경찰사무를 담당하는 경찰공무원 중 경정의 전보 · 파견 · 휴직 · 직위해제 및 복직에 관한 권한과 경감 이하의 임용권(신규채용 및 면직에 관한 권한은 제외한다)을 위임한다."〈신설 2020. 12. 31〉고 규정하고 있다. 또한 ④에는 "제1항에 따라 임용권을 위임받은 시 · 도지사는 법 제7조 제3항 후단에 따라 경감 또는 경위로의 승진임용에 관한 권한을 제외한 임용권을 시 · 도자치경찰위원회에 다시 위임한다."〈신설 2020. 12. 31〉고 규정하고 있고, 또다시 ⑤에는 "제4항에 따라 임용권을 위임받은 시 · 도자치경찰위원회는 시 · 도지사와 시 · 도 경찰청장의 의견을 들어 그 권한의 일부를 시 · 도 경찰청장에게 다시 위임할 수 있다."〈신설 2020. 12. 31〉고 규정하고 있다.

이에 따라 지난 2021년 6월 29일 기준 "전국 시 · 도자치경찰위원회 인사권 현황"에 따르면, 인천, 대구, 광주, 경북, 경남, 대전 6곳의 자치경찰위원회는 경감 이하 자치경찰에 대한 징계 권한을 다시 시 · 도 경찰청장에게 재위임했다(국민일보, 2021. 6. 29).

자치경찰사무에 대한 통제권을 주기 위해 자치경찰위원회에 인사권을 부여한 것인데 이를 시・도 경찰청장에게 재위임한 것은 결국 자치경찰에 대한 권한을 국가경찰에 자진 반납한 것이라고 할 수 있다.

제19장 지방자치의 발전 방향

제1절 서론

지방자치를 풀뿌리 민주주의라고 한다. 그 이유는 지방자치가 가장 기초적이고 기본적인 민주주의의 한 형태이기 때문이다. 주민과 가장 가까운 곳에서 실현되는 민주주의의 한 형태이므로 풀뿌리 민주주의라고 하는 것이다. 그런데 우리나라의 민주주의는 우리 스스로의 역사적 배경 아래 등장한 것이 아니다. 이런 면에서 우리나라 민주주의를 제2차 세계대전 후 연합군이 가져다준 선물이라고도 하는 것이다. 민주주의가 군주에 대한 시민들의 투쟁을 통해 이루어 낸 것이 아니라, 그러한 과정 없이 완성된 것을 외국에서 수입한 것이기 때문이다. 지방자치 또한 같은 처지에 있다. 1949년에 법이 제정되고 1952년 처음 시작된 지방자치는 1961년 5 · 16 군사 쿠데타에 의해 정지되었었다. 그 후 1991년에 부활되어 지방의원을 선출하고, 1995년 단체장과 의원을 동시에 선출한 후 2002년 6월 제3회 전국동시지방선거를 치렀다. 그런 면에서 우리나라 지방자치의 역사는 여전히 미약하다고 하지 않을 수 없다. 그러나 지방자치가 우리 사회에 아직 굳건히 뿌리내리지 못한 상황에서도 지방자치를 둘러싼 환경은 급격히 변화하고 있다. 지방자치는 주민의 일상생활과 직결되는 문제를 처리해서 주민의 복리 증진에 기여하는 제도이다. 따라서 지방자치가 주민의 복리 증진이라는 본래의 취지를 효과적으로 달성하기 위해서는 변화하는 환경에 적절히 대응해야 한다. 여기서는 자치환경의 변화를 먼저 살펴보고 지방자치의 발전 방향을 제시하고자 한다.

제 2 절 지방자치의 환경 변화

1. 정보화

토플러(Alvin Tofler)는 그의 저서 『제3의 물결』에서 농업사회와 공업사회에 이은 정보사회의 도래를 예견했는데, 이는 물질이나 에너지의 가치보다 정보의 가치가 중시되는 사회를 말한다. 정보화란 정보의 생산과 활용이 확장되는 사회 현상을 말하는데, 주로 컴퓨터를 이용한 정보처리 기술과 통신 기술의 발달로 인해 도래하는 미래형 사회의 특징을 말한다(방석현, 1989: 29). 우리나라도 컴퓨터와 통신기기의 발달로 세계적 수준으로 인터넷이 보급된 것이 말해 주듯이 이미 상당한 수준의 정보화 사회에 접어들었다.

2. 도시화

도시화는 세계적인 현상이다. 특히 우리나라의 도시화는 세계에서도 유례를 찾을 수 없을 정도로 급격하게 도시화가 진행되고 있다. 서울특별시와 광역시를 합한 인구만도 전체 인구의 45%를 넘는 정도에 달하고 있다(안전행정부, 2014c: 5). 그 밖에 인구 2만 이상의 시 또는 읍을 포함한 도시 지역의 인구는 2007년에 이미 44,756천 명으로 도시화율이 89.4%에 달한다(행정자치부, 2009: 16). 이 같은 도시화는 교통, 주택, 환경 등 다양한 도시 문제를 야기할 것이고, 농촌 지역에는 상대적으로 공동화(空

洞化) 현상을 초래할 것이다.

3. 고령화

「장래인구 추계」에 따르면, 65세 이상 노인은 2000년 339만 명에서 2030년에는 1,269만 명으로 30년 동안 930만 명 늘어날 전망이다. 전체 인구에서 65세 이상 노인의 비중이 2000년 7.2%에서 2030년에는 국민 네 명 중 한 명꼴인 24.3%로 늘어나게 된다(통계청, 2012: 39). 이에 따라 2000년에 젊은 층(15~64세) 열 명이 한 명꼴로 65세 이상 노인을 부양했으나, 2030년에는 세 명이 한 명꼴로 부양해야 한다. 이같이 급격한 고령화는 사회적으로 더 많은 문제를 야기하게 될 것이다.

4. 세계화

세계화는 국경을 초월해 국가 간의 교역과 교류가 활발히 전개되는 것을 의미한다고 할 수 있다. 오늘날 세계화는 특정 국가의 의지와는 무관하게 이미 하나의 현상으로 나타나고 있고, 지속적으로 심화되고 있다. 이에 따라 지방자치단체도 국가를 통하지 않고 직접 외국과의 교역과 교류에 적극적으로 나서고 있다. 아울러 외국인 노동자를 비롯한 외국인 수의 증가는 지방자치단체에 새로운 행정 수요를 출현시켰다.

5. 분권화

21세기 지식정보 사회의 변화된 정치 환경은 국가 운영의 패러다임을 통치(government)에서 협치(governance)로, 관에서 민으로, 중앙에서 지방으로, 소외에서 참여로 전환을 요구하고 있다. 또한 세계화로 인해 지방이 직접 국제적 관계를 유지·발전시킬 수 있게 되었고, 지역경쟁력 강화를 위해 노력하지 않으면 안 되게 되었다(정부혁신지방분권위원회, 2003a: 1). 제4장에서 설명한 바와 같이 21세기에 들어서서 선진 외국에서는 지방분권을 적극적으로 추진하고 있다.

6. 민주화

우리나라의 민주주의는 1987년 6 · 29선언을 통해 커다란 발전의 계기를 맞게 되었다. 이후 군사정권을 종식시키고 문민정부가 들어섰으며, 이제는 평화적 정권 교체의 전통도 수립되었다. 5 · 16 군사 쿠데타 이후 30여 년간의 암울한 군사정권 시절이 있었지만, 짧은 민주주의 역사에 비하면 단기간에 괄목할 만한 민주화를 이룩해 인권이 신장되고 참여가 활성화되었다고 할 수 있다.

이러한 환경의 변화가 지방자치에 미치는 영향을 살펴보면 대내적으로는 다양하게 제기되는 행정 수요를 충족시켜야 함은 물론 행정 수요 간의 갈등을 효과적으로 조정해야 할 것이고, 대외적으로는 국가경쟁력 강화를 위해 일정한 기여를 해야 할 것이다.

제 3 절 지방자치의 발전 방향

자치환경의 변화에 따라 지방자치가 본래의 취지인 주민의 복리 증진에 기여하기 위해서는 먼저 주권자인 주민의 참여가 활성화되어야 하고, 지방자치단체의 실질적인 자치 능력이 확보되어야 할 것이다. 실질적인 자치 능력은 법적인 차원의 자치권과 사무의 배분, 그리고 행정적 · 재정적 능력에 의해 결정된다.

1. 주민 참여의 활성화

1) 시민 의식의 향상

집단행동의 논리상 대부분의 주민은 개인적 이해가 관련되지 않은 공적 문제에는 관심을 보이지 않고, 누가 대신 해결해 주기를 바라는 무임승차자(free-rider)의 태도를 보이기 쉽다. 개인이 문제 해결에 직접 개입했을 때 들이는 비용보다 편익이 훨씬 적기 때문이다. 그러나 지방자치가 성공적으로 운영되기 위해서는 주민들이 지역의 공적 문제를 자신의 문제로 받아들여야만 한다. 특히 지방자치가 실시됨에 따라 참여의 기회가 확대되어 주민의 역할이 더욱 중요해졌다. 지방자치는 지역 문제에 대한 권한과 함께 책임도 지방에 이양되는 것을 의미한다. 따라서 주민들은 지역의 공적 문제를 자신의 문제로 받아들이는 시민 의식이 향상되어야 할 것이다.

2) 시민운동의 활성화

생활권의 확대와 인구 이동이 빈번해짐에 따라 지역에 대한 공동체 의식이나 지역적 연대감이 희박해지고 있는 것이 현대 사회의 보편적 모습이다. 더구나 이러한 현상은 대도시일수록 더욱 크게 나타나고 있다. 이같이 주권자인 주민이 자신의 문제에 무관심할 때 주민은 주권자가 아니라 단순한 통치의 대상으로 전락할 것이다. 따라서 주민은 지역의 공적 문제를 자신의 문제로 받아들여 깊은 관심을 기울여야 한다. 그리고 주민의 관심과 참여는 개별적으로 이루어질 때보다 시민운동의 형태로 조직적이고 체계적으로 이루어질 때 문제 해결에 더욱 효과적으로 기여할 수 있다. 따라서 지방자치가 발전하기 위해서는 시민운동이 활성화되어야 한다.

지방자치분권 및 지방행정 체제 개편에 관한 특별법 제15조는 주민 참여의 확대에 대해 규정하고 있다.

2. 자치권의 확대

지방자치는 지방의 사무를 자주적으로 처리할 수 있는 자치권이 확보되었을 때 주어진 목적을 달성할 수 있다. 그러나 앞에서 살펴본 바와 같이 자치권에 대해서는 많은 제약이 가해지고 있다. 따라서 자치입법권에서는 지방자치법 제22조 단서상의 '법률의 위임'을 요하는 규정은 자치사무의 범위인 한 폐지되어야 마땅하다. 자치조직권에도 많은 제약이 가해지고 있다. 조례를 정하더라도 지방자치단체의 자주적인 판단에 따르는 것이 아니라 법령이 정한 바에 따르거나 감독기관의 승인을 얻거나 협의를 거치도록 한 경우가 많기 때문이다. 이 경우도 사전에 기준을 정해 놓고 사후의 승인이나 협의를 요구하는 제도는 폐지되어야 마땅하다. 자치행정권에 대해서도 지방자치법에는 "지방자치단체는 관할 구역의 자치사무와 법령에 의하여 지방자치단체에 속하는 사무를 처리한다."(지방자치법 제9조 ①)고 규정하고 있다. 그러나 지방자치단체의 사무에 관한 자치단체장의 명령이나 처분이 법령에 위반되거나 현저히 부당하여 공익을 해한다고 인정될 때에는 시·도에 대해서는 주무부 장관이, 시·군 및 자치구에 대해서는 시·도지사가 기간을 정해 서면으로 시정을 명하고 그 기간 내에 이행하지 않을 때에는 취소하거나 정지할 수 있다. 따라서 이 규정도 법령 위반 여부에 대한 판단은 법원이 해야 마땅하고, 처분을 원하는 자가 법원에 제소해 자신이 원하는 취소·정지를 구하는 소송을 제기하도록 해야 할 것이다.

자치재정권에 대해서도 지방자치법 제135조에 법률이 정하는 바에 따라 지방세를 부과·징수할 수 있다고 규정하고 있으므로 지방자치단체가 스스로 세목을 개발해 스스로 결정한 세율에 따라 부과하는 것은 불가능하다. 그러나 지방자치단체는 자주적 과세권을 행사할 수 있어야 한다.

지방자치분권 및 지방행정 체제 개편에 관한 특별법 제11조에서 자치권의 확대에 대해 규정하고 있다.

3. 사무의 적정 배분

공공사무는 가능한 한 주민과 가장 가까운 기초자치단체에서 처리되어야 하고, 기초자치단체에서 처리될 수 없는 사무는 광역자치단체에서 처리하며, 광역자치단체에서 처리할 수 없는 사무는 중앙정부가 처리하는 것이 바람직하다. 중앙정부는 중앙정부만이 할 수 있는 기능 수행에만 전념함으로써 궁극적으로 국가경쟁력 강화에 기여할 수 있다.

사무배분은 현실적으로 중앙 정치권이나 정부의 이해관계와 지방자치단체의 행정적·재정적 능력과 주민의 자치 의식 수준에 따라 결정된다. 그러나 사무배분은 합목적성과 효율성에 의해 이루어져야 마땅하다. 합목적성은 중앙정부나 지방자치단체의 존립 목적에 맞추어 사무를 배분하는 것이다. 즉, 국가의 주권 행사와 관련해 국방이나 외교 기능은 중앙정부에 배분하고 주민의 일상생활과 직결되는 사무는 지방자치단체에 배분하는 것이다. 효율성은 가장 적은 비용으로 행정 서비스를 제공할 수 있는 지역적 크기에 따라 사무를 배분하는 것이다. 즉, 규모의 경제에 따라 서비스 공급의 최적 규모가 될 수 있도록 사무를 배분하는 것이다.

지방자치분권 및 지방행정 체제 개편에 관한 특별법 제9조는 사무배분의 원칙에 대해 규정하고 있다.

4. 행정적 · 재정적 능력의 강화

지방자치단체에 적정한 자치권과 기능 배분이 이루어졌다 할지라도 이를 효과적으로 처리할 수 있는 능력이 확보되지 않으면 지방자치는 성공적으로 이루어질 수 없다. 지방자치단체에 필요한 인적 토대와 물적 토대가 행정적 능력과 재정적 능력이다. 행정적 능력의 강화를 위해서는 전문성 강화를 위한 행정직렬의 세분화와 교육훈련 제도의 개선이 시급하다. 아울러 공정한 인사를 위해서는 지방인사위원회 제도의 개선과 인사 교류의 제도화가 필요하다. 지방인사위원장을 민간인이 맡고, 인사 교류를 제도화하면 승진 기회의 불공평 등 인사상의 불합리가 대폭 개선될 수 있을 것이다. 재정력 강화를 위해서는 먼저 지방교부세의 법정률을 더욱 인상하고, 자치단체의 과세권이 강화되어야 한다. 그리고 자치단체 간의 재정적 격차를 완화하기 위해서는 지방교부세의 산정 방식도 개선되어야 한다.

지방자치분권 및 지방행정 체제 개편에 관한 특별법 제13조에서 자치단체의 재정적 능력의 강화 방안에 대해 규정하고 있다.

제4절 결론

지방자치 제도의 현실적 모습은 중앙과 지방 간의 파워 게임의 결과로서 존재한다. 따라서 지방의 노력 없이 지방자치의 발전은 기대할 수 없다. 우리에게 적합한 지방자치의 모델은 선험적으로 존재하는 것이 아니라, 주민의 노력으로 만들어 가야 할 대상인 것이다. 따라서 지방자치의 발전은 일차적으로 주민 참여의 활성화에 의해 결정된다고 할 수 있다. 주민은 주권자로서의 자각 아래 권리의 행사와 의무의 이행에 충실해야 한다. 그렇지 못하면 주권자로서의 지위를 상실함은 물론이고 한낱 통치의 대상으로 전락하게 될 것이다. 민주주의라는 용어가 의미하듯이 주민이 주인 노릇을 못하면 주인 대접을 받지 못할 것이기 때문이다.

우리나라의 민주주의가 역사적 배경 없이 외부로부터 도입되었음에도 그 기간에 비해 민주주의는 매우 빨리 정착하고 있다고 할 수 있다. 주권자의 노력과 희생으로 군사독재 정권을 종식시키고 문민정부를 탄생시켰으며, 평화적 정권 교체의 전통도 수립되었다. 따라서 지방자치도 주권자인 주민의 관심과 참여가 뒷받침된다면 지역 발전과 주민의 복리 증진에 기여하는 제도로 정착할 수 있을 것이다.

참고 문헌

국내 문헌

강명구(1994). “지방자치와 주민투표제,” 「지방자치정보」 제40호, 한양대학교 지방자치연구소.

국민일보(2021.06.29). “흐지부지 자치경찰제 … 9곳 ‘징계권 국가경찰에.’”

권선택(1994). “도농통합형 행정구역 개편 방향,” 「도시문제」 6월호.

권형신 외(1998, 「한국의 지방재정」, 서울: 도서출판 해냄.

기획예산처(2005). 2005나라살림(2005년 예산 개요).

김병국(1993). “지방자치와 주민투표,” 「자치행정」 10월호, 서울: 지방행정연구소.

김병준(1995). 「한국지방자치론」, 서울: 법문사.

______(2001). 「한국지방자치론」, 서울: 법문사.

김순은(2001). “영국과 일본의 지방분권 비교 분석,” 「한국지방자치학회보」, 13(2)(통권 34호).

김영수(1994). 「지방자치단체간 분쟁 조정 방안」, 한국지방행정연구원.

김운태(1991). 「조선왕조행정사」, 서울: 일조각.

김철용(1997). 「주석 지방자치법」, 서울: 한국사법행정학회.

김학로(1994). 「지방행정의 이론과 실제」, 서울: 박영사.

김홍대(1999). 「지방자치입법론」, 서울: 박영사.

김흥식(1993). 「지역이기주의 극복을 위한 정책연구」, 한국지방행정연구원.

대한지방행정협회(1966). 「한국지방행정사」.

대통령소속자치분권위원회(2021). 「2021년 자치분권시행계획」.

박응격(1995). “과연 주민편의 위주의 행정개혁인가: 행정구역 개편 추진 현황과 평가,” 「지방자치」, 4월호.

방석현(1989). 「행정정보체계론」, 서울: 법문사.

서태윤(1985). 「한국정부조직론」, 서울: 박영사.

손봉숙(1991). 「한국지방자치연구」, 서울: 삼영사.

송희준(1999). “국가와 시민사회의 관계: 이론적 개관과 실천적 전망,” 「한국행정연구」, 봄호.

안전행정부(2009). 「한국도시연감 2008」.

______(2014a). 「2013 안전행정백서」.
______(2014b). 「2014년도 지방자치단체 통합재정 개요」.
______(2014c). 「지방자치단체 행정구역 및 인구 현황」.
유팔무(1995). "시민사회의 성장과 시민운동," 유팔무 · 김호기 엮음, 「시민사회와 시민운동」, 서울: 도서출판 한울.
이극찬(2002). 「정치학」, 서울: 법문사.
이종수(2001). "영국 지방정부 구조개혁," 「한국지방자치학회보」, 13(2)(통권 34호).
인천광역시의회, 제2대 제40회 제4차(1996.2.9, 금) 회의록.
임도빈(2002). 「프랑스의 정치행정 체제」, 서울: 법문사.
임혁백(1992). "민주화시대의 국가－시민사회 관계의 틀 모색: 국가, 시장, 민주주의," 한국사회학회 · 한국정치학회 편, 「한국의 국가와 시민사회」, 서울: 도서출판 한울.
장지호(1992). 「지방행정론」, 서울: 대왕사.
재정고(http://lofin.mogaha.go.kr/main.jsp).
정부혁신지방분권위원회(2003a). 「참여정부 지방분권의 비전과 추진 방향」.
______(2003b). 「참여정부 지방분권의 추진 로드맵」.
______(2007). 「참여정부의 지방분권」.
______(2008). 「참여정부의 지방분권」.
정세욱(2001), 「지방자치학」, 서울: 법문사.
정요섭(1982). "정치발전과 정당정치," 「현대사회」 봄호. 현대사회연구소.
정일섭(1990). "지방자치와 정당정치," 「행정학논집」 제11집, 청주대학교 행정문제연구소.
조창현(1995). 「지방자치론」, 서울: 박영사.
중도일보(2020. 2. 24). "접경지역 시장 · 군수협의회 개최. 14건 현안 정부 건의."
중앙선거관리위원회(1973). 「대한민국선거사」 제1집(1948. 5. 10~1972. 10. 16).
______(1991a). 「구 · 시 · 군의회의원당선자명부」.
______(1991b). 「시 · 도의회의원당선자명부」.
______(1995). 「제1회 전국동시지방선거당선자명부」.
______(1998). 「제2회 전국동시지방선거당선자명부」.
______(2002). 「제3회 전국동시지방선거당선자명부」.
______(2006). 「제4회 전국동시지방선거총람」.
______(2010). 「제5회 전국동시지방선거총람」.
______(2014). 「제6회 전국동시지방선거총람」.
______(2018). 「제7회 전국동시지방선거총람」.
총무처(1994). 「중앙 · 지방사무총람 1」.
최양부 · 윤원근(1988). 「행정구역의 합리적 조정 방안」, 농촌경제연구원.

최장집(1996). "한국의 민주화, 시민사회, 시민운동," 크리스챤아카데미 편, 「한국시민사회의 이해」, 서울: 도서출판 한울.
최창호(2001). 「지방자치학」, 서울: 삼영사.
______(2003). 「지방자치학」, 서울: 삼영사.
통계청(2002). 「지역통계연보 2002」.
______(2012). 「장래인구 추계: 시 · 도편(2010~2040)」.
한국지방행정연구원(1999). 「지방자치 · 행정 50년사」.
한국행정연구원(1992), 「행정정보 공개제도에 관한 연구」.
한기찬(1999). "시민단체 성숙해야 개혁 이끈다," 「한겨레신문」 1999. 5. 20.
행정안전부(2009). 「2009년도 지방자치단체 예산개요」.
______(2018), 「2017 행정안전백서」.
______(2019), 「2018 행정안전백서」.
______(2020a), 「2019 행정안전백서」.
______(2020b), 「2020년도 지방자치단체 통합재정개요(상)」.
______(2021), 「2021년도 지방자치단체 통합재정개요(상)」.
행정자치부(2000a). 「선진 외국의 지방자치제도(I)」.
______(2000b). 「선진 외국의 지방자치제도(II)」.
______(2001). 「지방자치단체 행정구역 및 인구 현황」.
______(2003a). 「시 · 도기획관리실장회의 자료」, 2003. 7. 31.
______(2003b). 「지방양여금제도 운영」, 지방재정 담당공무원 연찬 자료.
______(2014). 「2014 지방자치단체 기본 현황」.
______(2015). 「2015년도 지방자치단체 통합재정 개요(상)」.
행정자치부 지역진흥과(2003). 「한국도시연감 2002」.
홍준현(1997). 「시 · 군(市 · 郡) 통합에 의한 지방행정구역 개편의 영향평가」.

국외 문헌

Adrian, Charles R. & Michael R. Fine(1991). *State & Local Politics*, Chicago: Nelson-Hall Inc.
Elcock, Howard(1982). *Local Government: Politicians, Professionals and the Public in Local Authorities*, London: Methuen & Co., Ltd.
Harvey, J.(1983). *How Britain is Governed*, 3rd ed., London: Macmillan Education.
Hyman, David N. (1999). *Public Finance*, 6th ed., The Dryden Press.

Musgrave, Richard A. & Peggy B. Musgrave(1989). *Public Finance in Theory and Practice*, 5th ed., McGraw－Hill Book Company.

Shafritz, Jay M.(1988). *The Dorsey Dictionary of American Government and Politics*, Chicago: The Dorsey Press.

Wright, Deil S.(1988). *Understanding Intergovernmental Relations*, Belmont: Cole Publishing Co.

加藤勝美(1979). "胎動する廣域行政,"「地方制度の構造と實態」, 東京: きょせい.

高寄昇三(1981).「地方自治の保守と革新」, 東京: 勁草書房.

久世公堯(1985).「地方自治制度」, 東京: 學陽書房.

老川祥一(2002).「地方自治のしくみと役割」, 東京: 法學書院.

星野光南(1982).「地方自治論」, 東京: きょうせい.

成田頼明(1976).「現代社會と自治制度の變革」, 東京: 學陽書房.

原田尙彦(2003).「地方自治の法としくみ」, 東京: 學陽書房.

川村仁弘(1986).「自治行政講座 1 地方自治制度」, 東京: 第一法規.

村松岐夫(1984). "中央・地方關係に關する新理論の摸索(上)," 日本良書普及會,「自治硏究」, 第60卷 第1號.

坂田期雄(1979).「地方制度の構造と實態」, 東京: ぎょうせい.

———(1989).「地方自治, その機能と進路」, 東京: ぎようせい.

和田英夫(1965).「現代地方自治論」, 東京: 評論社.

인터넷 자료

http://www.clad.go.kr/section/content/content.html?PID=planaim, 2015. 2. 4)

http://www.mogaha.go.kr/webdata/korean/region/rates/taxstat/2002taxstat/3.pdf(2003. 11. 22).

www.donga.com/fbin/searchview?cp=ts&n=200311120213

e-나라지표(http://www.index.go.kr/potal/enaraIdx/idxField/userPageCh.do, 2015. 2. 1)

http://kosis.nso.g.kr/cgi-bin/sws_999.cgi

http://lofin.mogaha.go.kr/B_2_3/index.jsp(2003. 11. 22).

http://lofin.mogaha.go.kr/lofin_finan/InfoDetail.jsp?finan_idx=3&idx=90, 2015. 2. 3.

http://www.mogaha.go.kr/webdata/korean/region/rates/general/pdf/2002/ji_02.pdf(2003. 11. 22).

http://www.slc.or.kr/design/contents.asp?code=141111&lang=kor&left=6&sleft=8, 2015. 2. 5).

www.inje.gangwon.kr/main/

www.soumu.go.jp/kouiki/kouiki.html, 2015. 2. 4.

찾아보기

ㄱ

ㅇ

ㅈ

ㅊ

ㅌ

ㅍ

ㅎ

저자 소개

정일섭

[약력]

- 인하대학교 행정학과 졸업
- 서울대학교 행정대학원 졸업
- 행정학 박사
- 행정자치부, 지방행정혁신평가위원(역임)
- 인천광역시 인사위원회 위원
- 인천광역시 도시계획위원회 위원(역임)
- 인천광역시 소청심사위원(역임)
- 영흥화력발전소 민관공동조사단장(역임)
- 요코하마시립대학 객원교수(2003)
- 지방자치발전위원회 자문위원(2013~2015)
- 현재 인하대학교 행정학과 명예교수

[저서]

- 『인천지역의 이해』(공저), 1999, 인하대학교출판부.
- 『지방의회의 이해』(공저), 2008, 박영사.
- 「지방자치의 이해」, 2010, 대영문화사.
- 「지방자치사례연구」, 2012, 대영문화사.
- 「한국인사행정론」, 2018, 윤성사.
- 「지방자치란 무엇인가?」, 2019, 윤성사.

[주요 논문]

- “지방자치와 시민운동,” 1999, 『한국지방자치학회보』, 제11권 제3호.
- “지방자치와 관련된 용어에 대한 연구,” 2000, 『한국정책과학학회보』, 제4권 제2호.
- “지방자치단체의 환경협정,” 2000, 『한국행정학회보』, 제34권 제3호.
- “주민자치센터에 대한 연구,” 2001, 『한국지방자치학회보』, 제13권 제4호.
- “인사청문회제도에 대한 연구,” 2003, 『한국지방자치학회보』, 제15권 제3호.
- “주민투표제도에 대한 평가,” 2006, 『한국지방자치학회보』, 제18권 제4호.
- “주민소환제도에 대한 평가,” 2009, 『한국지방자치학회보』, 제21권 제1호
  외 다수.

제5판
한국지방자치론

펴낸날 제1판 제1쇄 2004년 2월 20일
제2판 제1쇄 2006년 2월 15일
제3판 제1쇄 2010년 2월 20일
제4판 제1쇄 2015년 6월 15일
제5판 제1쇄 2022년 1월 5일
제5판 제2쇄 2024년 1월 8일

지은이 정일섭
펴낸이 임춘환
펴낸곳 도서출판 **대영문화사**
주소 (본사) 사무실: 경기도 고양시 일산서구 주화로 70 우신프라자 307호 (우) 10387)
(본사) 물류센터: 경기도 고양시 일산서구 덕산로 107번길 68-50 (우) 10205)
등록 1975년 12월 26일 제3-16호
전화 (031) 913-3062, (031) 914-3884~5
팩스 (031) 913-3839
홈페이지 http://www.dymbook.co.kr

ISBN 978-89-7644-855-2
값 30,000원